Der kompetente Skipper

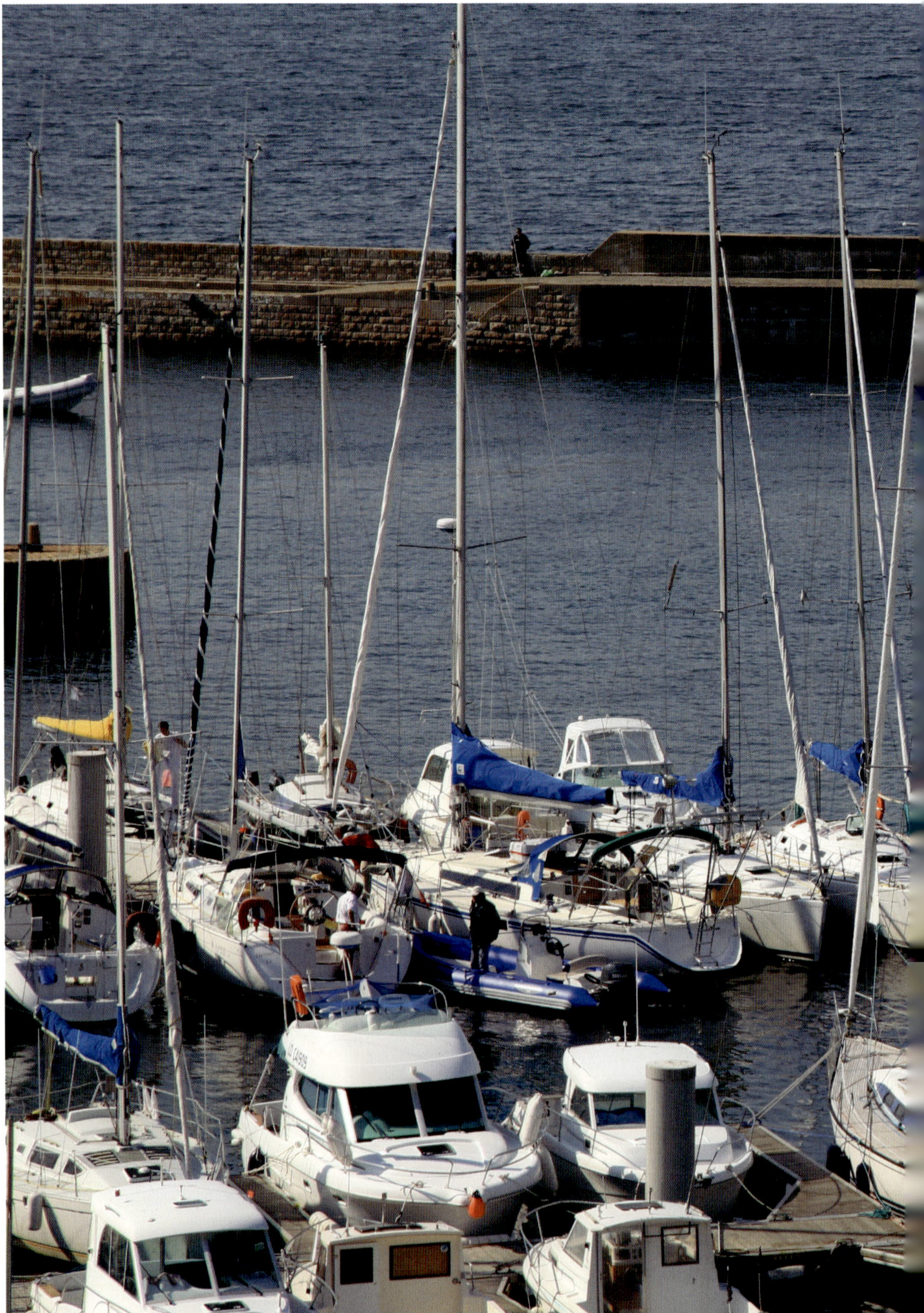

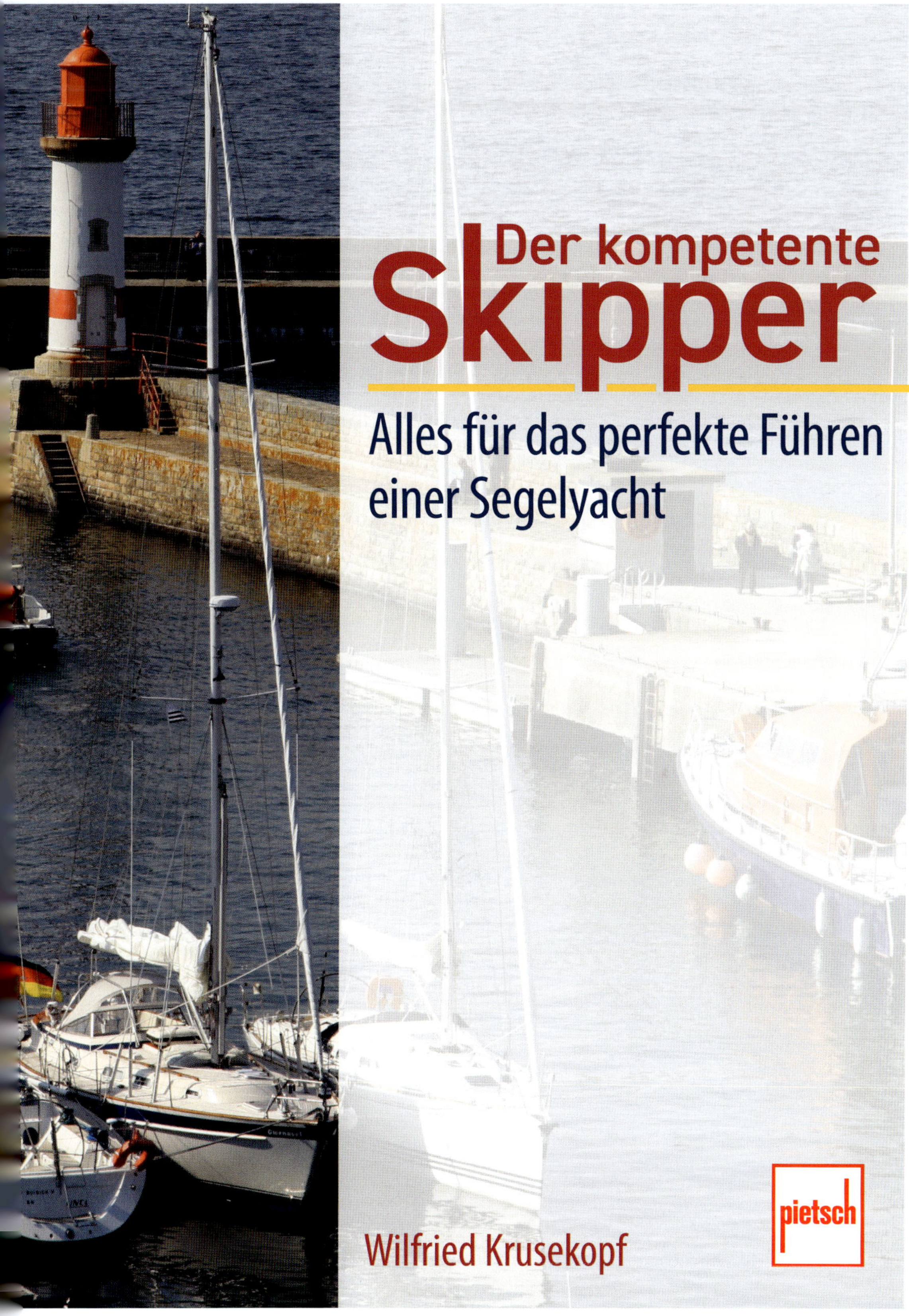

Der kompetente Skipper

Alles für das perfekte Führen einer Segelyacht

Wilfried Krusekopf

pietsch

Einbandgestaltung: schreiberVIS, Seeheim

Bildnachweis: Bilder und Zeichnungen stammen
vom Autor bzw. aus dessen Archiv.

ISBN: 978-3-613-50986-3

Sie finden uns im Internet unter:
www.pietsch-verlag.de

1. Auflage 2024

Layout, Satz und Prepress: schreiberVIS, Seeheim
Druck und Bindung: Graspo CZ, 76302 Zlin
Printed in Czech Republic

Inhalt

Vorwort

Für wen ist dieses Buch geschrieben?

Das vorliegende Buch soll zukünftigen Skippern den erfolgreichen Übergang vom Crewmitglied in die Rolle des Skippers ermöglichen. Es wendet sich an in Navigation und Seemannschaft bereits grundlegend ausgebildete Segler, die nicht mehr nur als Crewmitglied segeln wollen, sondern sich auf die Führungsrolle als Skipper vorbereiten, sei es auf einer Charteryacht oder auf dem eigenen Schiff. Es ist somit keine allgemeine Einführung in das Yachtsegeln, sondern dient – aufbauend auf bereits vorhandenen Segelkenntnissen – als gezielte Hilfe für den Einstieg in die Skipperrolle.

Zwar bilden zahllose Segelschulen jährlich tausende von zukünftigen Seglern aus, die anschließend in der Crew einer Segelyacht mitwirken können, doch ist es erheblich schwieriger, eine gute Ausbildung und Vorbereitung auf den Einsatz als Skipper einer Yacht zu erhalten. Für das kompetente und verantwortungsbewusste Führen einer Segelyacht bedarf es erheblich mehr als das Zeugnis eines Segelscheins für Küste oder Hochsee. Umfassende Praxis und mehrjährige Erfahrung auf See, konkret angewandte Theorie, soziale Kompetenz im Umgang mit der Crew, aber auch ganz wesentlich die vertiefte Lektüre nautischer Literatur, bilden unumgängliche Voraussetzungen für das verantwortliche Führen eines jeden Seeschiffes.

Es werden in diesem Buch häufig auftretende Probleme in der Törn- und Schiffsvorbereitung ebenso gründlich behandelt wie zwischenmenschliche Aspekte der Schiffsführung. Insbesondere werden auch diejenigen Bereiche aus Navigation und Seemannschaft vertieft dargestellt, die in der Segelausbildung oft zu kurz kommen wie Törnplanung, Hafenmanöver, Ankern, Segeltrimm, Segeln bei Nacht, Einhandsegeln, gefährliche Wetterlagen, Gezeitennavigation und Notsituationen. Mithilfe dieses Buches lassen sich die meisten der oft auftretenden Probleme an Bord vorausschauend vermeiden. Zahlreiche Checklisten verbessern den Überblick und helfen, auch in den Details nichts zu übersehen.

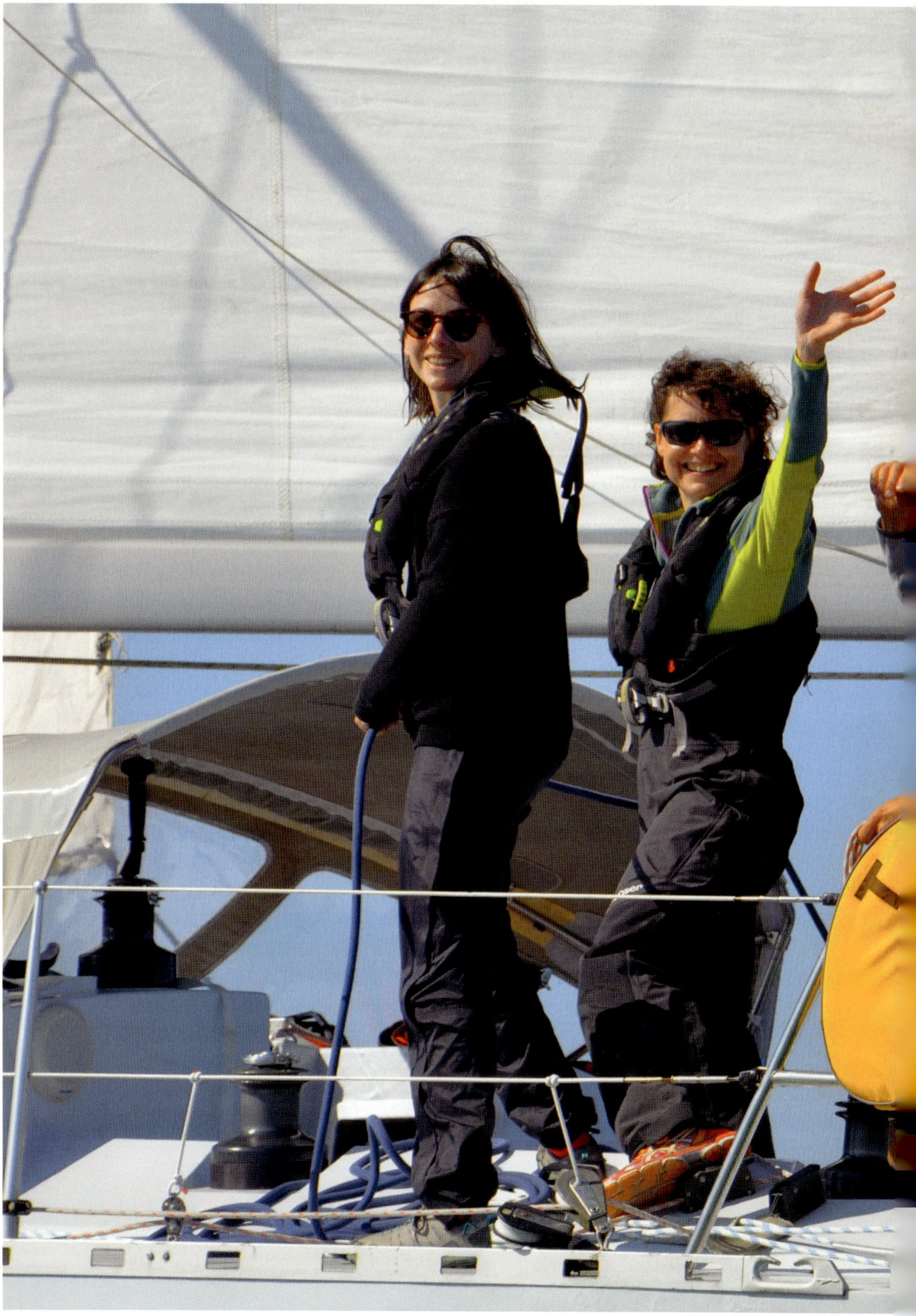

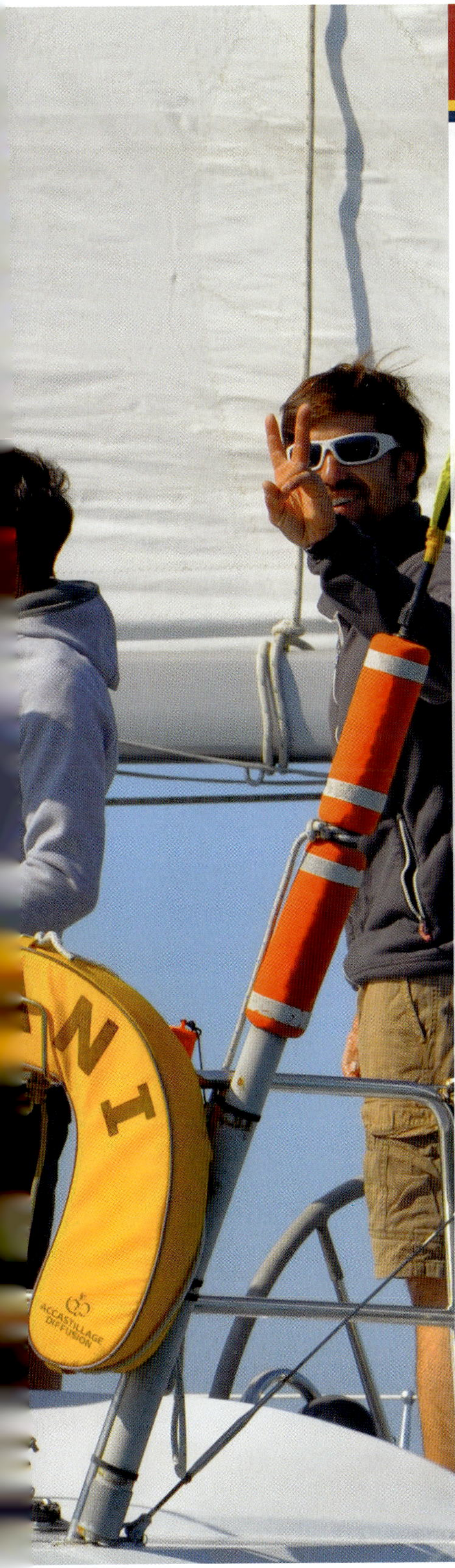

1

Was kennzeichnet einen guten Skipper?

Ein guter Skipper muss vor allem Schiff und Crew sicher, gesund und möglichst ohne Schäden in den Zielhafen bringen. Das versteht sich fast von selbst. Daneben sollte er aber auch fähig sein – und das ist keineswegs auf jedem Törn garantiert – mit der Crew gemeinsam die Freude am Segeln erlebbar zu machen und vielleicht sogar zu steigern.

Welche Fähigkeiten, Kompetenzen, Eigenschaften sollte der „optimale Skipper" nun besitzen, um seine Aufgaben gut erfüllen zu können? Die formale Voraussetzung als Skipper mit Crew zu segeln – nämlich die entsprechenden Führerscheine zu besitzen – wird als selbstverständlich angesehen. Auf den folgenden Seiten werden die wesentlichen Kompetenzbereiche, die ein guter Skipper beherrschen sollte, komprimiert dargestellt. Es handelt sich um ein Idealbild, das wohl im Bordalltag naturgemäß nicht immer in jeder Hinsicht realisierbar ist.

Skipper mit Crew an Deck

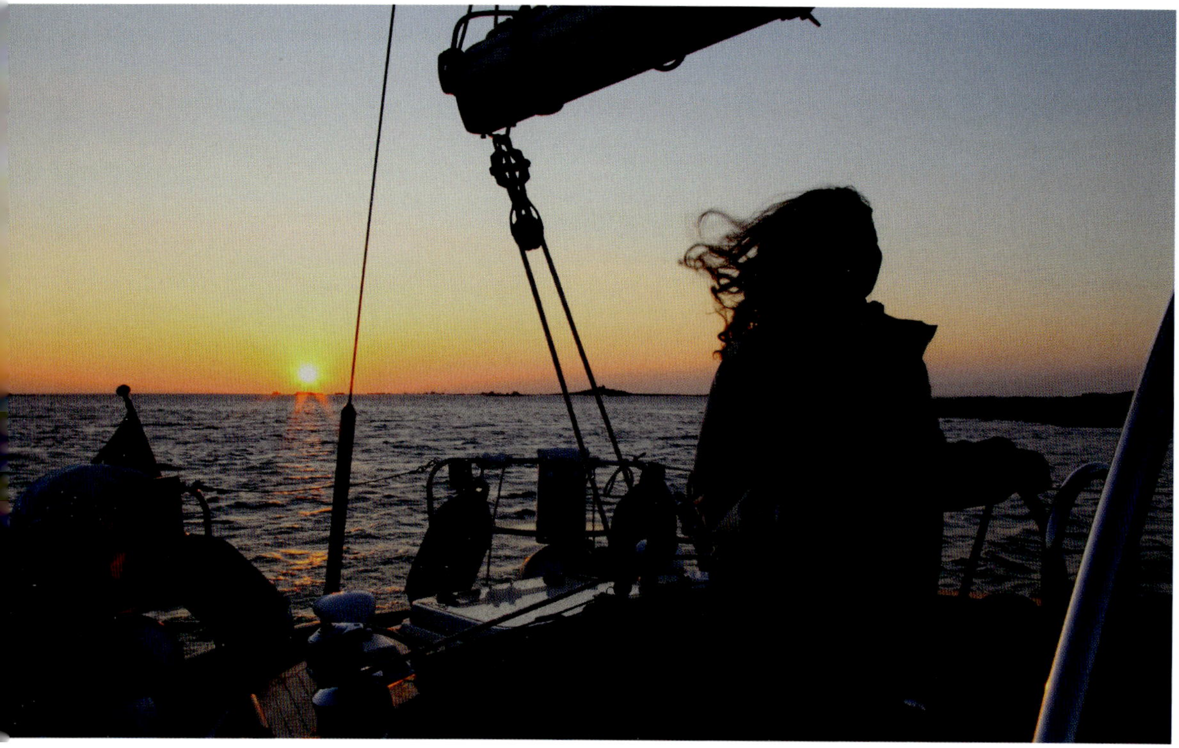

Skipperin am Ruder.

1.1 Seglerische Kompetenz

Selbstverständlich muss der gute Skipper zuerst einmal navigatorisch und seemännisch gut ausgebildet und praxiserfahren sein. Dies lässt sich nicht einfach an einem Segelführerschein und an einer Zahl gesegelter Seemeilen festmachen. Es ist einleuchtend, dass beispielsweise der bestandene deutsche SKS (Sportküstenschifferschein) zwar eine notwendige, aber keineswegs eine hinreichende Grundlage für die Skipperrolle darstellen kann. Dass zahlreiche Vercharterer sich bei der Übergabe einer Segelyacht an den Schiffsführer mit dem SBF-See (deutscher Sportbootführerschein) zufriedengeben, ist wohl in erster Linie unter kommerziellen Gesichtspunkten zu verstehen.

Ein Skipper wird mit der Zeit durch Erfahrung besser. Deshalb muss er vor allem über eine mehrjährige kontinuierlich erworbene Segelerfahrung in verschiedenen Revieren auf unterschiedlichen Schiffen mit wechselnden Besatzungen verfügen. Nur so erlangt er die fachliche Reife und seglerische Flexibilität für einen verantwortungsbewussten Umgang mit Schiff und Besatzung. Juristisch gesehen gilt auf Yachten, die kommerziell unter deutscher Flagge fahren, dass der Skipper den sogenannten SSS (Sportseeschifferschein) besitzen muss (in der Schweiz und in Österreich den „Hochseeschein“). Um diesen SSS zu erwerben, reicht es in Deutschland rein rechtlich 700 Seemeilen nach dem bestandenen SKS im Kielwasser zu haben. Ob dies allerdings generell eine ausreichende Grundlage für eine kompetente Schiffsführung ist, darf wohl in Frage gestellt werden.

Bevor sich der frisch examinierte Seemann für die Skipperrolle auf einer Segelyacht entscheidet, sollte er als Co-Skipper mehrere Törns in möglichst unterschiedlicher Umgebung, zu verschiedenen Jahreszeiten auf unterschiedlichen Schiffen gesegelt haben.

Es muss allerdings auch darauf hingewiesen werden, dass nicht allein eine große Zahl an gesegelten Seemeilen einen ausreichenden Erfahrungshintergrund garantiert. Beispielsweise wird auf einer Atlantiküberquerung im Passat von Teneriffa nach St. Lucia in die Karibik in der Regel nicht viel mehr getan als geschlafen, gegessen, das GPS abgelesen und dem Autopiloten bei seiner Arbeit zugesehen, vielleicht abgesehen von zwei oder drei Reff-Manövern. Navigatorisch, segeltechnisch und meteorologisch gesehen ist eine solche 2700-Meilen-Ozeanreise eher von geringem Anspruchsniveau.

Hingegen bringen zwei Ostseetörns, eine Korsika-Umrundung, ein Törn im Ärmelkanal und ein Starkwindtörn im Mistral vor der Küste Süd-Frankreichs sicherlich weniger Seemeilen, dafür aber zweifellos mehr Erfahrungsgewinn als eine Transatlantikreise auf der sog. Barfußroute.

Menschlich hingegen – im Hinblick auf Konfliktsituationen in der Bordatmosphäre – kann eine mehrwöchige Segelreise im Passat allerdings einen erheblichen Erfahrungsgewinn mit sich bringen. *Doch dazu mehr im Kapitel 1.3.*

Hier eine Auflistung der seglerisch und navigatorisch wichtigen Kompetenzbereiche, in denen der Skipper sattelfest sein sollte:

- **Klassische Navigation mit Seekarte, Stechzirkel, Kompass, Lot und Logge**
- **Identifizieren von Seezeichen am Tage und bei Nacht**
- **Computergestützte Navigation: GPS, Kartenplotter, AIS, Radar**
- **Hafenmanöver, An- und Ablegen**
- **MOB-Manöver**
- **Segelbedienung, Segeltrimm, Reffen**
- **Alle Kurse zum Wind sauber steuern**
- **Schwerwettertaktiken**
- **Ausweichregeln, Havarievermeidung**
- **Umgang mit dem Seefunkgerät (mindestens SRC)**
- **Ankern, auch unter erschwerten Bedingungen**
- **Lesen und Verstehen nautischer Literatur auf Englisch**

1.2 Technische Kompetenz

Ein Skipper darf handwerklich nicht zwei linke Hände haben, denn zu zahlreich sind die technischen Herausforderungen auf einer Segelyacht, die während eines Törns eher selten von geschultem Werftpersonal gewartet oder repariert werden

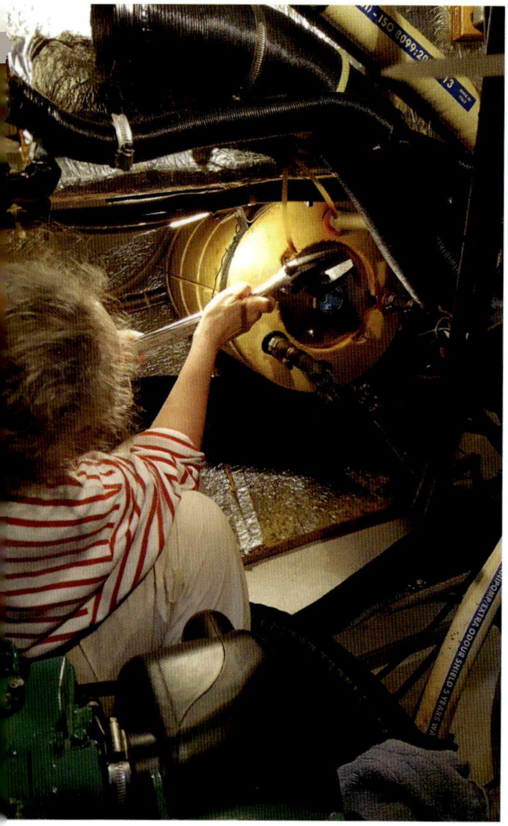

Reparatur im Motorraum

kann. Insbesondere auf Charteryachten ist der technische Zustand leider keineswegs immer zufriedenstellend. Aufgrund des Zeitdrucks beim fliegenden Wechsel der Chartercrews am gleichen Tag kommt es nicht selten zu Nachlässigkeiten in der Wartung. Auch kommt es vor, dass Chartercrews bei der Rückgabe der Yacht nicht immer ganz ehrlich sind und den zeitweise überhitzten Motor, das angerissene Reffauge im Großsegel, oder das kleine Leck im Beiboot verschweigen, um nicht die Rückerstattung der eigenen Kaution zu gefährden.

Der zukünftige Skipper sollte sich fragen, ob er in folgenden Bereichen wirklich fit ist:

Motor und Antrieb:

- Prüfen des Ölstands in Maschine und Getriebe
- Prüfen und eventuelles Einstellen der Keilriemenspannung
- Prüfen des Niveaus im Kühlkreislauf
- Filterwechsel für Diesel, Öl und Kühlwasser
- Impellerwechsel der Kühlwasserpumpe
- Propeller und Ruder unter Wasser mit Tauchmaske eventuell von eingefangenen Leinen oder Plastiktüten befreien

Rigg und Segel:

- Umgang mit den Rollanlagen bzw. Reffeinrichtungen an Bord
- Masttrimm: Nachspannen der Drähte, Wanten und Stagen im Rigg
- Anschlagen des Schwerwetterstags (falls vorhanden) und der Sturmfock
- Benutzung des Bootsmannsstuhls, um bei Bedarf in den Mast hinaufgezogen zu werden
- Einziehen von Ersatzleinen in den Mast, z. B. bei gerissenen Fallen
- Provisorisches Segelflicken

Elektrik:

- Benutzung eines Voltmeters und eines Amperemeters
- Prüfung des Stromverbrauchs aller vorhandenen elektrischen Geräte
- Umgang mit den Hauptschaltern und den Sicherungsautomaten an der Schalttafel
- Prüfen der Batteriespannung
- Wechsel von Glühlampen an Deck und unter Deck, falls keine LEDs
- Umgang mit dem Autopiloten
- Umgang mit der Ankerwinsch

Sicherheitsausrüstung:

- Umgang mit der Rettungsinsel
- Einsatz der Rettungswesten, Lifebelts, Lifelines
- Einsatz des Feuerlöschers
- Einsatz der MOB-Ausrüstung (Man Over Board – Mann über Bord)
- Einsatz der Seenotsignale (Handfackeln, Raketen)
- Einsatz der Mittel zur Leckbekämpfung

Tanks und Pumpen:

- Funktionsprüfung aller Pumpen an Bord (Diesel, Trinkwasser, Toilette, Bilge)
- Reinigung der Toilettenpumpe
- Reinigen eines verschmutzten Dieseltanks
- Reinigen eines Wassertanks
- Provisorisches Abdichten eines abgerissenen Seeventils
- Funktionsprüfung der Gasanlage, Wechsel der Gasflasche

Decksausrüstung:

- Beurteilung der Brauchbarkeit des Ankergeschirrs und sein Einsatz
- Festigkeitsprüfung der Seereling, Bugkorb und Heckkorb
- Funktionsprüfung aller Fallen, Strecker, Niederholer …

Auf den ersten Blick mögen die oben formulierten Anforderungen übertrieben erscheinen, aber die Fähigkeit zur richtigen Diagnose und Bewältigung technischer Probleme macht aus einem Skipper einen guten Skipper. Die selbstkritische Einschätzung der technischen Kompetenzen sollte bei der Törnplanung immer ein wesentlicher Faktor sein. Wenn man zu sehr (auch bei Kleinigkeiten) auf den Techniker bzw. Handwerker an Land angewiesen ist, sollte man ihn auch immer in erreichbarer Nähe haben. Auf einem Törn in die Hebriden oder vor Kuba könnte das schwierig werden … (*s. a. Literaturhinweise im Anhang*)

1.3 Soziale Kompetenz

Es gibt Skippertypen, die nicht gut angesehen sind: den taktlosen Besserwisser, die selbstgerechte Bord-Eminenz, den geschwätzigen Pseudo-Demokraten, den hemmungslosen Draufgänger, den unsicheren Zögerer, den diktatorischen Seefeldwebel, den großspurig auftretenden Einhandsegler. All dem steht ein Idealbild gegenüber, das natürlich in der Realität in Reinform eher selten vorkommt: Der souveräne, fachlich kompetente, gut informierte, einfühlsame, ruhig erklärende, delegierende, humorvolle, im richtigen Moment entschlossen handelnde Skipper, mit Leib und Seele dem Meer verbunden.

Wohl kaum ein Skipper ist als Teamchef ein Alleskönner, aber er sollte schon ein breites Kompetenzspektrum abdecken: Neben der selbstverständlich zu fordernden Kompetenz in Navigation und Seemannschaft (*s.o.*) muss er vor allem über „soziale Kompetenz“ verfügen. Damit ist die Fähigkeit gemeint, mit Fingerspitzengefühl auf die menschlichen Besonderheiten jedes einzelnen Crewmitgliedes eingehen zu können, ohne den Blick für die gemeinsame Sache, nämlich den möglichst alle Beteiligten zufrieden stellenden Segeltörn, aus den Augen zu verlieren. Ein Segeltörn soll Spaß machen! Ob das gelingt, wird ganz wesentlich auch vom Skipper und seiner Art der Schiffsführung abhängen.

In Bezug auf den Umgang miteinander sind folgende Eigenschaften wünschenswert:

- **Kommunikationsfähigkeit im Gespräch mit der Crew**
- **Teamfähigkeit im Zusammenwirken mit mehreren (oftmals unterschiedlich kompetenten) Crewmitgliedern**
- **Einfühlungsvermögen, wo ein menschliches Problem erkannt wurde und besprochen werden muss**
- **Konfliktfähigkeit, wenn es gilt Konflikte zu benennen und konstruktiv zu lösen**
- **gegenseitige Achtung, die sich auch im Gesprächsstil in der Wortwahl zeigt**
- **angemessene Toleranz gegenüber individuellen Eigenarten und Meinungen**

Die Führungsqualitäten des Skippers zeigen sich in:

- **Verantwortungsbewusstsein beim Einsatz seiner Crew**
- **Entschlussfähigkeit in Konfliktsituationen**
- **umfassender Sachkenntnis bei allen Angelegenheiten der Bootsführung**
- **Vorbildverhalten im eigenen Auftreten**
- **Flexibilität bei guten Vorschlägen aus der Crew**
- **Stringenz in der Verfolgung von sinnvoll gesetzten Zielen**
- **Delegationsfähigkeit in der Aufgabenverteilung**
- **schneller Wahrnehmungsfähigkeit in Problemsituationen**

Niemand kann alle diese Eigenschaften in sich vereinen. Aber eine selbstkritische Reflexion führt vielleicht die eigenen Schwächen vor Augen und hilft, an den eigenen Fehlern zu arbeiten.

Die Führungsrolle des Skippers kann von der Crew nur dann anerkannt werden, wenn sie auf konkret erlebbarer Kompetenz, Leistung, Überzeugungskraft und ausgleichendem sozialem Handeln beruht. Es hat also wenig Zweck, sich als Skipper auf die juristische Rolle zu berufen, sondern man muss schon seine Führungsqualitäten im positiven Sinn unter Beweis stellen.

Die Gruppenführungsqualität beim Skipperverhalten ist nicht unwesentlich abhängig von der Wertschätzung, die er seinen Crewmitgliedern entgegenbringt. Unerfahrene Crews machen Fehler. Das ist unvermeidlich. Aber wie geht der Skipper damit um? Kritik sollte feinfühlig dosiert und konstruktiv sein, also mit einem überzeugenden Vorschlag zur Vermeidung solcher zukünftiger Problemsituationen ver-

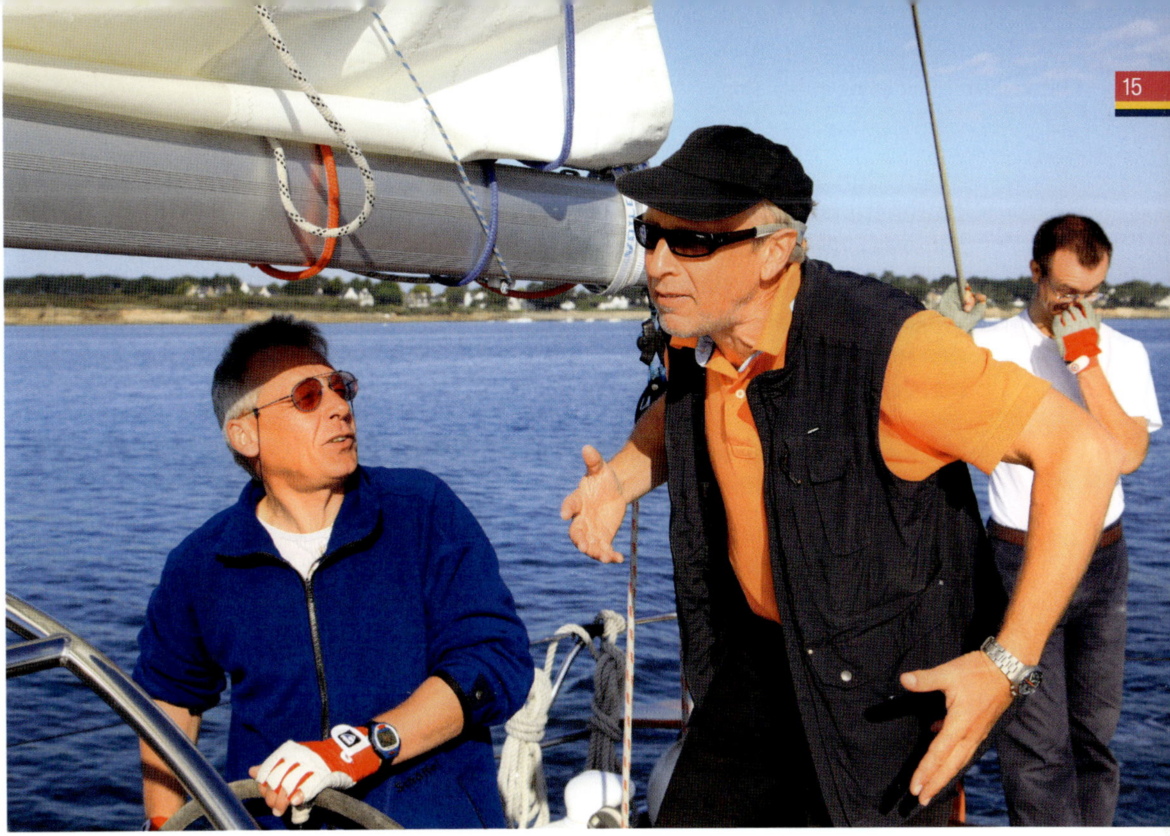

bunden sein. Und für einen gut gemachten Job sollte der Skipper auch ein Lob aussprechen. Auf der anderen Seite macht natürlich auch der beste Skipper selbst hin und wieder mal einen Fehler. Er kann dies als Chance nutzen, wirkliche Größe zu zeigen, indem er auch bereit ist, Selbstkritik zu üben. Das stärkt seine Glaubwürdigkeit.

Soziale Kompetenz

Dass ein studierter Psychologe nicht zwingend ein guter Skipper ist, wird kaum jemand bezweifeln. Klar ist aber auch, dass etwas Sachkenntnis über typische gruppendynamische Prozesse in einer vorübergehend zusammenlebenden, vielleicht bunt zusammengewürfelten Menschengruppe das Skipperdasein erleichtert. Ohne jedes Zutun wird sich in einer Crew in wenigen Tagen – vielleicht schon nach wenigen Stunden – eine soziale Hierarchie (manche nennen es „Hackordnung") bilden, die der Skipper möglichst schnell durchschauen muss, um angemessen agieren und ausgleichen zu können. Seglerische Kompetenzen werden in der Crew vermutlich ebenso bunt gemischt sein wie Kommunikationsfähigkeit und die Beherrschung zwischenmenschlicher Konfliktstrategien. Der wirklich erfahrene Skipper durchschaut es, wenn der Newcomer unter den ironischen Bemerkungen des Grönland-erfahrenen „Salzbuckels" leidet und er wird versuchen, durch geschickt formulierte Aufmunterungen die Verunsicherungen zu beseitigen. Auch durchdachtes Delegieren von Aufgaben kann Konfliktsituationen entschärfen.

Apropos Delegationsfähigkeit: Ein Skipper mit Menschenkenntnis wird nach der Einweisung in die Schiffstechnik und in das Bordleben möglichst schnell versuchen, besondere Kompetenzen in der Crew zu nutzen, um Aufgaben sinnvoll zu verteilen. Er muss nicht immer und überall selbst alles in die Hand nehmen, sofern denn jemand in der Besatzung in der Lage und Willens ist, bestimmte Aufgaben kompetent zu übernehmen. Der segelnde Kfz-Meister übernimmt die tägliche Motorkontrolle (Öl, Keilriemenspannung, Kühlflüssigkeit) und die Journalistin übernimmt die Kommunikation mit den Hafenbehörden. Manchmal kann es im Einzelfall aber auch mal umgekehrt gut sein: Der Techniker kommuniziert und die Journalistin kontrolliert den Motor. Eine geschickte Rollenverteilung zu initiieren, ist ein wesentliches Merkmal guter Menschenführung.

Damit der Skipper seine Rolle optimal ausfüllen kann, sollte er einige Informationen über die Crew besitzen:

- **Welche seemännischen Erfahrungen, welche Ausbildung bringt jedes einzelne Crewmitglied mit?**
- **Auf welchen Schiffen und in welchen Revieren ist die Crew bisher gesegelt?**
- **Mit welchen Wunschvorstellungen hinsichtlich der Törngestaltung kommen die Crewmitglieder an Bord?**
- **Können besondere Fähigkeiten/Stärken einzelner Besatzungsmitglieder irgendwie nutzbringend für den Törn sein?**
- **Gibt es bei einzelnen Personen der Crew irgendwelche körperlichen Handicaps, die den Einsatz an Deck einschränken? Anfälligkeit für Seekrankheit?**
- **Müssen Besonderheiten einzelner Crewmitglieder hinsichtlich der Ernährung oder deren Gesundheit berücksichtigt werden?**

Erklärender Skipper

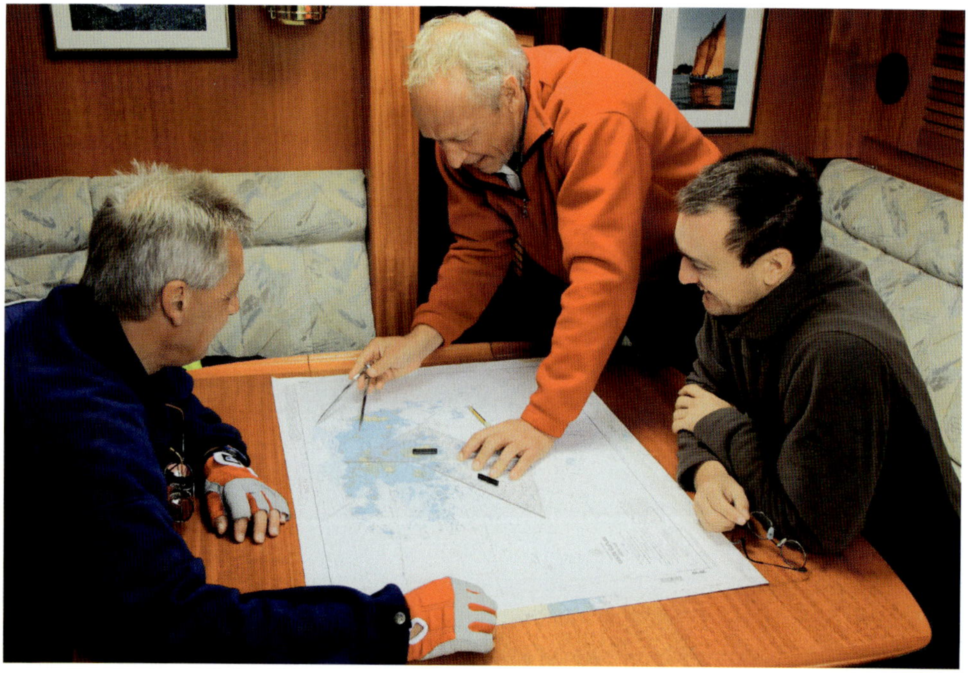

1.4 Kommunikation zwischen Skipper und Crew

Auf See bleibt oft in einer kritischen Problemsituation keine Zeit, mit der Crew lange zu diskutieren, welche Lösungswege zur Beseitigung eines Problems möglich sind. Es muss zwar überlegt, aber dennoch schnell gehandelt und dabei kompetent entschieden werden. Diskussionen mit anschließender Abstimmung sind zwar am Steg im Hafen, nicht aber in kritischen Entscheidungssituationen auf See möglich. Unter diesem Entscheidungsdruck entwickelt leider manchmal der eine oder andere (überforderte) Schiffsführer ein Verhalten mit überzogenen Käpitänsallüren, die das Zusammenleben an Bord unerträglich machen können.

Die situationsangemessene Kommunikation zwischen Skipper und Crew ist ein ganz wesentlicher Faktor für das Gelingen eines Segeltörns. Weil an Bord die Situationen sehr unterschiedlich sein können, muss es automatisch unterschiedliche Kommunikationsstile geben. Das reicht vom laut und deutlich gesprochenen Kommando, über ein erklärendes Gespräch bis zur kontroversen Diskussion. Es gilt: Alles zu seiner Zeit!

Hier einige Leitpunkte:

- **Zuerst einmal muss sich der Skipper Zeit nehmen für eine gründliche Einweisung der Crew in die Details der seemännischen und technischen Handhabung des Schiffes.**
- **Hafenmanöver sollten genauso wie Segelmanöver auf See früh genug und in Ruhe mit der Crew vorbereitend durchgesprochen werden und die Aufgaben verteilt werden, bevor es wirklich zur Sache geht.**
- **Die Crew muss Gelegenheit haben, Fragen zu Abläufen an Bord zu stellen und der Skipper sollte diese geduldig und sachlich beantworten.**
- **Insbesondere nach Hafenmanövern sollte in einer kurzen Besprechung noch an Deck geklärt werden, was gut und was schlecht gelaufen ist (sog. Manöverkritik). Verbesserungsvorschläge sind willkommen und der Skipper redet nicht ungeduldig dazwischen, wenn ein Crewmitglied vielleicht etwas weniger Brauchbares sagt.**
- **Bei misslungenen Manövern hilft konstruktive Kritik sicherlich besser weiter als Schuldvorwürfe oder gar Schreierei.**

Zwar gibt es manchmal Situationen an Bord, in denen in der Tat keine Zeit bleibt, lange zu diskutieren, beispielsweise bei einem Steuerfehler eines unerfahrenen Rudergängers, der vielleicht gerade eine Patenthalse riskiert. Aber im Allgemeinen sollten navigatorische wie seemännische Entscheidungen durch vorherige Erklärungen durch den Skipper für die Crew einsichtig gemacht werden. Im Laufe des Törns gibt es vielfältige Situationen in den Bereichen der Navigation, wetterabhängiger Segelführung, Ablauf der Hafenmanöver, die der Crew früh genug, ausgiebig und in Ruhe erklärt werden sollten. Ein freundlicher Umgangston gepaart mit fachlicher Kompetenz und sachlicher Überzeugungskraft ist dabei sicherlich wirkungsvoller als selbstgefällige Ironie oder besserwisserische Belehrungen.

Ein Wort zum Thema Höflichkeit und Sprachstil an Bord:
Eine aktiv auf See gesegelte Segelyacht ist keine Umgebung für Höflichkeitsformeln!

Wenn vor Anker oder im Hafen rund um den Salontisch durchaus höfliche Umgangsformen angebracht sind, oder andererseits auch noch so locker und vielleicht auch wortreich palavert wird…Bei Segelmanövern auf See ist eine klare, prägnante, abgekürzte Sprache ohne Höflichkeitsschnörkel sachlich einfach notwendig und darum auch üblich! Während es am Frühstückstisch durchaus angebracht ist, nach dem Salzstreuer mit „Kannst du mir mal bitte den Salzstreuer rüberreichen" zu fragen, so ist ein ähnlicher Kommunikationsstil auf See z. B. beim Fahren einer Wende völlig fehlplaziert: „Könntest Du mir mal bitte die Winschkurbel geben?" – „Aber gern!" – „Vielen Dank!". Jeder erfahrene Segler wird sich zumindest das Schmunzeln nicht verkneifen können, wenn er auf See eine solche Gesprächsabfolge miterlebt, denn sie ist seglerisch unangebracht und überflüssig. Es ist während des Manövers in keiner Weise unhöflich, ein prägnant forderndes „Winschkurbel!" zu rufen.

Manch ein Segelanfänger empfindet die handlungsorientierte, komprimierte Seglersprache als grob und unhöflich, was aber ganz klar ein Missverständnis darstellt. Ein kurz und deutlich gesprochenes „Großschot fieren!" während eines Reff-Manövers hat nichts mit übertriebenem Befehlston zu tun, sondern ist eine sachliche, notwendig kurz formulierte Anweisung an die Crew. Eine betont höfliche Formulierung wie „Hole doch bitte mal die Großschot durch" wirkt nicht nur gekünstelt, sondern ist auch vermutlich bei 7 Windstärken nicht mehr klar zu verstehen und somit an Bord unangebracht. Wenn dann das angesprochene Crewmitglied lange nachfragen muss, was der Skipper will, dann ist es bei einem vielleicht notwendig schnell durchzuführenden Manöver in der Regel schon zu spät.

Sofern der Skipper unsicher ist, ob die Crew an eine klare Manöversprache gewöhnt ist, sollte er besser zu Törnbeginn darauf hinweisen, dass beim An- und Ablegen, beim Setzen und Bergen der Segel, sowie beim Wenden und Halsen, beim Reffen und beim Anker ausbringen die Anweisungen in einer klaren, abgekürzten Sprache formuliert werden, was üblich und notwendig sind. Dies hat absolut nichts mit mangelnder Höflichkeit zu tun!

Ein Kommunikationsproblem anderer Art tritt nicht selten mit Crewmitgliedern auf, die es in ihrem beruflichen Leben an Land gewöhnt sind, in einer Führungsposition den Ton anzugeben, an Bord jedoch mangels seglerischer Kompetenz nicht immer die erste Geige spielen können. Oft verdauen sie es einfach nicht, wenn der Skipper ihr Fehlverhalten berechtigterweise kritisiert. Die Kritik mag sachlich noch so berechtigt sein und vom Skipper auch in angemessener Form vorgetragen sein. Nicht wenige Mitmenschen, die an Land das Sagen haben, haben Schwierigkeiten, als Besatzungsmitglied an Bord einer Segelyacht berechtigte Kritik zu akzeptieren. Der Filialleiter einer Bank ist nicht automatisch ein guter Navigator. Und der

Chef eines Bauunternehmens beherrscht nicht automatisch die richtigen Abläufe in der Halse.

Der souveräne Skipper wird sich allerdings durch mehr oder weniger unterschwellig aggressiv geäußerte Bemerkungen solcher Crewmitglieder nicht gleich aus der Ruhe bringen lassen. Doch ist es nicht immer leicht, in einer Mannschaft mit zwei oder drei „Möchtegern-Skippern" die Bordatmosphäre entspannt zu halten. Nur zu leicht wird auch der Skipper in einer solchen Situation etwas aggressiv. Dennoch, es ist erheblich wirkungsvoller, wenn er – statt erregt zu reagieren – sachlich korrekt und ruhig das Fehlverhalten beschreibt und damit gleichzeitig seine Souveränität als Skipper untermauert.

1.5 Vorausschauende Problemvermeidung

Zu den wünschenswerten Kompetenzen eines guten Skippers gehört ganz wesentlich die Fähigkeit des Antizipierens, das heißt des vorausschauenden Denkens zur Vermeidung von möglicherweise in Zukunft auftretenden Problemen. Sei es in navigatorischen, technischen oder menschlichen Bereichen. Diese Fähigkeit setzt ein hohes Maß an Erfahrung voraus, denn mögliche Probleme können nur vorhergesehen werden, wenn man sie entweder bereits einmal erlebt hat oder wenn man sie aus gegebenen Umständen als mögliche Folge erschließen kann. Andererseits kann von keinem Skipper erwartet werden, dass er in seinem Seglerleben bereits

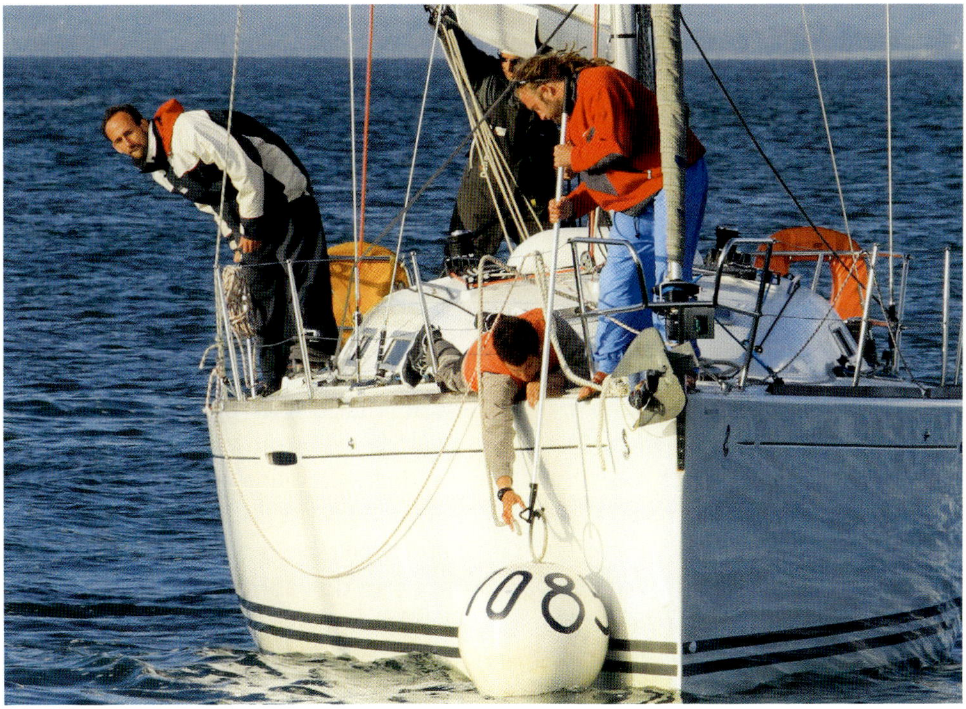

Kommunikation mit der Crew

alle Problemsituationen erlebt hat. Zum Glück kommen Havarien wie Mast- oder Ruderbruch, schwerer Wassereinbruch oder Feuer im Schiff sehr selten vor.

Also muss die Fähigkeit zur vorausschauenden Problemvermeidung zum großen Teil theoretisch geschult werden: Gespräche mit erfahrenen Segelkollegen, aber vor allem die Lektüre von einschlägigen Fachbüchern, gelesen auf dem Hintergrund eigener Erfahrungen auf See, sind wertvolle Hilfen zur Entwicklung der Fähigkeit zur Problemvermeidung.

Ein konkretes erstes Beispiel:

Die Crew einer Charteryacht läuft einen ihr unbekannten Hafen an. Über UKW meldet sich der Skipper beim Hafenmeister und bittet um Zuweisung eines Liegeplatzes. Am Ponton Y mit mehreren Fingerstegen wird der Platz 27 zugewiesen, „Festmachen an Steuerbord" lautet die Information vom Hafenmeister. Die Crew macht Bug- und Heckleine, sowie vier Fender an Steuerbord klar, während sich das Schiff dem noch nicht erkennbaren Liegeplatz nähert. Erst etwa zwei Bootslängen vor dem Erreichen des Liegeplatzes wird dem Skipper klar, dass der kräftige ablandige Seitenwind von etwa 6 Beaufort ein sauberes Anlegen mit Steuerbord unmöglich macht. Der nicht ausreichend erfahrene Rudergänger hingegen bemerkt nicht die Problematik. Bevor der Skipper noch eingreifen kann, liegt das Ruder schon hart Steuerbord, um in die Box hineinzufahren. Der ablandige Wind drückt den Bug des Schiffes mit einer solchen Kraft nach Lee, weg vom Steg, dass kein Ruderlegen mehr hilft. Das Schiff treibt ohne Ruderwirkung auf den Nachbarn an der Backbordseite zu. Hektisch springt der Skipper ans Ruder und versucht im Rückwärtsgang vom Nachbarboot freizukommen, doch es ist bereits zu spät. Dummerweise zieht zusätzlich der Radeffekt des Propellers im Rückwärtsgang ebenfalls zur ungewünschten Seite. Ohne einen einzigen Fender an der Backbordseite kratzt die Yacht an der Bordwand des Nachbarschiffes entlang, auf dessen Heckkorb

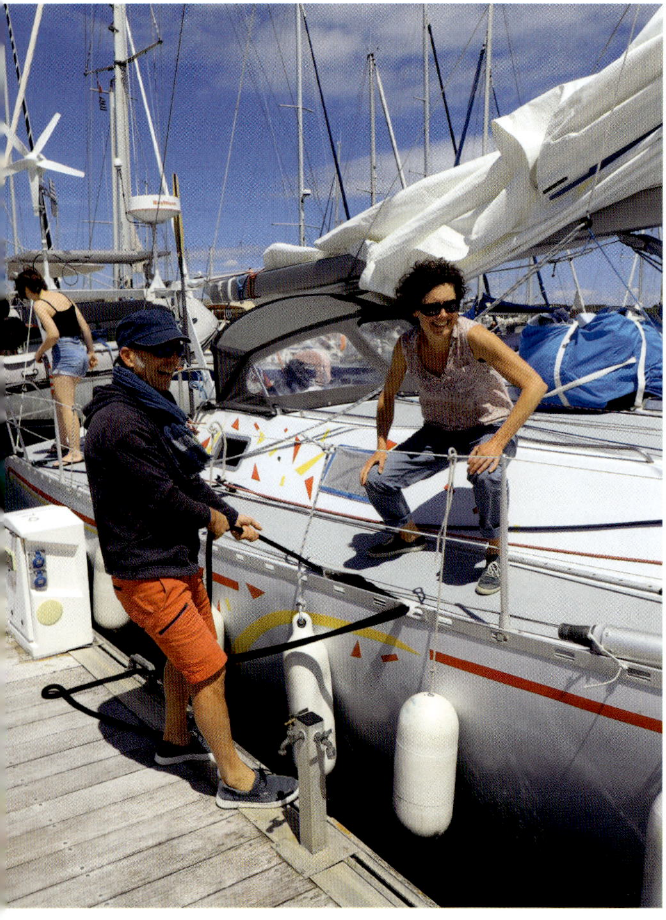

Beim Anlegen

unglücklicherweise auch noch der Außenborder vom Beiboot ungeschickt nach außen gedreht festgeschraubt ist. In weniger als fünf Sekunden sind nicht nur zwei Relingsstützen ausgebrochen und beide Bordwände beschädigt, sondern auch der Außenborder liegt auf dem Boden des Hafenbeckens.

Wie wäre dies vermeidbar gewesen?

Zuerst einmal sollten grundsätzlich beim Einlaufen in einen Hafen *alle* verfügbaren Fender auf *beiden* Seiten des Schiffes ausgebracht werden. Ebenso jeweils Bug- und Heckleinen und die Spring auf beiden Seiten, denn wenn es der Teufel will, kommt im letzten Moment vor dem Anlegen irgendetwas Unvorhergesehenes (z. B. ein vorher nicht gesehenes weiteres Schiff, das ebenfalls gerade manövriert) dazwischen und das noch so sorgfältig geplante Anlegemanöver muss urplötzlich völlig anders – und zwar improvisiert – gefahren werden. Im konkret geschilderten Fall wäre es sinnvoll gewesen, bei der Anmeldung beim Hafenbüro nachzufragen, wie der Wind auf den Liegeplatz steht. Manchmal kann das Hafenpersonal allerdings darauf keine Antwort geben, weil sie sich in einem Büro ohne Sicht auf die Liegplätze befinden. Dann muss eben das Anlegemanöver besonders behutsam von einem erfahrenen Rudergänger gefahren werden, oder es muss zur Not auch früh genug abgebrochen werden, um einen anderen, geeigneteren Liegeplatz zu suchen. Sofern es die Sicherheit erfordert, muss auch unter Umständen die Order des Hafenmeisters bewusst missachtet und selbstständig gehandelt werden.

Vorausschauendes Handeln vermeidet Probleme. Das gilt auf einer Segelyacht noch mehr als im gewohnten Leben an Land. Wenn sie mit ihrem Auto einen Motorschaden auf der Autobahn haben, so ist das lediglich ärgerlich. Wenn ihnen aber während einer Atlantiküberquerung 1000 Meilen vom nächsten Land entfernt der Mast bricht, weil vor dem Auslaufen auf den Kanaren das Rigg nicht überprüft wurde und niemand gemerkt hatte, dass das Achterstag direkt über dem Wantenspanner schon angerissen war, so kann sich daraus eine extreme Notsituation entwickeln.

Ein anderes Beispiel aus der Navigation in Küstennähe:

Die Crew hat in Toulon/Süd-Frankreich eine Yacht gechartert mit dem Ziel, binnen zwei Wochen einen entspannten Törn nach Osten entlang der Küste der Côte d'Azur bis Nizza und zurück nach Toulon zu segeln. Am 6. Tag des Törns – die Yacht ist inzwischen bei den Iles d'Hyères – bildet sich eine Großwetterlage mit ablandigem Wind aus Nord bis Nordwest, die mehrere Tage andauern soll. Ein Azorenhochkeil hat sich bis Süd-Frankreich ausgeweitet. Allerdings bildet sich auch ein kleines Tief über dem Golf von Genua. Angesichts dieser Windrichtung wird in der Crew darüber diskutiert, ob man nicht den Törnplan ändern sollte: Es herrscht idealer Wind, um nach Korsika zu segeln! Und außerdem brauchen noch zwei Leute in der Crew etwa 300 Seemeilen für einen Segelschein, so dass eine längere Segelstrecke sehr willkommen wäre. Zwar ist neben einem Übersegler keine weitere Detailkarte von Korsika an Bord, aber man hat ja den Kartenplotter. Also rüber …

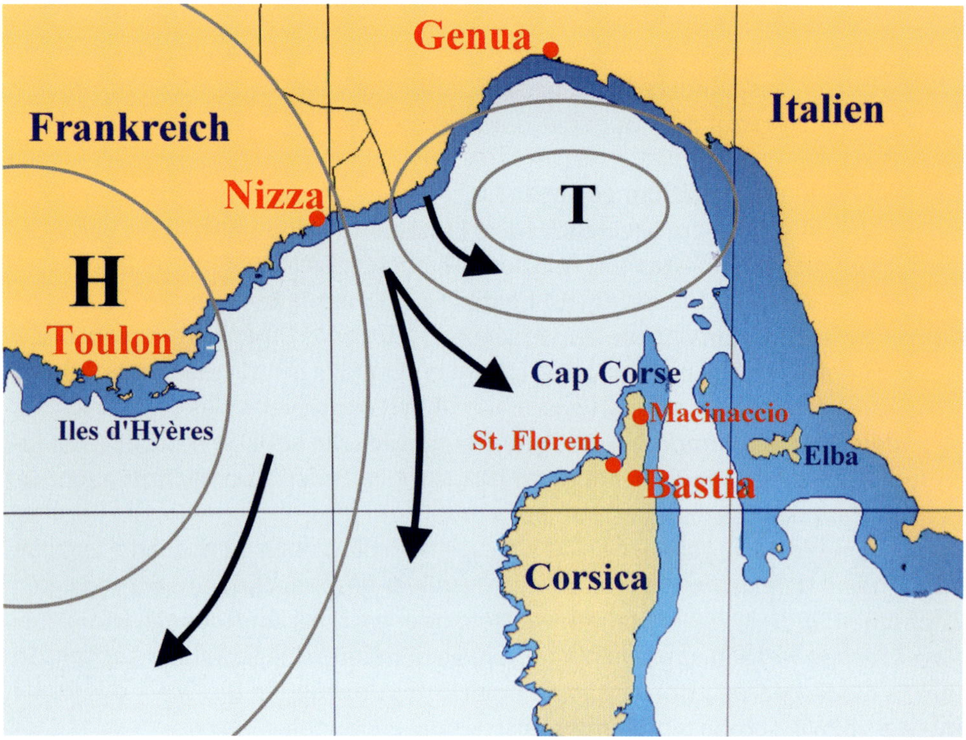

Karte Süd-Frankreich-Korsika

Tatsächlich erreicht die Yacht am folgenden Abend mit steifem Nordwest die korsische Nordküste. Der Wind bläst in der Tat stetig aus Nord, allerdings auch von Stunde zu Stunde kräftiger unter dunkel ziehenden Wolken. Leider ist im Laufe des Tages während eines Reffmanövers ein Missgeschick passiert: Der auf dem Brückendeck installierte Kartenplotter wurde beim ungeschickten Umgang mit der Winschkurbel der Großfallwinsch beschädigt und zeigt nur noch schwarz. Alle für die Ansteuerung notwendigen Detailkarten und Hafenpläne liegen elektronisch auf einem nun wertlosen Chip. Was aber schlimmer ist: Die Großwetterlage hat sich inzwischen zu einer typischen Mistral-Lage mit kräftigem bis stürmischem Wind aus Nordwest entwickelt und stabilisiert sich. Und das bedeutet, dass der Rückweg zur Festlandsküste ein hartes Stück Arbeit werden wird. Wenn es denn überhaupt möglich sein wird, denn eine Mistral-Lage kann durchaus eine Woche anhalten. Und dann wäre die termingerechte Rückgabe der Yacht in Toulon mehr als in Frage gestellt.

Um erst einmal unter den Schutz der Küste zu kommen, entscheidet sich der Skipper, nicht wie geplant das dem Mistral voll ausgesetzte St. Florent anzulaufen, sondern besser das Cap Corse zu umrunden und als Zielhafen das an der Ostküste einfach anzusteuernde Macinaccio zu wählen, für dessen Ansteuerung eine Detailkarte nicht notwendig ist. Erschöpft wird im Hafen festgemacht. Nun erstmal ausschlafen …

Der Wetterbericht am nächsten Morgen verheißt nichts Gutes: Wind aus Nord bis Nordwest mit 7 bis 8 Beaufort, Böen 9. voraussichtlich für mindestens zwei weitere Tage. Also sind mindestens zwei Hafentage angesagt. Wandern und shoppen statt Segeln …

Inzwischen verbleiben nur noch vier Tage bis zum Rückgabetermin der Yacht in Toulon und der Wind bläst immer noch steif aus Nordwest. Der Rückweg nach Toulon wäre somit ein harter Kreuzkurs für mindestens 40 Stunden. Vermutlich eher mehr, denn die altersschwachen Segel der Yacht ermöglichen keine optimale Höhe am Wind. Außerdem gibt es neben dem Skipper niemanden in der Crew, der ausreichende Nachterfahrung im Wachsystem hat. Eine Entscheidung steht an: Auslaufen? Gegen den Starkwind und entsprechendem Seegang zwei Tage und Nächte kreuzen mit einer unerfahrenen Crew und dem Risiko, dass der Wind sich nicht legt, vielleicht noch zulegt? Am nächsten Morgen fällt die Entscheidung nach einem Telefongespräch mit dem Vercharterer: Die Crew wird das Schiff nicht zurückbringen, sondern stattdessen die Fähre nach Nizza nehmen. Der Vercharterer hat Anspruch auf eine Ausfallzahlung von 400 Euro pro Verspätungstag und die Erstattung der Kosten für die spätere Rückführung durch eine Profi-Crew.

Yacht im Starkwind

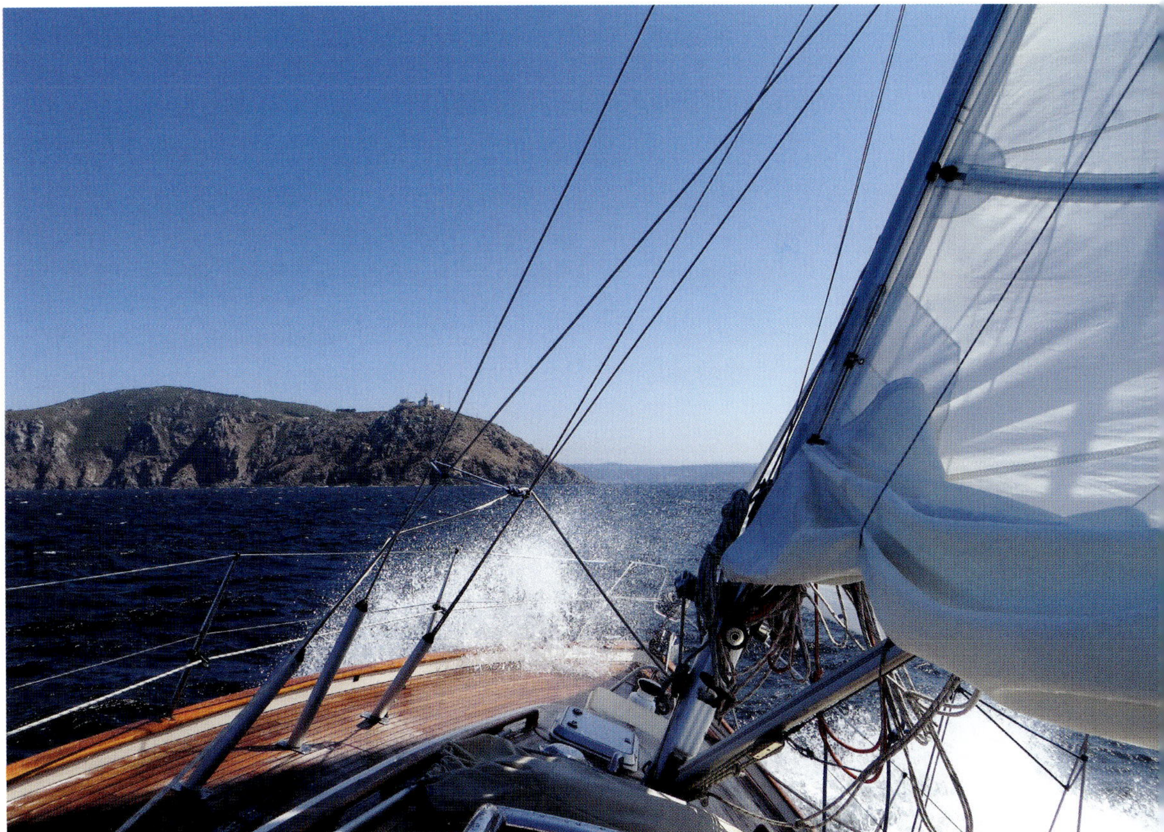

Was war falsch gelaufen?

Der Skipper hätte auf keinen Fall den Törnplan auf das Drängen der Crew ändern dürfen. Die Großwetterlage beinhaltete bereits am 3. Törntag das Risiko einer Mistral-Lage (Tief über dem Golf von Genua…). Statt nur den regionalen Wetterbericht über VHF zu hören, hätte er Vorhersagekarten für die nächsten sieben Tage aus dem Internet prüfen müssen und dabei auch verschiedene Wettermodelle (z. B. ECMWF und GFS) vergleichen sollen. Außerdem hatte er nicht die mangelnde Erfahrung der Crew in seine Entscheidung mit einbezogen. Die Probleme waren vorhersehbar!

Im Folgenden werden die Bereiche genannt, in denen häufig Probleme auftreten mangels vorausschauenden Denkens:

- **Crewzusammensetzung (Paare, Kinder, Schnarcher, Raucher…)**
- **Auswahl an Seekarten und See-/Hafenhandbüchern**
- **Meteorologische Törnplanung, mehrtägige Wettervorhersage in Kartenform,**
- **Timing im Gezeitenrevier**
- **Erklärung der Aufgaben der Crew (Rollenverteilung) beim Ablegen und Anlegen**
- **Wahl des Ankerplatzes in Bezug auf die Wetterlage der nächsten 24 Stunden.**
- **Stauen der Seenotausrüstung**
- **Ersatzteile für Motor, Rigg und Segel, Beschaffung und Lagerung**

1.6 Die rechtliche Lage des Skippers

„Captain's word is law" (*Das Wort des Kapitäns ist Gesetz*)… So oder ähnlich hieß es früher auf den frachtfahrenden Segelschiffen mit professioneller Besatzung. Es ist eine Formulierung, die heutzutage eher ironisch gemeint ist. Doch wie steht es um die juristische Autorität des Skippers auf einer freizeitorientierten, modernen Segelyacht?

Notwendigerweise ist der Skipper derjenige, der als erster angesprochen wird, wenn sich eine Problemsituation anbahnt. Und natürlich ist er es, der zur Rechenschaft gezogen wird, wenn es an Bord gar zu einem Unfall kommt. Wenn etwas schiefläuft, ist der Skipper gefragt: Dies beginnt im Kleinen mit der Diskussion um die zu bunkernden Lebensmittel und endet im Großen möglicherweise mit einer Seeamtsverhandlung nach einem missglückten Mann-über-Bord-Manöver, bei dem ein Besatzungsmitglied ertrunken ist. Der Skipper verantwortet den Zustand des Bootes und der Ausrüstung, die Aufgabenverteilung unter der Mannschaft und natürlich alle seemännischen und navigatorischen Entscheidungen und deren Konsequenzen. Er ist es, der entscheidet, ob das Boot und die Besatzung auslaufen können. Er ist es, der die Konsequenzen einer eventuell von der Crew geforderten und von ihm akzeptierten Handlung juristisch verantworten muss.

Ob beispielsweise nach einer Windrichtungsänderung der geplante Zielhafen aufgegeben wird und ein neues Ziel angesteuert wird, sollte natürlich mit der Crew diskutiert werden. Doch wenn es dann möglicherweise zu einer seemännisch ge-

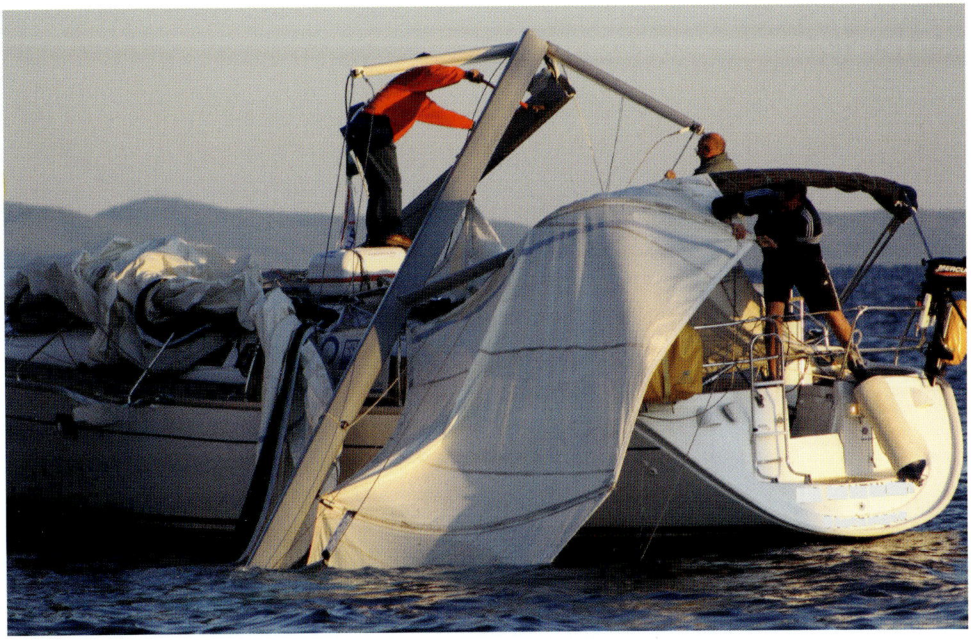

Mastbruch
(Foto von Pantaenius)

fährlichen Situation kommt, weil der Skipper gegen seine Überzeugung den Wünschen der Crew nachgegeben hat, so kann er sich nicht damit herausreden, dass er es ja anders geplant hatte. Was auch geschieht, es darf niemals vergessen werden, dass der Skipper juristisch gesehen in jedem Fall die Verantwortung für die Schiffsführung und deren Konsequenzen trägt.

Selbst wenn er in der Koje liegt und schläft, während die Wache stellvertretend den Kurs hält und die Segel bedient, so wird er beispielsweise gegenüber einem Vercharterer und bei weiterreichenden Personen- oder Sachschäden auch in einer Seeamtsverhandlung als Verantwortlicher zur Rechenschaft gezogen. Gerichtsstand ist in der Regel im Land der Schiffsregistrierung.

Inwieweit diese Verantwortlichkeit im Schadensfall eine finanzielle Haftung des Skippers nach sich zieht, kann im Einzelfall gerichtlich sehr unterschiedlich entschieden werden. Es ist darum sehr ratsam, eine sogenannte „Skipperhaftpflicht-Versicherung" abzuschließen, so wie sie von vielen Yachtversicherern angeboten wird. Manche Skipper schließen vor Törnbeginn mit der Crew eine sogenannte „Mitseglervereinbarung", in der die Haftpflicht des Skippers weitestgehend eingeschränkt wird. Gute Beispiele, um ein eigenes Formular dafür zu entwickeln, finden sich dazu im Internet. Doch Vorsicht: Das „Gesetz zur Regelung des Rechts der allgemeinen Geschäftsbedingungen" beinhaltet die Aussage, dass ein Haftungsausschluss in vorformulierten Vertragsbedingungen unwirksam ist, sofern dieser Vertrag die grobe Fahrlässigkeit mit abdecken will.

Was im konkreten Fall als leicht fahrlässig, was als grob fahrlässig beurteilt wird, entscheidet letztendlich das Gericht.

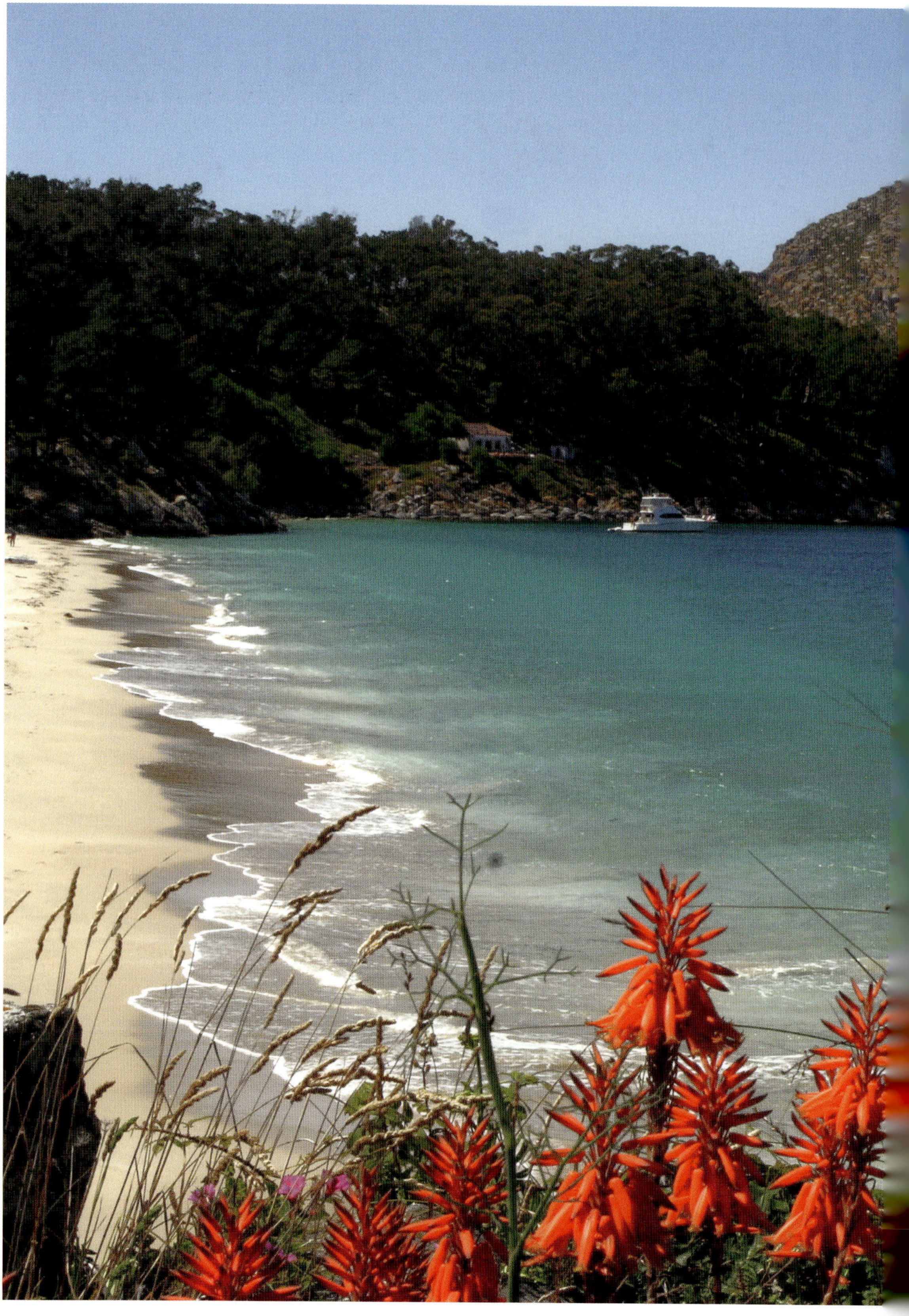

2 Die Törnplanungsphase allgemein

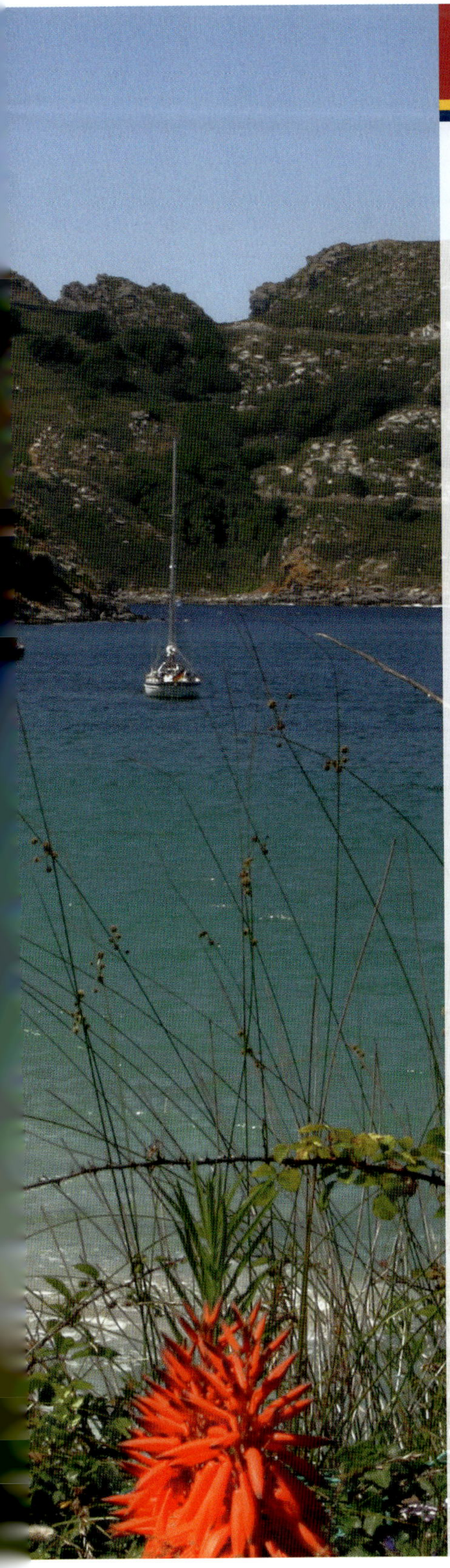

Oft fragen angehende aber auch erfahrenere Skipper, welche Eigenschaften die „ideale Yacht" haben sollte. Nun, die ideale Yacht gibt es nicht, denn die wünschenswerten Eigenschaften hängen allzu sehr vom Einsatzzweck und den Prioritäten von Skipper und Crew ab. Charteryachten für Kurztörns sollten anders konzipiert sein als Langfahrt-orientierte Fahrtenyachten. Das Thema füllt ein eigenes Buch.

2.1 Auswahl des geeigneten Schiffes

Zu den primären Auswahlkriterien einer langfahrttauglichen Yacht zählen in gewichteter Reihenfolge neben dem Preis: Baumaterial, Konstruktion von Rumpf, Ruder und Rigg, Manövrierfähigkeit, Segeleigenschaften bei wenig Wind genauso wie bei Schwerwetter, bevorzugtes Segelrevier, Stauraum, Komfortaspekte an und unter Deck, Pflegebedürftigkeit. Die

Nette Ankerbucht

technische Ausstattung in Elektrik und Elektronik lässt sich in fast jedem Schiff, egal welcher Bauart, optimieren, aber die Segeleigenschaften sind durch die Wahl des Rumpfes weitgehend festgeschrieben. Im Internet gibt es einige gute Websites zum Thema „Das ideale Fahrtenschiff" (*siehe Anhang, Literaturverzeichnis*) und es werden auch einige sachkundig geführte Seminare und Webinare zu dem Thema in der Seglerszene angeboten.

Im Folgenden soll nun aber der Fall eines kürzeren Törns auf einer Charter- oder Eigneryacht etwas genauer beleuchtet werden, denn der angehende Skipper wird vermutlich bzw. hoffentlich nicht gleich auf Blauwasserreise gehen. Wer sich ausführlich speziell auf einen Chartertörn vorbereiten möchte, findet dazu weitere Buchtipps im Anhang.

Bei der Wahl der Größe des Schiffs ist natürlich die Anzahl der Crewmitglieder ein entscheidender Gesichtspunkt. Mindestens aber genauso wichtig ist die Frage: Mit welcher Bootgröße kann der Skipper überhaupt sicher und kompetent umgehen? Nur allzu häufig sieht man große Charteryachten, die während ihres Anlegemanövers die Pontons im Hafen in eine Theaterszene verwandeln. Die Ursache ist fast immer die gleiche: Der Skipper hat sich selbst überschätzt und eine Yacht gewählt, die für seinen Erfahrungsstand zu groß ist. Grundsätzlich gilt, je länger das Schiff, desto schwieriger ist es, aufgrund seiner Trägheit und Windangriffsfläche im Hafen zu manövrieren. Das größere Schiff erfordert in der Regel erheblich mehr Erfahrung und Routine. Der noch nicht routinierte Skipper sollte eher mit Yachten zwischen 9 und 11 Metern Bootslänge seine ersten Erfahrungen sammeln.

Ein finanzieller Aspekt: Auch wenn es auf den ersten Blick paradox erscheint, so ist in der Regel das 50-Fuß-Schiff mit 8 Leuten belegt finanziell günstiger als das

Ist hingegen die Anzahl der Crewmitglieder von eindeutig festgelegt (feste Crew unter Freunden, Familie), so sind folgende Fragen im Hinblick auf das passende Schiff zu beantworten:

- **Wie viele Kabinen brauchen wir?**
- **Gibt es jemanden in der Crew, dem man besser eine eigene Kabine gibt (Schnarcher)?**
- **Braucht man eine separate Kabine für Kinder?**
- **Gibt es Paare, die für sich eine Doppelkabine beanspruchen?**
- **Soll der Skipper eine eigene Kabine bekommen?**
- **Müssen aus Kostengründen auch die Salonkojen belegt werden?**

Je nach Situation wird es sich ergeben, dass für eine …

- **4-Personen-Crew ein Schiff zwischen 34 und 40 Fuß (10 – 12 m)**
- **6-Personen-Crew ein Schiff zwischen 40 und 44 Fuß (12 – 14 m)**
- **und eine 8-Personen-Crew ein Schiff zwischen 44 und 50 Fuß (14 – 15 m) gewählt werden sollte.**

36-Fuß-Schiff mit nur 4 Personen in der Crew, und zwar pro Kopf. Darum suchen manche Skipper gern noch 2 – 3 weitere Leute für die Crew hinzu, um so den Pro-Kopf-Preis zu senken. Dass mit dem größeren Boot aber auch einige Nachteile verbunden sind, wird manchmal übersehen: Die Auswahl an Liegeplätzen in Häfen mit Stegen oder Boxen wird umso kleiner, je größer das Schiff ist. Sie wollen doch nicht mit ihrer wunderschönen Yacht schon mittags in den Hafen einlaufen müssen, nur um sicher zu sein, noch einen Liegeplatz zu bekommen? Gerade im Mittelmeer ist dies aber in der Hochsaison eher die Regel als die Ausnahme.

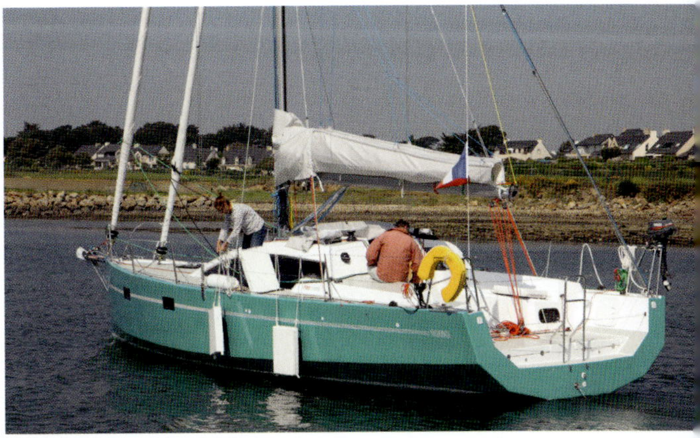

Kleine 10 m-Yacht

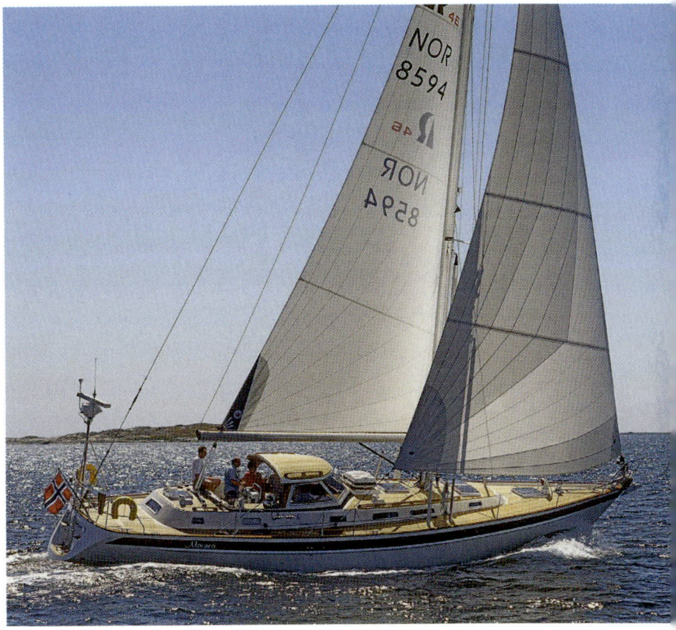

Große 15 m-Yacht

Auch sollte nicht vergessen werden, dass in der großen 8-Personen-Crew die Wahrscheinlichkeit des Auftretens zwischenmenschlicher Konflikte erheblich größer ist als in einer 4er-Crew, was ein weiteres Argument gegen ein eher großes Schiff ist.

In Segelrevieren wie der Karibik oder Polynesien mit zahlreichen Ankermöglichkeiten stellt sich ferner die Frage, ob vielleicht ein Katamaran statt eines Einrümpfers gewählt werden sollte. Bei gleicher Gesamtlänge bietet der Katamaran in der Regel mehr Kojen und mehr nutzbaren Lebensraum als die Einrumpf-Yacht. Allerdings muss bedacht werden, dass es in vielen Yachthäfen keine oder nur sehr eingeschränkte Liegeplätze für Mehrrümpfer gibt. Sofern sich die Crew aber für ein Revier mit vielen reizvollen Ankerbuchten entscheidet, kann der Katamaran durchaus die bessere Wahl sein. Außerdem haben Katamarane den Vorteil, dass sie familienfreundlicher sind: Kaum Krängung auf Amwindkursen, kein Rollen vor Anker, eine „Liegewiese“ zum Sonnenbaden, wenig Tiefgang und somit geeignet, in unmittelbarer Ufernähe zu ankern. Dazu erhöhte Betriebssicherheit durch zwei Motoren statt nur einem.

Früher hörte man manchmal das Gegenargument: Katamarane können durchkentern. Doch dazu ist ganz klar zu sagen, dass die Riggs heutiger Fahrtenkatama-

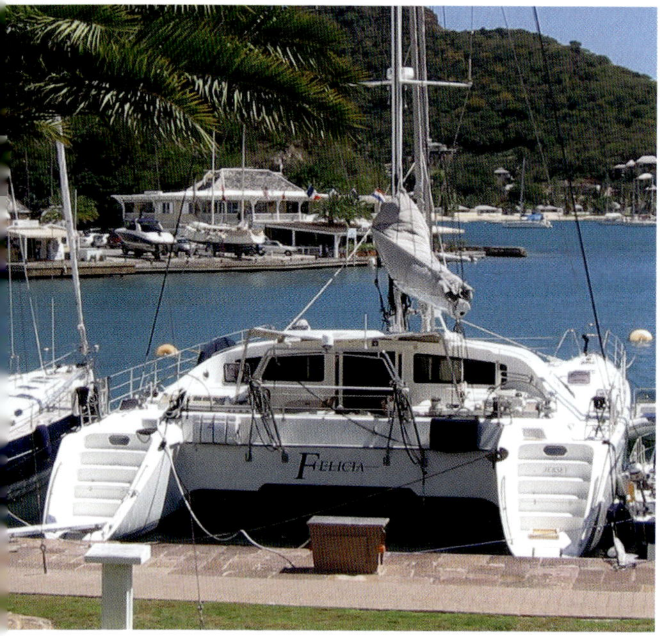

▌Katamaran

rane so ausgelegt sind, dass ein Durchkentern – außer unter absolut extremen Wetterbedingungen – praktisch ausgeschlossen ist. Der umsichtige Skipper läuft ohnehin bei Windstärke 7 und mehr – wenn er es eben vermeiden kann – nicht mehr aus.

Hinsichtlich der Segeleigenschaften soll aber nicht unerwähnt bleiben, dass die meisten Katamarane nur gut auf Halbwind- und Raumschotkursen laufen. Auf Amwindkursen haben sie meist einen recht großen Wendewinkel und stampfen unangenehm kurz und heftig in die Wellen.

Abhängig von der gewählten Schiffsgröße und -typ variiert natürlich auch die Gestaltung der Inneneinrichtung und die technische Ausrüstung.

Im Hinblick auf ausreichenden Komfort an Bord sind folgende Aspekte wichtig:

- **Ist entsprechend der Anzahl der Kojen auch der zugehörige Stauraum ausreichend? Jedes Crewmitglied will nicht nur seine Koje, sondern ganz wesentlich auch genügend Raum zum Stauen seiner Kleidung und Ausrüstung.**
- **Entspricht die Anzahl der Nasszellen/Toiletten der Anzahl an Kabinen? Wenn 6 Leute morgens vor Anker aufstehen, kommt es schnell zu einem „Hygienestau“.**
- **Auf einem Törn in eher kühleren Revieren wie der Ostsee ist eine leistungsfähige Bordheizung oft Gold wert. Wenn an kühlen Regentagen die Feuchtigkeit nicht durch eine Gebläseheizung nach außen befördert wird, verwandeln sich insbesondere schlecht isolierte Charterschiffe schnell in eine Tropfsteinhöhle.**
- **In subtropischen und tropischen Revieren ist neben einem großen, leistungsfähigen Kühlschrank eine kleine Gefriertruhe keineswegs ein Luxus, sofern zu Törnbeginn entsprechende Einkaufsmöglichkeiten für Tiefkühlkost vorhanden sind.**
- **Wie groß sind die Frischwassertanks? Pro Crewmitglied sollten möglichst mehr als 4 Liter Wasser pro Person und Tag in den Tanks vorhanden sein, denn nur so ist eine zufriedenstellende Autonomie möglich. Gerade in abgelegenen Gebieten, sollte dieser Wert eher noch größer sein. Leider gibt es zahlreiche Werften, die auf einer 12-Meter-Segelyacht Wassertanks mit weniger als 300 Litern Volumen einbauen. Ein „Watermaker“, also eine Seewasserentsalzungsanlage, wäre in diesem Fall wünschenswert, ist aber in der Regel wegen der nicht ganz unkomplizierten Bedienung und des Strombedarfs nur sehr selten auf Charterschiffen zu finden.**

2.2 Zusammensetzung der Crew

Ob der Skipper sich seine Crew selbst aussuchen kann, oder ob er notgedrungen mit der gegebenen Crewzusammensetzung klarkommen muss, ist von Fall zu Fall unterschiedlich. Im kommerziellen „skippered charter“ muss der Skipper die zahlende Crew akzeptieren, ob er will oder nicht. Hingegen ist die Situation auf einem privaten Törn unter Freunden natürlich ganz anders.

Auf jeden Fall sollte sich der Skipper folgende Fragen stellen:

- **Kann das Schiff auch unter erschwerten Bedingungen im Hafen und auf See von der gegebenen Crew sicher bedient werden?**
- **Bin ich als Skipper in der Lage bei Totalausfall der Crew (Seekrankheit) das Schiff einhand in den nächsten Hafen zu bringen?**
- **Welche Vorerfahrungen und Segelscheine bringen die einzelnen Crewmitglieder mit? Die Törngestaltung muss auf jeden Fall die Kompetenzen der Crew mitberücksichtigen.**
- **Gibt es jemanden neben dem Skipper, der als Co-Skipper stellvertretend eingesetzt werden kann und der ein Seefunkzeugnis besitzt? Auf manchen Charterbasen wird dies gefordert.**
- **Gibt es Leute in der Crew, die aufgrund körperlicher Handicaps nicht uneingeschränkt eingesetzt werden können? Möglicherweise ist jemand gehbehindert oder hat einen Sehfehler (farbenblind?) oder jemand wird ständig seekrank?**
- **Muss auf Kinder Rücksicht genommen werden? Ob Familiencrews „funktionieren“, ist in erster Linie davon abhängig, wie gut es gelingt, die Kinder in den Bordalltag einzubinden und ob ihnen genügend Aktivitätsmöglichkeiten geboten werden. „Meilenschinden“ sollte tabu und das ausgewählte Revier in vielerlei Hinsicht abwechslungsreich sein: Marinas mit guten Versorgungsmöglichkeiten, Fischerhäfen, die nach Teer und Tang riechen, Ankerbuchten mit schönen Sandstränden, Stadthäfen mit Geschäften, Museen und Ausstellungen … Möglichst im Radius eines halben Segeltages erreichbar.**
- **Wie ist der „soziale Zusammenhalt“ der Crew zu beurteilen? Gibt es vielleicht einen besserwisserischen Querkopf? Bin ich als Skipper in der Lage, menschliche Konfliktsituationen abzubauen? Während eines nur einwöchigen Törns gelingt es vielleicht, sehr verschiedene Menschen auf dem beengten Raum einer Segelyacht selbst in einer Gruppe von 6 oder 8 Leuten einigermaßen konfliktarm miteinander segeln zu lassen. Auf einem zwei- oder mehrwöchigen Törn wird dies höchstwahrscheinlich schwieriger sein.**
- **Ist die Crew sich einig im Hinblick auf die Törngestaltung (sportlicher Trainingstörn oder lieber entspannter Badetörn), oder müssen Kompromisse diskutiert werden? Zwar sollte eigentlich diese Frage *vor* Törnbeginn geklärt sein, doch ist ein unerfahrenes Crewmitglied oft nicht in der Lage, sich die konkreten Lebensbedingungen an Bord schon vor dem Törnbeginn vorzustellen.**

2.3 Das erste Vorbereitungsgespräch mit der Crew an Land

Ein gelungener Törn setzt voraus, dass alle Beteiligten das Gefühl haben, wenigstens zum großen Teil ihre Wünsche und Erwartungen an die Törngestaltung mit eingebracht zu haben. Eine gute Crew ist eine Crew, die miteinander, insbesondere mit dem Skipper kooperierend plant und dann auf See die Entscheidungen des Skippers als richtig und sinnvoll erkennt.

Während an Bord beim aktiven Segeln oft keine Zeit bleibt für breite Darstellungen durch den Skipper, so sollte hingegen *vor* dem Törn jede Gesprächsmöglichkeit durch den Skipper genutzt werden, mit der Crew einen vorbereitenden Gedankenaustausch zu führen.

Um genügend Zeit zu lassen für die Törnvorbereitung sollte dieses Gespräch einige Wochen vor Törnbeginn stattfinden. Das persönliche Vorbereitungsgespräch liefert

Crew

bei entsprechender Erfahrung und Menschenkenntnis auch einige unausgesprochene

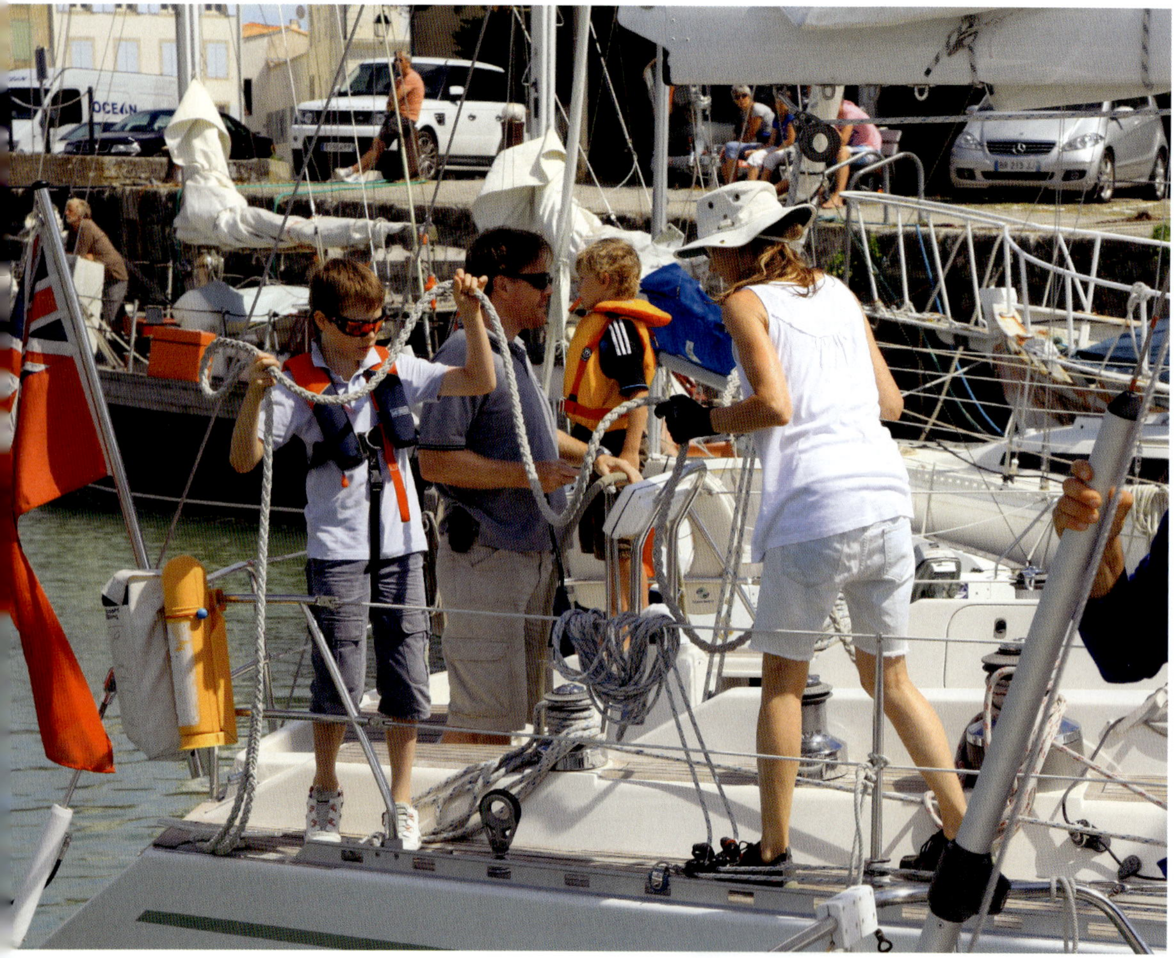

Informationen über die Sachfragen hinaus. Man bekommt einen ersten Eindruck. Der kann zwar auch täuschen und muss ggf. später revidiert werden, aber man hat schon mal einen Ausgangspunkt. Falls es aus organisatorischen Gründen nicht möglich sein sollte, sich tatsächlich gemeinsam an einen Tisch zu setzen, so sollte der Skipper wenigstens versuchen, per E-Mail, Videokonferenz und/oder Telefon einen Gedankenaustausch über die wichtigsten Fragen zur Törngestaltung zu ermöglichen.

Technisch und navigatorisch kann der Törn noch so gut vorbereitet sein. Wenn die Bordatmosphäre aus menschlichen Gründen unerträglich wird, hilft auch die beste technische Planung nichts. Der eine braucht noch 450 Meilen für seinen nächsten Segelschein, während ein anderes Crewmitglied lieber tagelang in stillen Ankerbuchten liegt. Die Konflikte sind vorprogrammiert. Darum *muss* vor dem Törn geklärt werden, mit welchen Voraussetzungen, Wünschen, Kompetenzen das einzelne Crewmitglied an Bord kommt.

Folgende Fragen sollten gemeinsam geklärt werden:

- **Welchen Grundcharakter soll der Törn haben? Entspannter Urlaubstörn? Ausbildungs- oder Trainingstörn in Navigation und Seemannschaft? Meilentörn? Eine gute Mischung von allem?**
- **Welche Erwartungen und Wünsche hat jedes einzelne Crewmitglied im Hinblick auf die Törngestaltung? Länge der Tagesetappen? Anzulaufende Häfen?**
- **Mit welchen seglerischen und/oder navigatorischen Kompetenzen kommen die Crewmitglieder an Bord?**
- **Wer hat eine Ausbildung für UKW-Seefunk (SRC = Short Range Certificate)?**
- **Gibt es jemanden, der als Co-Skipper zur Verfügung steht, sofern das Charterunternehmen dies fordert?**
- **Wie sollen die Kojen verteilt werden?**
- **Gibt es notorische Schnarcher?**
- **Gibt es Raucher in der Crew? Soll das Rauchen an Bord akzeptiert werden?**
- **Soll immer an Bord gekocht werden, oder geht man lieber ins Restaurant?**
- **Gibt es jemanden, der gern regelmäßig für die Crew kochen möchte oder soll es am Herd im Rotationsverfahren reihum gehen?**
- **Hat jemand spezielle Essgewohnheiten, die berücksichtigt werden müssen (z. B. Vegetarier)?**
- **Sollten gewisse Lebensmittel oder Zutaten besser von zuhause mitgebracht werden?**
- **Wie steht es um die körperliche Fitness der Besatzung? Kann jeder schwimmen?**
- **Gibt es medizinische Einschränkungen, die berücksichtigt werden müssen? Diabetiker? Anfälligkeit für Seekrankheit?**
- **Braucht jemand eine bestimmte Zahl von Seemeilen mit Bestätigung für einen Segelschein?**
- **Wird erwartet, dass alle in der Crew aktiv beim Segeln mitmachen?**

Darüber hinaus muss ein souveräner Skipper auf folgende Fragen, die von der Crew an ihn gestellt werden können, eine überzeugende Antwort haben:

- **Wie gut kennt der Skipper das Schiff im Hinblick auf seine Ausrüstung und seine Segeleigenschaften?**
- **Welche Alternativen für den Törnverlauf gibt es, wenn das Wetter nicht mitspielt? Gibt es einen Plan B?**
- **Wie ist die Rollenverteilung geplant hinsichtlich Schiffshandhabung, Verpflegung an Bord und eventueller Notfälle?**

2.4 Technische Aspekte in der Törnplanungsphase

Sofern der geplante Törn auf einem Charterboot gesegelt wird, ist es sinnvoll, dass der Skipper einiges an persönlicher Ausrüstung mitbringt, die in der Regel nicht oder nicht ausreichend an Bord vorhanden ist. Dazu gehören zuerst einmal Seekarten, Seehandbücher und Hafenführer.

Zwar gibt es in der Regel auf einem Charterschiff neben dem Kartenplotter auch meist die notwendigsten Seekarten in Papierform, doch sind diese oft veraltet und/oder in schlechtem Zustand. Auch fehlen häufig Detailkarten größeren Maßstabs. Hinzu kommt, dass es möglicherweise unterwegs wetterbedingt notwendig wird, Häfen anzulaufen, die ursprünglich nicht auf dem Törnplan waren. Also ist es sinnvoll, auch diejenigen Seekarten und Hafenpläne vor dem Törn zu besorgen, die für eine alternative Planung gebraucht werden.

Eine große Hilfe für die Planung in der Seekarte ist natürlich ein elektronisches Seekartenprogramm auf einem mobilen Kartenplotter oder auf dem Laptop. Insbesondere für Smartphones und Tabletts gibt es leistungsfähige und zudem preiswerte Seekartenprogramme inklusive Navigationssoftware. Aber Vorsicht: Einige Programme haben nicht in allen dargestellten Segelrevieren eine hundertprozentig verlässliche Kartografie, insbesondere bei den Wassertiefen. So kommt es leider hin und wieder vor, dass Yachten Grundberührung bekommen wegen falscher Tiefenangaben in der elektronischen Seekarte.

Ob das Herunterladen von fremd erstellten Wegpunktlisten sinnvoll ist, sollte jeder Skipper selbst kritisch entscheiden. Solche Listen gibt es u.a. im Internet auf navigatorisch orientierten Webseiten und auch in Seehandbüchern. Abgesehen aber vom Risiko, dass sich Tippfehler in die Koordinaten eingeschlichen haben, erscheint es einem erfahrenen Segler immer etwas suspekt, fremd gesetzte Vorgaben blind zu übernehmen. Der kompetente Skipper wird sich seine Wegpunkte abhängig von den Gegebenheiten der konkreten Situation wohl eher selbst setzen wollen.

Grundsätzlich muss jeder Skipper für sich selbst entscheiden, ob er bereit ist, die Navigation an Bord ausschließlich auf einem elektronischen Gerät zu betreiben, oder ob er traditionell auf Papierkarten mitkoppelt. Die Tendenz geht heutzutage zwar eindeutig zur elektronischen Seekarte, doch muss dazu gesagt werden, dass dies mit etlichen Risiken verbunden ist. Das gilt besonders, wenn das elektronische Gerät nicht fest eingebauter Bestandteil des Cockpits ist. Bei 25 Knoten Wind und mehr, Kurs hoch am Wind auf offener See gesegelt, ist ordentliche Navigation an einem mobilen Laptop wegen der groben Schiffsbewegungen nicht mehr möglich. Und selbst wenn das Gerät mit Gummibändern oder Klettband befestigt ist, macht es Mühe, die Tastatur zu bedienen. Die gute alte Seekarte hingegen erfüllt auch bei 8 Beaufort noch ihren Zweck, auch dann, wenn sie bei 30 Grad Krängung vom Kartentisch fällt!

Eine Bemerkung zum Gebrauch von Kartenplottern im Allgemeinen:

Es kann nicht genug betont werden, dass die meisten Seekartenprogramme wichtige Details wie Untiefen und Tonnen zwar im Prinzip anzeigen können, dies aber keineswegs auch immer tun. Bei der Wahl eines kleineren Darstellungsmaßstabs werden meist viele Details ausgeblendet, um die Lesbarkeit der elektronischen Seekarte auf dem relativ kleinen Bildschirm nicht zu sehr zu verschlechtern. Hinzu kommt, dass wahrscheinlich nicht jedes Besatzungsmitglied sicher mit einem Plotter umgehen kann. Erscheinen im Maßstab 1:20.000 alle Tonnen und Untiefen, so ist dies keineswegs der Fall bei Verkleinerung des Maßstabs auf 1:100.000. Dies kann fatale Folgen haben …

Hier eine Liste der Dinge, die erfahrungsgemäß manchmal an Bord einer Charteryacht fehlen und die der Skipper besser selbst mit an Bord bringen sollte:

- **Eigene Seekarten in Papierform, in die der Skipper seine persönlichen Eintragungen machen kann.**
- **Einen Tabletcomputer mit elektronischem Seekartenprogramm**
- **See- und Hafenhandbücher zum besegelten Revier**
- **Ein Logbuch für die juristisch notwendigen Eintragungen. Dies kann eine formlose unbeschriebene Kladde sein. Es muss nicht das ledergebundene, vorstrukturierte Buch aus dem Fachverlag sein.**
- **Hand-GPS**
- **Eigenes Fernglas 7 × 50**
- **Hand-UKW-Gerät (mobiles VHF)**
- **Persönliche EPIRB-Seenotrettungsboje**
- **Kursdreiecke, Stechzirkel, Bleistifte**
- **Wasserdichte Handlampe und eine Stirnlampe**
- **MOB-Blitzlichter für jedes Besatzungsmitglied**
- **Handpeilkompass für terrestrische Peilungen**
- **Einige Meter dünne Leine und Bändsel verschiedener Dicke für verschiedene Einsatzbereiche, z. B. um kurzfristig etwas verbinden zu können**
- **Tape, gewebeverstärkt genauso wie Isolierband, multifunktionell einzusetzen**
- **Einige Reserveschäkel verschiedener Größen**

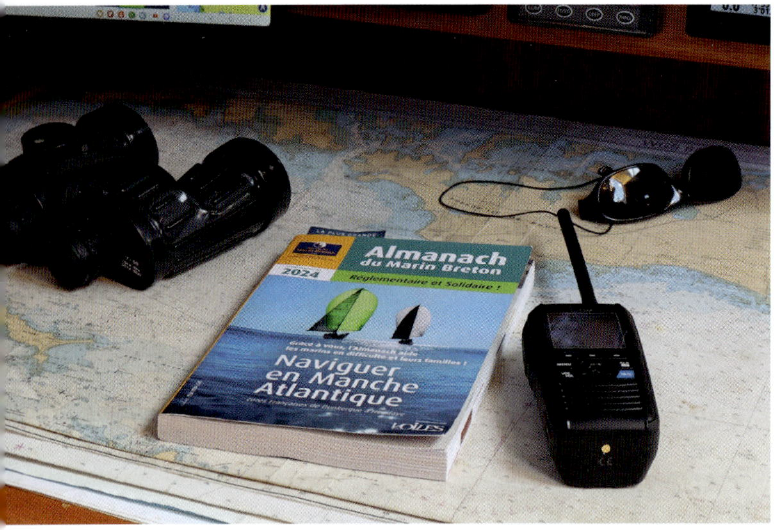

Ausrüstung auf dem Kartentisch

Sofern eine Nachtfahrt geplant ist, gehört auch das entsprechende Leuchtfeuerverzeichnis an Bord, um Leuchttonnen und Leuchtfeuer identifizieren zu können. (ersatzweise *Reed's Nautical Almanac*, *siehe Literaturverzeichnis*)

Um seiner Crew die Vorbereitung auf den Törn zu erleichtern, sollte der Skipper jedem Besatzungsmitglied die folgende Checkliste empfehlen:

Checkliste für die Crew

- Rettungsweste, mit funktionsfähigem Auslösemechanismus
- Lifebelt, in der Länge verstellbar
- Ersatz CO_2-Patrone, eventuelle Transportprobleme bei Flugreise einplanen
- Ölzeug, dem Klima des Segelreviers angepasst
- Warme Unterkleidung in eher kaltem Segelrevier
- Stiefel, sofern das zu erwartende Wetter diese erfordern
- Bordschuhe mit weicher, heller Sohle
- Evtl. Segelhandschuhe
- Evtl. eigenes Hand-GPS
- Evtl. persönliche EPIRB-Seenotrettungsboje
- Ladegerät für das Handy
- Eigene wasserdichte Taschenlampe/Stirnlampe
- Eigenes Kopfkissen
- Schlafsack oder Bettdecke
- Sonnenbrille mit Sicherungsbändsel
- Reservebrille
- Sonnencreme
- Evtl. Seekrankheitsmittel

Fragen zur technischen Ausrüstung des Schiffes stehen in der Törn-Vorbereitungsphase ganz weit oben. Zwar kann erst zum Zeitpunkt der Schiffsübernahme geklärt werden, ob alle Geräte und Einrichtungen auch wirklich funktionieren, doch sollte bereits einige Wochen vor Törnbeginn geklärt werden, was prinzipiell an Technik an Bord ist, um notwendige Ergänzungen vorbereiten zu können.

Folgende Fragen sollten also nicht erst am ersten Segeltag, sondern besser einige Wochen zuvor geklärt werden:

- **Welche Segel sind an Bord?**
- **Welches Reffsystem ist vorhanden?**
- **Welche Leistung hat die eingebaute Maschine?**
- **Wie groß ist das Tankvolumen für Diesel und Wasser?**
- **Was ist an navigatorischer Ausrüstung am Kartentisch vorhanden?**
- **Wie viele Kojen sind effektiv nutzbar?**
- **Welche Ersatzteile (Dieselfilter u.ä.) und welches Werkzeug sind an Bord?**

2.5 Törnplanung navigatorisch

Ob ein Törn zur Zufriedenheit aller Besatzungsmitglieder verläuft, hat wesentlich auch damit zu tun, ob die in der Planung gesetzten Törnziele erreicht werden. Sehr oft wird der Fehler gemacht, zu viele Häfen und Inseln bzw. zu viele Seemeilen in die zur Verfügung stehende Zeit hineinzuplanen. Ein Törn auf einer Segelyacht wird wetterabhängig gesegelt und ist somit nicht vergleichbar mit einer Reise mit dem Auto oder dem Zug. Eine großzügige Zeitreserve ist auf jeden Fall einzuplanen.

Andererseits sollen aber „die schönsten Wochen des Jahres" optimal genutzt werden. Zwar soll der Törn auch Erholung bringen, doch möchten gleichzeitig die meisten Crews auch möglichst viele der Highlights auf Inseln und in Häfen „mitnehmen". Es ergibt sich somit ein Konflikt zwischen notwendiger zeitlicher Reserve einerseits und optimaler Zeitnutzung andererseits. Wie können diese etwas widersprüchlichen Forderungen unter einen Hut gebracht werden?

Es ist sinnvoll, den Törn zeitlich nicht jeweils zur Hälfte in eine Hinreise und eine Rückreise einzuteilen, sondern lieber für die Hinreise ein Drittel und für die Rückreise zwei Drittel der zur Verfügung stehenden Zeit anzusetzen. So lässt sich gewährleisten, dass unterwegs höchstwahrscheinlich kein zeitlicher Stress aufkommt.

Wie lange tagsüber gesegelt wird, ist nicht nur von den Wünschen der Crew abhängig, sondern natürlich ganz wesentlich von der Richtung und Stärke des Windes. Bei einem Kreuzkurs mit wechselnden Schlägen hoch am Wind muss die geradlinig gemessene Distanz der Tagesetappe je nach Kreuzeigenschaften des Schiffes, Wetter und Strömung mit einem Faktor zwischen 1,4 und 2 multipliziert werden, was dementsprechend die Segelzeit verlängert. Darum ist es auch so wichtig, morgens vor dem Auslaufen den Wetterbericht zu hören, um beurteilen zu können, ob gekreuzt werden muss. Denn davon hängt natürlich die Zeitplanung ganz wesentlich ab.

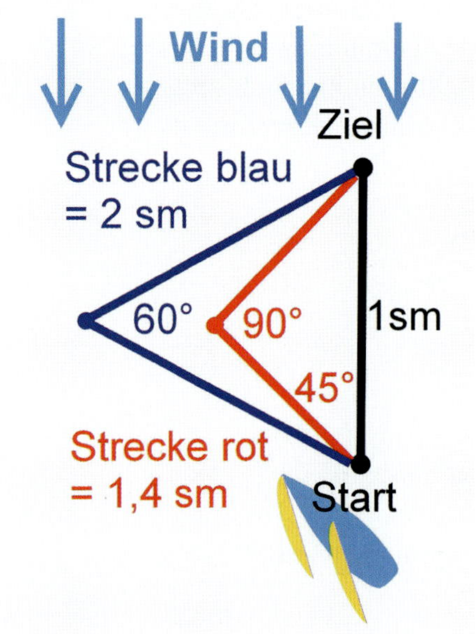

Abbildung zu verschiedenen Kreuzkursen mit verschiedenen Wendewinkeln und den dadurch entstehenden Streckenverlängerungen.

Karten- und Bücherstudium

Zwar wird auf den allermeisten Yachten heutzutage nur noch mit Plotter, fest eingebaut oder auf dem Tablett oder Laptop, elektronisch navigiert, aber es gibt durchaus gute Gründe, warum man dennoch die wesentlichen Seekarten in Papierform an Bord haben sollte. Es muss nicht gleich die gesamte Elektrik ausfallen. Es reicht eine bei Schwerwetter unachtsam bewegte Winschkurbel, oder der Niro-Schnappschäkel einer ungeschickt bewegten Lifeline, um einen Bildschirm funktionsunfähig zu machen. Ganz abgesehen von Korrosionsschäden an elektrischen Kabeln…

Aktualisierte, amtliche Seekarten vom BSH (Bundesamt für Seeschifffahrt und Hydrographie), aus England die BA-Karten (British Admiralty) und aus Frankreich die SHOM-Karten (Service Hydrographique et Océanographique de la Marine) bekommt man über die einschlägigen Vertriebsstellen wie z. B. *Hansenautic* in Eckernförde.

Wichtig zu wissen ist es, dass offizielle Karten international englische Abkürzungen tragen und folglich der Skipper diese Abkürzungen lesen können muss. Die schnellste Art dies zu lernen, ist der Erwerb der sogenannten Seekarte Nummer 1, der INT 1, die alle Symbole, Zeichnungen und Abkürzungen mit ihren Erklärungen enthält, die auf offiziellen Karten vorkommen. Offizielle Karten werden vor dem Verkauf wöchentlich aktualisiert, so dass der Skipper weitgehend sicher sein kann, dass alle Details auf der Karte der Realität entsprechen. Leider sind diese offiziellen Karten sehr teuer und werden in vielen Ländern nur noch auf Bestellung gedruckt (PoD = Print on Demand).

Sogenannte Sportbootkarten (z. B. von *Imray* oder *NV-Charts*) sind meist preiswerter als offizielle Karten der nationalen hydrografischen Institute, doch werden sie in der Regel nur in mehrjährigen Intervallen aktualisiert. Dies ist besonders in Seegebieten mit sich verlagernden Sandbänken wie z. B. der Nordsee, dem Ärmelkanal oder Teilen der Ostsee oder Nordafrikas äußerst gefährlich. Sektoren von Leuchtfeuern müssen geändert werden, Tonnen müssen neu verlegt werden…

Hingegen erfordern Karten von felsigen Küsten wie die der Bretagne, Schwedens, Irlands oder Schottlands seltener eine Aktualisierung, so dass Sportbootkarten hier vertretbarer sind.

Sportbootkarten haben noch einen weiteren Vorteil: Sie sind im Format etwas kleiner, so dass sie voll aufgeklappt auch auf die in letzter Zeit leider immer kleiner gebauten Kartentische moderner Yachten passen. Ob allerdings diese Entwicklung weg vom Kartentisch hin zum Kartenplotter im Cockpit sinnvoll ist, wird – u. a. aus den schon genannten Gründen – vom Autor sehr stark bezweifelt.

Neben Seekarten ist die vorbereitende Lektüre von See- und Hafenhandbüchern unverzichtbar. Wer als Skipper erst im letzten Moment vor der Ansteuerung eines Hafens versucht, sich im Hafenhandbuch zu informieren, handelt wenig vorausschauend. Denn insbesondere bei viel Wind oder anderen erschwerenden Bedingungen lassen sich nicht schnell genug die Details und wechselnden Kurse einer möglicherweise wegen Untiefen schwierigen Ansteuerung erfassen. Nicht immer ist die Betonnung ausreichend, um ohne Detailkarte einen Hafen sicher anzusteuern zu können. Hafenpläne, zu finden in Hafenhandbüchern, geben darüber hinaus Auskunft über die Aufteilung und Infrastruktur des Hafens, insbesondere über die Lage der Gastliegeplätze.

Ein Detail, dessen Bedeutung manchmal bei Seekarten übersehen wird, ist die geographische Bezugsnorm der Karte im Hinblick auf die Benutzung eines GPS. Die auf europäischen Karten inzwischen weitestgehend benutzte Norm nennt sich WGS 84 (World Geodetic System 1984). Die Norm beschreibt ein mathematisch-geometrisches Verfahren, nach dem die dreidimensionale Gestalt der Erdoberfläche in eine zweidimensionale Form (Karte) gebracht wird, ohne beim Gebrauch eines GPS-Empfängers allzu große Winkel- oder Streckenungenauigkeiten zu verursachen. Das Problem dabei ist, dass die Erde keineswegs eine perfekte Ku-

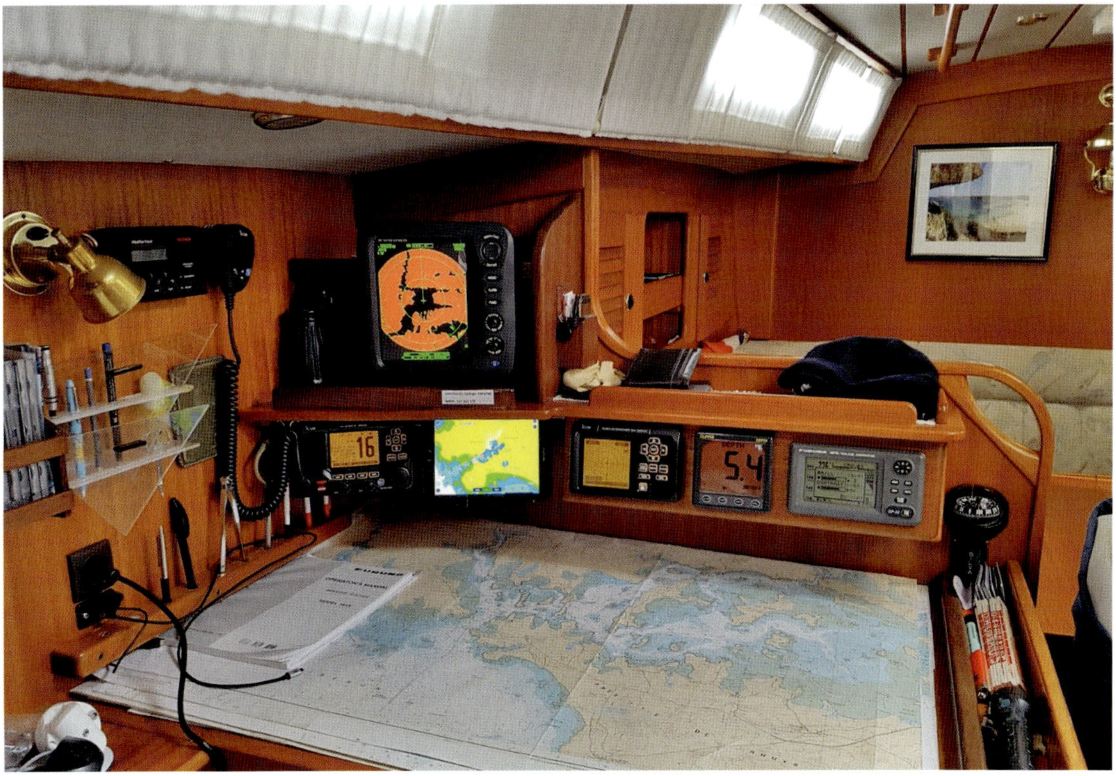

Seekarte auf Kartentisch und Kartenplotter mit bewusst voneinander getrennten, unabhängigen Geräten

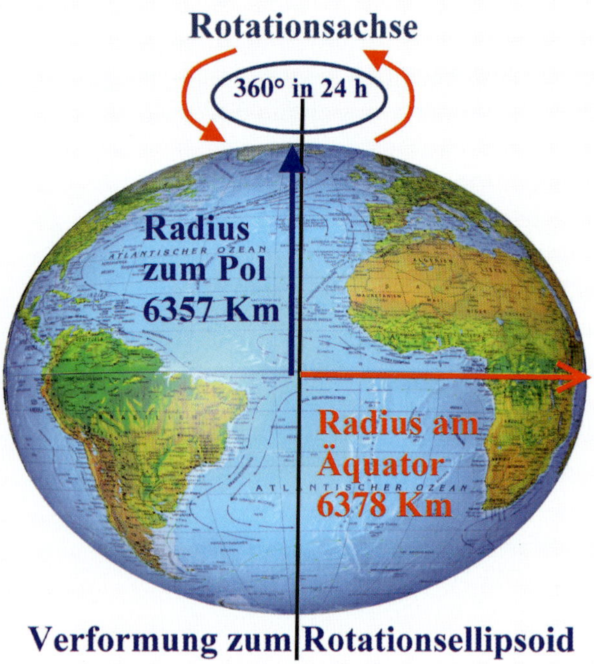

Erde als Rotationsellipsoid

gel ist, sondern bedingt durch ihre Rotation und durch Unregelmäßigkeiten der Verteilung von Land und Wasser nur grob einer Kugel ähnelt. Die Erde ist – geometrisch gesprochen – ein sogenanntes Rotationsellipsoid. Ihr Querschnitt durch Nord- und Südpol, senkrecht zum Äquator, stellt eine etwas unregelmäßige Ellipse dar. Der Abstand zwischen Nord- und Südpol ist etwa 43 Kilometer geringer als der Durchmesser des Äquators.

Für den Nutzer eines mitgebrachten GPS-Gerätes ohne Kartenplotter an Bord ist dies deshalb von Bedeutung, weil einerseits nicht immer Karten in der WGS-84-Norm vorhanden sind und andererseits auch keineswegs immer alle GPS-Geräte auf diese Norm eingestellt sind. Nur bei Übereinstimmung der Norm von GPS-Gerät und Kartennorm ist eine ausreichende Genauigkeit der Positionsübertragung vom GPS auf die Papierseekarte gewährleistet. Bei abweichenden Normen kann es durchaus im Extremfall zu mehreren Seemeilen Abweichung kommen, was dann den Wert der GPS-gestützten Navigation in Frage stellt. Die meisten GPS-Empfänger sind allerdings auf unterschiedliche Normen einstellbar und somit der gegebenen Kartennorm anzupassen. Dieses Problem tritt natürlich nicht bei Kartenplottern auf, solange man rein optische Bildschirmnavigation betreibt.

Eine Frage, die jeder Skipper für sich selbst beantworten muss, betrifft die Benutzung fremder Wegpunktlisten aus Hafen- und Seehandbüchern. Der Autor ist der Meinung, dass das Risiko von Druckfehlern zu groß ist und ohnehin die sinnvolle Positionierung eines Wegpunktes wetterabhängig sehr verschieden sein kann. Dasselbe gilt für das Erstellen von sogenannten Routen, also der Aneinanderreihung mehrerer Wegpunkte in einem automatisch ablaufenden Programm. Zu oft wechselt der Wind seine Richtung, um zu Törnbeginn bereits sicher sein zu können, bestimmte Wegpunkte in fester Reihenfolge nacheinander abhaken zu können.

Außerdem ist die Auseinandersetzung mit selbst erstellten Wegpunkten und der der zwangsläufig damit verbundenen Kartenarbeit sehr wertvoll, um sich mit dem Segelrevier besser vertraut zu machen.

Abkürzungen zum Gebrauch des GPS

Leider sind die im Handel üblichen GPS-Empfänger im Gegensatz zu Radargeräten auch heute noch nicht international übereinstimmend in ihren Funktionen beschriftet. Hier eine Liste der gängigsten Abkürzungen auf den Funktionstasten:

COG = **C**ourse **o**ver **g**round – Kurs über Grund
SOG = **S**peed **o**ver **g**round – Fahrt über Grund
WPT = **W**ay**p**oin**t** – Wegpunkt
LAT = Latitude – Breite
LON = Longitude – Länge
BRG = **B**ea**r**in**g** – Peilung
RNG = **R**a**ng**e – Reichweite (Abstand)
DST = **D**i**st**ance – Abstand
XTE = **Cross T**rack **E**rror – senkrechter Abstand zur Soll-Kurslinie

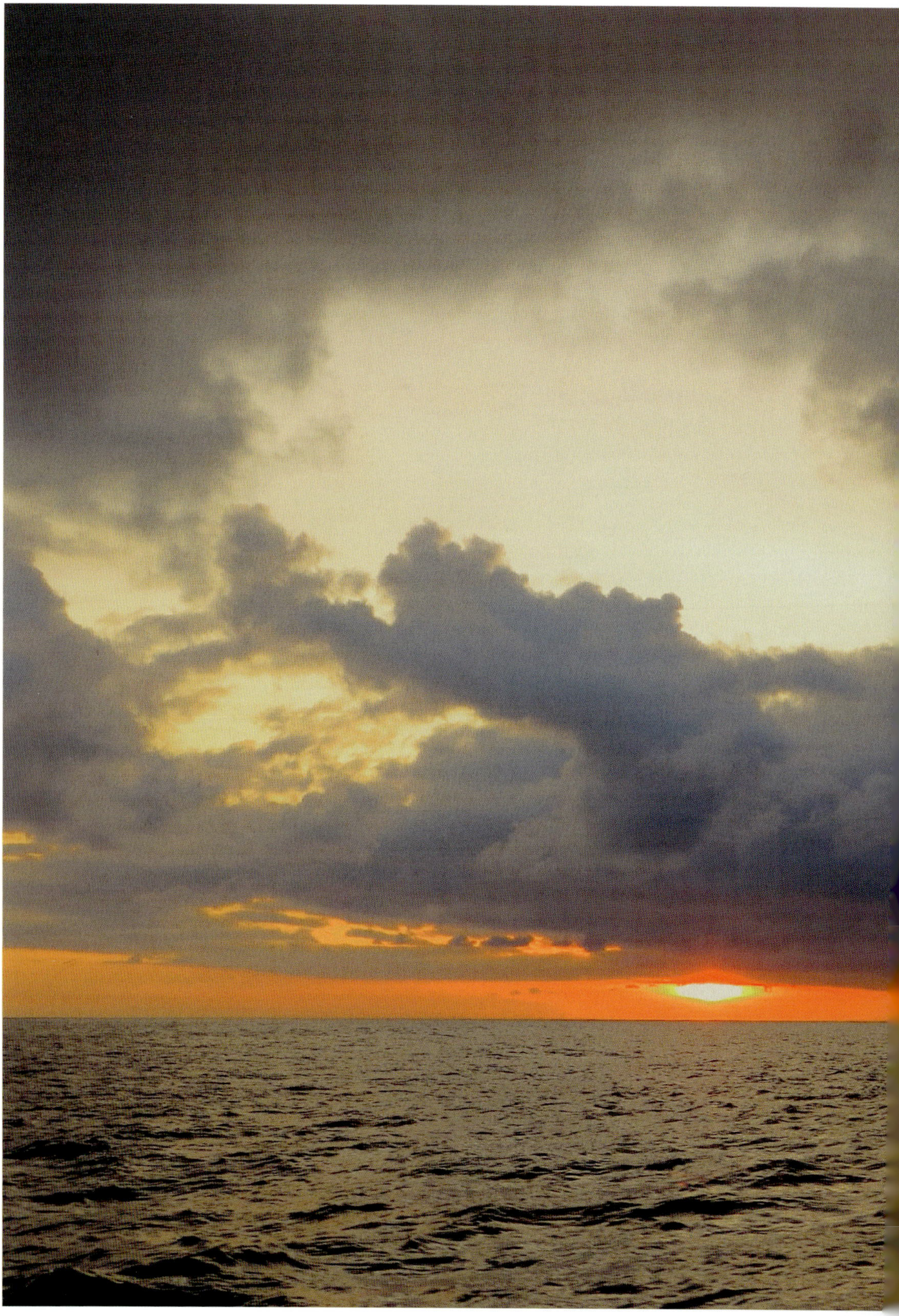

3

Törnplanung meteorologisch

Das Thema Meteorologie ist derartig umfassend und komplex, dass eine umfassende Behandlung den Rahmen dieses Buches sprengen würde. Dem zukünftigen Skipper wird dringend empfohlen, sich intensiv mit diesem Thema mittels Fachliteratur und meteorologischer Seminare (auch Webinare im Internet) zu beschäftigen. Es soll an dieser Stelle darum keine Einführung in die Meteorologie angeboten sondern nur die Aspekte beschrieben werden, die für die Törn- und Reiseplanung primär und pragmatisch von Bedeutung sind.

3.1 Allgemeine Vorüberlegungen

Wenn sich Segler guten Wind wünschen, dann meinen sie damit meist einen mittelkräftigen, eher regelmäßigen Wind, der aus einer Richtung kommt, die es nicht notwendig macht, zu kreuzen. Da aber Törns in der Regel mit mehr oder weniger festen Zielen in einem gesetzten Zeitrahmen gesegelt werden, ist der Spielraum meist recht eingeschränkt.

Dazu ein paar grundlegende Fragen:

- **Wie viel Zeit haben wir maximal zur Verfügung?**
- **Welche Inseln, Häfen, Ankerbuchten möchten wir gern anlaufen?**
- **Wie ist die aktuelle Wetterlage und die Entwicklung in den nächsten Tagen?**
- **Ist es auf der Grundlage des gegebenen und zu erwartenden Windes sinnvoll und machbar, die gesetzten Ziele beizubehalten?**
- **Müssen wir kreuzen?**
- **Passt der durch das Kreuzen entstehende Zeitaufwand in unsere Gesamtplanung?**
- **Wie könnte ein Plan B aussehen?**

Um einen Törn optimal zu planen und auch eventuell wetterbedingt notwendige Törnalternativen im Hinterkopf zu haben, ist neben einem intensiven Kartenstudium vor allem die Lektüre von Klima- und Wetterstatistiken des betreffenden Seegebietes wichtig. So gilt es beispielsweise bei der Planung eines Rundtörns durch die Inseln der Dänischen Südsee oder durch das Archipel der Kanaren zu entscheiden, in welchem Drehsinn der Törn sinnvollerweise gesegelt wird. Im Uhrzeigersinn oder in Gegenrichtung?

Irgendwann muss in der Regel ohnehin gekreuzt werden. Doch – sofern er die Wahl hat – sollte der Skipper den anstrengenderen Teil des Törns eher in das erste Drittel der Törnplanung legen. Das primäre Beurteilungskriterium ist die zu erwartende, statistisch vorherrschende Windrichtung. Für die großräumigere Planung hilft dabei ein Windatlas wie der von Jimmy Cornell (*siehe Kap. 3.6*).

Natürlich muss die tatsächlich eintretende Großwetterlage während des Törns nicht unbedingt den statistischen Wahrscheinlichkeiten entsprechen. Die Konsequenz daraus kann nur lauten: Wir planen auch Alternativen mit ein. Wie könnte ein Plan B aussehen? Zu jeder Törnplanung gehört also auch die Frage, welche Häfen oder Schutzbuchten können im Falle eines Problems, sei es technisch, sei es wetterbedingt, als Nothafen möglichst schnell und sicher angelaufen werden? Das See- oder Hafenhandbuch gibt die Antwort. Verlassen Sie sich dabei nicht allein auf die Seekarte, denn oft sind die Eintragungen der Wassertiefen in Häfen nicht zuverlässig.

In einem inselreichen Gewässer wie beispielsweise Kroatien ist es fast immer relativ leicht, bei Starkwind nach Lee abzufallen und unter der nächsten Insel vor schlechtem Wetter Schutz zu suchen. An einer insellosen, geraden Küste wie beispielsweise an der italienischen Adria ist dies nicht möglich. Wenn dann in einer Problemsituation in Lee kein leicht anzulaufender, sicherer Hafen liegt, ist guter Rat teuer.

Im Vorbereitungsgespräch zwischen der Crew und dem Skipper darf die folgende Frage nicht fehlen: **Ab welcher Windstärke bleiben wir im Hafen?** Die Antwort ist keineswegs leicht zu finden.

Folgende Variablen sind zu berücksichtigen:

- **Erfahrung und Belastbarkeit der Crew**
- **Größe und Seetauglichkeit des Schiffes**
- **Dauer und Fetch des zu erwartenden Starkwindes**
- **Geplanter Kurs zum Wind**
- **Zur Verfügung stehende Zeit, geplante Dauer des Törns**

Erstes Kriterium sollte die Erfahrung und Belastbarkeit der Crew sein. Während mit einer erfahrenen, motivierten und belastbaren Crew auch ein Amwindkurs bei 7 bis 8 Beaufort durchaus noch zu segeln sein kann, ist eine Anfängercrew möglicherweise schon bei Windstärke 5 überfordert und wird seekrank. Große Krängung von ständig mehr als 25 Grad und hartes Stampfen in grober See machen jede Bewegung an und unter Deck zur gymnastischen Übung. Stürze und mögliche Verletzungen werden folglich wahrscheinlicher.

Dass hierbei die Bootsgröße eine Rolle spielt, ist selbstverständlich. Für ein 8-Meter-Boot ist ein Kreuzkurs bei 5 Beaufort möglicherweise schon eine Grenzbelastung, während eine 14-Meter-Yacht auch 7 bis 8 Windstärken .(= 7 bis 8 Bft) auf allen Kursen wegsteckt. Andererseits muss aber auch gesagt werden, dass ein gut vorbereitetes und gut ausgerüstetes 9-Meter-Boot durchaus seetüchtiger sein als eine vernachlässigte 14-Meter-Yacht.

Es macht einen großen Unterschied, ob ein Starkwind von 7 – 8 Bft nur kurzzeitig z. B. durch einen Düseneffekt zwischen zwei gebirgigen Inseln auftritt, oder ob er tagelang über eine große Seefläche hinwegblasen kann. Der sogenannte „Fetch" ist die dem Wind zur Verfügung stehende freie Seefläche nach Luv, über der sich der Seegang aufbaut. Somit kann es im konkreten Fall durchaus vertretbar sein, kurzzeitigen raumen Starkwind von 8 Bft aus Nord z. B. zwischen Gomera und Teneriffa in Kauf zu nehmen, um zügig binnen weniger Stunden in Richtung Süden nach Gran Canaria zu segeln.

Düseneffekt Kanaren

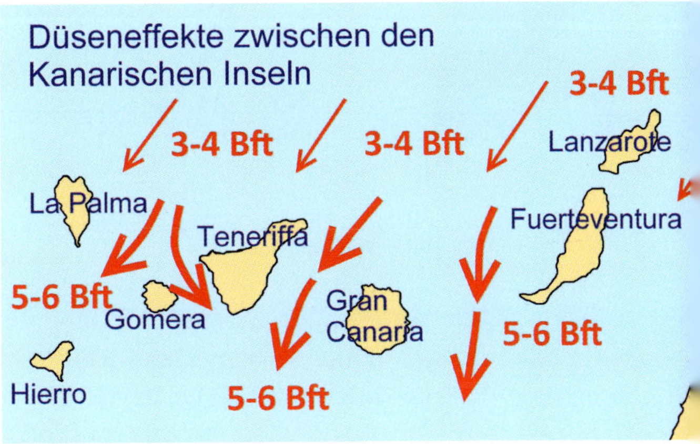

Hingegen ist es sicherlich kaum einer Besatzung zuzumuten, bei 7 Windstärken von Südwest beispielsweise die Biskaya auf 350 Meilen von Brest nach La Coruna kreuzend zu überqueren.

Ferner kommt es darauf an, ob der Wind ablandig oder auflandig ist, und in welchem Abstand zur Küste gesegelt

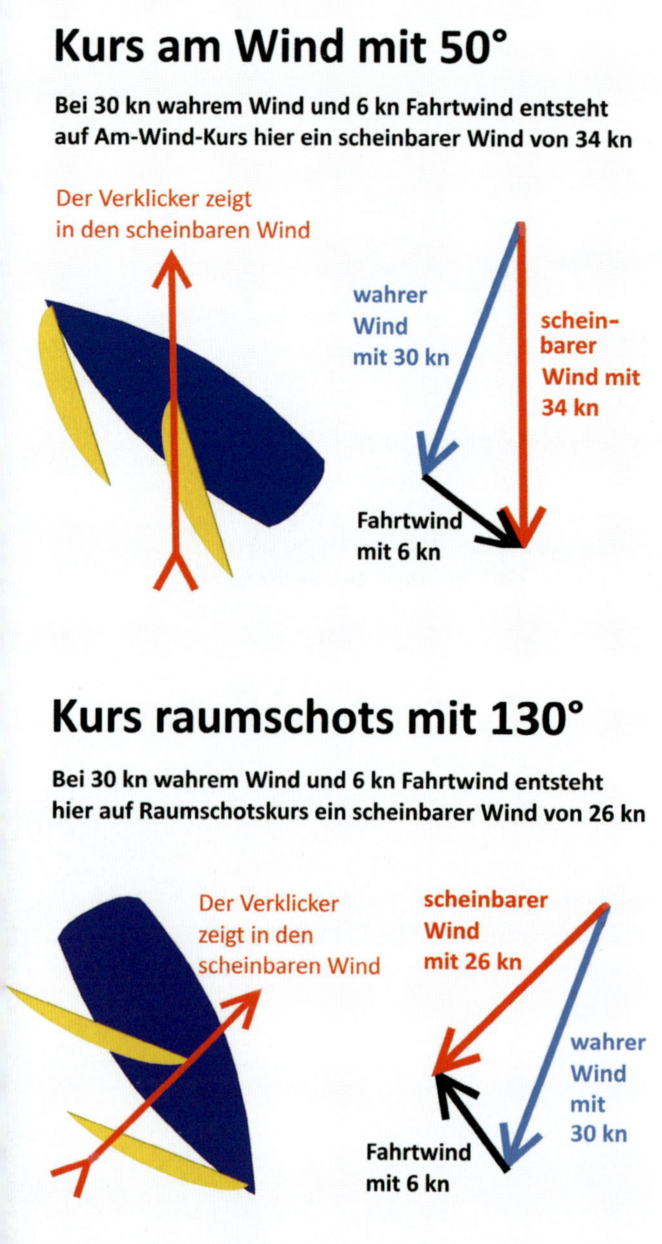

Oben: Kurs am Wind, unten: Kurs raumschots

werden soll. Ein Törn parallel zu einer in klarer Sichtweite befindlichen Küste kann bei ablandigem Wind auch noch bei 7 Windstärken ein Genuss sein, sofern der Fetch klein genug ist. Ein ablandiger Starkwind von 30 Knoten (Windstärke 7 bis 8) baut bei 2 Seemeilen Abstand zur Küste nur eine Welle von maximal 1 Meter Höhe auf. Bläst hingegen der gleiche Wind auflandig und hat einen Fetch von mehr als 20 Seemeilen zur Verfügung, so beträgt die mittlere Wellenhöhe etwa 3 Meter, was für die meisten Crews schon das obere Limit bedeutet.

Dass der Kurs zum Wind eine entscheidende Rolle spielt, ist jedem Segler einsichtig. Wahre 7 Windstärken raumschots gesegelt, werden an Bord in Form des scheinbaren Windes lediglich mit Stärke 5 bis 6 wahrgenommen, denn der Fahrtwind reduziert den scheinbaren Wind. Andersherum belastet ein wahrer Wind der Stärke 7 eine kreuzende Yacht mit etwa 8 Bft. *Umrechnung der verschiedenen Einheiten der Windgeschwindigkeit s. S. 49.*

In welchem Maße der Faktor Zeit mit in die Entscheidung einfließen sollte, bei wie viel Wind noch gesegelt wird, muss jeder Skipper mit seiner Besatzung im Gespräch klären. Fakt ist, dass sehr viele Unfälle auf See ihre Ursache darin haben, dass wegen Zeitmangels (drängende Rückgabe der Charteryacht, schlechte Törnplanung in der ersten Hälfte der Reise…) entschieden wird, trotz des schlechten Wetters auszulaufen. Trotz aller oben genannten Einschränkungen, muss jedoch ganz klar gesagt werden: Mehr als 8 Windstärken (für viele Crews sogar nur 7) sind für den Freizeitsegler zu viel! Wenn es also vermieden werden kann, bei mehr als 7 Bft auszulaufen, so sollte die Entscheidung klar lauten: Wir bleiben im Hafen!

3.2 Wettervariablen

Was den Segler in erster Linie interessiert, ist natürlich der Wind. Er hat seine Entstehungsursache in dem Druckunterschied zwischen einer Zone niedrigen Luftdrucks – kurz Tief genannt – und einer Zone hohen Luftdrucks – kurz Hoch genannt.

Die für den Segler wesentlichen physikalischen Wettervariablen sind

- **Windstärke**
- **Windrichtung**
- **Luftdruck**
- **Temperatur**
- **Niederschlag**
- **Luftfeuchtigkeit**
- **Bewölkung**
- **Sicht.**

Die Windstärke wird in professionellen Seewetterberichten traditionell in Beaufort (Abkürzung: Bft) genannt. Doch setzt es sich in letzter Zeit immer mehr durch, die Windgeschwindigkeit in Knoten (kn) anzugeben. Es ist wichtig zu wissen, dass die Beaufort-Skala nicht linear eingeteilt ist, somit im Hinblick auf die Geschwindigkeit der Luftbewegung beispielsweise 8 Bft nicht das Doppelte von 4 Bft sind. Die Beaufort-Skala beruht auf dem visuellen Eindruck der Wasseroberfläche. Die unten abgebildete Tabelle gibt Auskunft über die Umrechnung der verschiedenen Maßeinheiten der Windgeschwindigkeit. Sie beschreibt ebenfalls das Aussehen der Meeresoberfläche in Abhängigkeit von der Windstärke in Beaufort. Die angegebene Wellenhöhe ist ein Mittelwert und setzt voraus, dass der **Fetch** (die dem Wind zur Verfügung stehende Angriffsfläche) groß genug ist, um die See in charakteristischer Höhe aufzubauen.

Starkwind auf See

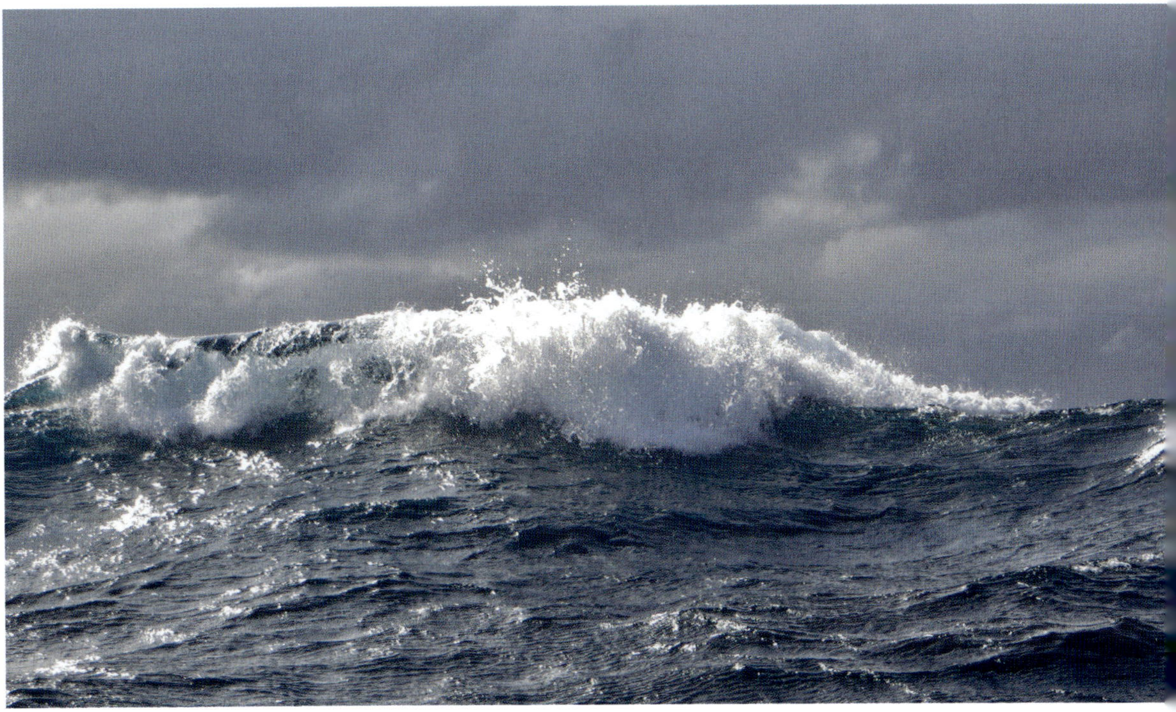

Rotierendes Hoch und Tief mit Druckausgleich

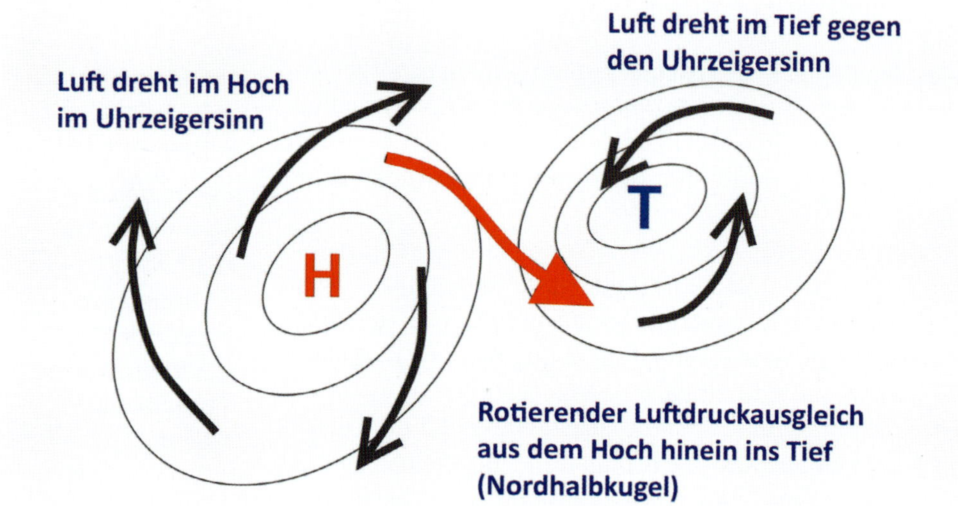

Die Windrichtungen werden international mit N, S, E und W abgekürzt (für North, South, East und West). In manchen statistischen Tabellen (z. B. auf Strömungskarten) sieht man die Windrichtung auch in Grad angegeben. Dann handelt es sich um eine Zählung im Uhrzeigersinn von 0 Grad für Nord, 90 Grad für Ost, 180 Grad für Süd und 360 Grad = 0 Grad.

Luftdruck

Luft hat eine Masse, folglich auch ein Gewicht. Ein Liter Luft hat eine Masse von 1,3 Gramm. Die mehrere Kilometer dicke Lufthülle über der Erdoberfläche baut folglich bedingt durch die Erdanziehungskraft einen gewissen Druck auf. Der mittlere Luftdruck in Meereshöhe beträgt in Mitteleuropa 1013 hPa (Hektopascal). In älteren Veröffentlichungen wird auch noch von mbar (Millibar) gesprochen, was der Maßzahl nach dasselbe ist. Historisch veraltet, aber noch nicht ganz aus den Köpfen verschwunden, ist die Maßeinheit Torr, die sich auf die Höhe einer Quecksilbersäule in Millimetern bezieht und in der Zeit der frachtfahrenden Segelschifffahrt bei Quecksilberbarometern benutzt wurde. Ein Luftdruck von 760 Torr entspricht 1013 hPa.

Auf Wetterkarten finden sich Luftdruckangaben entlang der Isobaren. Das sind geschlossene Verbindungslinien von Punkten gleichen Luftdrucks auf der Erdoberfläche. Sie sind dem Segler hilfreich, weil er daraus entnehmen kann, wie tief ausgeprägt und wie weit geografisch ausgedehnt das Tiefdruckgebiet ist.

Temperatur

Temperaturunterschiede an der Erdoberfläche sind von zahlreichen Variablen abhängig: Geografischer Breite, Jahreszeit, Beschaffenheit der Erdoberfläche (Wasser, Land, Wald…), Bewölkung, Höhe der Sonne über dem Horizont. Unterschiede in der Lufttemperatur haben Einfluss auf die Entstehung von Wind, denn warme

Windumrechnungstabelle

Bft	Knoten	m/Sek.	km/h	Bezeichnung	Meeresoberfläche
0	1	0 - 0,2	1	Windstille	Spiegelglatte See
1	1 - 3	0,3 - 1,5	1 - 5	Leiser Zug	Kleine Kräuselwellen ohne Schaumkämme, Wellenhöhe 0,1 m
2	4 - 6	1,6 - 3,3	6 - 11	Leichte Brise	Kleine, kurze Wellen, noch keine brechenden Kämme, Wellenhöhe etwa 0,1 bis 0,3 m
3	7 - 10	3,4 - 5,4	12 - 19	Schwache Brise	Kämme beginnen zu brechen. Schaum glasig, vereinzelt Schaumköpfe. Wellenhöhe etwa 0,5 m
4	11 - 15	5,5 - 7,9	20 - 28	Mäßige Brise	Wellen noch klein, werden aber länger. Weiße Schaumköpfe treten schon ziemlich verbreitet auf. Wellenhöhe etwa 1 m
5	16 - 21	8,0 - 10,7	29 - 38	Frische Brise	Mäßige Wellen, die eine ausgeprägte lange Form annehmen. Überall weiße Schaumkämme. Ganz vereinzelt kann schon Gischt vorkommen. Wellenhöhe etwa 1,5 m
6	22 - 27	10,8 - 13,8	39 - 49	Starker Wind	Die Bildung großer Wellen beginnt; Kämme brechen und hinterlassen größere weiße Schaumflächen; etwas Gischt. Wellen höhe etwa 2 m
7	28 - 33	13,9 - 17,1	50 - 61	Steifer Wind	See türmt sich auf. Der beim Brechen entstehende weiße Schaum beginnt sich in Streifen in die Windrichtung zu legen. Wellenhöhe etwa 3 m
8	34-40	17,2 - 20,7	62 - 74	Stürmischer Wind	Mäßig hohe Wellenberge mit Kämmen von beträchtlicher Länge. Von den Kanten der Kämme beginnt Gischt abzuwehen. Der Schaum legt sich in gut ausgeprägten Streifen in die Windrichtung. Wellenhöhe etwa 6 m
9	41-47	20,8 - 24,4	75 - 88	Sturm	Hohe Wellenberge, dichte Schaumstreifen in Windrichtung. „Rollen" der See beginnt. Fliegende Gischt beeinträchtigt die Sicht. Wellenhöhe etwa 8 m
10	48 - 55	24,5 - 28,4	89 - 102	Schwerer Sturm	Sehr hohe Wellenberge mit langen überbrechenden Kämmen. See weiß durch Schaum. Rollen der See schwer und stoßartig. Sicht durch Gischt sehr stark beeinträchtigt. Wellenhöhe etwa 10 m
11	56 - 63	28,5 - 32,6	103 - 117	Orkanartiger Sturm	Außergewöhnlich hohe Wellenberge. Die Kanten der Wellenkämme werden überall zu Gischt zerblasen. Die Sicht ist extrem herabgesetzt. Wellenhöhe etwa 13 m
12	64 - 71	32,7 - 36,9	118 - 133	Orkan	Luft mit Schaum und Gischt angefüllt. See vollständig weiß. Jede Fernsicht unmöglich.

Luft ist leichter als kalte, was einen Druckunterschied verursacht. Die Temperatur der Luft ist von großem Einfluss auf das Wohlbefinden.

Auf See zählt dabei aber nicht allein die real gemessene Temperatur. Der sog. Chill-Faktor im Wind (verstärkte Wärmeabgabe an die am Körper schnell vorbeifließende Luft) beeinflusst die subjektive Wahrnehmung der Wärme/Kälte erheblich. Je kräftiger der Wind bläst, umso schneller kühlt der Körper aus und umso wichtiger ist es, winddicht gekleidet zu sein.

Maßeinheiten: Während in Europa die Temperatur in Grad Celsius gemessen wird, geben beispielsweise Amerikaner, Australier, Neuseeländer sie in Grad Fahrenheit an. Die folgende Tabelle hilft im gängigen Temperaturspektrum bei der Umrechnung:

°C	5	7	9	11	13	15	17	19	21	23	25	27	29	31	33
°F	41	45	48	52	55	59	63	66	70	73	77	81	84	88	91

Luftfeuchtigkeit

Luft enthält in der Regel auch Wasser, allerdings in molekularer Form, als Wasserdampf, oder in Form kleinster Tröpfchen bei Nebel. Je wärmer die Luft, umso mehr Wasser kann sie absorbieren. Bei einem Luftdruck von 1013 hPa kann ein Kubikmeter Luft bei 10 Grad maximal 9,4 Gramm Wasser aufnehmen. Die gleiche Luftmenge nimmt bei 30 Grad schon 30,4 Gramm Wasser auf und bei 60 Grad sind es schon über 100 Gramm Wasser. Die Luftfeuchtigkeit wird in Prozent angegeben und bezieht sich jeweils auf das mögliche Maximum der Sättigung.

Dunst – Nebel

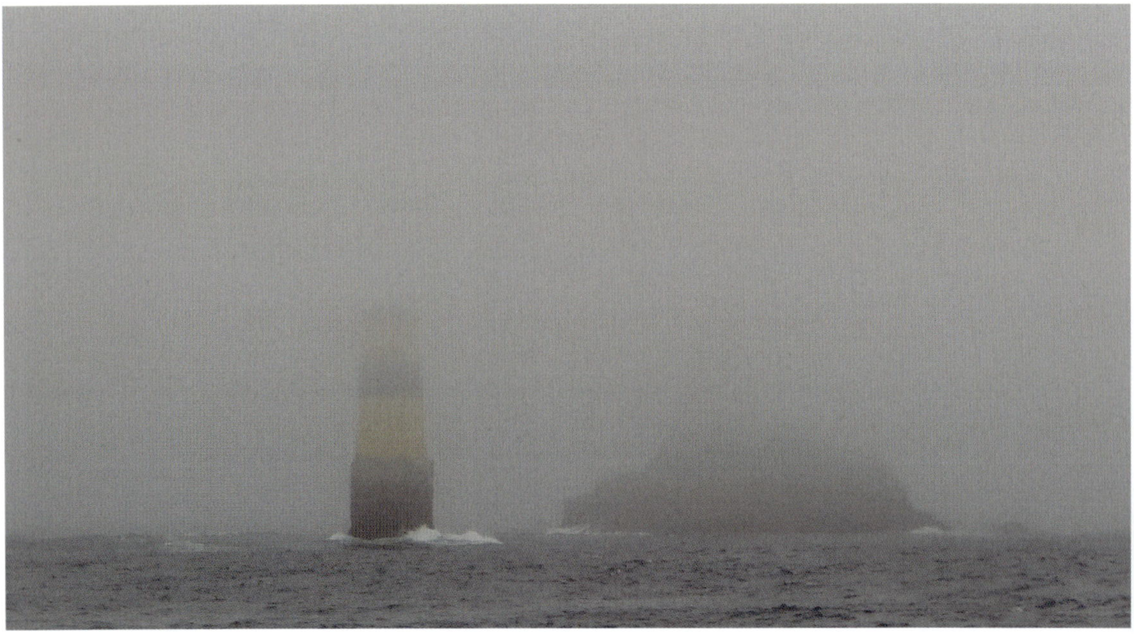

Die Kenntnis der Luftfeuchtigkeit ist für den Segler deshalb von Bedeutung, weil das Herannahen eines Tiefs fast immer mit einer Erhöhung der Luftfeuchtigkeit einhergeht. Sie ist somit ein wichtiger Parameter in der Vorhersage.

Ferner hat die Luftfeuchtigkeit einen erheblichen Einfluss auf die Sichtweite. Je höher der Wasserdampfgehalt ist, umso weniger transparent ist die Luft, also umso schlechter die Sicht. Bei Nebel herrscht 100 % Luftfeuchtigkeit. Auch ohne Hygrometer (Luftfeuchtigkeitsmesser) kann der Segler daher aus sich verschlechternder Sicht den Schluss auf gestiegene Luftfeuchtigkeit ziehen, was wiederum bedeuten kann, dass ein Tief im Anmarsch ist.

Bewölkung

Der Volksmund kennt etliche Wettersprüche, die sich auf die Verfärbung des Himmels durch Bewölkung beziehen. In der Tat gibt es – wie jedermann weiß – einen ursächlichen Zusammenhang zwischen der Veränderung der Bewölkung am Horizont und dem Herannahen eines Tiefs. Allerdings sind die typischen Bewölkungsveränderungen beim Heraufziehen von Schlechtwetter auch regional abhängig. Ein guter Skipper macht sich also vor Törnbeginn auch kundig über regionale Besonderheiten im Hinblick auf die Bewölkung. Meist findet man dazu Informationen in den See- und Hafenhandbüchern. Die Bewölkung wird üblicherweise in Achteln angegeben. 4/8 bedeutet also, dass der Himmel zu etwa 50 % wolkenlos ist.

Niederschlag

Prasselnder Regen nach einem heißen Sommertag kann ein erholsamer Genuss sein, aber in der Regel mag der Segler keinen Regen. Nicht nur aus einem subjektiven Gefühl heraus, sondern auch unter navigatorischen Gesichtspunkten. Regen verschlechtert die Sicht. Starker Regen kann die Sicht ebenso stark verringern wie Nebel, so dass eine sichere Hafenansteuerung ohne GPS oder Radar unter Umständen nicht mehr machbar ist.

Man muss wissen, dass starker Regen auch ein Yachtradar in der Funktion erheblich beeinträchtigen kann. Es gibt dazu zwar eine elektronische Regen-Enttrübungsfunktion (als „Rainclutter“ bezeichnet), aber damit unterdrückt man auf dem Bildschirm nicht nur den Regen, sondern auch andere schwache Echos, die vielleicht navigatorisch wichtig sind. Gemessen wird der Niederschlag in Liter pro Quadratmeter.

3.3 Wetterberichte

Woher bekommt der Skipper nicht nur im Hafen, sondern auch auf hoher See detaillierte und zuverlässige Wetterinformationen? In Küstennähe holen sich die meisten Skipper heutzutage den Seewetterbericht über das Mobiltelefon aus dem Internet. Dies ist jedoch nur im Küstenbereich bis etwa maximal 10 Seemeilen Abstand zum Land möglich.

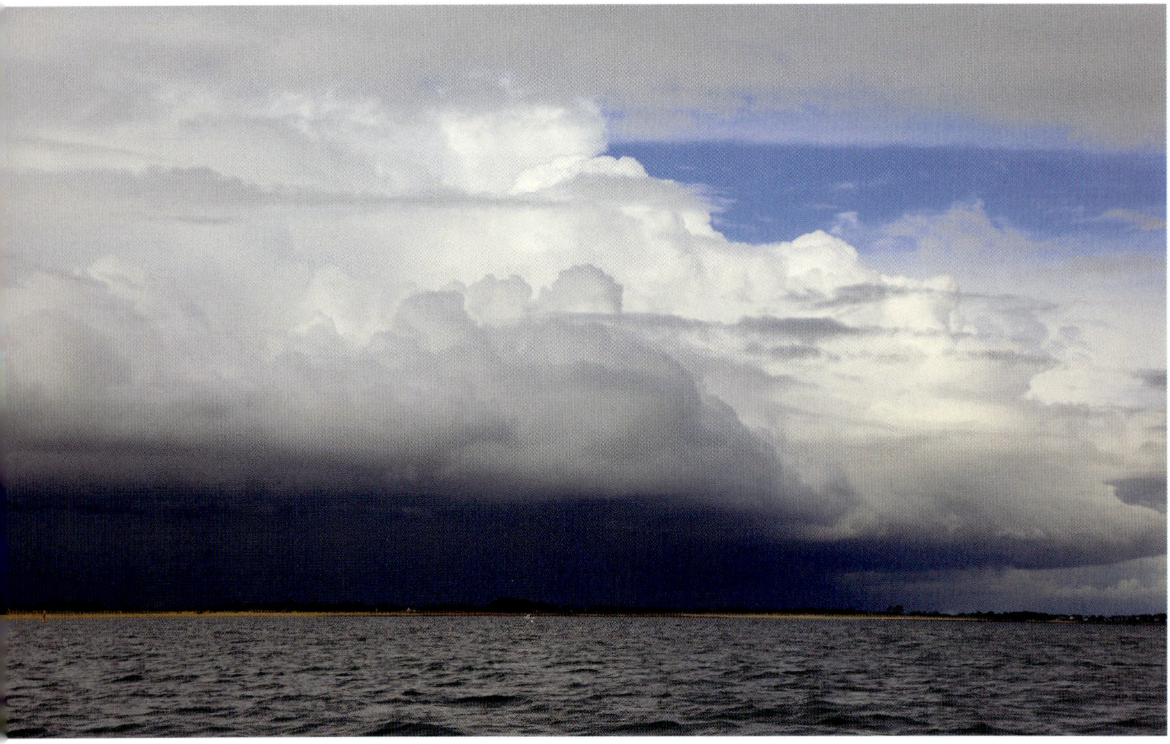

Wetterfront

Etwa 20 bis 30 Meilen von der Küste entfernt empfängt man hingegen über UKW (VHF) ausgestrahlte Wetterberichte der Küstenfunkstellen. In der Regel zuerst in Landessprache und oft anschließend auch zusätzlich auf Englisch. Die Ankündigung des Wetterberichtes erfolgt weltweit nach wie vor auf Kanal 16. Uhrzeiten, Kanäle, Frequenzen, Website-Adressen, Telefonnummern findet man in den einschlägigen Hafen- und Seehandbüchern.

Auf Langfahrt auf dem Ozean haben zwar inzwischen viele Skipper ein Satellitentelefon an Bord, mit dem sie über das Internet Wetterberichte in Grib-Form herunterladen können, aber es geht auch ohne Satellitentelefon:

Über das auf jedem Seeschiff vorhandene UKW-Seefunkgerät lassen sich in der Nähe befindliche Frachter oder Tanker auf Kanal 16 anrufen. Den Schiffsnamen zeigt das eigene AIS. Die Funker von vorbeifahrenden Frachtschiffen sind auf dem Ozean nur wenig beschäftigt und lesen in der Regel gern einem kleinen Segler den neuesten Wetterbericht aus dem Internet vor. International geschieht dies natürlich auf Englisch. Im *Reed's Nautical Almanac* (*siehe Literaturverzeichnis*) findet man eine recht umfassende Vokabelliste der für einen Seefahrer wichtigen Fachbegriffe, nicht nur auf Englisch, sondern auch auf Spanisch, Portugiesisch, Französisch.

Es ist eine gute Idee, während des auf UKW gesprochenen Wetterberichtes ein Diktiergerät mitlaufen zu lassen (Smartphone), so dass man anschließend alles in Ruhe noch einmal nachverfolgen kann.

Eine weltumspannende Wetterinformationsquelle ist das im Langwellenbereich arbeitende NAVTEX-System, doch zeigt leider die praktische Erfahrung auf See, dass das System keineswegs in allen Ländern so zuverlässig funktioniert, wie es die Hersteller der Empfangsgeräte beschreiben.

Beispiel eines englischen Wetterberichtes vom GB Met-Office:

The general synopsis at midday:
Low Rockall 993 expected Dogger 1005 by midday Wednesday. New low expected northwest FitzRoy 1005 by same time.
Issued at: 17:25 (UTC) on Tue 14 Nov 2023. For the period 18:00 (UTC) on Tue 14 Nov 2023 to 18:00 (UTC) on Wed 15 Nov

Sea-Area: Dover
Wind: *West or southwest 4 to 6, occasionally 7 at first.*
Sea State: *Moderate or rough.*
Weather: *Showers.*
Visibility: *Good.*

Die Vorhersagegenauigkeit ist für die meisten Seegebiete in den letzten Jahren erstaunlich gut geworden. Bis zu zwei Tagen ist die Zuverlässigkeit gut bis sehr gut. Bis zu drei Tagen oft noch gut bis akzeptabel. Aber selbst Vorhersagen über mehr als drei Tage hinaus sind zumindest tendenziell in vielen Wettersituationen noch zutreffend. Um die Vorhersagegenauigkeit eines Wetterberichtes zu beurteilen, gibt es eine recht zuverlässige Methode:

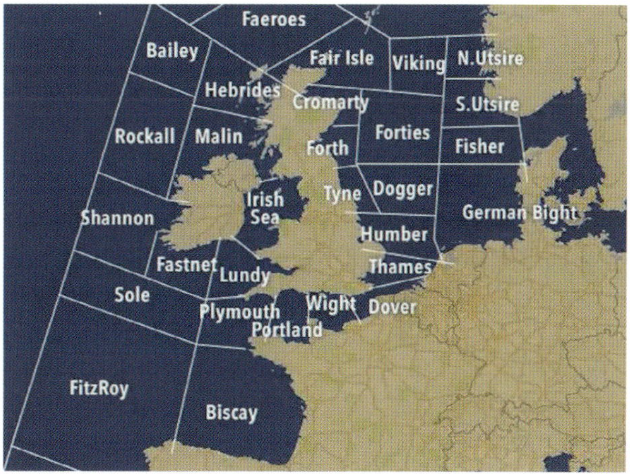

Karte der Gebiete der englischen Seewettervorhersage im Gebiet der Britischen Inseln

Ein Wetterbericht basiert immer auf einem bestimmten Wettermodell, das je nach Land und Geschäftsgrundlage, mathematisch, meteorologisch, informationstechnisch unterschiedlich aufgebaut ist. Gängige Modelle sind z. B. GFS (Global Forecast System, aus den USA), ECMWF (European Centre for Medium-Range Weather Forecasts), AROME (Application of Research to Operations at MEsoscale, Frankreich)… Um nur einige zu nennen.

Auf gut aufgebauten Wetterplattformen wie Wetterzentrale, Windy, Predict Wind, Windfinder usw. gibt es die Möglichkeit, die Wetterkarten differenziert nach den o.g. verschiedenen Wettermodellen aufzurufen. Sind am ersten und zweiten Tag der Vorhersage die Karten der verschiedenen Wettermodelle für ein bestimmtes Seegebiet meist noch weitgehend gleich bis ähnlich, so zeigen sich doch in der

Regel für den dritten Tag und danach erhebliche Unterschiede. Wenn aber mehrere Wettermodelle auch für den dritten, vierten, oder gar fünften Tag noch eine fast identische Lage der Hoch- und Tiefdruckgebiete zeigen, dann darf man davon ausgehen, dass die Vorhersage eine sehr hohe Trefferwahrscheinlichkeit besitzt und so darf die Törnplanung auf dieser Grundlage getrost konkretisiert werden.

3.4 Wetterkarten richtig lesen

Auf Wetterkarten ist Norden meist nicht – wie sonst üblich – auf der gesamten Karte einfach senkrecht oben. Wetterkarten sind in der Regel nicht in der wie sonst bei Seekarten üblichen Mercator-Projektion gezeichnet. Die Nord-Süd-Richtung wird vielmehr durch die Meridiane beschrieben, die auf Wetterkarten aufgrund einer sogenannten gnomonischen Projektion die Erdoberfläche anders darstellen: Die Meridiane verlaufen nicht parallel. Auf Karten der Nord-Halbkugel verengen sie sich nach Norden, auf Karten der Süd-Halbkugel hingegen verengen sie sich nach Süden. Dies ist insbesondere beim Lesen von Windrichtungen zu beachten. Beispielsweise liegt auf der nebenstehend abgebildeten Wetterkarte die Nordrichtung von Dänemark aus gesehen etwa 45° schräg nach links oben.

Interpretation einer Isobaren-Bodendruck-Karte:

In der unten abgebildeten Bodendruck-Wetterkarte ist eine typische sommerliche Wetterlage dargestellt: Im östlichen Nordatlantik liegt ein klassisches Azorenhoch mit 1036 hPa nordwestlich der Azoren und zwischen Grönland und Island befindet sich das klassische Islandtief mit 970 hPa. Ein Keil des Azorenhochs erstreckt sich mit 1020 hPa über Frankreich hinweg bis Norddeutschland. Auch das westliche Mittelmeer liegt im Einflussbereich dieses Azorenhochkeils.

Wie weiträumig der jeweilige Druckeinfluss wirkt und welche Windrichtung aufgrund des Drehsinns von H und T daraus abzuleiten ist, zeigt sich an den zugehörigen Isobaren (Linien gleichen Luftdrucks). Auf der Nord-Halbkugel drehen Hochdruck-Luftmassen im Uhrzeigersinn und Tiefdruckgebiete drehen gegen den Uhrzeigersinn. Auf der Süd-Halbkugel ist es umgekehrt. Verursacht wird dies durch die Erddrehung und die dabei entstehende Corioliskraft. Mehr dazu in der Wetterfachliteratur (*siehe Literaturverzeichnis*). Die Windrichtung ist allerdings nicht exakt identisch mit dem Verlauf der Isobaren. Sie lässt sich jedoch angenähert daraus ableiten. Um die Windrichtung aus dem Isobarenverlauf ablesen zu können, muss man berücksichtigen, dass die Luft aus dem Hoch (Überdruck) in Richtung des Tiefs (Unterdruck) fließt. Die abzulesende Windrichtung weicht aus diesem Grund etwa 10 bis 20 Grad ab vom Verlauf der Isobaren, und zwar in das Tief hinein und aus dem Hoch heraus.

Daraus ergibt sich, dass beispielsweise östlich von Südgrönland (*Pos.* **1**) der Wind aus West weht, während die Isobaren eher von WNW nach ESE verlaufen. Über Irland und Nordengland (*Pos.* **2**) herrscht Südwest- bis Westwind, während an der französischen Biskaya-Küste (*Pos.* **3**) der Wind aus Norden weht. In Portugal (*Pos.* **4**)

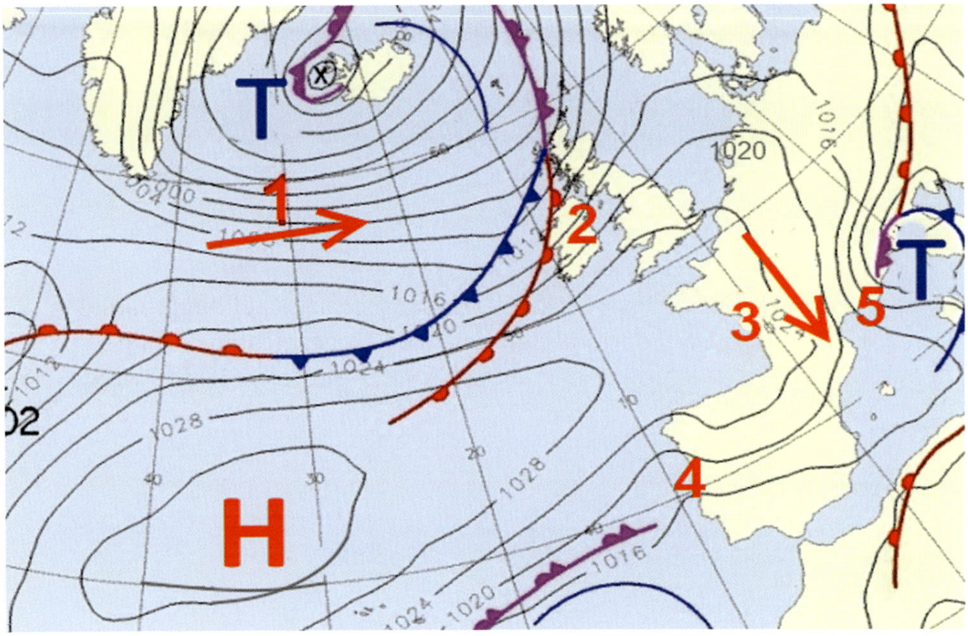

Windrichtungspfeile und Isobarenverlauf auf einer Bodendruck-Wetterkarte, typische Sommerlage

kommt der Wind aus Ost bis Süd-Ost und an der Côte d'Azur in Südfrankreich (*Pos.* **5**) herrscht Nordwind auf der Rückseite des Genua-Tiefs. Schaut man sich die Isobaren an den Punkten **1**, **2**, **3**, **4**, und **5** an, so stellt man fest das sie mit etwa 10 bis 20 Grad Abweichung zur Windrichtung verlaufen.

Die Isobaren lassen aber auch zusätzlich einen Schluss auf die Windstärke zu: Je dichter die Isobaren aneinander liegen, umso kräftiger weht der Wind. Die Isobarendichte in der obigen Karte zeigt, dass östlich von Süd-Grönland Starkwind von Westen weht (*große Verdichtung der Isobaren, Pos.* **1**), während vor der französischen Atlantikküste sehr schwacher Nordwind weht (*weit auseinanderliegende Isobaren, Pos.* **3**). Auch über Portugal herrscht nur schwacher bis mittelkräftiger Wind aus östlichen Richtungen (*Pos.* **4**). Kräftiger Wind aus Nordost hingegen bläst über den West-Alpen (*nördl. von Pos.* **5**). Für die genauere Interpretation der Isobarendichte gibt es normierte Verfahren.

Die zweite Bodendruck-Wetterkarte (*siehe nebenstehende Zeichnung*) beschreibt eine winterliche Situation, die bestimmt ist durch mehrere aufeinanderfolgende Tiefs über dem östlichen Nordatlantik zwischen Neufundland und Südnorwegen und einem Azorenhoch, mit einem Zentrum südwestlich von Portugal. Die dicht verlaufenden Isobaren vor der Westküste Irlands zeigen, dass dort kräftiger Wind weht. Seine Richtung ist unter Berücksichtigung des Drehsinns des Tiefs und der in das Unterdruckgebiet hineinfließenden Luft etwa West bis Südwest. Vor der Küste Norwegens weht ebenfalls ein kräftiger Wind, der hingegen aus Süd bis Südwest kommt. Im zentralen Mittelmeer herrscht derweil praktisch Flaute in der Mitte zwi-

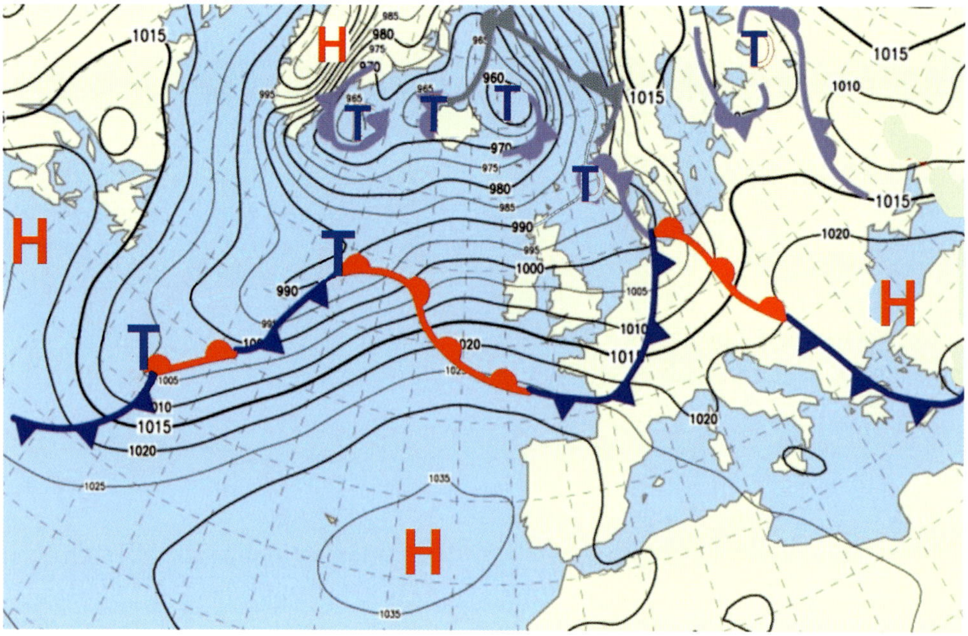

Bodendruck-Wetterkarte einer typischen Wintersituation mit eingezeichneten Fronten

schen dem Azorenhoch und einem Kältehoch im Bereich des Schwarzen Meeres. Über den Balearen herrschen sehr schwache nördliche Winde an der Ostflanke des winterlich verlagerten Azorenhochs.

Warmfront-Kaltfront

Auf einer professionellen Bodendruckwetterkarte werden neben den Isobaren eines Tiefs auch immer die sogenannte Warmfront und Kaltfront eingezeichnet (*siehe nebenstehende Zeichnung*). Die Warmfront wird mit Halbkreisen (*in der Zeichnung rot*) dargestellt, während die Kaltfront mit Dreiecksspitzen (in der Zeichnung blau) gezeichnet ist. Pragmatisch für den Segler vereinfachend gesagt, handelt es sich bei der Warmfront um die Luftmassengrenze, an der in der Regel der Regen einsetzt. Mit Feuchtigkeit gesättigte Warmluft strömt (auf der Nordhalbkugel) aus südlicheren in nördlichere Breiten, kühlt sich ab und erzeugt Regen. Die Kaltfront hingegen bildet die der Warmfront gegen den Uhrzeigersinn (Nordhalbkugel) nachlaufende Luftmassengrenze, hinter der kühlere Luft aus nördlichen Breiten in das Tief hineinfließt. Der Dauerregen der Warmfront wird mit dem Einsetzen der Kaltfront durch Schauer abgelöst und schließlich lässt der Regen mit dem weiteren Einströmen kälterer Luft aus nördlichen Richtungen vollständig nach.

Es ist einleuchtend, dass sich insbesondere die Bewölkung mit dem Durchzug der Fronten ändern muss und so kommt es beim Durchzug eines Tiefs, das in Westeuropa in der Regel von West nach Ost zieht, zu einer charakteristischen Abfolge bestimmter Wolkenbilder, die im nächsten Kapitel beschrieben werden.

3.5 Typische Kennzeichen von Hoch- und Tiefdruckgebieten

Ein Hochdruckgebiet wird landläufig oft mit angenehmem Wetter, Sonnenschein und wenig Wind gleichgesetzt. Leider ist das eine sehr grobe Vereinfachung und darum nicht immer richtig. Per Definition spricht man von einem Hoch, wenn der Kerndruck dieser Luftmasse mehr als 1013 hPa beträgt und sich diese Luftmasse auf der Nordhalbkugel im Uhrzeigersinn und auf der Südhalbkugel gegen den Uhrzeigersinn dreht. Die meisten Hochs zeigen in Europa einen Kerndruck zwischen 1015 hPa und 1040 hPa. Besonders kräftige Hochs können auch einen Kerndruck von über 1060 hPa besitzen. Extreme winterliche Kältehochs über Skandinavien sind ein Beispiel dafür. Als das klassische Schönwetterhoch in Europa kennen nicht nur die Segler das Azorenhoch, das je nach Jahreszeit mal über, mal verschoben neben den Azoren im Atlantik liegt. Eine für eher stabile Hochdruckgebiete typische Bewölkungsart ist Altocumulus (*siehe Fotos*).

Im Zentrum eines Hochdruckgebietes herrscht in der Regel Flaute und es gibt nur geringe bis keine Bewölkung. Manch ein Segler glaubt, dass es bei hohem Luftdruck mit steigender Tendenz eher weniger als mehr Wind geben wird. Dies ist richtig, sofern man sich nahe dem Zentrum befindet. Hingegen in den Randbereichen eines Hochs kann der Wind bei strahlend blauem Himmel und steigendem Luftdruck binnen eines Tages von 2 auf 6 Beaufort und mehr zunehmen. Dann nämlich, wenn das Hoch seinen Kerndruck verstärkt und sich das Zentrum gleichzeitig in Richtung eines benachbarten Tiefs verlagert.

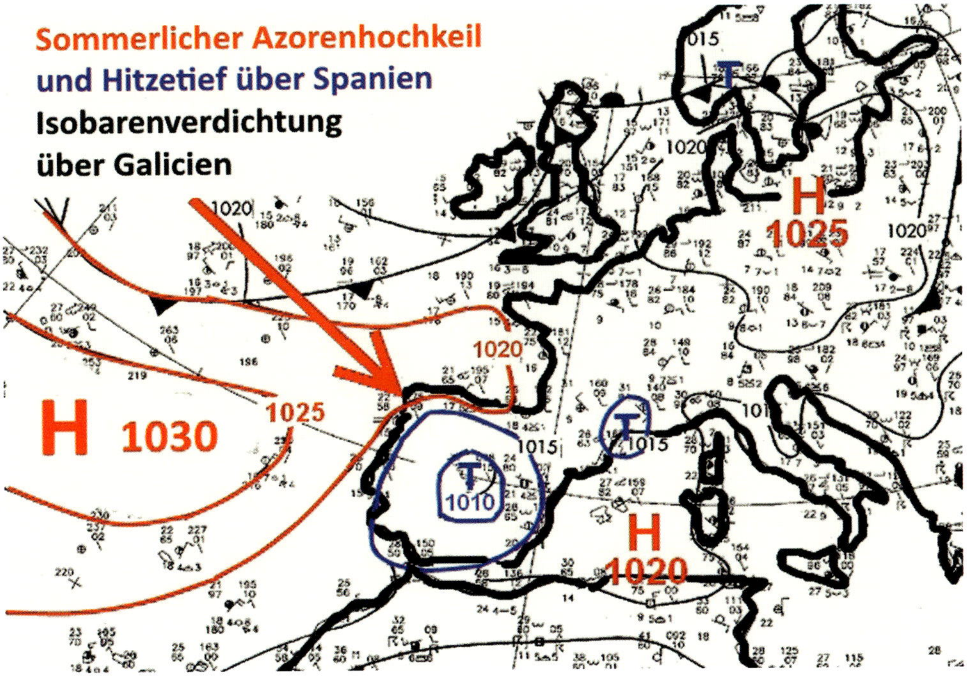

Wetterkarte Azorenhochkeil in die Biskaya und Hitzetief über Spanien

Beispielsweise ein Azorenhochkeil, der sich nach Osten in die Biskaya hinein verlagert, führt am Rand des Iberischen Hitzetiefs (Erwärmung des spanischen Festlandes) häufig gerade im Hochsommer zu einer Isobarenverdichtung, die Starkwind erzeugen kann. Das Kap Finisterre in Galicien nördlich von Portugal ist bekannt dafür, dass dort gerade im Sommer nicht selten starker bis stürmischer Wind bei gleichzeitig hohem Luftdruck entstehen kann (*siehe nebenstehende Wetterkarte*).

Ein Tief zieht durch

Zwar sind die meteorologischen Merkmale eines durchziehenden Tiefs in verschiedenen Teilen unserer Welt nicht immer gleich, aber wenn wir uns auf Europa zwischen Polen, Schottland und Portugal beschränken, so gibt es doch einige charakteristische Regelmäßigkeiten, die bei der Mehrzahl durchziehender Tiefs immer wieder zu beobachten sind.

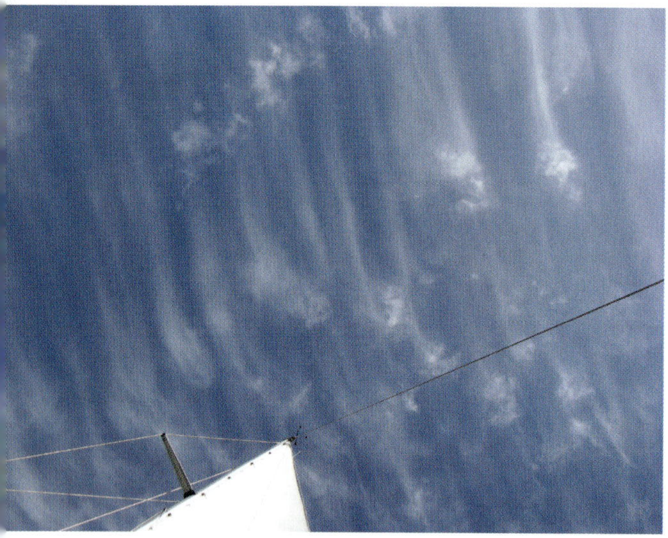

Cirrus

Cirrostratus

Es ist manchmal (mit gewissen Einschränkungen) durchaus möglich durch Einsatz der menschlichen Sinne, eine eigene Wettervorhersage für die nächsten 24 Stunden zu wagen. Vorausgesetzt, man verfügt über ein präzises Barometer, einen Rundumblick am Himmel auf die Bewölkung und Informationen über die sich ändernde Windrichtung, sowie über die Luftfeuchtigkeit.

Aber Vorsicht: Verfügt man nicht über Informationen von mindestens drei dieser vier Variablen Luftdruck, Bewölkung, Luftfeuchtigkeit und Windrichtung, so ist eine Aussage im Hinblick auf eine Wetteränderung nahe am Kaffeesatzlesen …

Wie kündigt sich ein Tief an?

Ein erster Hinweis ergibt sich aus dem fallenden Luftdruck. Von vielleicht anfangs beispielsweise 1016 hPa fällt der Druck binnen eines Tages langsam auf etwa 1005 hPa. Der Wind ist in dieser Phase in der Regel rückdrehend. Falls es zuvor ein Westwind war, so wird er auf südliche Richtungen drehen. Der anfangs noch

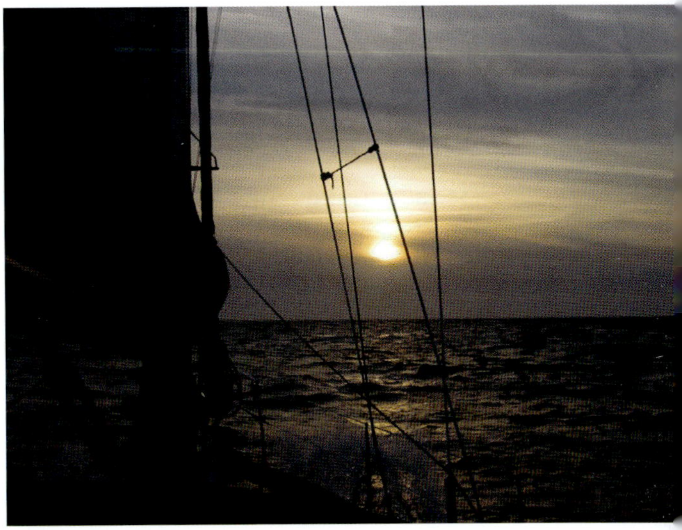

Stratus

blaue Himmel wird zunehmend milchiger und es ziehen Cirrus-Wolken auf (*siehe Foto*). Sie ähneln zerrissenen kleinen Wattebauschen. Wenige Stunden später ist meist der gesamte Himmel bereits milchig mit CirrostratusWolken zugezogen (*siehe Foto*).

Mit dem auf südlichere Richtung rückdrehenden Wind steigt die Luftfeuchtigkeit. Auch ohne Hygrometer lässt sich dies an Bord feststellen: Seewasser, das beim Segeln im Sonnenschein als feine Gischt an Deck gesprüht wurde, kristallisiert auf dem warmen Deck schnell zu vielen kleinen funkelnden Sternchen. In der zunehmend feuchteren Luft lösen sich diese Salzkristalle auf, sie verflüssigen sich. Ein weiterer Hinweis auf zunehmende Luftfeuchtigkeit ergibt sich aus der sich deutlich vermindernden Sichtweite. Von vielleicht 10 bis 15 Seemeilen Sichtweite bei Hochdruckwetter verringert sich die Sicht auf der Vorderseite eines Tiefs binnen weniger Stunden auf vielleicht 5 oder nur 3 Seemeilen bevor der Regen einsetzt.

Der Regen kommt

Erneute Veränderung der Bewölkung zeigt, dass der Regen nicht mehr lange auf sich warten lassen wird. Aus der Cirro-Stratus Bewölkung ist inzwischen eine recht homogene, zunehmend grauere Stratus-Wolkendecke geworden. Erster leichter

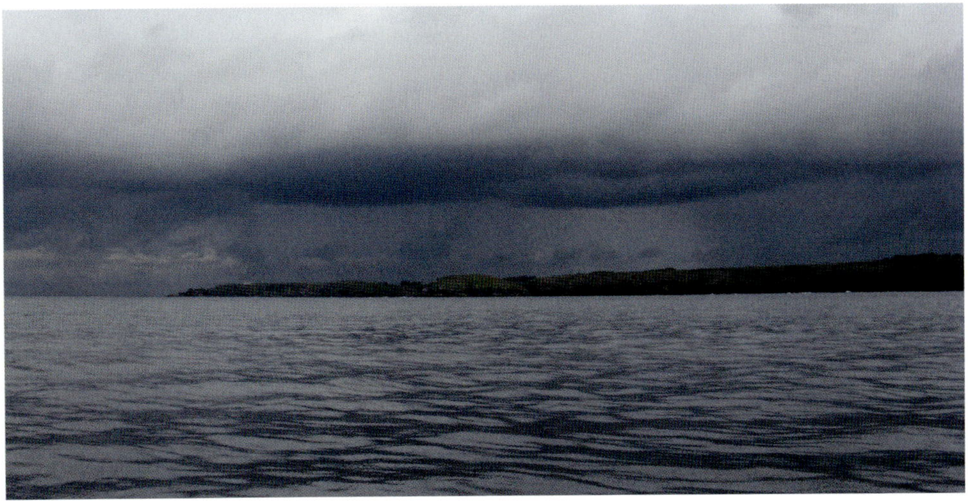

Nimbostratus Warmfront

Nieselregen setzt ein. Der Luftdruck fällt weiter. Der Wind weht weiter aus südlicher oder südwestlicher Richtung und frischt auf. Aus dem anfänglichen Nieselregen wird kräftigerer, gleichmäßiger Regen. In einem kräftigen Tief kann daraus ein halbtägiger Dauerregen werden, der dann aus einer schweren Nimbostratusbewölkung fällt (*siehe Foto*). Dies ist der Durchzug der sogenannten Warmfront. Während in Irland eine solche Warmfront meist binnen weniger Stunden durchzieht, lässt sich dieses Schietwetter in Norddeutschland auch manchmal einen ganzen Tag, oder auch zwei Tage Zeit dafür. Der Luftdruck ist währenddessen unverändert niedrig.

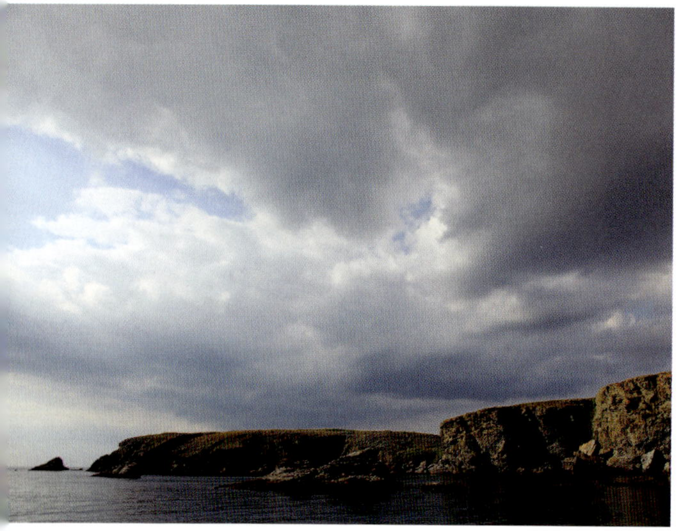

Stratocumulus

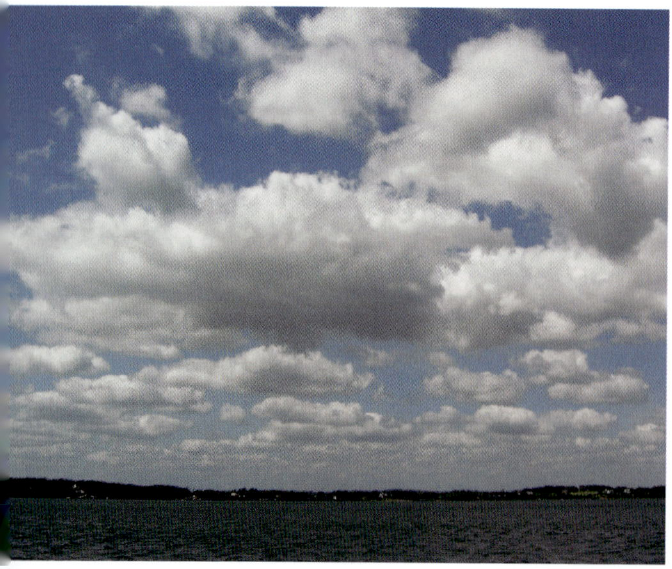

Cumulus , Kaltfront

Der Himmel klart langsam auf

Nachdem die Warmfront durchgezogen ist, dreht der Wind von Süd auf Südwest, später West (rechtdrehend), der Regen wird geringer, lässt zeitweise ganz nach, wird schauerartig. Der Luftdruck steigt langsam und die Bewölkung reißt hier und da auf. Erste Stratocumulus-, später reine Cumuluswolken entstehen am westlichen Horizont (*siehe Foto*). Der Wind weht weiter kräftig, wird zeitweise sehr böig. Der Regen fällt nur noch sehr unregelmäßig, zeitweise in kräftigen Schauern. Dies ist der Durchzug der Kaltfront. Aus stetigem Wind von Südwest bis West wird böiger Wind aus W bis NW. Die Luftfeuchtigkeit verringert sich.

Diese Schauerphase dauert in Küstennähe in der Regel etwa einen halben bis einen Tag bevor sich das schöne Wetter stabilisiert und der Himmel mit kleinen Cumuluswolken, später vielleicht auch mit Altocumulus (*siehe Foto*) besetzt ist. Es sei denn, das nächste Tief wartet schon an der Eingangstür im Westen…

Denn nach dem Durchzug eines Tiefs muss nicht zwingend ein Hoch folgen. Ob sich hinter einem Tief die Großwetterlage prinzipiell ändert und sich ein länger andauerndes Hoch bildet, ist mit

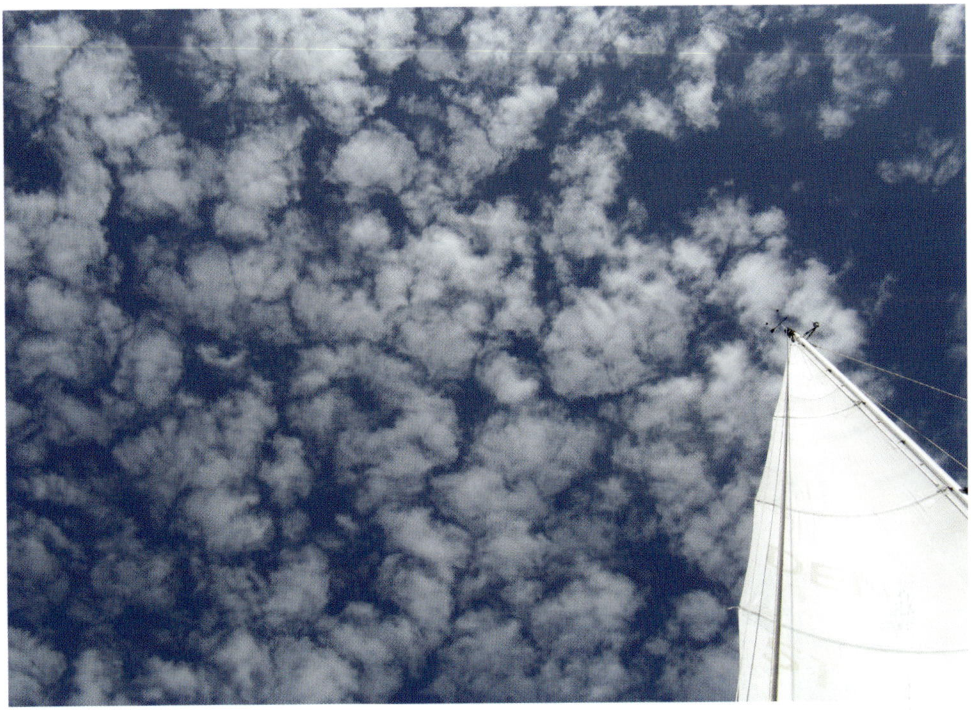

Schönwetter mit Alto-Cumulus-Bewölkung

Bordmitteln kaum zu beurteilen. Steigt der Luftdruck allerdings nach dem Durchzug des Tiefs stetig und konstant auf Werte über 1020 hPa, so muss zumindest in naher Zukunft nicht mit Regen gerechnet werden.

3.6 Monatskarten – Pilotcharts – Windatlanten

Während Wetterkarten und Wetterberichte Grundlagen für die kurz- und mittelfristige Törnplanung bilden, gibt es für die langfristige Planung andere Informationsquellen:

Im deutschen Sprachraum kennt man sie als „Monatskarten", im englischsprachigen Bereich werden sie „Pilot Charts" genannt. Es handelt sich um Karten mit statistischen Aussagen zu den vorherrschenden Windrichtungen, Windstärken und Meeresströmungen in den verschiedenen Ozeanen, detailliert und einzeln dargestellt für jeden der 12 Monate des Jahres. Über sternförmige Symbole wird die Wahrscheinlichkeit dargestellt, mit der der Wind aus den möglichen Windrichtungen weht. Auch die Flautenwahrscheinlichkeit wird genannt. Somit kann der Segler durch Vergleich der Eintragungen am gleichen Ort in den verschiedenen Monaten beurteilen, welcher Monat der beste ist, um die geplante Reise durchzuführen. Da es sich aber um statistische Mittelwerte handelt, muss natürlich nicht die konkret erlebte Situation mit der Eintragung im Windatlas übereinstimmen. Darum ver-

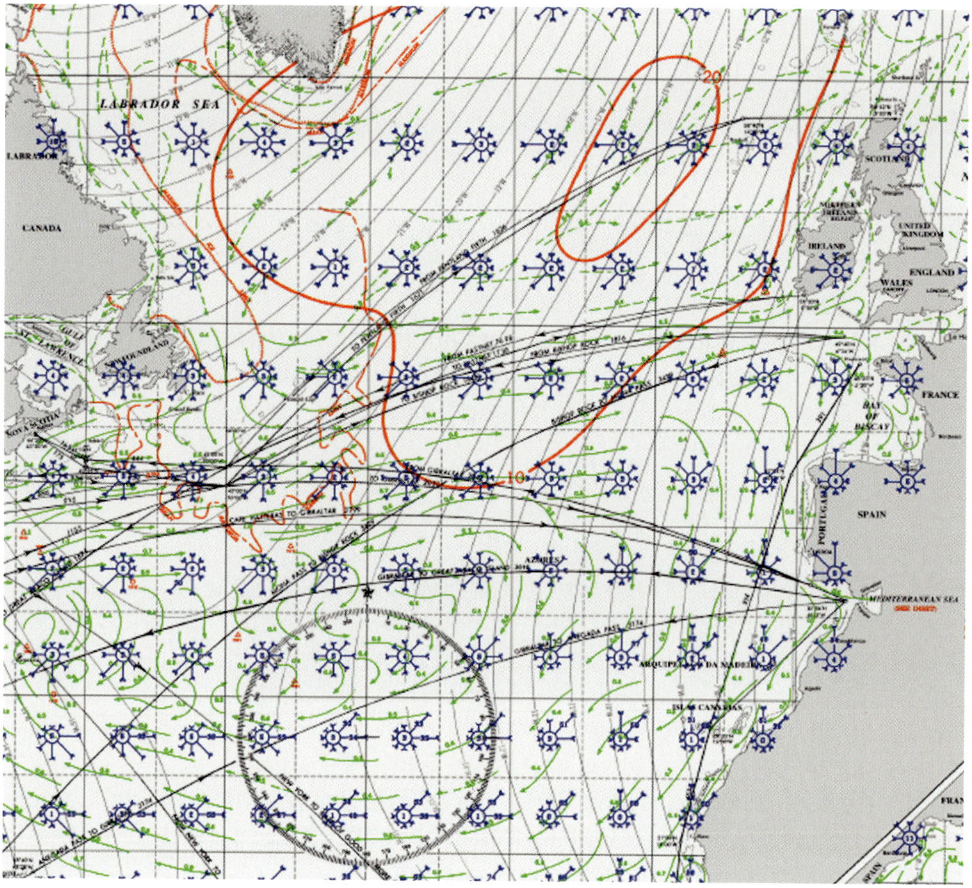

▌Kartenausschnitt einer amerikanischen „Pilot Chart" für den östlichen Nord-Atlantik im April" *Quelle: Open CPN*

liert der Atlas aber keinesfalls an Wert, denn wie anders will der Segler langfristig die sinnvollsten Wochen einer Ozeanüberquerung herausfinden.

Selbst für eine kürzere Streckenplanung ist der Windatlas von Wert. Soll im Winter bereits eine grobe Terminplanung für eine im Sommerhalbjahr geplante mehrmonatige Reise von Cuxhaven nach Sizilien entworfen werden, so ist es durchaus sinnvoll, die statistischen Windaussagen für den Ärmelkanal und die Biskaya ebenfalls in der Zeitplanung zu berücksichtigen. Natürlich wird vor Ort dann die konkrete Entscheidung, wann in Brest mit Ziel La Coruna abgelegt werden soll, auf der Grundlage des aktuellen Wetterberichtes getroffen.

Seit einigen Jahren wollen immer mehr Segler aus Nord- und Westeuropa, die die Nase voll haben vom nasskalten Winter, im Spätsommer oder Herbst mit Ziel Mittelmeer oder Kanaren, Karibik durch den Ärmelkanal. Viele derer, die schlecht geplant haben und zu spät im Jahr Dover-Calais passieren wollen, müssen ihre komplette Reiseplanung nicht selten über den Haufen werfen, denn sie liegen wetterbedingt oft in irgendeinem Hafen zwischen Calais und Brest wochenlang fest, weil aufgrund der reihenweise durchziehenden Tiefs der herbstliche Starkwind aus SW oder W nicht nachlassen will…

Leider wurden die amerikanischen Pilot Charts etwa ab dem Jahr 2000 von staatlicher Seite nicht mehr aktualisiert veröffentlicht, doch gibt es eine englische Alternative von der British Admiralty: die „Admiralty Routeing Pilot Charts".

Ferner gibt es einen sehr gut recherchierten, aktualisierten Windatlas, herausgegeben von dem bekannten Weltumsegler Jimmy Cornell. Der Atlas ist eine informationsreiche, maßgebende Planungsgrundlage für Ozeanüberquerungen: Cornells Atlas der Ozeane (*siehe Literaturhinweise*).

Manche Segler sind der Meinung, dass aufgrund der unbestrittenen Klimaveränderungen die Statistiken der Windatlanten wertlos geworden sind. Das stimmt so nicht. Zwar ist es zweifellos so, dass sich weltweit immer häufiger an einzelnen Orten der Welt Ausnahme-Wettersituationen entwickeln, doch ändert dies nichts an der Tatsache, dass großflächig und über Monate gesehen es nach wie vor weltweit vorherrschende Windsysteme und relativ konstante Meeresströmungen gibt, die bei der Planung einer längeren Reise, oder gar einer Ozeanreise auf jeden Fall berücksichtigt werden sollten. Kein ernstzunehmender Segler wird beispielsweise im Hochsommer von den Kanaren in Richtung Karibik starten (Wirbelsturmgefahr). Und ebenso unsinnig wäre es, im Winter von Labrador nach England zu segeln.

Ein konkretes Beispiel:

Der Segler, der nach einer Überwinterung in der Karibik zurück nach Europa will, interessiert sich insbesondere dafür, in welchem Monat er z. B. von Guadeloupe windtechnisch sinnvoll in Richtung Azoren starten soll. Er möchte nicht zu früh lossegeln, um zu vermeiden, im Nordatlantik in eines der von West nach Ost ziehenden Frühjahrs-Sturmtiefs zu geraten. Aber er möchte auch nicht zu spät lossegeln, denn sonst geht er das Risiko ein, noch im Bereich der Karibik in einen frühsommerlichen Wirbelsturm hineinzugeraten, oder in der zweiten Hälfte der Reise im Azorenhoch in wochenlanger Flaute hängenzubleiben. Welcher Monat dabei – rein statistisch gesehen – die richtige Wahl ist, lässt sich aus den o. g. Windatlanten entnehmen.

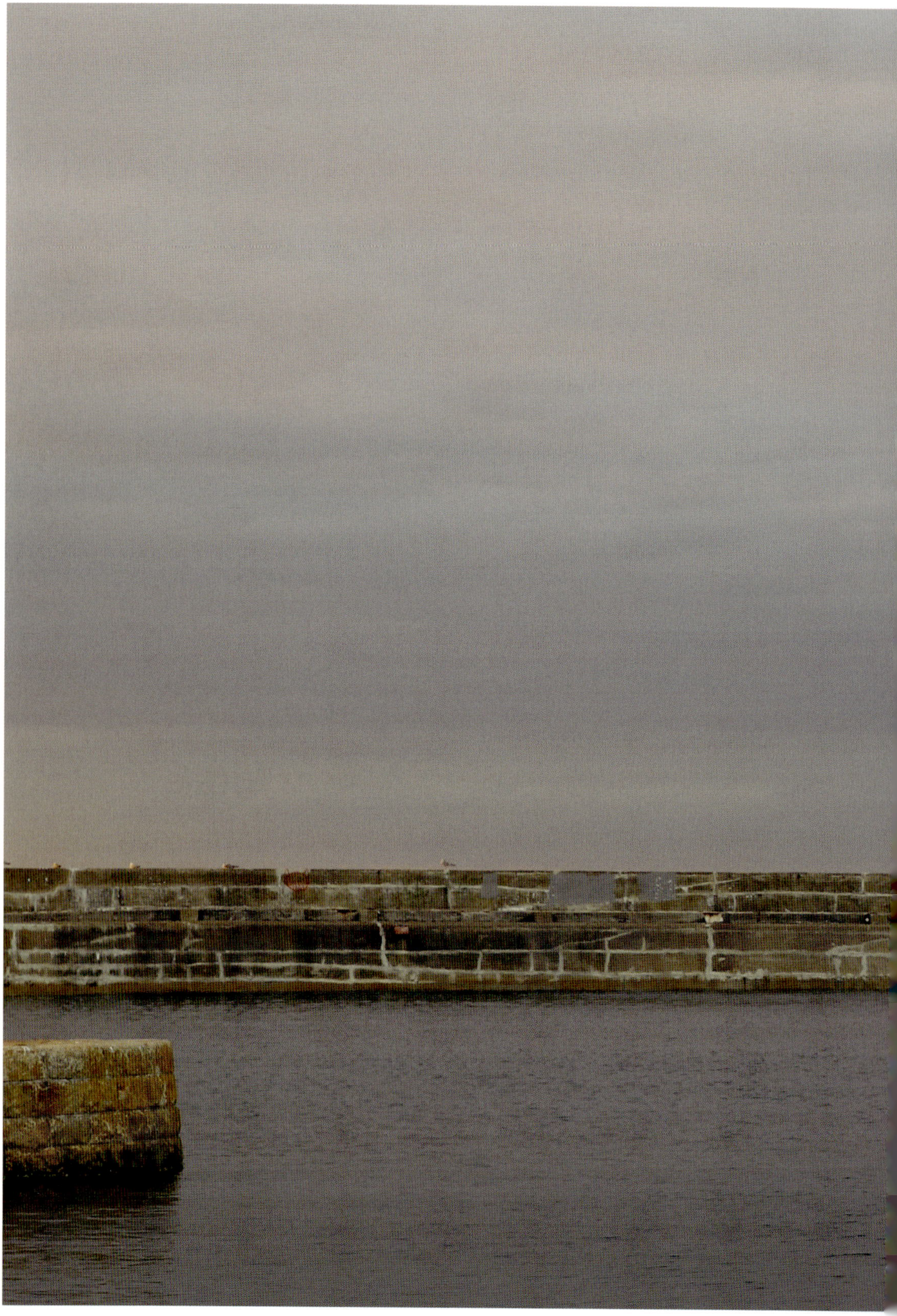

4

Törnplanung in Gezeitengewässern

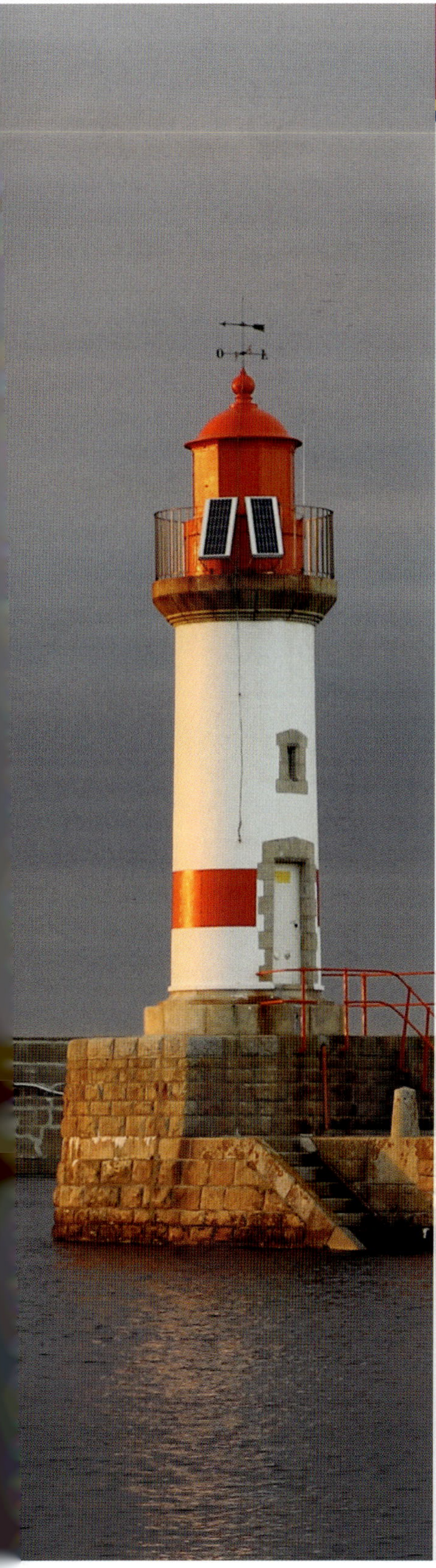

Viele Törns werden im Mittelmeer, in der Ostsee oder in der Karibik gesegelt. Doch immer mehr Skipper zieht es in navigatorisch durch Gezeiten geprägte Segelreviere wie England, Irland, Frankreich, Nordwest-Spanien, Portugal. Auf dem Weg von der Nordsee ins Mittelmeer oder in die Karibik ist es unumgänglich, durch diese tidengeprägten Reviere zu segeln. In diesem Kapitel soll eine Hilfe gegeben werden, sich mit den Besonderheiten dieser Reviere besser vertraut zu machen.

In der Tat kann ein Törn in Tidengewässern bei schlechter Vorbereitung in Problemsituationen führen und manchmal auch mit einer Havarie enden. Die physikalischen Zusammenhänge werden in diesem Buch nur verkürzt beschrieben, soweit wie es für den Segler zum Verständnis, zur Törnplanung und zur Durchführung des Törns von Bedeutung ist. Für ein tieferes physikalisches Verständnis wird wei-

Hafen bei Hochwasser

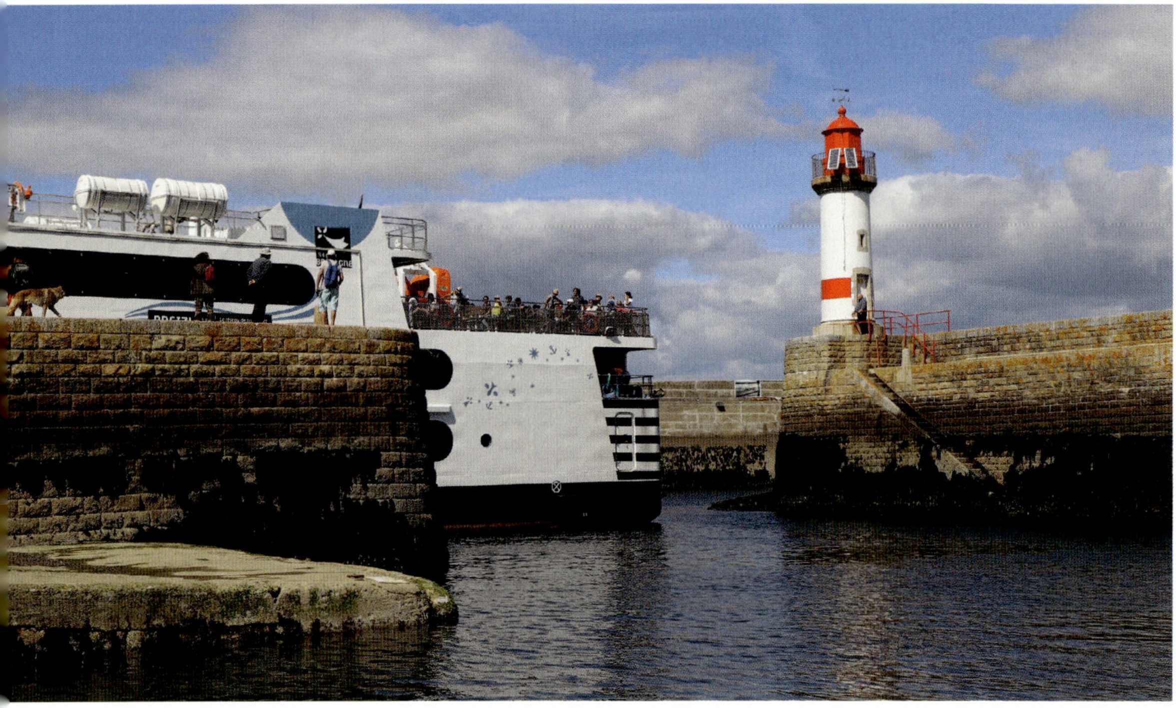

Hafen bei Niedrigwasser

terführende Literatur dazu im Anhang genannt (*„Segeln in Gezeitengewässern", siehe Literaturverzeichnis*).

In Europa sind die Küsten der Nordsee, der Britischen Inseln und Nord- und West-Frankreichs in besonderer Weise durch Gezeiten geprägt. Die größten durch Ebbe und Flut hervorgerufenen Wasserstandsunterschiede werden mit bis zu 13 Metern in Saint-Malo in der Bretagne gemessen. Die stärksten Tidenströme Europas treten in Nord-Schottland und im Bereich der Englischen Kanalinseln auf mit bis zu 8 Knoten.

Zweifellos ist die Planung und Durchführung eines Törns im Tidenrevier aufwändiger als das Segeln im tidenlosen Gewässer. Die Gezeiten bringen eine weitere Variable in dieses Spiel mit vielen Parametern.

Dabei sind die entscheidenden Fragen folgende:

- **Wie groß ist die Wassertiefe zu einer bestimmten Uhrzeit?**
- **Wann muss ich an einem Ort sein, um eine bestimmte minimale Wassertiefe vorzufinden?**
- **Wie groß ist der Tidenstrom an einem bestimmten Ort zu einer bestimmten Uhrzeit?**
- **Um wieviel Uhr muss ich an einem bestimmten Ort sein, um den Tidenstrom optimal nutzen zu können?**

4.1 Wasserstandsberechnungen in Tidengewässern

Ein zentraler Begriff der Gezeitennavigation ist das Kartennull. Dies ist das Niveau der Meeresoberfläche, dass unter rein astronomischen Gesichtspunkten (Positionen von Sonne, Erde und Mond zueinander) den minimalen Wasserstand darstellt. Auch im deutschen Sprachgebrauch ist dafür die Abkürzung LAT (= engl. *Lowest Astronomical Tide*) üblich. Die Eintragungen zur Wassertiefe in Europäischen Seekarten beziehen sich auf dieses LAT.

LAT entsteht, wenn Sonne, Mond und Erde auf einer Linie stehen und gleichzeitig minimalen Abstand zueinander haben, so dass sich die Gravitationskräfte maximal addieren. Es beschreibt also eine maximal ausgeprägte Springzeit. Doch ist es wichtig zu wissen, dass dies keineswegs den absolut minimalen Wasserstand beschreibt, denn sowohl der Wind als auch der Luftdruck haben ebenfalls Einfluss auf die Wassertiefe. Mehr dazu weiter unten im Text.

Pragmatisch praxisorientiert wollen wir hier eine Methode zur Gezeitenrechnung beschreiben, die zwar im deutschsprachigen Raum nicht sehr verbreitet ist, die aber nichtsdestotrotz eine wertvolle Planungshilfe bietet und recht einfach in der Praxis angewendet werden kann:

Die Zwölferregel

Bei dieser Rechenmethode handelt es sich um eine praxisorientierte Vereinfachung des Ablaufs einer halben Tide über sechs Stunden. Dabei ist es egal, ob den Rechnungen die Ebbe oder die Flut zugrunde gelegt wird. Es wird dabei nicht beabsichtigt, den Tidenstand auf den Zentimeter genau zu berechnen, sondern es geht darum dem Seemann eine leicht zu handhabende Methode an die Hand zu geben, den Wasserstand auch ohne Taschenrechner, zur Not auch im Kopf auszurechnen.

Die nebenstehende Zeichnung stellt die sich innerhalb von 6 Stunden verringernde Wassertiefe vom Hochwasser zum Niedrigwasser dar. Dies ist insofern eine Vereinfachung, als sich die reale Ebbe durchaus im Einzelfall über einen Zeitraum zwischen fünfeinhalb und sechseinhalb Stunden erstrecken kann.

Ferner wird vorausgesetzt, dass die Wasserstandsänderung annähernd sinusförmig verläuft. Dies ist in den meisten Häfen auf dieser Welt durchaus der Fall, es sei denn, es mündet ein wasserreicher Fluss in der Nähe wie beispielsweise bei Cuxhaven die Elbe, oder die Seine bei La Havre. Auch können dicht an der Küste liegende Inseln, wie beispielsweise die Isle of Wight in Südengland, zu Unregelmäßigkeiten im Tidenverlauf führen, so dass eine Anwendung

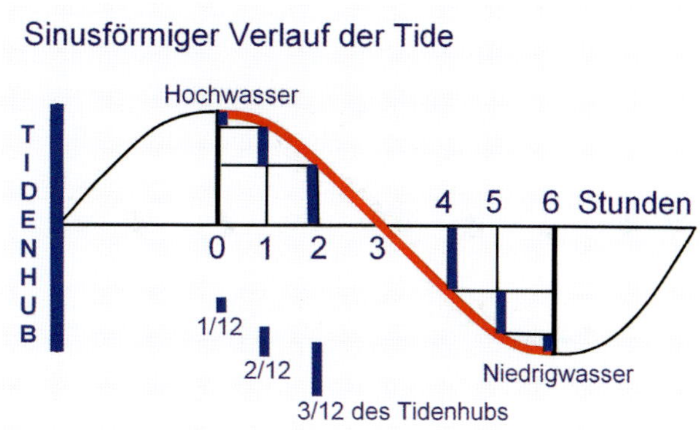

Sinusförmige Tide mit Zwölferregel

der Zwölferregel dort nicht zulässig ist. Andere, feiner differenzierende Rechenverfahren zur Wasserstandsbestimmung findet der Leser in den im Literaturverzeichnis genannten Büchern zu Gezeiten.

Mit der Zwölferregel kann zweierlei berechnet werden:

a) Bestimmung der Wassertiefe über Kartennull zu einem beliebigen Zeitpunkt zwischen Hoch- und Niedrigwasser.

b) Bestimmung des Zeitpunktes, zu dem eine bestimmte Wassertiefe über Kartennull gegeben ist.

Zwischen dem Hochwasser HW und dem Niedrigwasser NW fällt das Meeresniveau keineswegs linear. Vielmehr fällt das Wasser in der 1. Stunde der Tide nach HW um nur 1/12 (ein Zwölftel) des Tidenhubs. In der 2. Stunde fällt es 2/12, in der 3. Stunde um 3/12, in der 4. Stunde ebenfalls um 3/12, in der 5. Stunde wieder um 2/12 und in der 6. Stunde schließlich nur noch um 1/12 des gesamten Tidenhubs. Die folgende Tabelle gibt eine Übersicht.

Zeit	Wasserstandsänderung in Bruchteilen des Tidenhubs
1. Std.	1/12
2. Std.	2/12
3. Std.	3/12
4. Std.	3/12
5. Std.	2/12
6. Std.	1/12

Wir vereinfachen hierbei die Realität, indem wir die Dauer einer Tide pragmatisch mit 6 Stunden annehmen. Hierdurch bedingte Ungenauigkeiten werden später durch einen Sicherheitszuschlag berücksichtigt.

Man teilt somit den Tidenhub (entnommen aus dem Tidenkalender) durch 12, multipliziert anschließend entsprechend der Stundenzahl und addiert dann die erhaltenen Werte. So ist z. B. 2 Stunden nach HW die Tide um 1/12 + 2/12 = 3/12 des Tidenhubs gefallen.

Bei angenommenen 3 Meter Tidenhub entspricht 1/12 davon dem Wasserstandsdifferenzwert von 25 Zentimeter. Folglich ist das Wasser nach 2 Stunden nach NW um 1/12 entsprechend 25 Zentimeter plus 2/12 entsprechend 50 Zentimetern, also summiert 75 Zentimeter gestiegen.

Zwischenwerte werden linear interpoliert, was einem Mathematiker die Haare zu Berge stehen lassen wird, denn auch dies ist wieder eine grobe Vereinfachung, da die Sinuskurve ja nicht linear verläuft. Doch ist diese Vereinfachung pragmatisch gesehen zulässig, denn es handelt sich ja um eine vereinfachte Methode mit praktischem Ansatz. Am Ende der Rechnung berücksichtigt man als Sicherheitsreserve einen sogenannten „Lotsenfuß“ der grob 10 % des Tidenhubs ausmachen sollte.

Nicht vergessen: Der so errechnete Stand der Tide muss allerdings zum Wasserstand des Niedrigwassers (entnommen aus dem Tidenkalender) addiert werden, bevor er auf die Kartentiefe bezogen wird. Wenn also die Kartentiefe z. B. 2,5 Meter beträgt, das NW mit 1,2 Meter im Tidenkalender angegeben ist und die nach Zwölferregel berechnete Wasserstandsdifferenz 0,75 Meter beträgt, so beträgt die tatsächlich vorhandene Wassertiefe über LAT zum Zeitpunkt von 2 Stunden nach NW: 2,5 Meter + 1,2 Meter + 0,75 Meter = 4,45 Meter. Wenn die Sicherheitsmarge des „Lotsenfußes“ von 10 % abgezogen wird, so wird der Navigator mit einer Wassertiefe von etwa 4 Meter rechnen.

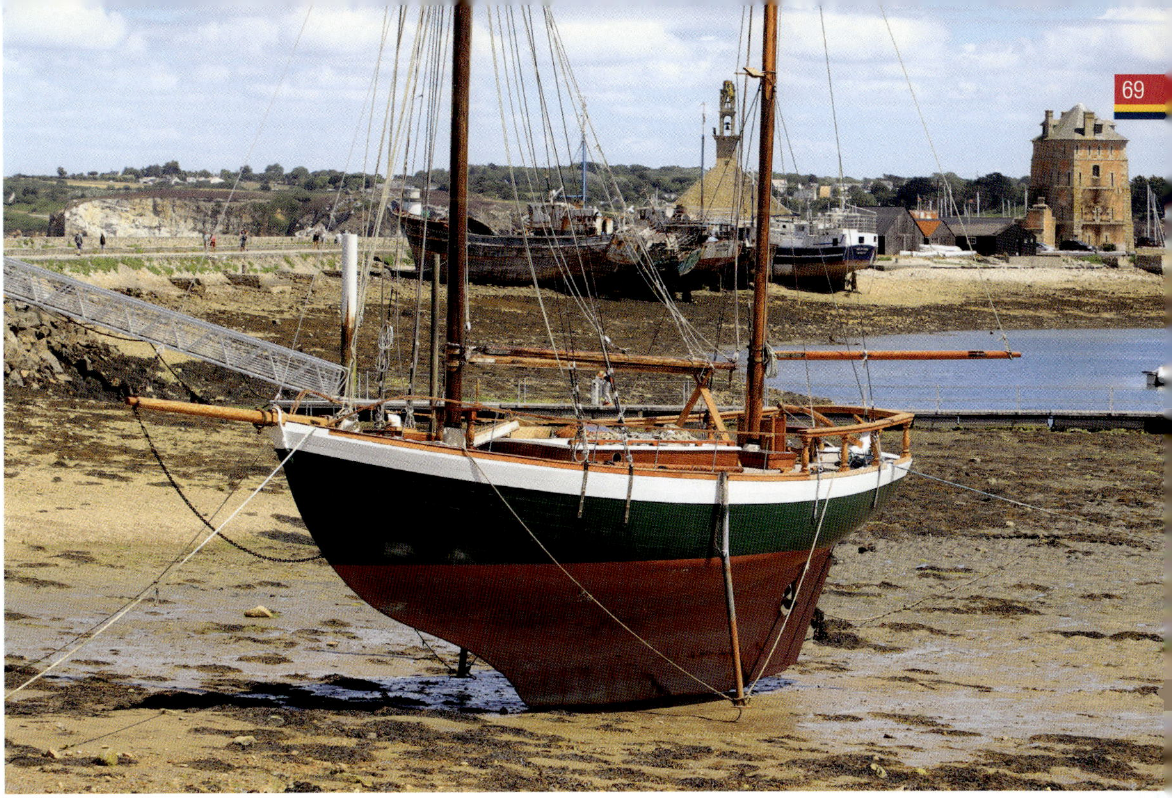

Segelyacht trockengefallen

Luftdruck:

Ein Aspekt, der in den meisten deutschsprachigen Büchern zur Segelausbildung ignoriert wird, ist der Einfluss des Luftdrucks auf den Tidenstand:

Luft hat eine Masse von etwa 1,3 Gramm pro Liter und wird wie jeder andere Körper von der Erde durch Gravitation angezogen. Eine Hochdrucklage von beispielsweise 1043 hPa drückt das Wasser etwa 30 Zentimeter tiefer als bei 1013 hPa Normaldruck. Hingegen kommt die Meeresoberfläche unter einem Tiefdruckgebiet von 983 hPa etwa 30 cm höher als per Tidenrechnung vorhergesagt.

Die folgende Tabelle gibt dazu eine Übersicht:

Luftdruck in hPa	963	973	983	993	1003	1013	1023	1033	1043
Korrekturwert in cm	+50	+40	+30	+20	+10	0	–10	–20	–30

Windeinfluss:

Neben dem Luftdruck wirkt sich auf den Wasserstand auch der Wind aus, sofern er längere Zeit und ausreichend stark aus aus der gleichen Richtung bläst.

Segler aus der Deutschen Bucht kennen den Effekt nur allzu gut: Bei mehrtägigem Wind aus NW wird die Ebbe in ihrem Abfließen im Bereich der Elbmündung behindert, während die Flut durch den auflandigen Wind begünstigt wird. Wie groß diese Differenzen sind, ist von Küste zu Küste unterschiedlich. In West-Frankreich ist es maximal etwa ein Meter. In Hamburg können es mehrere Meter sein. An der deutschen Küste veröffentlicht der Deutsche Wetterdienst in seinen Vorhersagen zum Seewetter diese windbedingten Differenzwerte.

Ein konkretes Rechenbeispiel aus der Praxis:

Niedrigwasser (NW) ist in Falmouth/Cornwall am 21.06.2024 um 06.43 Uhr mit 0,75 Meter über Kartennull. Hochwasser ist am selben Ort um 13.10 Uhr mit 6,55 Meter. Der Tidenhub, also die Differenz zwischen HW und NW beträgt somit am Morgen des 21.06. etwa 5,80 Meter.

Wir wollen den River Fal mit der Flut hinauffahren. Allerdings muss dazu eine Sandbarre passiert werden, die auf der Seekarte mit 0,3 Meter Wassertiefe (= Kartennull) eingezeichnet ist. Unsere Yacht hat 2 Meter Tiefgang und wir möchten mindestens 0,5 Meter Reserve unter dem Kiel haben beim Passieren der Barre. Da zum NW zusätzlich zu den eingezeichneten 0,3 Meter LAT am 21.06.2024 noch 0,75 Meter Wasser hinzukommen, beträgt die Wassertiefe zum NW somit über der Barre 1,05 Meter. Da wir mit 2 Meter Tiefgang + 0,5 Meter Reserve = 2,5 Meter rechnen wollen, fehlen also zum Passieren der Barre noch 1,45 Meter Wasser, das mit der Flut zusätzlich auflaufen muss. Die Frage ist nun, wie lange müssen wir nach NW warten, bis die Flut die fehlenden 1,45 Meter hinzugebracht hat?
An dieser Stelle kommt die Zwölferregel ins Spiel:

Der Tidenhub von 5,80 Meter dividiert durch 12 = 0,48 Meter = 48 Zentimeter (gerundet). Also 48 Zentimeter = $^1/_{12}$ des Tidenhubs.

1,45 Meter fehlendes, mit der Flut auflaufendes Wasser, ist leicht gerundet das Dreifache von 48 Zentimeter = 144 Zentimeter. Dies sind $^3/_{12}$ des Tidenhubs. $^3/_{12}$ ist aber $^1/_{12}$ + $^2/_{12}$, was der Summe aus dem aufgelaufenen Wasser aus der ersten Stunde ($^1/_{12}$) und der zweiten Stunde ($^2/_{12}$) der Flut entspricht. Damit steht das Ergebnis fest: Wir müssen mindestens 2 Stunden nach NW warten, um über der Barre eine ausreichende Wassertiefe zum Passieren zu haben.

Hierbei ist allerdings nicht berücksichtigt, dass möglicherweise durch sehr hohen Luftdruck, und vielleicht auch längere Zeit ablandig wehenden Starkwind das Auflaufen der Flut behindert sein kann. Ob die 50 Zentimeter Reserve dafür dann noch ausreichen, muss vor Ort beurteilt werden. Hinzu kommt auch noch, dass möglicherweise von See her eine höhere Dünung in den Fluss hineinläuft, so dass in den Wellentälern der Wasserstand um die Hälfte der Höhe der Dünung einen Moment lang geringer sein wird als wir es berechnet haben. Je nach Tidenhub ist es dann durchaus sinnvoll, nicht nur 50 Zentimeter Reserve einzuplanen, sondern vielleicht einen ganzen Meter oder mehr, um die Bewegung der Yacht in der Welle mitzuberücksichtigen.

Diese Rechnung ist so nur zulässig, wenn der Verlauf der Tide in Falmouth tatsächlich annähernd sinusförmig ist. Davon können wir aber in diesem Fall ausgehen, weil der River Fal nur sehr wenig Süßwasser von Land her bewegt. Würden wir uns in Cuxhaven befinden, wäre die Rechnung schwieriger, denn neben Ebbe

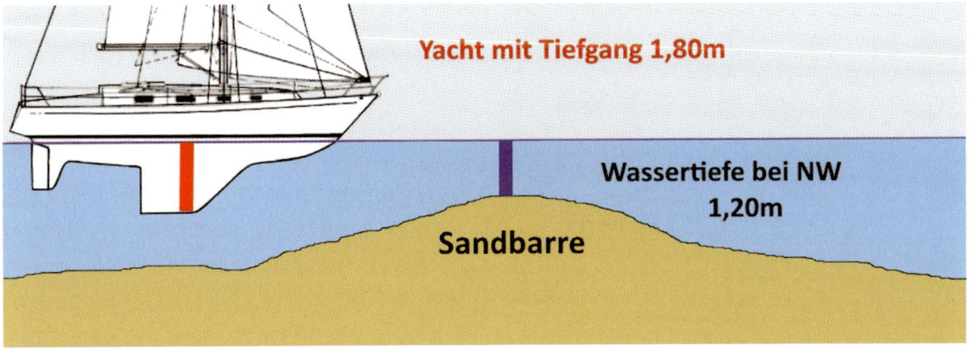

Schiff vor Sandbarre

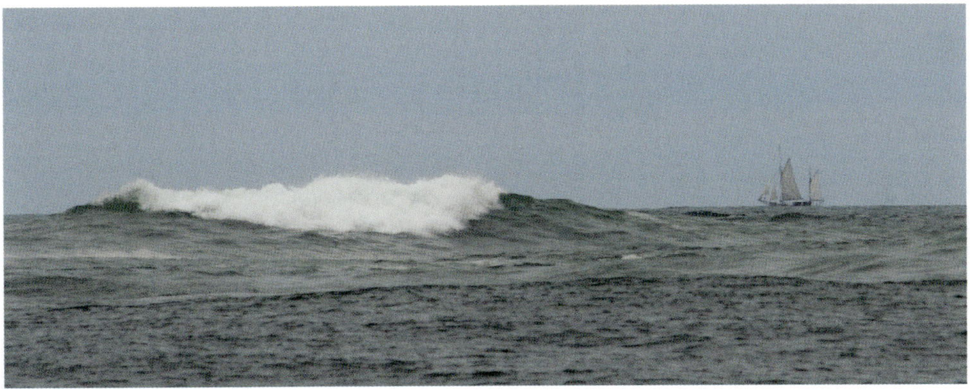

Brecher über einer Sandbarre

und Flut führt die Elbe derartig viel Süßwasser von Land in die Mündung, dass der Tidenverlauf nicht mehr symmetrisch ist. Die Ebbe ist durch das Flusswasser begünstigt, während die Flut aus dem gleichen Grund in ihrem Auflaufen behindert wird. Der Tidenverlauf wird dadurch in Cuxhaven um den Wert von etwa 1 Stunde asymmetrisch verzerrt, was die Anwendung der Zwölferregel nicht mehr zulässig macht.

Wer sich für andere Berechnungsmethoden zur Tidenstandsberechnung interessiert (ATT u. a.), der findet im Literaturverzeichnung dazu Hinweise.

4.2 Gezeitenströme, Problemsituation Wind gegen Strom

Die Wasserstandsänderung in Tidengewässern wird zwar vertikal gemessen, ist aber eine Folge der gezeitenbedingten Horizontalbewegung des Meerwassers. Dieser Gezeiten- oder Tidenstrom kann sehr unterschiedlich ausgeprägt sein. Seine Stärke hängt ab von der Mondphase (Springzeit–Nippzeit) und von den örtlichen Besonderheiten (Engstellen zwischen Inseln, felsig unregelmäßige Untiefen, Sandbänke, Umlenkungen vor Kaps …). Neben der Stärke variiert auch seine Richtung im Rahmen dieser Umgebungsvariablen. Woher bekommt der Skipper nun konkrete Informationen über den Tidenstrom in Richtung und Stärke?

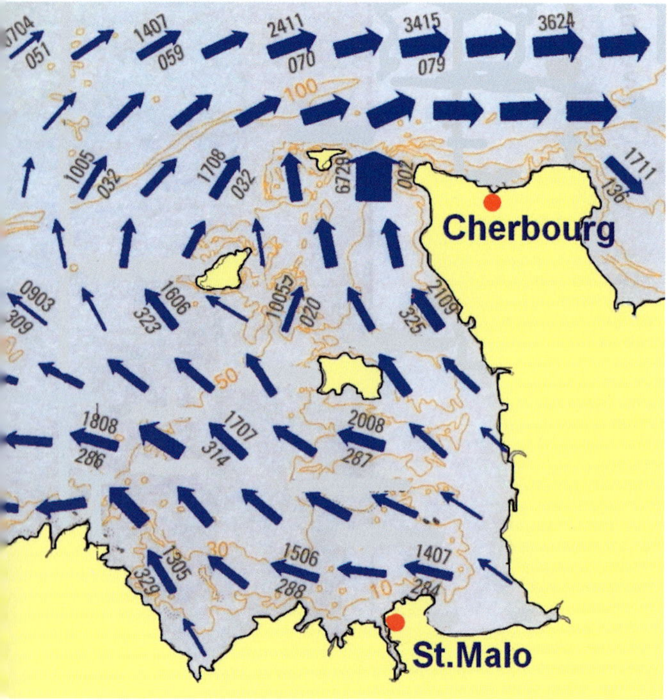

Beispiel einer Seite aus einem Strömungsatlas

Gute Navigationsprogramme bieten die Möglichkeit, in die elektronische Seekarte Gezeitenströme mit einzublenden. Über Pfeile (Vektoren) wird deren Richtung und Stärke dargestellt. Letztendlich beruhen diese Informationen auf Messungen der jeweils nationalen hydrografischen Institute, die für die Seefahrt besondere Strömungskarten herausgeben. In Deutschland ist das der „Atlas der Gezeitenströme". In diesen Tidenstrom-Atlanten gibt es zwischen HW und NW für jede Stunde der Gezeit eine separate Karte, auf der die jeweils zu erwartende Strömung in Form von Pfeilen mit Angaben für Richtung und Stärke dargestellt ist (*siehe nebenstehende Abbildung*). Für Westeuropa gibt es dazu hervorragende Veröffentlichungen der British Admiralty und vom französischen hydrografischen Institut SHOM.

Eine in Tidengewässern besondere Konstellation verdient etwas mehr Aufmerksamkeit, denn sie kann ausgesprochen gefährlich werden: Wind gegen Strom. In der Nordsee, dem Ärmelkanal und an der französischen Atlantikküste tritt dieses Phänomen im 6-stündigen Wechsel regelmäßig mehr oder weniger ausgeprägt auf.

Sofern der Tidenstrom in dieselbe Richtung setzt, in der auch die Windsee läuft (Wind mit Strom), kommt es zu einer Streckung der Wellenlänge und zu einem angenehmen Abflachen der Wellenberge (geringere Amplitude). So bringt eine bei Westwind von Westen kommende Dünung zusammen mit der ebenfalls von West nach Ost laufenden Flut im Ärmelkanal für den Segler keine Probleme mit sich. Mit der Flut beispielsweise von Cherbourg nach Dover ostwärts zu segeln, macht auch bei steifem Westwind keine Probleme, denn die Wellenkämme werden lang auseinandergezogen.

Hingegen gestaltet sich die Situation völlig anders, wenn einige Stunden später auf der gleichen Strecke der gleiche Wind gegen die nun westwärts laufende Ebbe bläst. Der Ebbstrom steht dem Wind und somit auch der Windsee und der Dünung nun entgegen und es kommt zu einer Stauchung, einer Verkürzung der Wellenlänge bei gleichzeitigem Anschwellen der Wellenhöhe (größere Amplitude). Die Welle wird kurz und steil und baut rollende Brecher auf. Das Boot arbeitet schwer in der groben See und kommt auch wegen der Stampfbewegung nur noch langsam oder bei kräftigem Gegenstrom bei Springzeit gar nicht mehr voran.

Berüchtigte Beispiele für Wind-gegen-Strom-Gefahrenstellen sind die Elbmündung bei Cuxhaven, die Passagen zwischen Cherbourg und Alderney (Raz Blanchard), zwischen Jersey und Guernsey (Little Russel, Great Russel), Portland Bill in Südengland und die Passage zwischen der Westspitze der Bretagne (Pointe du Raz) und der vorgelagerten Insel Sein (Raz de Sein). Im 6-stündigen Rhythmus wechselt hier der Seegang regelmäßig zwischen gefährlichen Brechern und „Ententeich". Auch im Skagerrak, vor Land's End, zwischen Schottland und den Orkney-Inseln und bei Gibraltar kann dieses Phänomen insbesondere bei Springzeit zu einem für Segler ernstzunehmendem Problem werden.

Vorausgesetzt der Skipper verfügt über alle Informationen über den Verlauf der Tide (Gezeitenkalender, Strömungsatlas) und er kennt die Wetterlage mit den zu erwartenden Windrichtungen und Windstärken, lassen sich diese Passagen durchaus gefahrlos durchsegeln, sofern lange genug gewartet werden kann bis Wind und Strom etwa in die gleiche Richtung setzen. Ist absehbar, dass die Wartephase zu

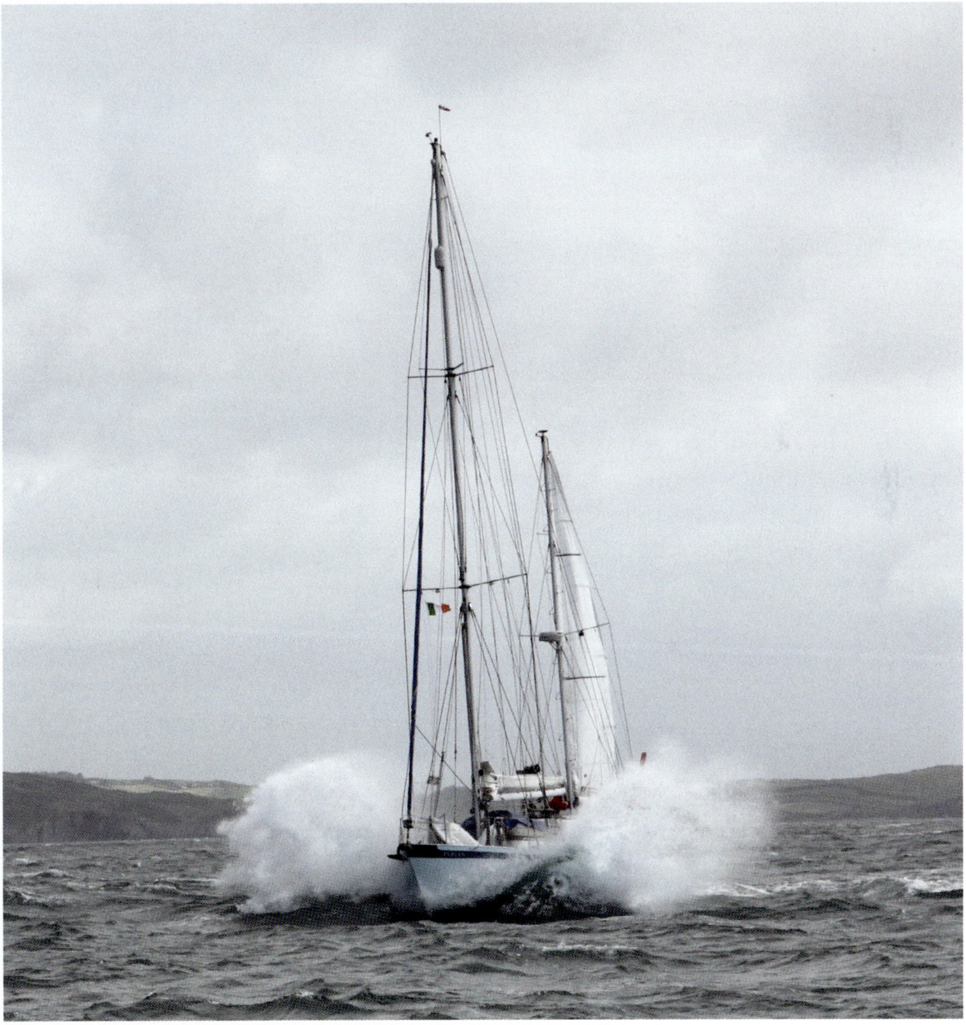

Yacht stampft sich fest

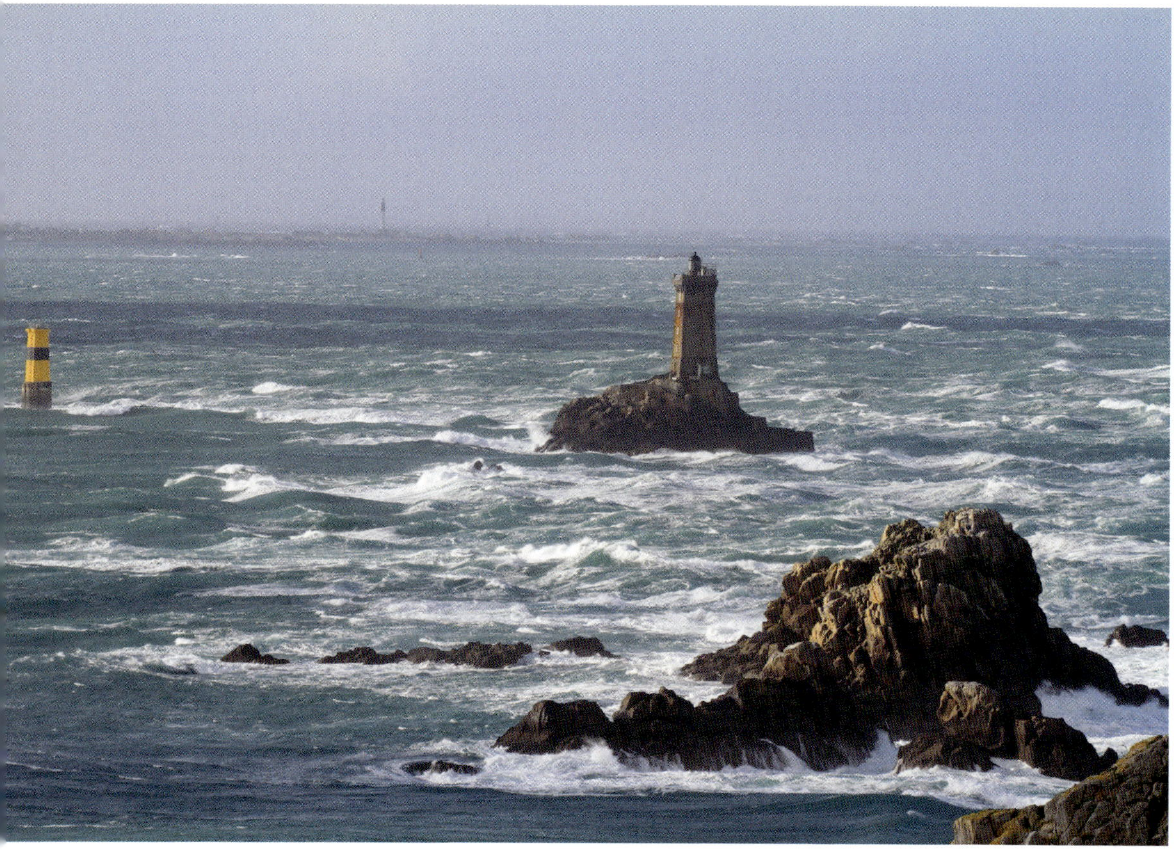

Raz de Sein im Tidenstrom

lang sein wird und nicht mehr in die Törnplanung hineinpasst, so gibt es bei relativ kurzen Passagen von weniger als etwa 5 bis 6 Seemeilen Länge noch eine Alternative: Der Tidenstrom ist in der letzten halben Stunde vor Hoch- oder Niedrigwasser und in der ersten halben Stunde nach Hoch- oder Niedrigwasser selbst bei Springzeit schwach bis zeitweise null. Bei sehr präzisem Timing unter Benutzung eines Strömungsatlasses lässt sich somit etwa eine ruhige Stunde um das Stillwasser herum nutzen, um die Passage hinter sich zu bringen.

Bestehen Zweifel oder Unklarheiten bei der Beurteilung der Strömungssituation, so kann der Skipper an diesen Gefahrenstellen jederzeit über UKW Kanal 16 von französischen und englischen Marinestationen an Land Beratung erbeten.

Grundsätzlich sollte – wenn irgend möglich – eine Wind-gegen-Strom-Situation vermieden werden, sofern der Wind mit mehr als 5 Beaufort bläst und ein Strom von mehr als 2 Knoten dagegensteht. Um diese Situationen in die Planung mit einbeziehen zu können, sollten auf jeden Fall in Gezeitengewässern ein Tidenkalender und ein Strömungsatlas für das zu befahrende Seegebiet an Bord sein. Die Angaben in den elektronischen Seekarten sind meist zu sporadisch, oft ungenau und für die praktische Nutzung selten ausreichend.

4.3 Dünung, Seegang, Brecher

Wellen werden durch unregelmäßige Reibung des Windes an der Wasseroberfläche erzeugt. Man unterscheidet zwischen Windsee und Dünung. Die Windsee ist die kurzzeitig, simultan mit dem Wind aufgebaute Welle, während die Dünung die Welle beschreibt, die auch nach Abflauen des Windes zeitlich verzögert längere Zeit nachläuft. Beide Wellentypen können je nach Windgeschwindigkeit und Fetch (Strecke und Fläche über dem Meer, auf die der Wind wirkt und Wellen aufbaut) höher oder niedriger ausgeprägt sein. Der Wind mag sich vollständig legen, aber die Dünung läuft trägheitsbedingt viele Stunden lang, manchmal mehrere Tage lang ohne Windeinfluss weiter.

So kann ein Sturm vor der irischen Küste eine Welle aufbauen, die noch 2 Tage nach dem Abflauen des Windes mit 3 oder 4 Metern Höhe hunderte von Seemeilen weiterläuft bis nach Biarritz in die südwestliche Biskaya. Dort freuen sich die Wellensurfer und toben sich in den Brechern aus, ohne gleichzeitig auch nur einen Hauch von Wind zu haben.

Im Prinzip ist Dünung nicht weiter störend für den Segler. Im Gegenteil: Es kann durchaus angenehm sein, von den langgezogen heranrollenden, flach ansteigenden Wellen langsam angehoben und nach dem Durchlaufen des Wellenberges unter dem Kiel ebenso langsam wieder abgesenkt zu werden. Doch gilt dies nur, sofern die Wellenlänge, also der Abstand zwischen benachbarten Wellenbergen ausreichend groß ist, mindestens etwa 100 Meter. Hingegen kann die Dünung gefährlich werden, wenn sie in Küstennähe auf dem Festlandsockel in flacheres Wasser läuft. Verringert sich die Wassertiefe in Küstennähe derart, dass sie geringer wird als etwa die halbe Wellenlänge, so werden die Wellenkämme steiler und steiler und beginnen bei weiter abnehmender Wassertiefe schließlich zu brechen.

Eine Dünung von beispielsweise 4 Metern Höhe und 150 Metern Wellenlänge auf hoher See kann bei mehr als 100 Meter Wassertiefe völlig ungefährlich sein, während dieselbe Dünung bei nur 10 Meter Wassertiefe bedrohliche Brecher verursachen wird, die im Abstand von weniger als 50 Metern steil heranrollen.

Beim Übergang von der Tiefsee auf den flacheren Festlandsockel bildet sich so aus einer zwar hohen, aber langgezogen, sanft heranziehenden Dünung eine manchmal gefährlich brechende Welle, die leicht das Cockpit einer Yacht vollständig überfluten kann. Man spricht in diesem Zusammenhang auch von Grundseen. Sie können beispielsweise in deutschen oder holländischen Küstenrevieren im Übergang vom tiefen Wasser ins Wattenfahrwassern auftreten. Oft spielt dabei die Tide eine zusätzliche Rolle. Viele Hafeneinfahrten in Flussmündungen vor der portugiesischen und marokkanischen Küste sind Grundsee-gefährdet, denn dort verringert sich die Wassertiefe aus der Tiefsee sehr plötzlich bis auf wenige Meter vor der Hafeneinfahrt. Läuft dann gleichzeitig eine kräftige Ebbe aus dem Fluss, dann kommt es direkt vor der Hafeneinfahrt zu gefährlichen Brechern, in denen manchmal Yachten beim Versuch, den Hafen anzulaufen, sogar kentern. Bei Nacht ist besondere Vorsicht geboten, denn die Höhe einer heranrollenden See kann nicht früh genug erkannt werden, und so kann es in flacher werdendem Wasser in einer hohen Dünung zu bösen Überraschungen durch plötzlich über Deck brechende Seen kommen. Es kommt leider immer wieder vor, dass Segler kurz bevor sie den Hafen erreichen in einer solchen Situation ertrinken.

Aber nicht nur in Küstennähe kommt es zu Brechern. Auch über isoliert weiter draußen vor der Küste liegenden Untiefen und Sandbänken können schwere Brecher selbst bei Flaute entstehen. Untiefen sind bei höherer Dünung immer eine Gefahrenquelle, selbst dann, wenn sie auf der Karte mit einer Wassertiefe eingezeichnet sind, die im Prinzip bei ruhiger See ein Befahren ermöglichen würden. Läuft auf hoher See bei sonst ruhigem Wetter eine langgestreckte, etwa 3 bis 4 Meter hohe, aber nicht rollende, gefahrlose Dünung, so wird sich diese Welle über einer beispielsweise 10 Meter unter Wasser liegenden Sandbank (z. B. auf der Doggerbank in der Nordsee) zu schweren Brechern mit mindestens 5 bis 6 Metern Höhe aufbauen. Eine kleinere Yacht kann darin kentern. Gleiches gilt über felsigen Untiefen, die aus

Yacht in Dünung

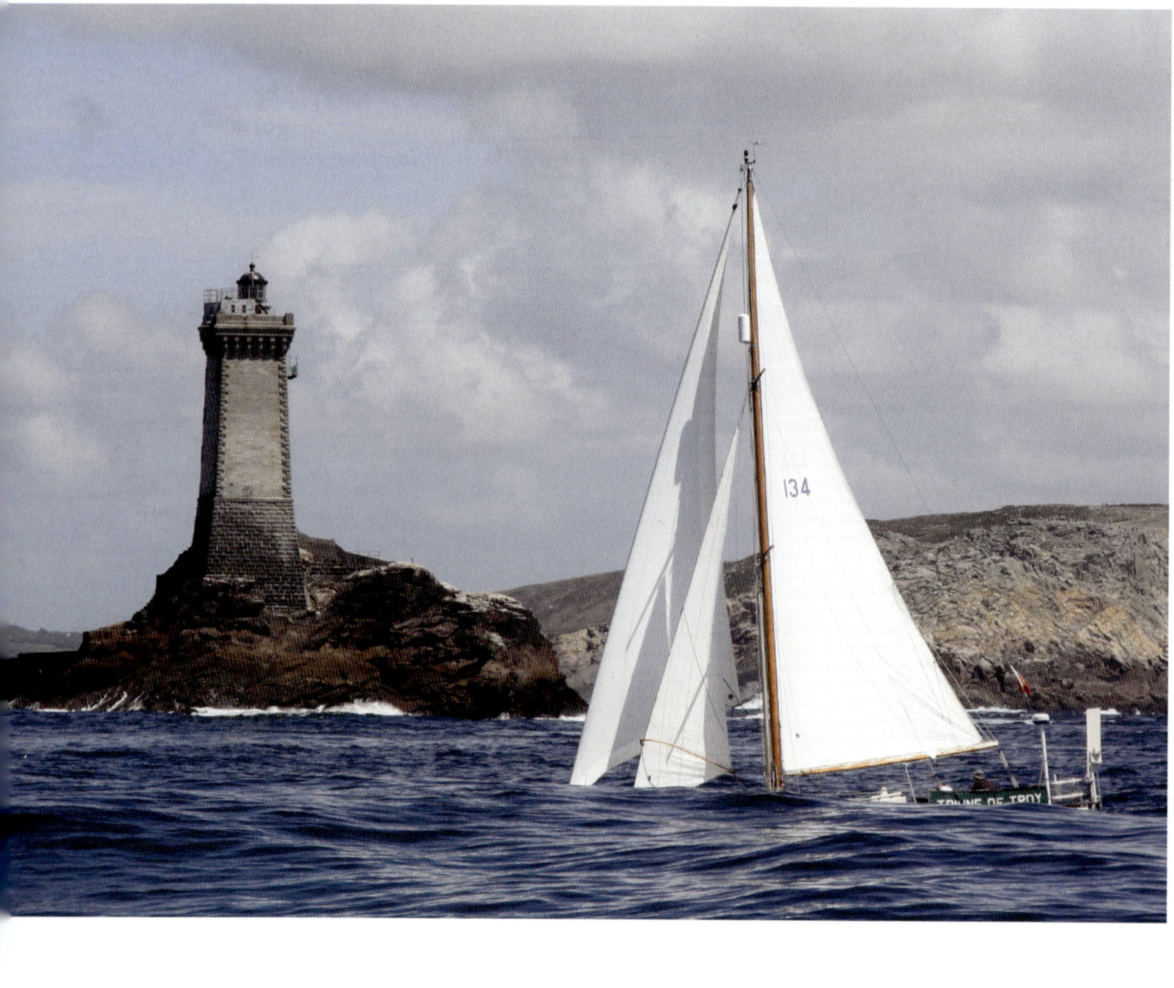

großer Tiefe als Berge bis wenige Meter unter die Meeresoberfläche hinaufragen. Die bretonische und galizische Atlantikküste ist gespickt mit solchen Gefahrenstellen. Um zu vermeiden, über diesen Untiefen in Brecher zu kommen, genügt es, den Kurs so abzusetzen, dass genügend Abstand gewahrt wird, um in tiefem Wasser zu bleiben. Detaillierte Seekarten sind dazu natürlich unentbehrlich. Bei der Törnplanung ist es somit wichtig, dass die Wassertiefe auf den geplanten Kursen zusammen mit der im Wetterbericht eventuell angekündigten Dünung ausgewertet wird.

Aus der frachtfahrenden Segelschifffahrt des 19. Jahrhunderts wird von Schiffen berichtet, die bei Flaute auf hoher See Mastbruch erlitten, weil sie in extrem hoher Dünung derartig ins Rollen gerieten, dass das Rigg ohne Winddruck in den Segeln den rhythmisch wechselnden Belastungen nicht standhalten konnte. Moderne Segelyachten werden zwar in hoher Dünung bei wenig Wind nicht ihren Mast verlieren, aber es kann sein, dass es trotz 3 bis 4 Windstärken unmöglich sein wird zu segeln. Weniger auf Amwindkurs, aber umso ausgeprägter auf Halbwind- oder gar Raumschotskurs ist es oft in hoher Dünung mit den Wellenbergen parallel zum Kiel nicht mehr möglich, die Segel zum Stehen zu bringen. Die Rollbewegung des Schiffes lässt die Segel unkontrollierbar schlagen. Das gilt selbst für große Leichtwindsegel wie Gennaker in höherer Dünung. Motoren mit geborgenen Segeln ist dann die einzige Alternative, sofern der Kurs nicht auf Amwind geändert werden kann. Auf Transatlantikreisen in der Passatzone passiert dies gar nicht selten, wenn nämlich vorübergehend der Passatwind durch ein nördlich durchziehendes Tief deutlich abgeschwächt wird, gleichzeitig aber die alte Passat-Dünung weiterläuft. Bei weniger Dünung wird allerdings ein Gennaker auf Raumschotskursen gute Dienste tun, um den Dieselverbrauch zu senken. Dies ist auch unter ökologischen Gesichtspunkten zweifellos wünschenswert.

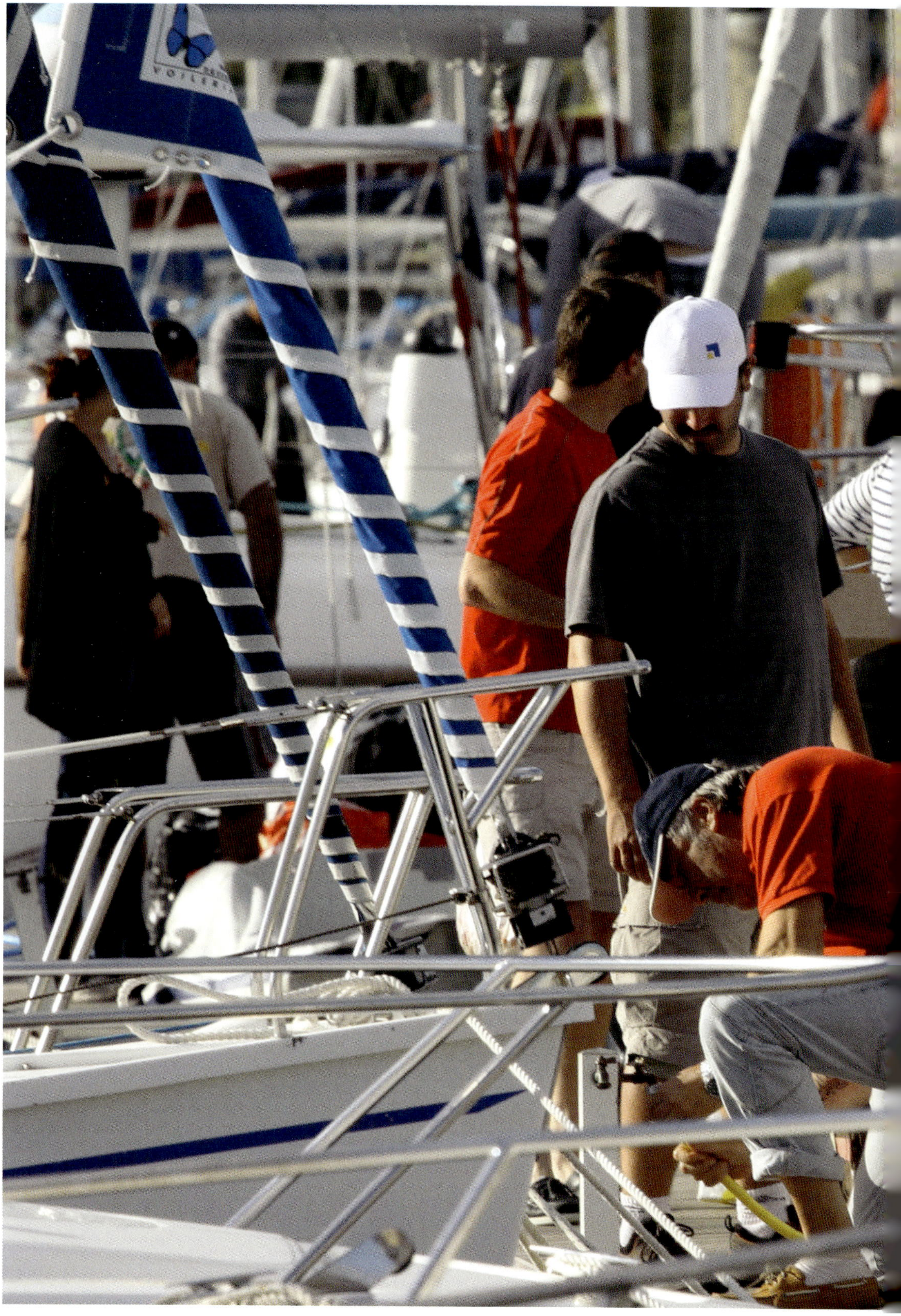

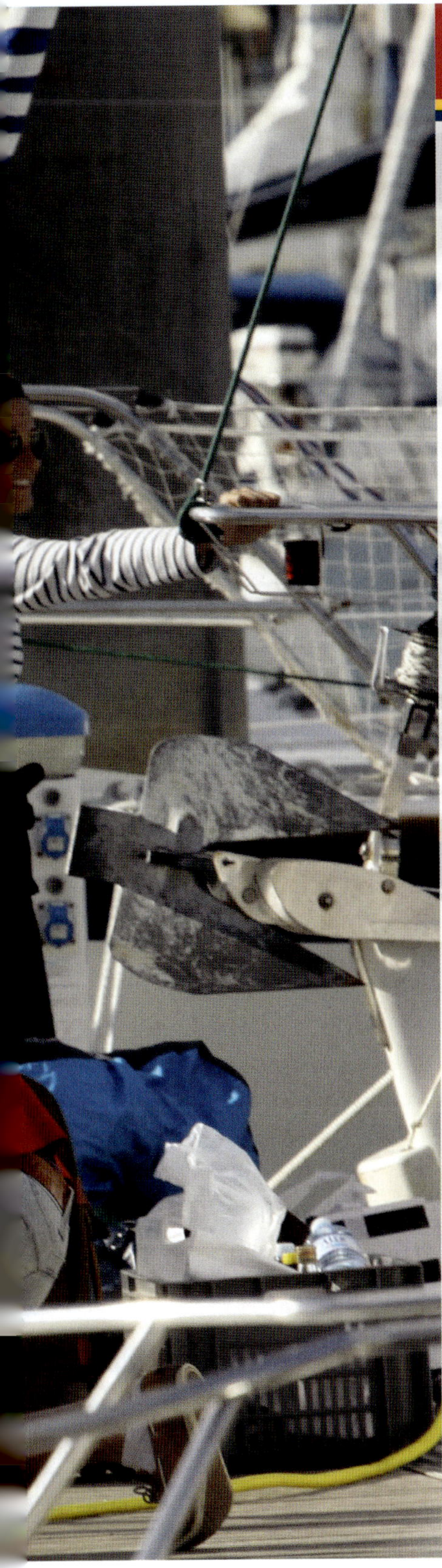

5

Vorbereitungen an Bord zum Törnbeginn

Sofern der Skipper sein eigenes Schiff segelt, kennt er es natürlich in der Regel bis in die letzten Winkel der Bilge. Oft wird ein Skipper allerdings für einen Chartertörn auf einem fremden Schiff angeheuert, bzw. er wird in einer Gruppe von befreundeten Seglern zum Skipper ausgeguckt. Das ihm mehr oder weniger fremde Schiff muss vor dem Auslaufen in vielerlei Hinsicht überprüft werden. Rigg und Segel, Motor, technische Ausrüstung, Sicherheitseinrichtungen, Schiffspapiere … Im Folgenden sollen unabhängig von der Frage, ob Eignerschiff oder Charterschiff alle wesentlichen Aspekte der Schiffsübernahme behandelt werden.

5.1 Schiffsübernahme, Yacht-Check durch den Skipper

Sofern es sich um ein Charterschiff handelt, muss der Vercharterer eine Einweisung anbieten. Eine umfassende, korrekte Übergabe des Schiffes mit der Erklärung aller wichtigen technischen Details

Crew kommt an Bord

kann durchaus zwei Stunden dauern. Nehmen Sie sich genügend Zeit für diesen bei Unstimmigkeiten auch juristisch wichtigen Vorgang. Lassen Sie sich nicht durch den Vercharterer unter zeitlichen Stress setzen. Am geschicktesten ist es wohl, wenn der Skipper die Schiffsübernahme macht, während die Crew z. B. den Einkauf von Lebensmitteln für den Törn erledigt.

In der Regel kommt ein Vertreter der Charterbasis mit einer Inventarliste an Bord im Hinblick auf die Sicherheitsausrüstung, die mobile Zusatzausrüstung und die Ausstattung der Pantry. Selten allerdings kommt er mit einer umfassenden Checkliste für die Funktion aller fest eingebauten Ausrüstungsteile. Darum bringt der Skipper am besten selbst eine möglichst umfassende Liste hierfür mit (*siehe unten*), um sicherzustellen, dass er und seine Crew unterwegs keine bösen Überraschungen erleben.

Zuerst einmal muss sichergestellt sein, dass der Skipper im Falle einer Kontrolle durch Zoll- oder Hafenbehörden über alle gültigen Papiere verfügt.

✔ Checkpunkte Schiffspapiere

- ◯ **Haftpflicht-Versicherungsnachweis**
- ◯ **Schiffsregistrierung im Land des Heimathafens**
- ◯ **In manchen Ländern auch die Charterzulassung**

Auf der vom Vercharterer mitgebrachten Checkliste der Sicherheitsausrüstung und der weiteren mobilen oder fest eingebauten Ausrüstung sollte sich der Skipper selbst Notizen machen im Hinblick auf den Zustand der Gerätschaften.

Oft ist es zusätzlich sinnvoll, auch ein Foto vom Zustand eines eventuell suspekten Ausrüstungsgegenstandes vor dem Törnbeginn zu machen: Die verbogene Relingsstütze, das angebrochene Glas der Hecklaterne, der kleine Gelcoatschaden am Steven … Schäden, die von den Vorgänger-Crews so übernommen werden, dürfen der neuen Crew nicht angelastet werden.

✔ Checkpunkte zur Schiffsausrüstung

Seemännische Ausrüstung:

- ◯ **Sind ausreichend viele und genügend große Fender an Bord (mindestens 5, besser 6 bis 8)?**
- ◯ **Gibt es mindestens 4 Festmacher ausreichender Länge und Dicke?**
- ◯ **Ist das Ankergeschirr ausreichend dimensioniert?
Wie lang ist die Ankerkette (mindestens 3-fache Schiffslänge)?**
- ◯ **Funktioniert die Ankerwinsch?**
- ◯ **Gibt es einen Reserveanker?**
- ◯ **Gibt es einen Bootsmannsstuhl?**

Sicherheitsausrüstung:

Sind folgende Dinge an Bord und funktionsfähig:

- ◯ UKW/VHF stationäres Seefunkgerät
- ◯ UKW/VHF Handfunkgerät
- ◯ Rettungswesten für alle Personen in der Crew
- ◯ Lifebelts, Lifelines
- ◯ MOB-Ausrüstung
- ◯ Rettungsinsel
- ◯ Seenotsignalmittel
- ◯ Lenzpropfen
- ◯ Feuerlöscher
- ◯ Erste-Hilfe-Kasten
- ◯ Nebelhorn
- ◯ Bolzenschneider
- ◯ Notpinne

Navigationsausrüstung:

- ◯ Gibt es einen fest eingebauten Kartenplotter? Wie funktioniert er? Welche Kartenmodule sind an Bord?
- ◯ Sind alle benötigten Seekarten in Papierform und/oder auf dem Chip des Plotters an Bord?
- ◯ Sind die Karten auf die Europanorm WGS 84 bezogen?
- ◯ Sind die für den Törn notwendigen Hafen- und Seehandbücher an Bord?
- ◯ Auf welches Niveau ist das Echolot geeicht, unter Kiel, unter Geber, oder unter Wasserlinie?
- ◯ Ist die Logge geeicht?
- ◯ Ist der Steuerkompass, falls nötig (Stahlschiff) kompensiert?
- ◯ Ist ein Peilkompass vorhanden?
- ◯ Gibt es ein Radar? Ist es im Head-up-Modus wirklich genau in Kielrichtung geeicht?
- ◯ Welche Geräte gibt es an Bord zum Empfang von Wetterberichten?
- ◯ Ist das Windmessgerät funktionsfähig?
- ◯ Sind alle zugehörigen Bedienungsanleitungen an Bord?

➜

Elektrik:

- ◯ Wie viele Batterien sind an Bord? AGM? Gel? Lithium? Welche Kapazität?
- ◯ Wo ist das Batterie-Ladegerät? Wie funktioniert es?
- ◯ Wo sind die Batterieschalter?
- ◯ Gibt es eine Trennelektronik zwischen den Batteriebänken für Motor und Servicebereich?
- ◯ Kann der Motor bei ausgefallener Starterbatterie über die Servicebatterien gestartet werden?
- ◯ Funktionieren alle Positionslaternen (Bug, Heck, Dampferlicht, evtl. Dreifarbenlaterne, Ankerlaterne)?
- ◯ Falls keine LED-Technik: Sind Ersatz-Glühlampen vorhanden?
- ◯ Wie funktioniert der Autopilot?

Pantry/Gasanlage:

- ◯ Funktioniert der Kühlschrank?
- ◯ Sind Herd und Backofen funktionsfähig?
- ◯ Wo ist die Gasflasche?
- ◯ Gibt es eine Reserveflasche?
- ◯ Welche Absperrhähne gibt es?
- ◯ Welche Zündsicherungen gibt es?

Rigg und Segel:

- ◯ Wo sind welche Leinen und Strecker? Großschot, Fockschot, Großfall, Fockfall, Baumniederholer, Dirk, Holepunktverstellung, Achterstagspanner, evtl. Rodkicker.
- ◯ Sind alle Wanten und Stagen ordentlich festgeschraubt und mit Splinten gesichert?
- ◯ Welche Segel sind an Bord?
- ◯ Gibt es neben der Rollgenua zusätzliche Starkwindsegel? Sturmfock?
- ◯ Welches Reffsystem? Rollreff oder Bindereff?
- ◯ Falls Boot mit Rollgroß ausgerüstet, eine wichtige Frage: Rollt es wirklich frei, ohne zu klemmen?
- ◯ Gibt es neben dem Anemometer einen mechanischen Verklicker, Windex?

Schiffsrumpf:

- ◯ Ist die Ruderanlage leichtgängig, ohne zu viel Spiel?
- ◯ Wo befindet sich der Ruderquadrant?
  Steuerseile in gutem Zustand?
- ◯ Wo ist die Notpinne?
- ◯ Wo sind die Seeventile?
- ◯ Gibt es im Durchmesser für die Ventile passende Lenzpropfen?
- ◯ Sind alle Relingsstützen fest verankert? Bugkorb und Heckkorb ebenfalls fest?
- ◯ Sind alle Fenster und Luken dicht?
- ◯ Ist die Bilge trocken und sauber?
- ◯ Hat der Rumpf in der Außenhaut eventuell Gelcoatschäden?
- ◯ Sind dem Vercharterer Grundberührungen aus der Vergangenheit bekannt?

Dieseltanks:

- ◯ Wie viel Diesel ist an Bord?
- ◯ Volumen der Dieseltanks? Zu 100 % aufgefüllt?
  Falls mehrere Tanks an Bord vorhanden sind:
  Wo sind die Absperrhähne zwischen den Tanks?

Wassertanks:

- ◯ Wie groß sind die Wassertanks? Wo befinden sie sich? Wo werden sie aufgefüllt?
- ◯ Gibt es Absperrhähne an den Tanks?
- ◯ Wo sind auf der geplanten Törnroute weitere Wassertankstellen?
- ◯ Wie gut ist die Süßwasserqualität im Charterrevier? Hat das Tankwasser Trinkwasserqualität?

Toilette:

- ◯ Funktionsweise? Welche Ventile müssen geöffnet
  und geschlossen werden?
- ◯ Sind die Schläuche als Schwanenhals verlegt,
  um ein Überlaufen zu vermeiden?
- ◯ Ist die Pumpe gewartet? Gibt es eine Ersatzpumpe?
- ◯ Gibt es einen Fäkalientank? Wie wird er benutzt?
  Ist er leer? Wie wird er entleert?

→

Sonstiges:

- ◯ **Sind folgende manchmal übersehene Ausrüstungsgegenstände an Bord? Landanschlusskabel für 220 V, Ankerball, Bootsmannsstuhl, Bootshaken, Beiboot, Blasebalg, Außenborder, Motoröl, Schrubber, Pütz/Eimer, Aufnehmer, Reinigungsmittel, Wasserschlauch, Adapter für verschiedene Wasseranschlusshähne an Land**

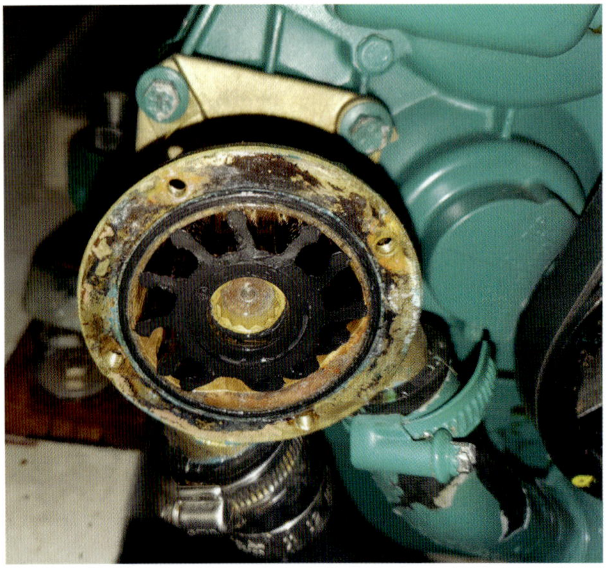

Kühlwasserpumpe mit abgeschraubtem Deckel

Mit dem Motor wollen wir uns etwas detaillierter beschäftigen. Wie schön wäre es, einen Törn tatsächlich immer ohne Motoreinsatz segeln zu können. Kein Motorlärm, keine Vibrationen, keine Abgase, kein Dieselgeruch, kein Risiko eines Motorschadens. Die Realität ist jedoch leider, dass die meisten Törns in einem festen Zeitrahmen gesegelt werden müssen, so dass die Flaute nicht ausgesessen werden kann. Außerdem ist es in den meisten Marinas ohnehin verboten, bzw. aus Platzmangel unmöglich, das Boot nur unter Segeln zu bewegen. Nicht nur der Skipper, auch die Crew sollte darum über folgende Details informiert sein:

✔ Checkpunkte Motor

- ◯ **Wo befinden sich die Batterieschalter und wie werden sie betätigt?** An Bord gibt es normalerweise mindestens zwei Batterien: eine für den Motorstart und eine zweite für alle anderen elektrischen Geräte. Auf den meisten Yachten sind für den Servicebereich mehrere Batterien parallelgeschaltet. Um sicherzustellen, dass die Motorbatterie niemals zu tief entladen wird, sind die beiden Batterien bzw. Batteriebänke in der Regel elektrisch voneinander getrennt. Meist befindet sich ein Doppelschalter oder eine Schalterkombination am Kartentisch oder am Niedergang. Unter Segeln sollte darauf geachtet werden, dass immer nur die Service-Batterie eingeschaltet ist, um zu verhindern, dass z. B. im Falle eines Kurzschlusses oder eines unabsichtlich eingeschalteten Gerätes mit hohem Stromverbrauch (Kühlschrank, Radar, Autopilot) auch die Motor-Batterie entleert wird. Es könnte fatale Auswirkungen haben, wenn erst in der Hafeneinfahrt bemerkt wird, dass der Motor nicht startet. Allerdings sind heutzutage die meisten Schiffe mit einer zuverlässigen Trennelektronik zwischen den beiden Batterien ausgerüstet, so dass ein unbeabsichtigtes Entladen der Motor-Batterie weitestgehend ausgeschlossen wird. Prüfen Sie, ob eine solche Trennelektronik eingebaut ist!

- **Wie wird der Motor gestartet?** Im Bereich der Plicht (Cockpit), seltener unter Deck, befinden sich die Motorarmaturen mit Kontroll-Lampen und/oder Messgeräten für Öldruck, Ladestrom und Kühltemperatur und natürlich das Zündschloss. Bootsdiesel werden häufig nicht – wie Autos – allein durch Drehen des Zündschlüssels gestartet. Manchmal muss zusätzlich ein Startknopf gedrückt werden und oft muss auch – wie früher bei alten Dieselautos – vorgeglüht werden.
- **Wie werden die Schaltung und der Gashebel bedient?** Normalerweise sind heutzutage beide Funktionen in einem Hebel an der Steuersäule zusammengefasst (Einhebelschaltung), so dass durch Bewegung eines einzigen Hebels sowohl eingekuppelt als auch Gas gegeben wird. Das Gestänge muss leichtgängig sein.
- **Wo befindet sich das Seeventil für den Kühlwassereinlass?** In der Regel befindet sich dieses Ventil unter dem Niedergang nahe am Motor. Es muss bei Motorbetrieb vollständig geöffnet sein, denn von dort fließt das den Motor kühlende Seewasser in den Kühlkreislauf. Bei längeren Liegezeiten sollte dieses Ventil geschlossen werden. Leider wird aber manchmal vergessen, vor dem Motorstart das Kühlwasserventil zu öffnen. Es dauert dann meist nur ein bis zwei Minuten, bis ein schriller Alarmton auf die Überhitzung des Motors hinweist. In diesem Falle den Motor sofort abstellen. Um diesen Stress gleich am Anfang des Törns zu vermeiden, genügt nach dem Motorstart ein kurzer Blick auf das Heck oder achtern zur Bordwand, wo aus dem Auspuff das Kühlwasser sichtbar kräftig austreten muss.

Ölpeilstab

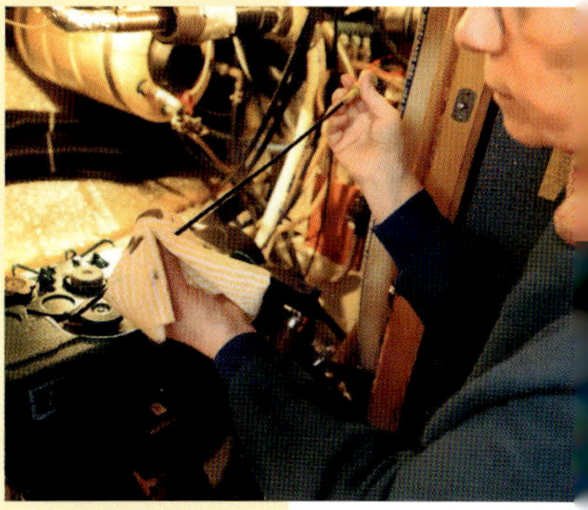

- **Hat der Motor genügend Öl? Wo kontrolliert man den Ölstand? Ist passendes Motoröl als Reserve an Bord?**
- **Ist die Motorbilge sauber?** Eine schmutzige, verölte Motorbilge ist meist ein Hinweis auf ein vernachlässigtes Schiff und sollte zu Törnbeginn gereinigt werden. Nur in einem sauberen Motorraum mit trockener, ölfreier Bilge können eventuell auftretende Leckagen schnell lokalisiert werden.
- **Dieselfilter: Gibt es in der Kraftstoffzuleitung einen Filter mit Wasserabscheider?** Es ist insbesondere in tropischen Revieren – aber auch im Mittelmeer – nie ganz auszuschließen, dass man, ohne es zu merken, verschmutzten Diesel von einer Hafentankstelle bekommt. Nicht selten befindet sich auch Wasser im Diesel, das den Motor

→

schnell lahmlegen kann. Ein gläserner Wasserabscheider ermöglicht es zu sehen, ob Wasser im Diesel ist.

- ◯ **Sind Reserve-Ersatzfilter für Diesel und Motoröl an Bord vorhanden?**
- ◯ **Gibt es einen Werkzeugkasten? Wo ist er? Ist er ausreichend ausgestattet?**

Auch über weitere technische Detailfragen zum Ölwechsel, Filterwechsel, Ladeleistung der Lichtmaschine, Abgasqualität, Zustand des Getriebes, sowie der Motorwelle und des Propellers sollte der ambitionierte Skipper informiert sein. Die Besatzung muss hiermit nicht behelligt werden. Ein verantwortungsbewusster Skipper wird sich allerdings auch auf diese möglichen Problembereiche vorbereiten, indem er – falls er nicht ohnehin die Fachkompetenz besitzt – die maritime Fachliteratur dazu studiert (*siehe Anhang Literaturliste*)

5.2 Allgemeine Einweisung der Crew durch den Skipper

Es ist eher die Ausnahme, dass der Skipper eine Crew hat, die so kompetent und routiniert ist, dass eine Einweisung in die Ausrüstung und Handhabung des Schiffes überflüssig ist. Es lässt sich viel Stress vermeiden, wenn zu Törnbeginn einige grundsätzlich mögliche Probleme angesprochen werden, die kein Mensch braucht:

Creweinweisung

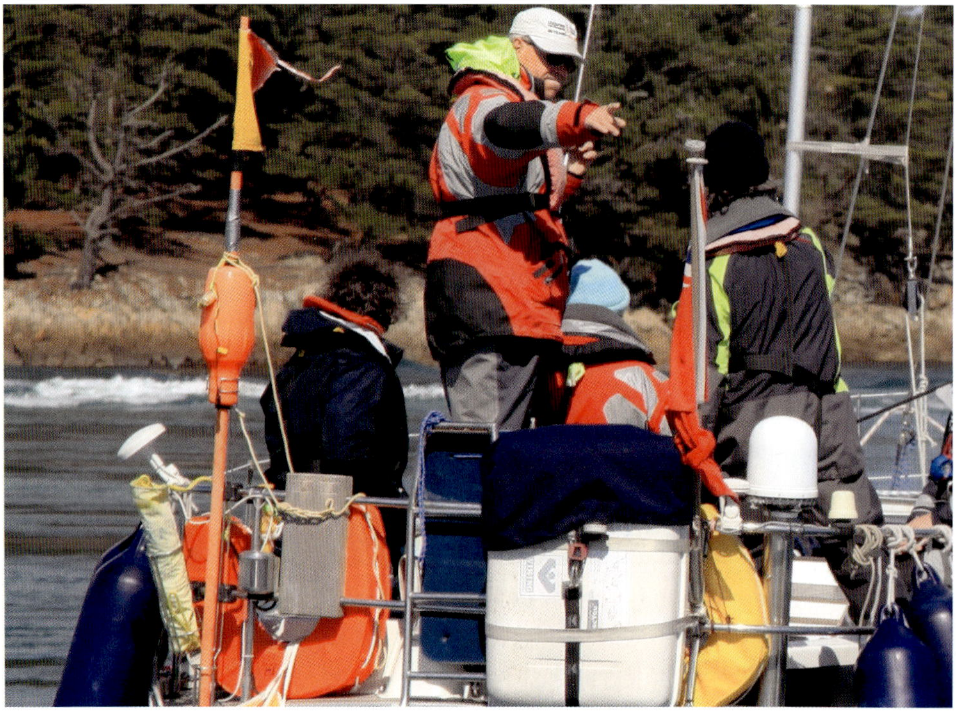

Die übergelaufene oder verstopfte Toilette, die umgefallene Kaffeekanne auf dem Herd, das in den Bezugsnormen verstellte GPS, der leere Wassertank, die ausgerauschte Fockschot, die seewasserdurchtränkte Vorschiffsmatratze, die verstopfte Lenzpumpe, das beschädigte Wendegetriebe … alles das ist vermeidbar, wenn die Crew ausführlich über diese möglichen Problempunkte früh genug informiert wurde.

Allerdings sollte man nicht glauben, dass eine einmalige Einweisung den richtigen Gebrauch gewährleistet. Oft können sich insbesondere unerfahrene Crewmitglieder die vielen möglichen Problempunkte aufgrund der Informationsflut nicht merken. Außerdem fehlt einfach die praktische Routine. Diese kann auch auf einem gelegentlichen Törn gar nicht in so kurzer Zeit aufgebaut werden. In Stresssituationen ist in der Regel nur eingeübtes Verhalten und Wissen abrufbar. Neugelerntes Wissen ohne anschließende Übungsphase ist unter dem Druck der Realsituation oft nicht abrufbar.

Auf einem der Crew unbekannten Schiff gibt es zu Törnbeginn noch keine Routine, im Gegensatz zu den Abläufen auf einem Eignerboot. Gerade eine Chartercrew sollte darum der Törnvorbereitung besonders viel Aufmerksamkeit widmen.

Grundsätzlich gilt, dass gutes Segeln viel Vorbereitung und vorausschauendes Handeln erfordert. Überraschungen sollten weitestgehend vermeidbar gemacht werden. Schnell kommt es auf einem Boot zu Stress, wenn notwendige Leinen nicht schnell genug gefunden werden, plötzlich benötigte Werkzeuge fehlen, oder die Aufgabenverteilung unter der Besatzung nicht früh genug und eindeutig geklärt wurde.

Folgende allgemeine Punkte sollten darum mit der Crew vor dem ersten Auslaufen besprochen werden:

✓ Checkpunkte: Creweinweisung vor dem Auslaufen

- ○ **An Deck gibt es eine Vielzahl von Beschlägen, an denen man sich mit nackten Füßen schnell verletzen kann.** Auch in warmen Revieren sollten darum weiche, leichte Schuhe getragen werden. Regelrechte Bordschuhe aus wasserbeständigem, weichem Leder oder Textil mit heller, weicher Sohle sind am geeignetsten. Zum Landgang werden die Schuhe sinnvollerweise gewechselt, damit Sand und Steinchen im Profil nicht an Bord getragen werden, was dem Bootsdeck nicht gut bekommt.
- ○ **Unter Deck sollte nicht geraucht werden.** An Deck nur in Lee, um sicherzustellen, dass die Nichtraucher nicht belästigt werden. Vielleicht einigen Sie sich in der Crew auch darauf, an Bord auf das Rauchen völlig zu verzichten, um die Bordatmosphäre (im wahrsten Sinne) nicht zu belasten?
- ○ **Alkohol auf See kann ebenso fatale Auswirkungen haben wie beim Autofahren.** Ob auf See völlig auf Alkohol verzichtet werden soll, müssen Sie untereinander klären. Ein kleines Bier zum Sardinen-Sandwich ist vermutlich tolerabel. Klar muss aber sein, dass es keine alkoholbedingten Unsicherheiten bei Tätigkeiten an Deck geben darf.

→

- **Wer zu Seekrankheit neigt, sollte es dem Skipper mitteilen und ggf. vorbeugend Medikamente einnehmen** (z. B. *Stugeron* hilft fast jedem). Auch Rudergehen hilft häufig bei ersten Anzeichen.
- **Schmuck wie z. B. Halsketten, Armreife, Ringe können böse Verletzungen beim Umgang mit Fallen und Schoten hervorrufen.** Sie sollten darum bis zum Landgang unter Deck bleiben. **Lange Haare sollten zusammengebunden sein, denn sie stellen ein Sicherheitsrisiko dar.** Schon bei wenig Wind kann es beim Durchholen einer Schot an der Winsch passieren, dass sich lange Haare auf der Winsch zwischen den Wicklungen der Schot einklemmen. Oder noch schlimmer, sie werden in die Großschot eingeklemmt und der Kopf wird mitgerissen.
- **Der Skipper informiert vor dem Auslaufen die Crew über die Großwetterlage und die für den aktuellen Tag geplanten Kurse. Möglicherweise anzulaufende Häfen und/oder Ankerbuchten sollten im Gespräch mit der Crew vereinbart werden.**

Speziell in technischer Hinsicht muss die Crew auch über die Bereiche Toilette, Fäkalien- und Süßwassertanks informiert sein:

Problemzone Bordtoilette

Jeder, der schon ein paar Chartertörns mit größerer Crew gesegelt hat, kennt das Problem: Der Skipper hat seine Crew in den Gebrauch der Bordtoilette eingewiesen und geht – vielleicht etwas zu optimistisch – davon aus, dass tatsächlich auch alle Besatzungsmitglieder die Toilette so benutzen, dass es weder Verstopfungen noch übelriechende Überschwemmungen geben wird. Doch schon am ersten Abend beginnt der Ärger: Die Pumpe einer der drei Bordtoiletten (große Yacht mit drei Nasszellen) ist blockiert. Das Becken steht voll mit dem, was niemand sehen, geschweige denn beseitigen möchte. Statt am nächsten Morgen auslaufen zu können, muss erst einmal der Vercharterer informiert werden, so dass das Servicepersonal die stinkende Angelegenheit beseitigt. Zu viel Papier war in die Toilette geworfen worden. Am besten ist es, wenn gar kein Papier in die Toilette geworfen wird. Man kann es in einer kleinen separaten Tüte entsorgen.

Falsche Toilettenbenutzung kann sehr viel Ärger verursachen! Die Einweisung in den richtigen Gebrauch (Pumpe, Seeventile) kann gar nicht gründlich genug erfolgen. Das ist viel Arbeit für den Skipper, insbesondere bei großer Crew auf einer dementsprechend großen Yacht mit mehreren Toiletten. Schiffsunerfahrene Besatzungsmitglieder verursachen allzu häufig Verstopfungen oder übelriechende Überschwemmungen, weil sie den richtigen Gebrauch nicht ordentlich erklärt bekommen haben, oder die Erklärungen nicht verstanden haben.

In letzter Zeit werden immer mehr Yachten mit elektrischen, statt manuell zu bedienenden Toiletten ausgerüstet. Zwar wird dadurch der Pumpvorgang erleichtert, aber eine Verstopfung ist dennoch nicht ausgeschlossen. Hinzu kommt ein neues Problem: Die meisten elektrischen Toiletten machen einen derartigen Lärm, dass bei Benutzung während der Nacht die Crew in der benachbarten Kabine vor Schreck aus der Koje fällt …

Fäkalientanks

Dass angesichts der großen Zahl von Yachten in den Marinas das Abwasser der Toilette nicht ins Hafenbecken abgepumpt werden sollte, ist inzwischen fast überall eine Selbstverständlichkeit. Die meisten Yachten haben inzwischen Schmutzwasser- und Fäkalientanks. Allerdings auf manchen Schiffen mit zu geringem Volumen, gemessen an der Größe der Crew. Ein 40-Liter-Fäkalientank auf einem 50-Fuß-Schiff mit 6 Personen an Bord ist schnell am Anschlag …

Auch hier muss der Skipper darum die Crew einweisen in den Gebrauch des Schmutzwasser- und Fäkalientanks. Nicht immer sind die Ventilfunktionen eindeutig beschriftet, so dass der Skipper auch an dieser Stelle problemvermeidend wirken muss.

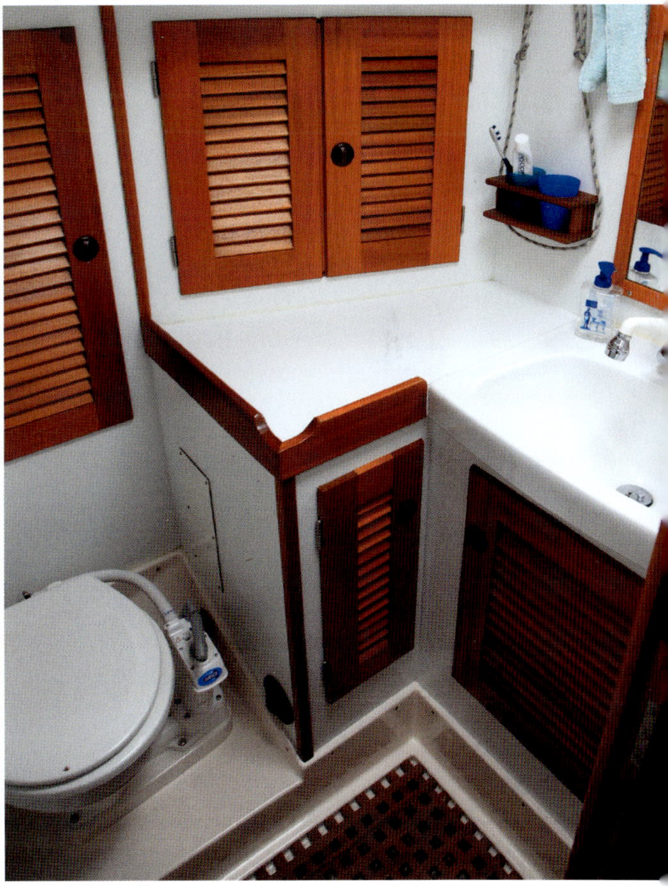

Toilette

Süßwasser an Bord

Wir segeln mit unserer Yacht seit drei Tagen auf Kurs West. Auf den Kapverden wurden die Diesel- und Wassertanks vollständig gefüllt, um mit der 4-Personen-Crew die 2300 Seemeilen bis Martinique problemlos hinter uns bringen zu können. Abends beim Kochen kommt plötzlich die Meldung aus der Pantry: Es kommt kein Wasser mehr aus dem Hahn! Tatsächlich zeigt sich bei der Kontrolle der Füllstandsanzeiger der beiden Süßwassertanks, dass der erste Tank leer ist. Zum Glück ist wenigstens das Trennventil zwischen den beiden Tanks geschlossen. Jemand stellt fest, dass der Hahn der Süßwasserdusche in einer der beiden Nasszellen nicht richtig geschlossen wurde. Noch etwa 2000 Meilen bis in die Karibik … Ein Watermaker (Seewasserentsalzungsanlage) ist nicht an Bord. Also zurück nach Mindelo? Wieviel Wasser ist noch an Bord? Ca. 200 Liter im zweiten Tank. Bei geschätzten verbleibenden 2 Wochen Reisedauer und 4 Personen an Bord sind das pro Tag und Person noch rund 3,5 Liter, bei 3 Wochen nur etwa 2,4 Liter. Zum Überleben reicht das, aber ab sofort wird das Geschirr nur noch mit Seewasser gespült. Genauso die Körperhygiene. Duschen nur mit einem Eimer Seewasser an Deck. Die Alternative: Gegen den Passat 5 Tage lang zurück nach Mindelo gegen 28 Knoten Ostwind zu kreuzen, um die Tanks neu zu befüllen? Das erscheint dem Skipper und der Crew das größere Übel. Also beißen alle in den sauren Apfel.

Hatte der Skipper vor dem Ablegen die Problematik des Süßwasserverbrauchs mit der Crew ausführlich genug besprochen? Die Crew sollte informiert sein über das maximal zur Verfügung stehende Volumen an Süßwasser. Falls es einen Tank-Füllstandsanzeiger gibt, sollte jeder an Bord diesen ablesen können. Es muss erklärt werden, wie vermieden wird, Süßwasser zu vergeuden (laufender Wasserhahn mit Elektropumpe, Duschen, unökonomisches Geschirrspülen). Im Zweifel auf Langfahrt am besten gleich die Kabelschuhe der Druckwasserpumpe vorübergehend abziehen und das Süßwasser nur noch über Hand- oder Fußpumpen fördern. Auf manchen Yachten gibt es allerdings gar keine Hand- oder Fußpumpen!

Dass im Hafen beim Befüllen der Tanks der Wasserstutzen nicht mit dem Dieselstutzen verwechselt werden darf, erscheint zwar selbstverständlich, ist aber keineswegs immer gesichert. Zwar sind die Einfüllstutzen meist beschriftet, aber manchmal werden die Wassertanks auch nachts im Hafen gefüllt … und der Motor läuft ausgesprochen ungern mit Wasser im Dieseltank. Immerhin lässt sich das Wasser im Dieseltank relativ leicht abpumpen, da es sich am Tankboden sammelt. Schlimmer ist allerdings Diesel im Wassertank, denn die notwendige Reinigung ist sehr schwierig und sehr zeitaufwändig, daher Arbeit für einen Spezialbetrieb.

Weiterhin sollte jedes Crewmitglied auch ein paar Details der Elektrik kennen.

Creweinweisung in die Bordelektrik

Auf den allermeisten Yachten ist die Stromversorgung mit 12 Volt Spannung installiert, auf größeren Yachten auch mit 24 Volt. Yachten ab etwa 15 Metern Länge haben häufig zusätzlich einen dieselbetriebenen 220-Volt-Generator, aber darauf sollte man sich nicht verlassen. Im Hafen besteht die Möglichkeit, mittels eines Landanschlusskabels Bordsteckdosen mit 220 Volt zu versorgen. Die Crew sollte informiert sein, welche Steckdosen (12 und 220 Volt) zur Verfügung stehen (Anschluss von Ladegeräten für Handys, Kameras, Laptops …). Auch der Anschluss des Landstromkabels muss erklärt werden.

Neben dem Skipper sollte mindestens ein weiteres Crewmitglied genau wissen, wo welches Gerät an- und ausgeschaltet wird. Auch dann, wenn es im Bordalltag in der Regel der Skipper selbst ist, der die Stromversorgung organisiert. Der Skipper könnte durch einen Unfall ausfallen.

Auf einer Segelyacht gibt es neben der elektrischen Ausrüstung eine Vielzahl von Geräten der Schiffstechnik, die die Crew nicht unbedingt überblicken und beherrschen kann und auch nicht muss. Ein guter Skipper wird sehr wohl unterscheiden

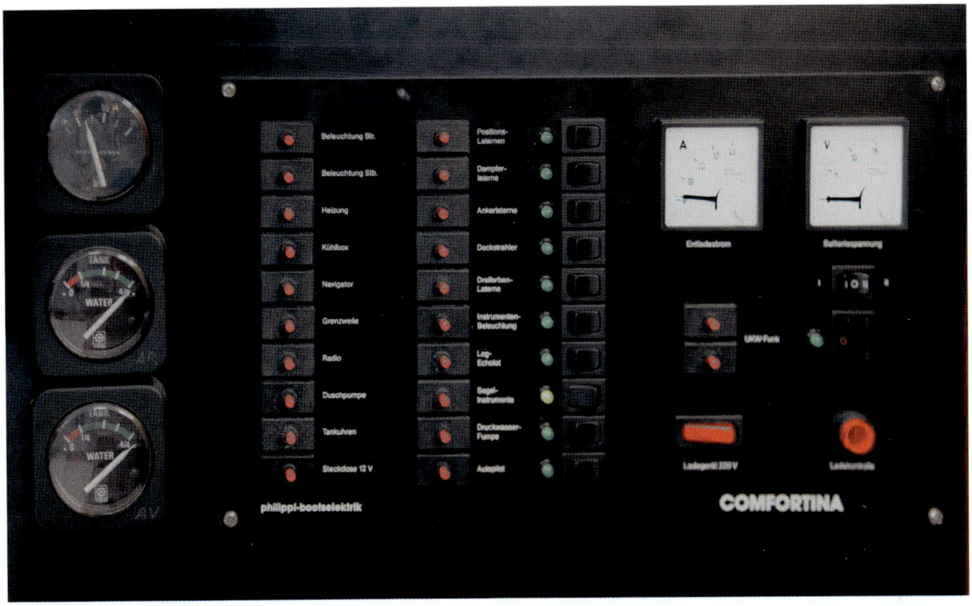

Elektropaneel

zwischen den Geräten, die er seiner Crew erklären muss und denen, die auch unverstanden bleiben dürfen.

Creweinweisung an Deck

Folgende Punkte sollten vor dem Auslaufen mit der Crew geklärt sein:

- **Verlauf aller Leinen, Fallen, Schoten, Strecker zur Segelbedienung, inklusive Refftechnik**
- **Benutzung der Schotwinschen, speziell der selbstholenden Winschen, insbesondere falls sie elektrisch arbeiten**
- **Richtige Benutzung der Ankerwinsch und des Ankergeschirrs**
- **Bedienung des Motors, Startvorgang, Gas und Schaltung**
- **Auf die Augen zum Einpicken des Lifebelts hinweisen**

Der konkrete Einsatz der Segel und der zugehörigen Leinen, sowie auch die Technik des Reffens werden besser direkt auf See im Rahmen des Segelsetzens und der Segelmanöver erklärt. Im Hafen reicht es, die Lokalisierung und farbliche Kennzeichnung kennen zu lernen.

Das Thema Stauen von Ausrüstung und Lebensmitteln verdient eine vertiefte Behandlung

Wenn Sie auf Ihrem Schreibtisch zu Hause nicht sofort Ihre Brille finden, ist das kein Grund zur Panik. Wenn Sie aber in dunkler Nacht in der Ansteuerung eines kleinen, schlecht betonnten Fischerhafens zwischen Sandbänken und Untiefen das Fernglas

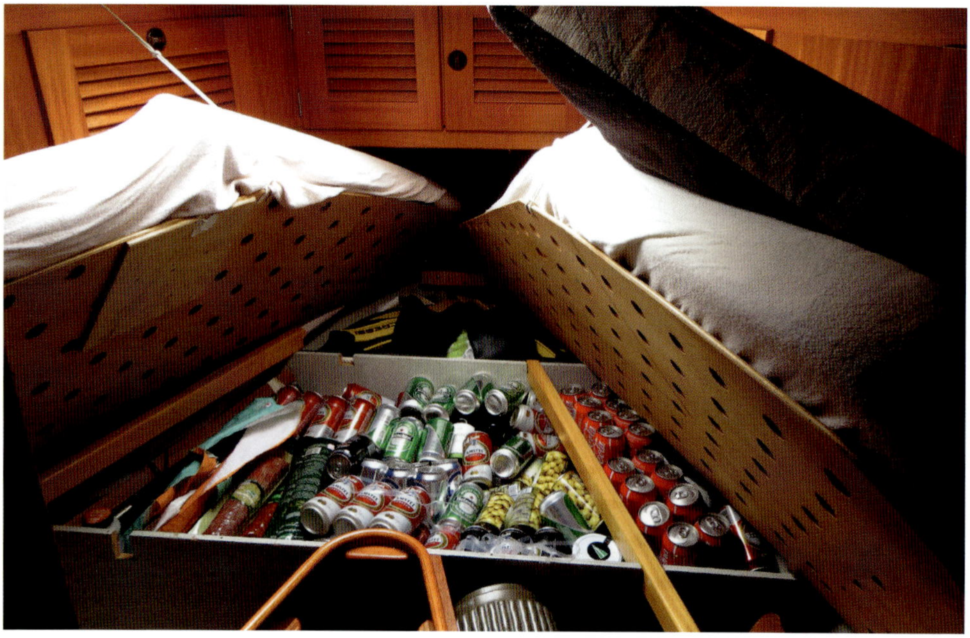

Wird die gestaute Bierreserve für die Transatlantikfahrt reichen?

nicht finden, so kommt schnell Stress auf und kann unter extrem ungünstigen Umständen bis zum Totalverlust des Schiffes führen. Und Stress wollten Sie doch eigentlich beim Segeln vermeiden, oder? Auf einem Boot muss alles seinen festen Platz haben.

Der Skipper sollte jedem Crewmitglied einen speziellen persönlichen Bereich zuweisen, einen Stauraum, wo persönliche Dinge untergebracht werden können. Während eines Törns kann nicht eine Besatzung von 4, 5 oder gar 6 Personen seine Kameras, Sonnenmilchflaschen, Handtücher, Brillenetuis, Reiseführer usw. im Salon oder gar in der Plicht herumliegen lassen. Zum Seeklar-Machen ist es unabdinglich, dass nicht nur die Bootsausrüstung funktionsbereit und schnell auffindbar gestaut ist, sondern auch alle persönlichen Dinge der Crew ordentlich schwerwetterfest weggeräumt sind.

Es ist eine Selbstverständlichkeit: Segelyachten auf See krängen! Wenn das Deck so schräg zum Horizont steht wie eine Skipiste, ist normalerweise jedermann klar, dass Weinflaschen nichts mehr auf dem Tisch zu suchen haben. Es sollte selbstverständlich sein, dass alles, was umfallen oder hin- und herrutschen kann, auf einer Segelyacht, die demnächst ausläuft, fest verstaut wird. Nur sind leider oft die eingeschliffenen Gewohnheiten aus dem Leben an Land stärker als das Bewusstsein für die neue, mobile Situation. Die gedankenlos weggelegte Rolle Toilettenpapier wird sich auf See garantiert meterweit abrollen und die nicht gut verschlossene Wasserflasche, die im Hafen in der Ablage neben der Koje abgestellt wurde, wird sich mit hoher Wahrscheinlichkeit auf See über einem Schlafsack entleeren. Die offene Zuckerdose wird ihren Inhalt im Gewürzschrank verteilen. Bei viel Seegang hoch am

Wind wird der halbvolle Kochtopf mit dem Rest vom gestrigen Risotto möglicherweise als spritzendes Wurfgeschoss auf dem Kartentisch landen. Was nicht fest verstaut ist, fliegt irgendwann durch die Gegend …

Auch bei ruhiger See oder einem Kurs mit nur wenig Krängung (raumschots) kommt es manchmal unerwartet zu heftigen Schiffsbewegungen z. B. durch ein vorbeifahrendes Motorboot oder eine Fähre. In inselreichen Gewässern wie der Ägäis fallen nicht selten aus heiterem Himmel kräftige Fallböen aus den Bergen ein, die das Schiff binnen Sekunden mit der Seereling ins Wasser drücken.

So wie die Kabinen, so sollte auch die Pantry vor dem Ablegen aufgeräumt sein. Alle Kochutensilien liegen an ihrem Ort und alle Lebensmittel sind seefest gestaut. Über die schlecht verschlossene, im Kühlschrank umgekippte Milchflasche freut sich die Küchencrew genauso wenig wie über die auf die Bodenbretter verteilten Reste der Spaghettisauce vom Vorabend.

Apropos Kartentisch: Gibt es den denn noch? Auf manch einer modernen Yacht existiert er gar nicht mehr. Schreibutensilien, Kursdreiecke und natürlich auch der Laptop gehören erreichbar, aber seefest gestaut. Es ist übrigens keineswegs übertriebenes Kapitänsgehabe, wenn der Skipper fordert, dass der Kartentisch wirklich Kartentisch bleibt und nicht als Abstellfläche für Teebecher, Bierdosen oder Sonnencreme dient.

Meist ist der Bereich der Pantry zu klein, um alle für einen längeren Törn eingekauften Lebensmittel und Getränke komplett dort unterzubringen. Unter den Bodenbrettern, oder irgendwo über das Schiff verteilt ist es jedoch keineswegs leicht, alles wiederzufinden. Darum ist ein schriftlicher Stauplan hier sinnvoll, aus dem hervorgeht, was wo gestaut wurde.

Alles, was in Stauräumen oder auf Ablagen hin und her rollen kann, Flaschen, Dosen usw. muss auf See und auch vor Anker rutschsicher gelagert werden. Um Geräuschbelästigung – insbesondere bei Nacht – zu vermeiden, können Putzlappen, alte Handtücher usw. zwischen die unter den Bodenbrettern gestauten Konservendosen und Flaschen gesteckt werden.

5.3 Sicherheitseinweisung

Es ist unmittelbar einsichtig, dass, ohne eine eingehende Sicherheitseinweisung durchgeführt zu haben, nicht ausgelaufen werden sollte. Im Extremfall sind lebensgefährliche Unfälle an Bord leicht möglich wie beispielsweise eine Gasexplosion am Herd, oder eine Mann-über-Bord-Situation in schwerer See.

Aus juristischen Gründen – für den Fall, dass es tatsächlich zu einem Unfall oder zu einer Havarie kommt – ist es sinnvoll, dass der Skipper eine Logbucheintragung vornimmt über die durchgeführte Einweisung der Crew in alle wichtigen Fragen der persönlichen Sicherheit und der Schiffssicherheit. Auch wenn es die Crew vielleicht für übertrieben ansieht, ist es sinnvoll, diese Logbucheintragung von der Crew gegenzeichnen zu lassen.

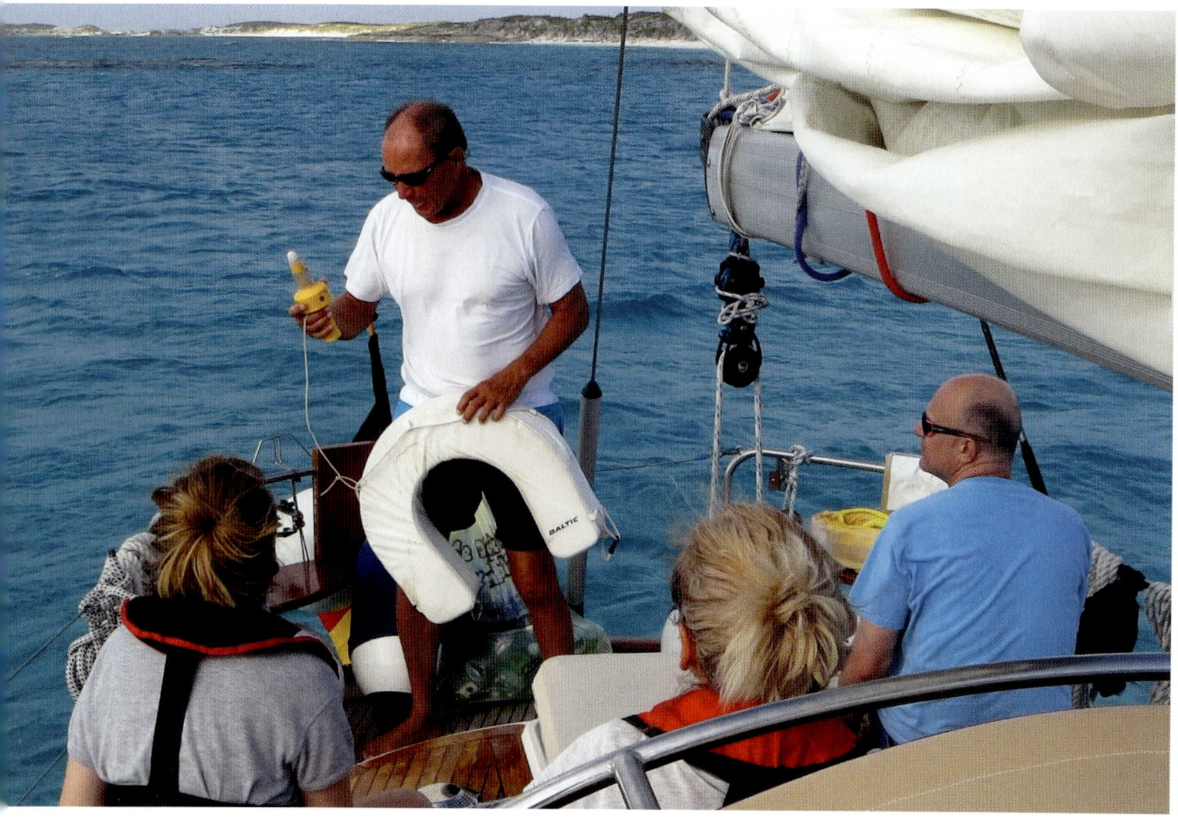

Sicherheits-einweisung

Checkpunkte: Sicherheitseinweisung

- **Auf ein Schiff gehören so viele Rettungswesten wie Kojen an Bord vorhanden sind.** Meist sind gerade auf Charterschiffen nur wenig komfortable Feststoffwesten vorhanden. Darum ist es durchaus sinnvoll, dass jeder in der Crew seine eigene aufblasbare Automatikweste mitbringt. Der Skipper muss sicherstellen, dass jedes Crewmitglied eine seiner Körpergröße angepasste Weste zur Verfügung hat und diese auch schnell und sicher anlegen kann. Dazu gehört auch der Lifebelt, mit dem ein sicheres Einpicken in Augbolzen in der Plicht oder in die Lifeline an Deck bei Schwerwetter möglich ist.
- **Im Falle eines „GAU" an Bord (Feuer, schwerer Wassereinbruch, sinkendes Schiff) hilft nur noch die Rettungsinsel.** Jedes Besatzungsmitglied muss wissen, wo sie sich befindet und wie sie ausgelöst wird.
- **Wo befindet sich die Seenotsignal-Ausrüstung? Neben dem Skipper sollte es mindestens ein weiteres Besatzungsmitglied geben, das den Gebrauch von Handfackeln, Leuchtraketen, Rauchbomben usw. beherrscht.**

- **Wo befindet sich der Erste-Hilfe-Kasten, Verbandszeug, Medikamente?**
- **Für den Fall eines Wassereinbruchs muss jedes Crewmitglied wissen, wo die Lenzpumpen sind (elektrische und manuelle). Wo befinden sich die weiteren Hilfsmittel zur Leckbekämpfung?** Lenzpropfen, Bretter, Keile, ein Beil, um eventuell mit Hilfe von Einrichtungsteilen und Polstern den Wassereinbruch an einem Leck im Rumpf zu mindern.
- **Umgang mit Gas: Auf den meisten Yachten wird mit Gas gekocht. Glücklicherweise kommt es heutzutage eher selten zu Explosions-Unfällen dank strenger Einbauvorschriften und den ausgereiften Sicherheitseinrichtungen.** Eine Einweisung in die Funktion der verschiedenen Absperrhähne zwischen Gasflasche und Herd, sowie in die sichere Benutzung des Gasherdes ist unbedingt notwendig.
- **Welche Feuerlöscher gibt es an Bord? Wo und wie befestigt? Gibt es eine Feuerlöschdecke für Brände am Herd beim Kochen?** Der Skipper erklärt den Gebrauch.
- **Für den Fall des MOB (Man over Board = Mann/Mensch über Bord) hat jede Charteryacht mindestens einen Rettungskragen am Heckkorb, am besten zusätzlich mit Schwimmleine und Blitzlicht versehen.** Im Hafen wird der Gebrauch theoretisch erklärt. Auch das An-Bord-Holen des im Wasser treibenden Crewmitglieds muss besprochen werden. Anschließend auf See sollte zu Törnbeginn das MOB-Manöver auch praktisch zur Übung gefahren werden, zumindest mit einem Fender.
- **Zu öffnende Luken und Seeventile können ein Sicherheitsrisiko darstellen. Jedes Crewmitglied muss informiert sein, wann wo welche Luken und Seeventile zu schließen sind.** Sofern zu öffnende Luken in die Bordwand eingesetzt sind, müssen diese vor dem Auslaufen fest verschlossen werden. Gleiches gilt für die Luken an Deck. Seeventile mit Schlauchführung in Form eines Schwanenhalses können u. U. offen bleiben. Bei ruhiger See und nicht anstehenden Segelmanövern kann es akzeptabel sein, einige Decksluken zur Belüftung angewinkelt geöffnet zu lassen. Niemals jedoch 90 oder gar vollständig 180 Grad geöffnet, denn allzu leicht fällt jemand dort hinein.
- **Auch wenn nicht jeder in der Besatzung einen Seefunkschein (UKW = VHF) besitzen muss, so sollte doch jeder mit den Grundfunktionen des UKW-Seefunkgerätes vertraut sein, um einen Notruf absetzen zu können.** Der Skipper sollte darum allen Besatzungsmitgliedern am UKW-Gerät erklären, wie der Anruf der nächsten Seefunkstelle über Kanal 16 abläuft und wie die DSC-Funktion über die rote Nottaste aktiviert wird.
- **Im Seenotfall muss jeder in der Crew in der Lage sein, die Position am GPS nach geographischer Breite und Länge richtig abzulesen.**

Seeklar machen

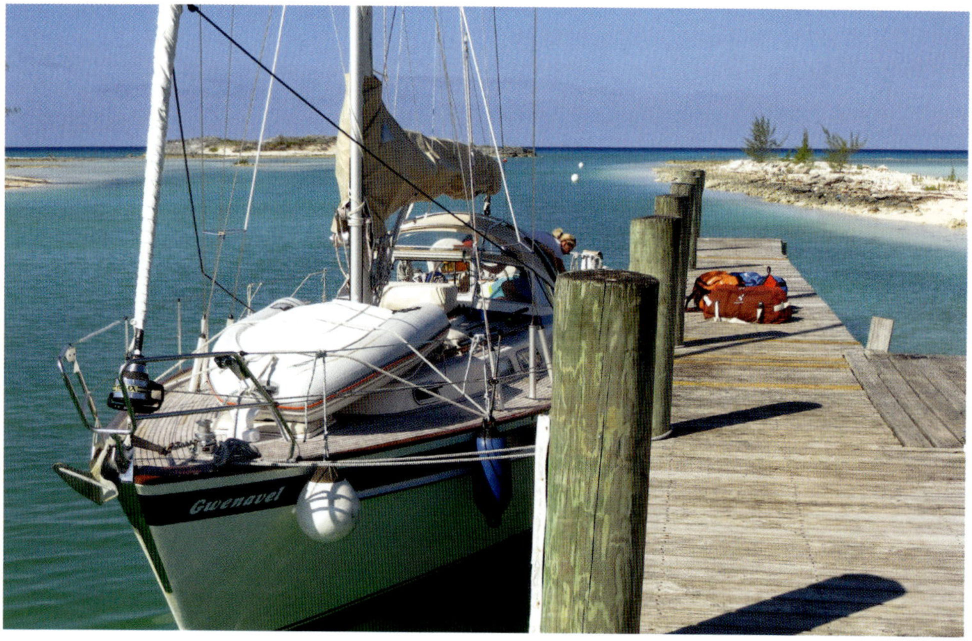

5.4 Letzte Checks vor dem Auslaufen

Checkliste für den Skipper zum Seeklar-Machen

- Schiffspapiere an Bord?
- Liegegebühren bezahlt?
- Wetterbericht eingeholt?
- Alle Seekarten, Leuchtfeuerverzeichnisse, Seehandbücher, Tidenkalender an Bord?
- Zu steuernde Kurse und Hafen-Ansteuerungen vorbereitet?
- Falls Tidenrevier: Wurden die aktuellen HW- und NW-Zeiten ins Logbuch geschrieben?
- Sicherheitseinweisung mit der Crew durchgeführt?
- Alle Seenotmittel an Bord?
- Alle Segel aufgeklart und in gutem Zustand?
- Alle Leinen aufgeklart und einsatzbereit?
- Seemännische Ausrüstung an Deck der Crew erklärt?
- An Deck alles Bewegliche aufgeklart und sicher befestigt?
- Unter Deck alles sicher, seefest verstaut?
- Genügend Lebensmittel an Bord?

- ◯ Ausreichend Diesel im Tank?
- ◯ Frischwasser aufgefüllt?
- ◯ Gasanlage abgeschaltet?
- ◯ Motor-Startbatterie eingeschaltet?
- ◯ Ölstand im Motor kontrolliert?
- ◯ Elektrik für Servicebereich eingeschaltet?
- ◯ Landstromkabel abgenommen?
- ◯ Navigationsausrüstung einsatzbereit?
- ◯ Reffleinen eingezogen?
- ◯ Toilettenventile geschlossen?
- ◯ Seeventile, die keine Schlauchführung mit Schwanenhals haben, geschlossen?
- ◯ Seeventil für Motor-Kühlwasser geöffnet?
- ◯ Alle Luken im Rumpf verriegelt?
- ◯ Alle Decksluken geschlossen?
- ◯ Aufgabenverteilung in der Crew im Hinblick auf das Ablegemanöver ausführlich besprochen?

Checkliste für die Crew zum Seeklar-Machen

- ◯ Wurden alle persönlichen Dinge so gut verstaut, dass sie auch bei viel Krängung nicht herumfliegen?
- ◯ Habe ich für die Wettersituation der nächsten Stunden die passende Kleidung angezogen? Kein Schmuck am Hals oder an den Armen oder Händen? Sind lange Haare zusammengebunden?
- ◯ Wurde die Pantry so aufgeräumt, so dass keine Tassen, Teller, Töpfe im Seegang herumfliegen werden?
- ◯ Ist alles im Kühlschrank seefest gestaut? Vorsicht bei Frontladern!
- ◯ Sind die Decksluken geschlossen?
- ◯ Wurde die Toilette abgepumpt?
- ◯ Sind die Seeventile von Toilette und Waschbecken geschlossen?
- ◯ Sind alle Fenster im Rumpf und im Decksaufbau, die geöffnet werden können, verschlossen?
- ◯ Sind das Beiboot und dessen Außenborder so gestaut, dass sie weder beim Ablegen noch auf See stören können?
- ◯ Sind die persönliche Rettungsweste und der Lifebelt schnell genug erreichbar?

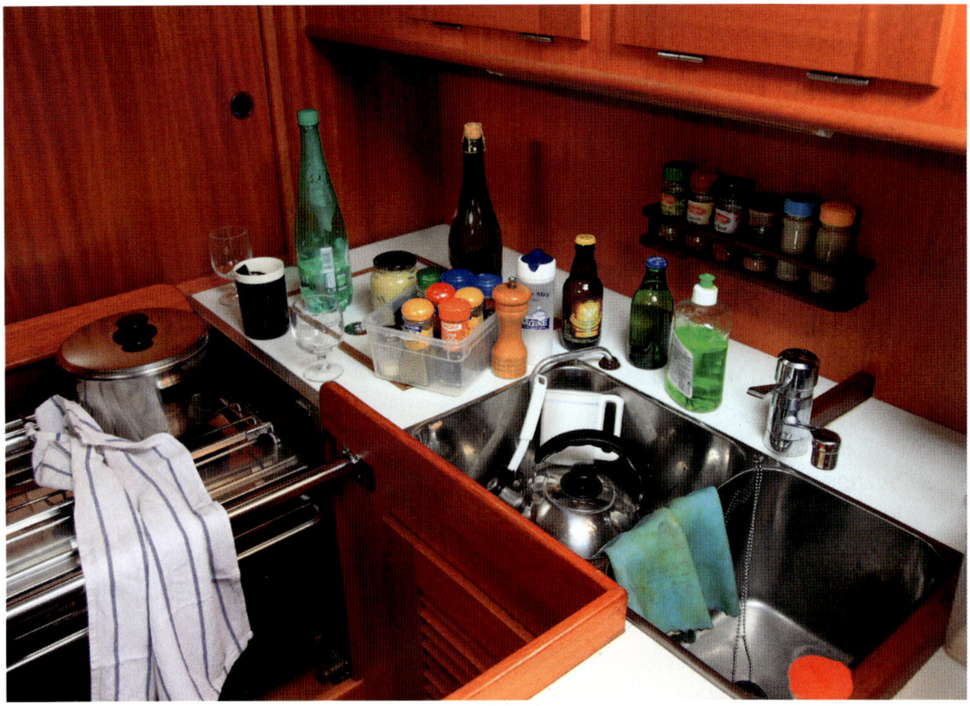

In der Pantry, unaufgeräumt

5.5. Logbuchführung

Wer sitzt schon gern während des Segels am Kartentisch und füllt akribisch vorgedruckte Seiten mit Logbucheintragungen aus. Ist das wirklich notwendig? Ist es juristisch vorgeschrieben? Wenn ja, in welcher Form? Mit welchen Inhalten?

Für unter deutscher Flagge segelnde Yachten der Sportschifffahrt existiert dazu eine Rechtsgrundlage: Das Schiffssicherheitsgesetz vom 9. September 1998 (BGBl. I S. 2860)

Hierin wird unter anderem Folgendes formuliert:

„… Wer ein Schiff zur Seefahrt einsetzt, hat dafür zu sorgen, dass im Schiffsbetrieb auftretende Gefahrenquellen überprüft, im Betrieb gewonnene Erkenntnisse sowie andere wichtige hierzu zur Verfügung stehende Informationen und Unterlagen einschließlich der ***Aufzeichnungen*** *der mit der Bedienung des Schiffes beauftragten Personen im Rahmen der Sicherheitsvorsorge ausgewertet werden können …“*

„Der Schiffsführer hat … durch ***geeignete Eintragungen*** *über alle Vorkommnisse an Bord zu berichten, die für die Sicherheit in der Seefahrt einschließlich des Umweltschutzes auf See und des Arbeitsschutzes von besonderer Bedeutung sind. Bei Schiffsunfällen hat der Schiffsführer, so weit erforderlich und möglich, für die* ***Sicherstellung der Eintragungsunterlagen*** *zu sorgen.“*

Als Kernaussage kann man zusammenfassen, dass alle diejenigen Dinge schriftlich festgehalten werden müssen, die im Zusammenhang mit eventuell auftretenden Gefahren von Bedeutung sein könnten, um im Nachhinein eine Rekonstruktion des aufgetretenen Not- oder Unfalls zu ermöglichen.

Auch Seekarten mit Kurseintragungen können Teil dieser Eintragungsunterlagen sein. Selbst elektronische Aufzeichnungen, beispielsweise über das GPS aufgezeichnete Kurse, sind verwertbar.

Es findet sich in dem genannten Rechtsdokument allerdings keine Aussage über eine vorgeschriebene Form dieser Aufzeichnungen. Vorgedruckte Blätter mit vorformulierten Spalten für Eintragungskategorien sind nicht zwingend vorgeschrieben. Auch sind die Kategorien der Eintragungen (z. B. Wetterdaten) keineswegs konkret genannt. Vielmehr wird es dem Schiffsführer überlassen, zu entscheiden, welche Eintragungen notwendig sind und in welcher Form er diese festhält. Eine formlose Kladde ist somit rechtlich völlig in Ordnung und steht den im Buchhandel angebotenen vorgedruckten Logbüchern mit Goldschrift auf Ledereinband in nichts nach. Vorgeschrieben sind allerdings folgende Details:

Logbuchführung

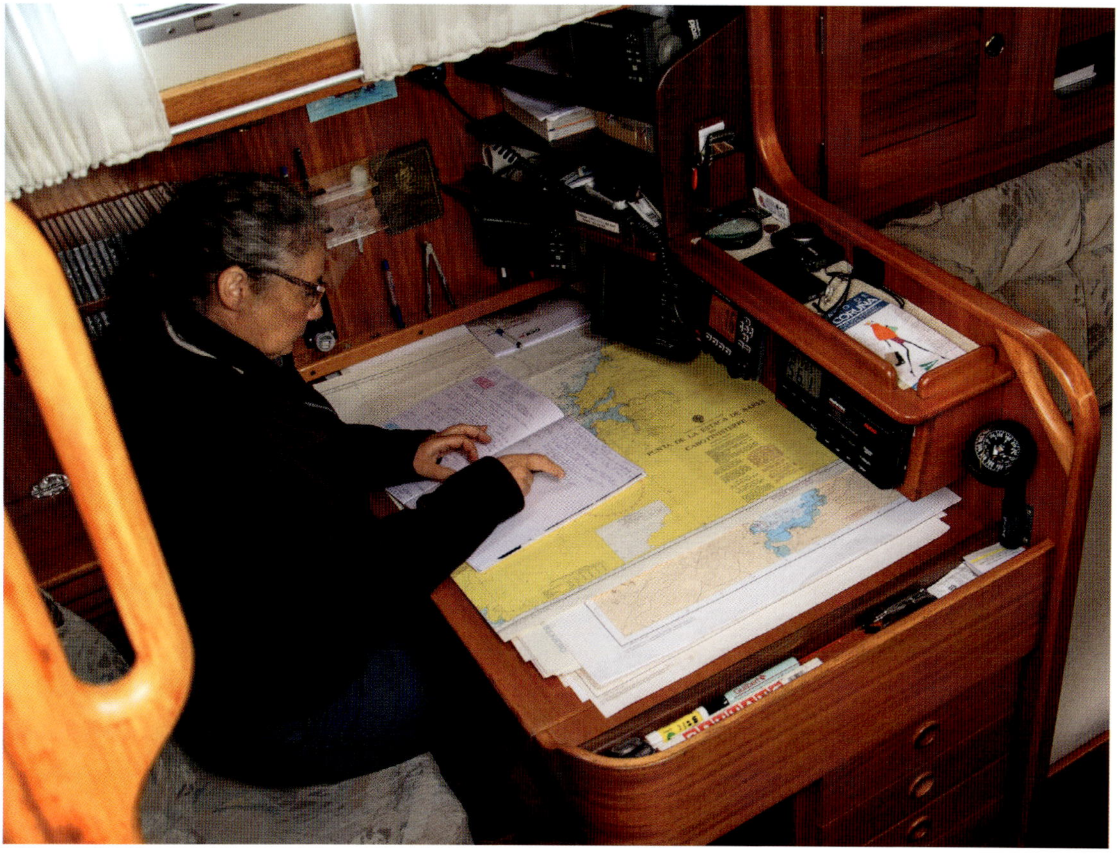

Checkpunkte Logbuch

- Schiffsname, Heimathafen, evtl. das Unterscheidungssignal (MMSI-Code, evtl. VHF-Callsign)
- Ausfall von für die Schiffsicherheit relevanten Geräten
- Alle Vorkommnisse, die die Gesundheit der Crew und die Schiffssicherheit erheblich einschränken
- Gestrichene Eintragungen müssen lesbar bleiben
- Eintragungen müssen vom Schiffsführer unterschrieben werden.
- Es gilt eine 3-jährige Aufbewahrungspflicht

Aus dem Gesagten lassen sich nun für den verantwortungsvollen Skipper folgende Empfehlungen ableiten:

Das Logbuch sollte in Papierform und nicht in elektronischer Form geführt werden (es sei denn, doppelt gesichert), denn der Verlust der Daten auf einem Computer ist wahrscheinlicher als der Verlust des materiell fassbaren Logbuchs.

Um im Falle eines Unfalls oder einer Notlage mit rechtlichen Konsequenzen die Reproduzierbarkeit der Umstände zu gewährleisten sind Eintragungen zu folgenden Punkten sinnvoll:

- Nummerierte Seiten
- Eintragungen immer mit Datum und Uhrzeit
- Sicherheitseinweisung der Crew durchgeführt
- Wettervorhersage in Kurzform
- Aktuelle Windstärke und Windrichtung
- Zu erwartende Windstärke und Windrichtung im zu besegelnden Gebiet
- Sichtweite, evtl. Nebelfahrt
- Temperatur, Bewölkung, Niederschlag
- Besegelung
- Hafen und Uhrzeit bei Auslaufen und Einlaufen
- Kurs und Fahrt
- Markante Positionen, passierte Ansteuerungstonnen und Leuchtfeuer
- Eventuelle Motorfahrt
- Loggestand am Morgen und am Abend
- Einschalten der Positionslaternen
- Technische Probleme, ausgefallene Geräte
- Dieselreserve, Wasserreserve
- Kontakte mit der Großschifffahrt, Queren eines Verkehrstrennungsgebietes

- **Vorkommnisse, die die Schiffssicherheit oder die Gesundheit der Crew beeinträchtigen**
- **Im Falle einer Kollision: detaillierte Beschreibung des Hergangs, Schiffsname, Registrierung**

Natürlich ist ein Logbuch immer auch eine privat nutzbare, nach einigen Jahren gern gelesene Urlaubserinnerung. Darum ist es durchaus vertretbar, auch persönliche Eindrücke, Erfahrungen, Empfindungen, Beurteilungen usw. einzutragen. Allerdings sollte der Skipper dabei immer im Hinterkopf behalten, dass die Unterlagen eventuell im Falle einer juristischen Auseinandersetzung auch von menschlich nicht nahestehenden Personen gelesen werden.

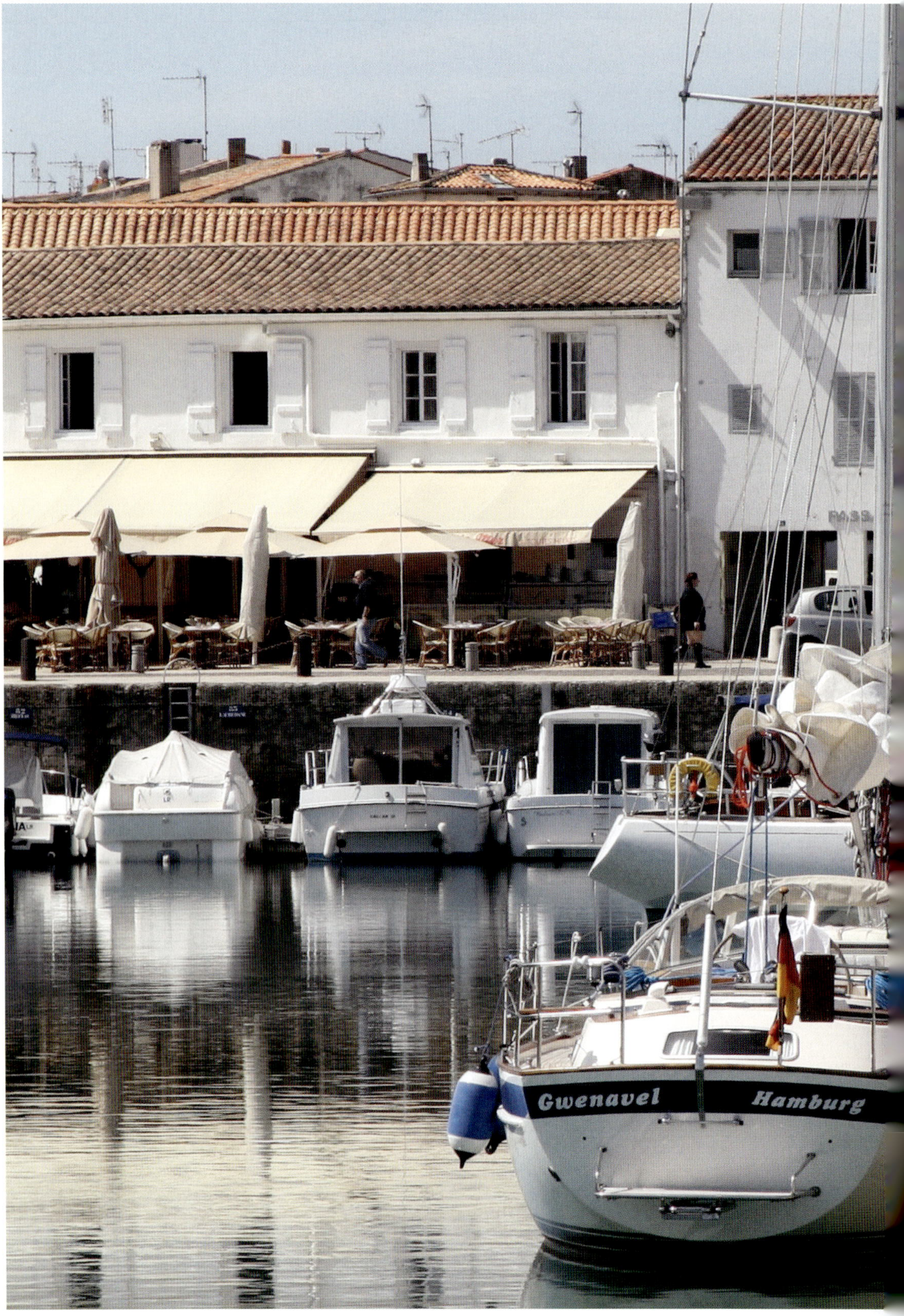
Gwenavel
Hamburg

6

Hafenmanöver

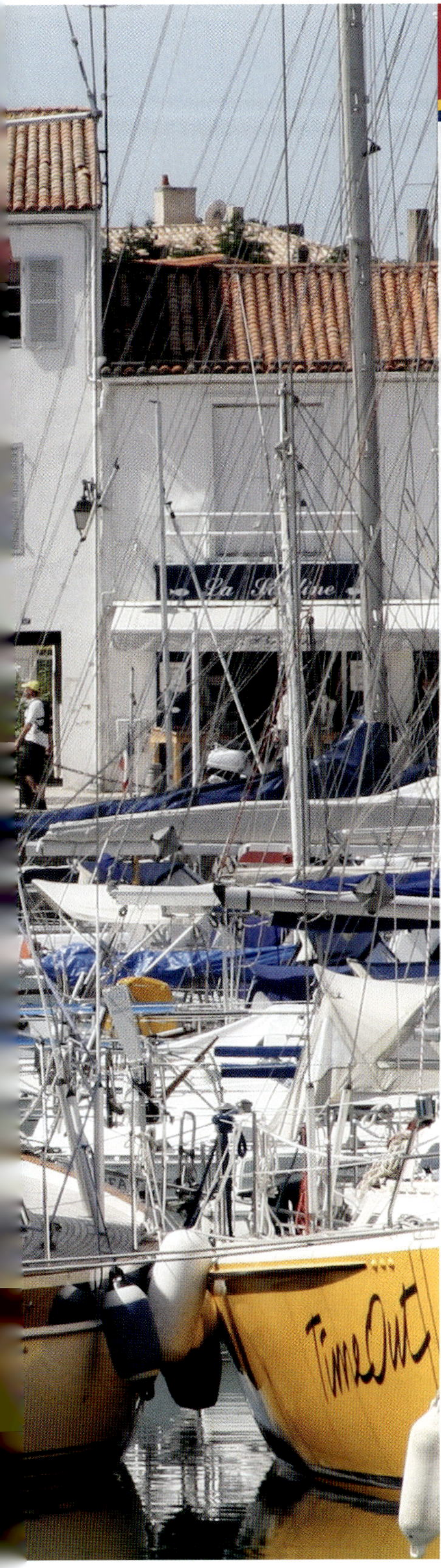

In diesem Kapitel sollen lediglich Hafenmanöver unter Maschine behandelt werden, denn heutzutage sind die meisten Häfen zu eng gebaut, um unter Segeln an- oder ablegen zu können. In Marinas ist es ohnehin in der Regel nicht gestattet, die Manöver unter Segeln zu fahren. Zwar stimmt das Argument, dass man in Notfall bei ausgefallener Maschine es auch unter Segeln können muss, aber diese Situation tritt – statistisch gesehen – so extrem selten auf, dass wir sie hier nicht vertiefen wollen. Die meisten Skipper werden in einem solchen Fall sinnvollerweise über VHF eine Schlepphilfe vom Hafenmeister anfordern.

Yachten im Hafen

6.1 Grundlegende Einflussvariablen: Trägheit, Radeffekt, Wind und Strom

Es muss klar gesagt werden: Es gibt keine „Goldenen Regeln“, mit denen ein An- oder Ablegemanöver immer klappt! Zu verschieden sind die möglichen Situationen im Hafen beim An- und Ablegen, um – wie mit einem Kochrezept – immer gültige Anleitungen geben zu können. Hingegen lassen sich die Variablen, die den Ablauf eines Hafenmanövers beeinflussen, durchaus klar analysieren und dann mit ein wenig physikalischem Denken kalkuliert miteinander verbinden.

Folgende Fragen spielen im Hinblick auf den Ablauf eines Hafenmanövers eine Rolle:

- **Besteht am Liegeplatz ausreichend Wassertiefe?**
- **Wie stark ist der Wind? Ist er auflandig oder ablandig?**
- **Setzt Strömung am Liegeplatz?**
- **Was dominiert? Windeinfluss oder Strömungseinfluss?**
- **Wie muss angelegt werden? Im Päckchen? Längsseits an der Pier? Zwischen Pfählen? Am Schwimmsteg? Römisch-katholisch?**
- **Wie gut ist die Besatzung trainiert? Wie erfahren ist der Rudergänger?**
- **Welchen Antrieb hat das Schiff? Feste Welle oder Saildrive? Gibt es einen Radeffekt?**
- **In welche Richtung zieht der Radeffekt bei eingelegtem Rückwärtsgang?**
- **Wie groß, wie schwer ist das Schiff und wie träge reagiert es?**
- **Welchen Lateralplan hat das Unterwasserschiff? Modern mit kurzem Kiel und Spatenruder, oder eher traditionell mit längerem Kiel und Skeg vor dem Ruder?**
- **Wie gut ist die Decksausrüstung? Genügend starke Klampen an Deck vorhanden? Auch mittschiffs? Genügend Fender vorhanden? Sind alle Festmacher lang genug?**
- **Hat das Schiff ein Bugstrahlruder?**
- **Steht eventuell auf dem Steg oder Nachbarboot Hilfe zur Verfügung?**
- **Kommt eventuell vom Hafenbüro jemand mit kleinem Boot und starkem Außenborder als Hilfe beim Manövrieren?**

Unabhängig von der Situation an Bord und im Hafen kann man allerdings folgende vier immer gültige Ratschläge formulieren:

- **So wenig Fahrt wie möglich, aber so viel wie nötig!**
- **Wind wenn möglich als Hilfe einsetzen, statt gegen ihn zu arbeiten!**
- **Den Radeffekt des Propellers, wenn möglich nutzen, statt gegen ihn Ruder zu legen.**
- **Ruhe bewahren!**

Windeinfluss:

Es ist unmittelbar einsichtig, dass ein Schiff bei stärkerem Seitenwind und gleichzeitig sehr langsamer Fahrt nicht mehr auf Kurs zu halten ist. Selbst schwacher Wind muss zum Gelingen des Manövers ins Kalkül miteinbezogen werden. Dies gilt insbesondere auf modernen, leichten Schiffen mit kleinflächigem Lateralplan und folglich wenig Wasserwiderstand. Bei Wind von der Seite wird eine Segelyacht aber nicht einfach parallel zum Kiel zur Seite versetzt, denn die Angriffsflächen sind nicht gleichmäßig verteilt: Der Mast steht weiter vorne als mittschiffs und der Bug ist höher gezogen als das Heck. Das verursacht in der vorderen Schiffshälfte mehr Winddruck als in der hinteren, was zu einer Drehbewegung des Bugs nach Lee führt. Hinzu kommt bei modernen Schiffen, dass die Steven immer steiler und die Bugsektion immer fülliger werden, was zusätzlich die Windangriffsfläche vergrößert. Dazu kommt die aufgrollte Genua mit ihrer Fläche entlang des Vorstags. Es ist damit unausweichlich, dass der Bug bei Seitenwind nach Lee wegdreht. Dies über die Ruderlage auszugleichen, gelingt nur bei genügend Fahrt im Schiff, doch genau dies ist nicht in jedem Moment eines Hafenmanövers gegeben. Ohne Fahrt ist das Ruder ohne Wirkung.

Bugstrahlruder sind eine große Hilfe beim An- und Ablegen. Man findet sie heutzutage immer häufiger auch auf Charteryachten. Früher wurden Skipper, die ein Bugstrahlruder benutzen, manchmal von alten Salzbuckeln etwas belächelt. Doch das war zu einer Zeit, als in den Häfen noch für Hafenmanöver extrem viel Platz zur Verfügung stand. Heutzutage sind die Abstände zwischen den Stegreihen in vielen Marinas kleiner als eine Bootslänge. Das Drehen des Bootes beim An- oder Ablegen ist – insbesondere bei Seitenwind – oft gar nicht mehr ohne Bugstrahlruder möglich. Der Grund dafür liegt vor allem darin, dass die mittlere Bootsgröße von Jahr zu Jahr wächst und heute 13-Meter-Yachten an Liegeplätzen liegen, wo vor fünf Jahren noch 10-Meter-Boote lagen.

Der Rudergänger sollte sich vor dem Hafenmanöver mit der Funktion des Bugstrahlruders gut vertraut machen, denn die Pfeile, mit denen auf den Bedienknöpfen eine Richtung angegeben wird, geben je nach Modell entweder die Schubrichtung der Bugschraube oder andersherum die Bewegungsrichtung des Schiffsbugs an. Eine Verwechslung könnte fatale Folgen haben…

Auf sehr großen Yachten oberhalb 15 Metern Rumpflänge werden inzwischen auch computergesteuerte „Einparkhilfen“ eingebaut, mit denen per Joystick Bug und Heck getrennt oder simultan quer zur Kielrichtung bewegt werden können.

Bläst der Wind hingegen in Kielrichtung, so ist das in der Regel nur dann von Vorteil, wenn gegen ihn angelegt werden kann, denn dann ist das Aufstoppen ohne zu hohe Drehzahlen im Rückwärtsgang leichter. Bläst er hingegen von achtern beim An- oder Ablegen, so muss gegen ihn mit höherer Drehzahl motort werden, so dass mit hoher Wahrscheinlichkeit der Radeffekt das Schiff in eine ungewollte Drehbewegung versetzt. Dies ist besonders beim Ablegen störend, wenn aus dem Stand heraus noch keine Ruderwirkung vorhanden ist. Allgemein gilt, dass Schiffe mit fester Welle und einem eher großen Dreiflügel-Propeller auch meist einen starken Radeffekt haben. Hingegen verursacht ein Saildrive, vielleicht sogar mit nur zweiflügligem Faltpropeller ausgerüstet, kaum spürbar Radeffekt. Er hat aber auch den großen Nachteil, dass die Ruderwirkung unter Maschine in Vorausfahrt geringer ist als bei fester Welle wegen des größeren Abstands zwischen Propeller und Ruder.

Wie entsteht der Radeffekt? Ein Propeller verursacht nicht nur Antrieb nach vorn oder achtern. Aufgrund seiner Drehbewegung entsteht simultan zum Antrieb in Kielrichtung auch eine seitwärts wirkende Kraft, mit der der Propeller sich in Drehrichtung „zur Seite schaufelt". In Vorausfahrt ist diese Kraft nur wenig spürbar und kann leicht durch Ruderlage kompensiert werden. Bei Rückwärtsfahrt hingegen kann dieser Radeffekt so groß werden, dass selbst hartes Ruderlegen in Gegenrichtung kaum Wirkung zeigt. Die Ursache für diese nicht gleichgroße Winkung des Radeffektes zwischen Fahrt voraus und Fahrt achteraus liegt in der unterschiedlichen Anströmung des Rumpfes und vor allem des Ruders der Yacht. Der rotierende Wasserstrahl des Propellers trifft in Rückwärtsfahrt nicht auf das Ruder, sondern asymmetrisch direkt auf den festen Rumpf, während er in Vorwärtsfahrt auf das bewegliche Ruder trifft, mit dem der Rudergänger sofort ein entgegen gerichtetes Drehmoment bewirken kann. Bei Rückwärtsfahrt im Hafen hat das Schiff aber anfangs keine Fahrt, folglich ist auch keine Ruderwirkung vorhanden. Der Skipper/Rudergänger muss, um vorbereitet zu sein, somit Kenntnis haben über den Drehsinn der Propellerwelle im Rückwärtsgang.

Beim Rückwärtsfahren tritt neben dem Radeffekt noch ein weiteres Problem auf: Die Ruderwirkung ist bei geringer Fahrt unter etwa einem Knoten sehr schwach, wird dann aber, sobald das Schiff mehr Fahrt aufnimmt, plötzlich überraschend groß. Die Ursache dafür liegt in der Konstruktion des Ruders, dessen Drehachse (Ruderkoker) auch bei vorbalancierten Spatenrudern deutlich vor der Mitte liegt. Gerade traditionelle Ruder mit Skeg und ohne Vorbalancierung (*siehe Zeichnung*) sind in Rückwärtsfahrt besonders aufmerksam zu bedienen, denn sobald sie angewinkelt werden, entstehen sehr große Kräfte auf dem Steuerrad. Es muss darum gut festgehalten werden, um zu vermeiden, dass es aus den Händen gerissen wird und brutal querschlägt. Im Extremfall kann die Ruderaufhängung oder die Seilzüge am Quadranten Schaden nehmen.

Manche Rudergänger stellen sich bei Rückwärtsfahrt um 180 ° gedreht an das Ruder, um den Blick nach hinten zu erleichtern. Ob dies zweckmäßig ist, muss jeder Rudergänger am besten selbst einmal ausprobieren und für sich selbst entscheiden. Ein eventuell vorhandenes Bugstrahlruder erleichtert auch die Rückwärtsfahrt.

Schiffstyp, Trägheit:

Zwischen einer modernen Kurzkiel-Yacht und einem traditionellen Langkieler, beispielsweise vom Typ *Colin Archer*, liegen hinsichtlich der Manövriereigenschaften Welten. Traditionelle, schwer gebaute Langkieler sind auf See sehr kursstabil und setzen aufgrund ihrer großen Masse und eines V-förmigen Stevens weich in die Welle ein, selbst hoch am Wind. Dafür haben sie aber andererseits ein sehr träges Drehverhalten. Völlig anders beim modernen Kurzkieler, der – weil leichter und flacher gebaut – weniger träge, manche sagen, nervöser, reagiert. Er hat, insbesondere in grober See meist weniger Kursstabilität, besitzt aber den unbestrittenen Vorteil, dass er im Hafen deutlich leichter zu manövrieren ist. Dies ist einer der Gründe, warum die Schiffe der großen Charterflotten heutzutage fast alle den gleichen Lateralplan haben: Kurzkiel, oder gemäßigter Kurzkiel und vorbalanciertes Spatenruder. Dieses Konstruktionskonzept macht es unerfahrenen Chartercrews leichter, Hafenmanöver zu fahren, ohne in der Nachbarschaft zuviel Kleinholz zu verursachen.

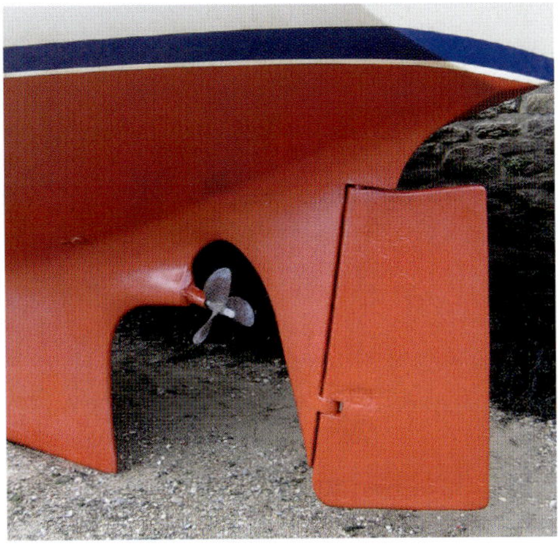

Traditionelles Ruder mit Skeg

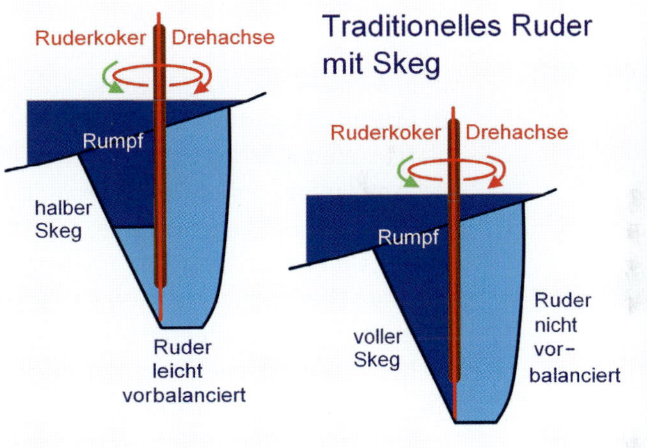

Ruder mit Skeg

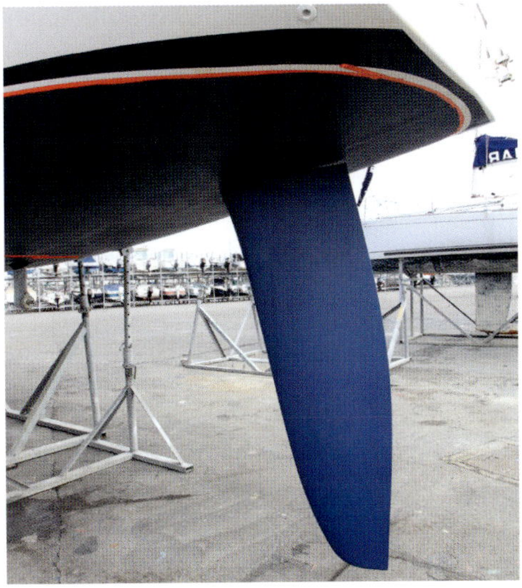

Spatenruder

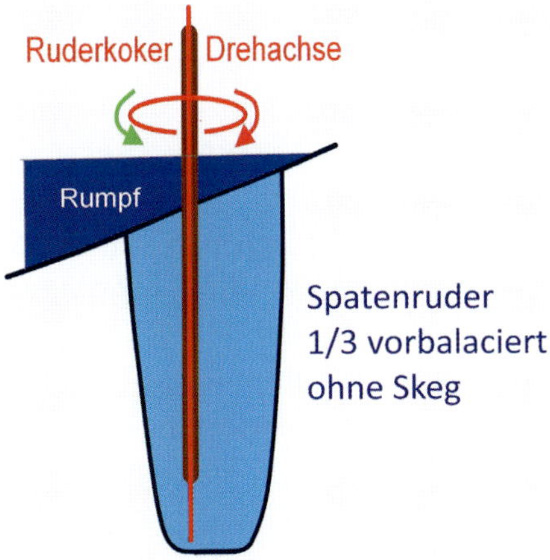

Modernes Ruder, vorbalanciert

Allerdings vertreiben diese Schiffe mit flachem Unterwasserschiff und schmalem Kiel bei Seitenwind auch schneller als traditionelle Yachten mit mehr Verdrängung und längerem Kiel. Im Hafen extrem schwierig zu handhaben sind insbesondere Integralschwerter mit aufgeholtem Schwert. Bei Seitenwind vertreiben sie „wie eine Seifendose". Auch Yachten mit Doppelruderanlage sind in der Regel im Hafen schwieriger zu manövrieren als solche mit einfachem Ruder. Dies hat damit zu tun, dass das Schraubenwasser des Propellers nicht auf die Ruder trifft, sondern zwischen ihnen ohne Widerstand hindurchfließt.

Ein wichtiger Aspekt beim An- oder Ablegen ist die Trägheit des Schiffes als Folge der Verdrängung. Schwere Schiffe erfordern mehr Motorleistung als leichte, um dieselbe Antriebswirkung zu erreichen. Wichtig ist es, Gefühl zu bekommen für die der Situation angemessene Motordrehzahl. Anfänger geben entweder zuviel oder zuwenig Gas, selten passend dosiert. Der Übervorsichtige geht bei Manövern kaum über die Leelaufdrehzahl hinaus und wundert sich, dass das Schiff nicht reagiert. Der Draufgänger hingegen geht beim Ablegen fast mit Vollgas in den Rückwärtsgang, so dass die Kollision mit dem Nachbarn nur durch wiederum übertriebene Drehzahl in Gegenrichtung vermieden werden kann.

Das Problem besteht darin, dass bereits eine mittelgroße Yacht mit ihren mindestens 8 Tonnen Verdrängung träge, das heißt mit Verzögerung auf den Antrieb des Propellers reagiert. Wenn sie dann aber in Fahrt gekommen ist, so wirkt genauso wieder diese Trägheit der Masse, so dass die Bewegung des Schiffes ungewollt fortgesetzt wird, auch wenn der Motor längst im Leerlauf dreht. Ein guter Rudergänger muss also antizipieren! Er muss vorausschauend handeln und die Trägheit der bewegten Masse des Schiffes mit in sein Handeln einbeziehen. Dies kann er aber nur dadurch lernen, dass er übt und übt und übt. Das Gefühl für das Schiff kann man nun einmal nicht durch Lesen bekommen. Darum ein Rat an den Skipper auf einem unbekannten Schiff bei jedem Törnbeginn: Fahren Sie – sofern genügend Platz vorhanden ist und auch kein allzu starker Wind weht – gleich zu Anfang ein paar Übungsmanöver im Hafen. Wechseln sie die Drehzahl, legen sie Ruder nach beiden Seiten, fahren sie vorwärts und auch rückwärts. Versuchen sie zu spüren, wie schnell das Schiff auf Gaswechsel reagiert und wie gut oder wie schlecht es beim Ruderlegen dreht. Falls der Hafen zu eng ist für diese Übungsmanöver, so fahren sie ihre Testbewegungen außerhalb des Hafens in einem überschaubaren Bereich, wo sie keine anderen Schiffe stören (oder zerstören können).

Strömung im Hafen:

Sehr störend kann Strömung im Hafen sein. Dies ist nicht selten der Fall in Flusshäfen und natürlich in Tidengewässern. Ob und in welchem Maße im Hafen Strom setzt, lässt sich dem Hafenhandbuch entnehmen. Sonst vorher beim Hafenmeister kurz anrufen. Vorbereitung ist alles!

Im Prinzip gilt für das Reagieren der Yacht im Strom das Gleiche wie bei Windeinfluss. Sofern man sich den Liegeplatz aussuchen kann – was in Marinas in der

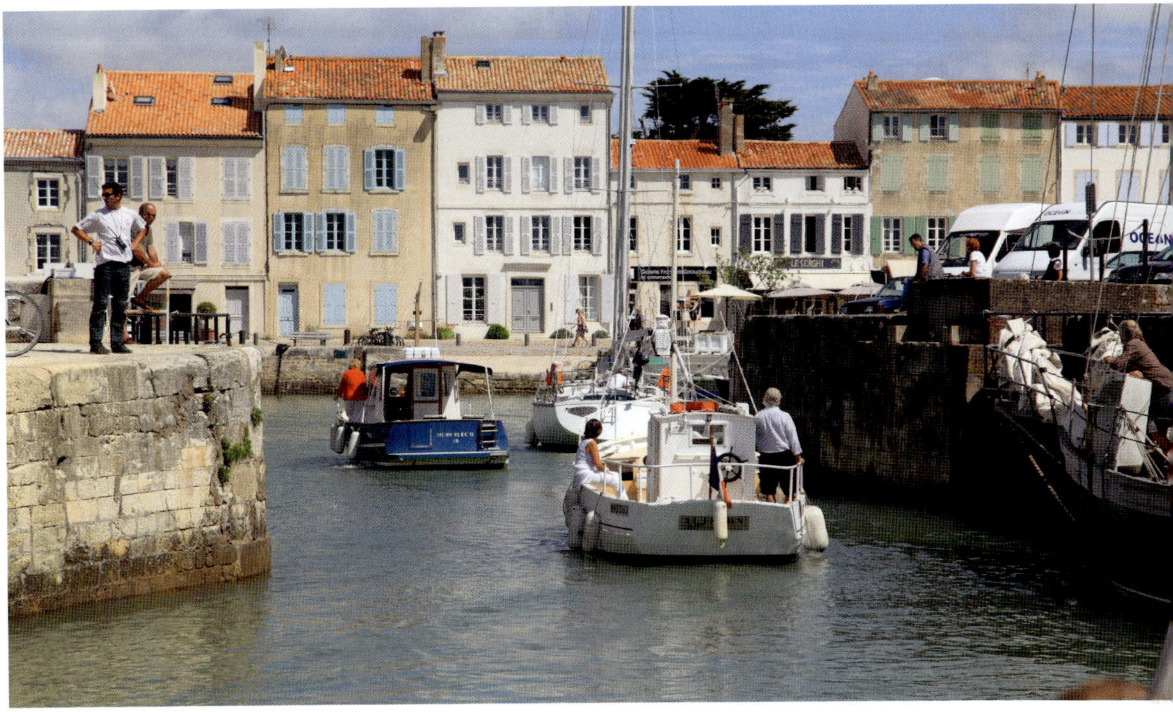

Hochsaison eher selten der Fall ist – so sollte der Skipper einen Platz mit Strom gegen die Fahrt in Kielrichtung bevorzugen, denn das erleichtert das Anlegen erheblich. Die oben unter „Windeinfluss" dargestellten Sachverhalte zum Radeffekt gelten natürlich hier ebenso.

Strömung im Hafen am Schleusentor

Strömung von vorn oder achtern wirkt auf den Rumpf und das Ruder wie Fahrt im Schiff, wenngleich keine Fahrt über Grund gemacht wird. Diese muss je nach Richtung und Stärke des Stromes mit Ruder und Motordrehzahl ausgeglichen werden. Doch genau dies lässt sich nur an Bord in der Praxis durch wiederholtes Üben erlernen. Und damit sind wir beim Thema Kompetenz des Rudergängers und der Crew.

Es ist für einen Skipper häufig mit Konflikten verbunden zu entscheiden, ob er das Hafenmanöver lieber selbst fahren soll, oder ob er es einem Rudergänger aus der Crew überlässt. Einerseits wird ein guter Skipper so viel wie möglich delegieren. Andererseits gibt es oft Situationen im Hafen, die einen wenig routinierten Rudergänger einfach überfordern, so dass die Kollision mit einem Nachbarschiff fast programmiert ist. Nicht selten kommt es vor, dass Besatzungsmitglieder „sauer" sind, wenn nicht sie, sondern der Skipper selbst das Anlegemanöver fährt. Oft kann die Crew es aber mangels Erfahrung einfach nicht gut genug beurteilen, wie hoch in der gegebenen Situation das Risiko eines Kollisionsschadens ist. Der Skipper sollte allerdings dann seine Entscheidung gegenüber der Crew klar und sachlich begründen.

Sofern im Hafen genügend Freiraum zum Manövrieren ist, wird der Skipper einer wenig erfahrenen Crew unter einfachen Bedingungen (kein Wind, keine Strömung, viel Platz zwischen den Stegen) vielleicht Gelegenheit geben, Hafenmanöver zu üben. Der Skipper wird dabei nur eingreifen, wenn ein Schaden am eigenen Schiff und/oder am Nachbarschiff, oder eine Gefährdung für ein Besatzungsmitglied entsteht. Zu schnell ist ein Fuß eingequetscht oder eine Relingsstütze aus dem Deck gerissen …

Sofern beim An- oder Ablegen erkennbar wird, dass das Manöver möglicherweise scheitert, sollte kein Skipper zu stolz sein, Fremdhilfe vom Steg aus in Anspruch zu nehmen. Oft bieten Stegnachbarn gern Hilfe an beim Annehmen der Leinen, oder beim Abfendern. Sollte z. B. bei viel Wind das Manöver gewagt erscheinen, so ist es auch durchaus angebracht, das Hafenpersonal über VHF um Hilfe am Steg zu bitten. Es ist auch keine Schande, ein Manöver abzubrechen und neu zu beginnen, wenn sich mittendrin zeigt, dass eine Fortsetzung mit zu hohen Risiken verbunden ist.

Ausrüstung:
Für den erfolgreichen Ablauf eines Hafenmanövers ist es selbstverständlich wichtig, wie gut die Yacht mit Fendern und Leinen ausgerüstet ist. Wenn es nicht genügend Festmacher gibt, wenn sie zu kurz sind, wenn die Zahl der Fender an Bord zu klein ist, wenn die Klampen zu klein sind, wenn das Deck nicht frei begehbar ist, dann hat die Crew von vorneherein schlechte Karten. Wie eine Segelyacht angemessen ausgerüstet sein sollte und wie sie für Hafenmanöver vorbereitet wird, behandeln daher wir im folgenden Kapitel.

6.2 Vorbereitung des Schiffes und der Crew vor dem Einlaufen

Chartersegler haben es hinsichtlich Hafenmanövern besonders schwer, denn von Törn zu Törn wechseln sie häufig den Bootstyp und/oder die Bootsgröße. Wenn am Ende eines Segelurlaubs schließlich die Manöver einigermaßen routiniert klappen, so muss möglicherweise auf dem nächsten Törn wieder neu gelernt werden, weil ein größeres Schiff mit anderen Dreheigenschaften und einem anderen Trägheitsverhalten gechartert wird.

Wenn man erfahrenen Skippern die Frage stellt, was aus ihrer Sicht einer Urlaubs-Segelcrew am schwierigsten erscheint, so kommt als Antwort überwiegend: Die Anlegemanöver. In der Tat haben die meisten Crews nicht genügend Gelegenheit, hierzu ausreichend Routine zu entwickeln. Der Erfolg eines Anlagemanövers ist aber keineswegs nur von der Erfahrung des Rudergängers abhängig, sondern ganz wesentlich davon, wie gut Schiff und Crew vorbereitet sind (*Tabelle rechts*).

Man liest immer wieder in Segel-Fachzeitschriften Artikel mit kochrezeptartig beschriebenen Abläufen für das Anlegen und Ablegen. Notgedrungen muss dabei von bestimmten Rahmenbedingungen ausgegangen werden: Wind ablandig oder Wind auflandig; Steg an Backbord oder Steg an Steuerbord; Nachbarbox frei oder besetzt… Aber genau darin besteht die Krux: Im Realfall herrschen im Hafen in der Regel nicht die im Artikel vorausgesetzten Rahmenbedingungen. Es hat darum we-

Folgende Dinge gehören dazu:

- Mittels Hafenhandbuch müssen früh genug folgende Fragen geklärt werden: Ist der Vorhafen groß genug zum Segelbergen? Falls nicht, wo soll geborgen werden? Wo befinden sich die Gastliegeplätze? Steht eventuell Schwell im Hafen von Fähren? Reicht die Wassertiefe? Welche Art von Liegeplätzen gibt es? Schwimmstege? Pfähle? Nackte Betonpier? Ist eine Anmeldung beim Hafenbüro vorgeschrieben? Auf welchem VHF-Kanal? Wie steht der Wind auf den Liegeplatz? Gibt es Strömung? Was überwiegt, Windeinfluss oder Strömungseinfluss?
- Das Deck muss aufgeräumt sein! Keine Klappfahrräder, Surfboards, oder Sonnenhandtücher an Deck, freie Seereling ohne Handtücher, keine herumliegenden Leinen oder Fender.
- Ausreichend früh, noch bevor das eigentliche Anlegemanöver beginnt, müssen Fender ausgebracht werden. Und zwar nicht nur auf der geplanten Anlegeseite, sondern auf beiden Seiten des Schiffes! Denn es kann immer in letzter Minute etwas Unvorhergesehenes eintreten, was es notwendig macht, die Anlegeseite zu wechseln. Zusätzlich einen oder zwei große Kugelfender mobil bereithalten! Oft sind insbesondere Charterschiffe mit zu wenigen und zu kleinen Fendern ausgerüstet. Überprüfen Sie daher beim Durchsehen der Ausrüstung schon bei der Übernahme des Schiffes, ob ausreichend Fender an Bord sind.
- Das gleiche gilt für die Festmacher: Sofern nicht eindeutig ist, mit welcher Seite festgemacht wird, ist es, um Stress zu vermeiden, sinnvoll, auf beiden Seiten des Schiffes Vorleinen, Heckleinen und mindestens eine Spring, belegt auf den Klampen, vorbereitet an Deck zu haben.
- Vorsicht bei den Decksluken: Luken sollten niemals in 90-Grad-Stellung, oder gar vollständig 180 Grad geöffnet werden. Und schon gar nicht während eines An- oder Ablegemanövers in dieser Stellung bleiben. Allzu leicht passiert es, dass ein Besatzungsmitglied bei einem Schritt zurück mit einem Bein in die weit geöffnete Luke stürzt. Luken darum immer nur leicht angewinkelt öffnen. Und bei Manövern schließen!
- Ist der Skipper sich sicher, dass seine Crew die nötigen Knoten (Webeleinsteg für die Fender, Palstek am Festmacher …) und das Belegen einer Klampe beherrscht? Im Zweifelsfall vorher früh genug und viel üben.
- Die Crew einweisen: Manchmal ist der Skipper selbst schuld am verpatzten Hafenmanöver, weil er der Crew nicht früh genug das Manöver in Ruhe in allen Phasen des Ablaufs erklärt hat. Es muss vereinbart sein, wer konkret die Bugleinen bedient, wer die Springs, wer die Heckleine. Der Skipper muss klare Anweisungen geben, prägnant und verständlich formulieren und – um Himmels willen – selbst die Ruhe bewahren!

Vorbereitungen an Bord im Hafen

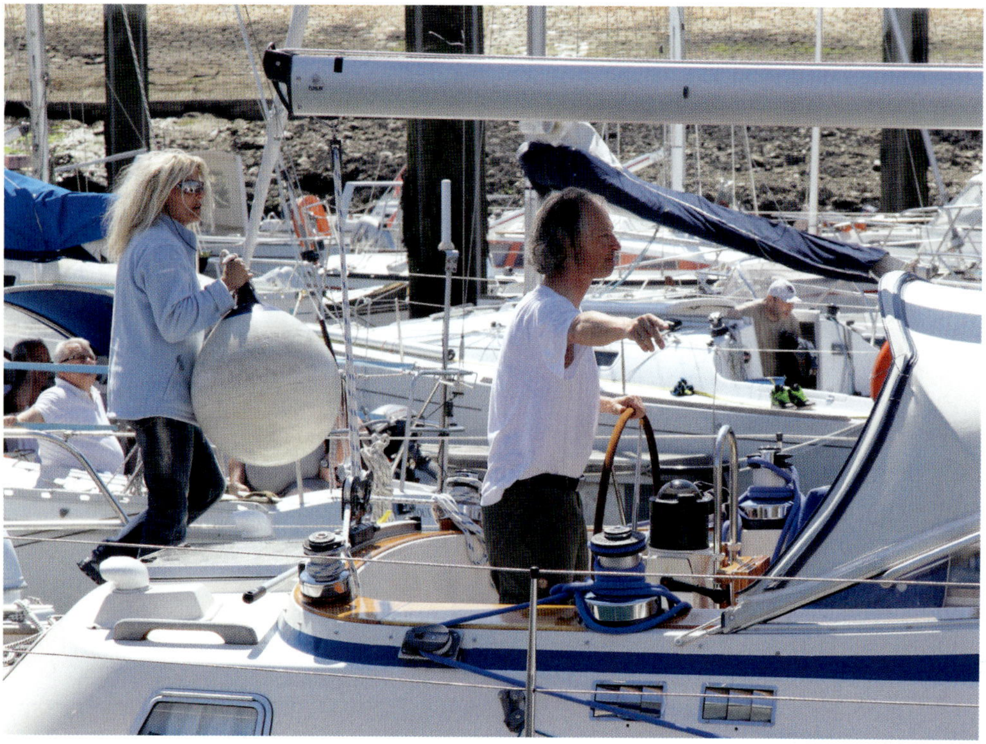

nig Sinn, die in Zeitschriften oder Büchern meist mit Zeichnungen und Fotos dargestellten Hafenmanöver auswendig zu lernen, um sie später nachzufahren. Denn in der Realität wird irgendeine entscheidende Variable anders sein als im „Kochrezept“ und schon ist alles anders!

Erheblich sinnvoller ist es also zu prüfen, welche Einflussfaktoren in der konkreten Situation eine Rolle spielen und zu überlegen, wie diese zusammenwirken. Sich zu diesem Zweck etwas Basiswissen aus der Physik wie Hebelgesetze und Vektoraddition wieder ins Gedächtnis zu rufen, kann nicht schaden.

Doch zugegeben: Bei viel Wind aus einer ungünstigen Richtung bleibt das Anlegen auch für einen erfahrenen Skipper eine Herausforderung. Die Verschiedenartigkeit der möglichen Rahmenbedingungen ist einfach zu komplex.

6.3 Wichtige Details beim Anlegen und Festmachen

Zwar sollte ein Anlegemanöver grundsätzlich langsam gefahren werden, aber man kann auch zu langsam sein. Dann nämlich, wenn kräftiger Wind insbesondere von der Seite auf das Schiff steht. Manövrieren ist nur möglich, wenn Fahrt im Schiff ist. Nicht zu viel, aber doch so viel, dass der Windeinfluss möglichst nicht überwiegt.

Fender und Leinen: Es kann nicht oft genug betont werden, dass genügend viele und richtig platzierte Fender von größter Bedeutung sind, um während des Manövers weder das eigene Schiff noch den Rumpf des Stegnachbarn zu beschädigen. Sie dürfen weder zu hoch noch zu niedrig hängen und müssen etwa zwei Drittel der Rumpflänge im breiten Bereich abdecken. Zusätzlich ist es hilfreich, wenn mindestens ein großer Fender (z. B. ein großer Kugelfender) mobil von einem Besatzungsmitglied auf Standby gehalten wird.

Alle zur Verfügung stehenden Klampen, auch die Mittschiffsklampen, sind auf beiden Seiten des Schiffes früh genug mit einem Festmacher zu versehen, um nicht im letzten Moment unter Stress nach einer Leine suchen zu müssen.

Ein Tipp speziell für Ostseehäfen mit Pfählen: Erst nach dem Passieren der Pfähle die Fender ausbringen, da das Schiff sonst leicht hängenbleibt, oder sogar Relingsstützen ausgerissen werden können.

Beim Anlegen längsseits am Steg, am Schwimmponton, oder im Päckchen gehen die Crewmitglieder, die für die Vor- und die Heckleine zuständig sind, nicht zum Bug oder zum Heck, sondern postieren sich mit der aufgeschossenen Leine in der Hand an der breitesten Stelle des Rumpfes, um so zügig mit einem Schritt über die Seereling auf den Steg oder das Nachbarschiff hinüber gehen zu können.

Die Leinen sollten möglichst so lang sein, dass sie nach dem Belegen auf dem Steg oder dem Nachbarschiff wieder zurück auf die Klampen an Deck des eigenen Schiffes geführt werden können („auf Slip“ belegt). Das spätere Ablegen wird so erleichtert. Außerdem wird dadurch vermieden, dass die nicht benötigte Restlänge der Leine als Wuling auf dem Steg oder dem Deck des Nachbarbootes liegen bleibt. Eine oft zu beobachtende Unsitte!

Sofern im Päckchen festgemacht wird, sind neben Vor- und Achterleine, Vor- und Achterspring, auch zusätzliche Landleinen am Bug und am Heck zum Steg auszubringen, um zu vermeiden, dass bei viel Wind die Klampen des Nachbarschiffes überlastet werden.

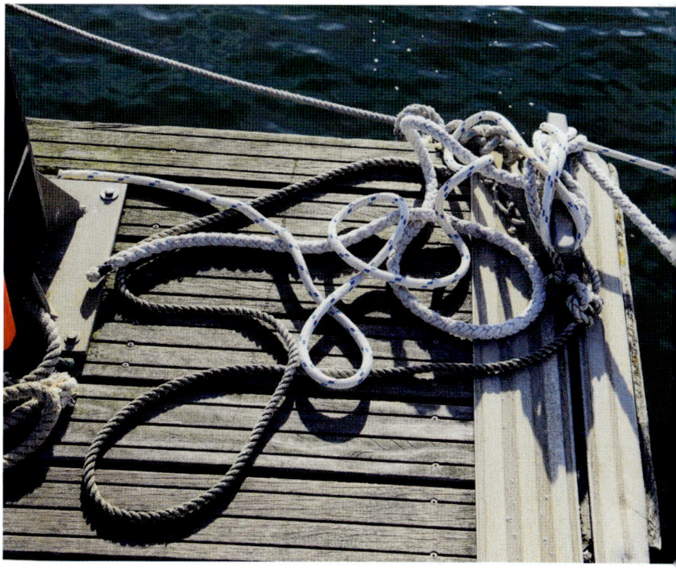

Negativbeispiel Leinenwuling auf dem Steg

Falls die Anzahl der Klampen an Deck nicht ausreicht, um separat jede Leine einzeln zu belegen, dürfen durchaus auch große Winschen mitbenutzt werden. Der Festmacher wird dann mit einem Palstek über die Winsch gelegt.

Beim Anlegen ist die Reihenfolge, in der die Leinen belegt werden, von großer Wichtigkeit: Die Leine, die das Schiff am besten nach Luv sichert, ist die erste, die belegt werden muss, um das Schiff bei seitlich einfallendem Wind gegen Abtreiben zu sichern. Gleiches gilt bei Strömung! Der Blick in den Verklicker und auf die Wasseroberfläche ist somit überaus wichtig.

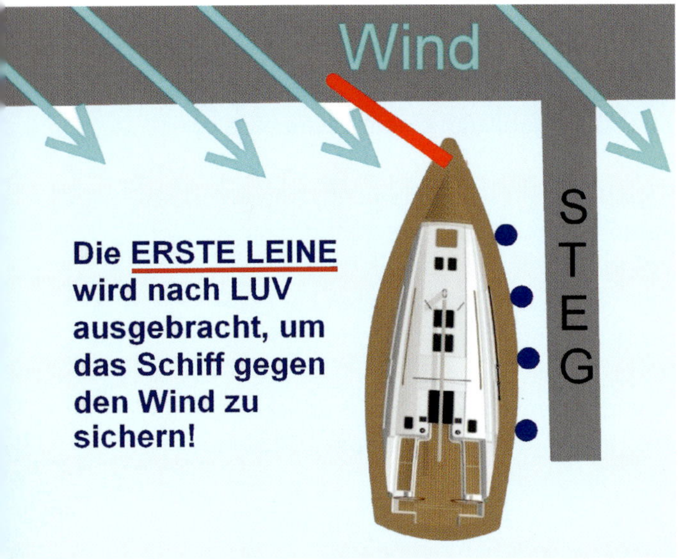

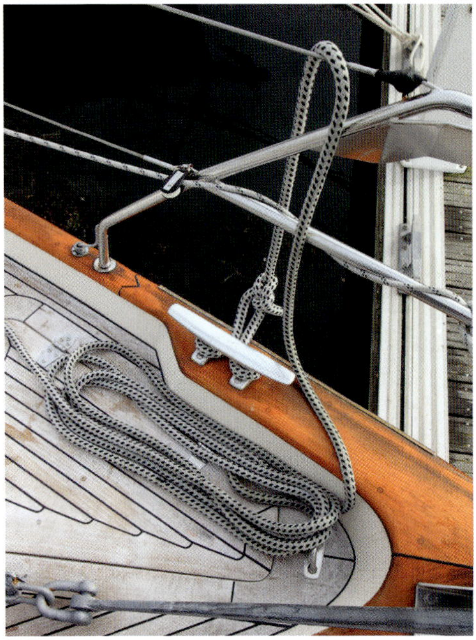

- Luvleine als Erste!
- Leinen von AUSSEN belegen mit Palstek

Eine grundsätzliche Bemerkung zu Anlegemanövern: Nicht selten verlaufen Anlegemanöver aufgrund der manchmal überraschenden Rahmenbedingungen unter Zeitdruck. Manchmal muss schnell gehandelt werden. Der vorausschauende Skipper wird seiner Crew mitteilen, dass es ist kein Beinbruch ist, wenn im ersten Moment nicht jede Bewegung perfekt abläuft, nicht jeder Knoten sofort der richtige ist. Wirklich wichtig ist es nur, dass das Boot am Steg oder am Nachbarschiff möglichst schnell zur Ruhe kommt, dass es nicht abtreibt, dass keine Schäden am eigenen oder am Nachbarboot entstehen. Wenn dabei im ersten Moment die Klampe nicht lehrbuchgerecht belegt wurde, oder statt des Palsteks ein „Haushaltsknoten" in die Leine gebunden wurde, so kann das alles 2 Minuten später nach Beruhigung der Situation in Ordnung gebracht werden.

Sofern der Skipper sich den Liegeplatz aussuchen kann (in der Hochsaison allerdings kaum zu erwarten), ist es von Vorteil, gegen den Wind in Vorausfahrt anzulegen, denn so kann das Schiff leichter unter Maschine stabilisiert werden. Beim Anlegen mit dem Wind von achtern ist der Rudergänger gezwungen, mit eingelegtem Rückwärtsgang das Manöver zu fahren und dies wird – bedingt durch den Radeffekt (*siehe oben*) – schnell eine unerwünschte Drehung verursachen, die das Manöver erschwert.

Es gibt noch einen anderen Grund, warum das Anlegen gegen den Wind zu bevorzugen ist: Der Niedergang ist dann windgeschützt. Meist befindet sich die Pantry nahe am Niedergang und so wird die Gasflamme beim Kochen schnell ausgeblasen, wenn das Heck in den Wind zeigt. Und falls es regnen sollte, regnet es nicht in die Kochtöpfe …

Falls es möglich ist, zu wählen, ob mit der Backbordseite oder der Steuerbordseite angelegt wird, kann der Radeffekt durchaus positiv eingesetzt werden:

Jedes Schiff hat eine „Schokoladenseite" zum Anlegen, nämlich die Seite, in die der Radeffekt bei eingelegtem Rückwärtsgang zieht. Bei einer vorwärts linksdrehenden Schraube ist dies also die Steuerbordseite, denn im Rückwärtsgang dreht sie ja rechts, wodurch das Heck nach steuerbord versetzt wird. Der optimale Liegeplatz für eine solche Yacht wäre also ein Platz mit Ponton an steuerbord. Der Rudergänger fährt das Schiff vorsichtig in einem spitzen Winkel von etwa 20 Grad vorwärts an den Steg und nutzt den Radeffekt, um im Rückwärtsgang das Schiff nicht nur abzustoppen, sondern auch gleichzeitig das Heck an den Steg zu drehen.

Apropos Drehen: Manchmal muss das Schiff um 180 Grad oder mehr gedreht werden. Auch dabei gibt es durch den Radeffekt eine „Schokoladenseite". Bei beispielsweise linksdrehender Schraube, also rechtsdrehend im Rückwärtsgang, ist die Drehung gegen den Uhrzeigersinn begünstigt, während sie im Uhrzeigersinn durch den Radeffekt behindert wird. Man dreht das Schiff „auf dem Teller" durch wechselndes vorwärts- und rückwärts fahren. Beim Umschalten von vorwärts auf rückwärts muss die Ruderlage nicht verändert werden, denn das Ruder ist nach dem Umschalten mangels Fahrt im Schiff wirkungslos. Es wird rückwärts allein der Radeffekt genutzt, während vorwärts das Ruder durch das Schraubenwasser angeströmt wird.

Ein häufig zu beobachtender Fehler beim Anlegen ist es, die als erste an Land zu führende Leine einem Helfer an Land zuzuwerfen, ohne sicherzustellen, dass er sie auch wirklich fangen kann. Die Leine landet im Wasser. Falls Hilfe auf dem Steg in Anspruch genom-

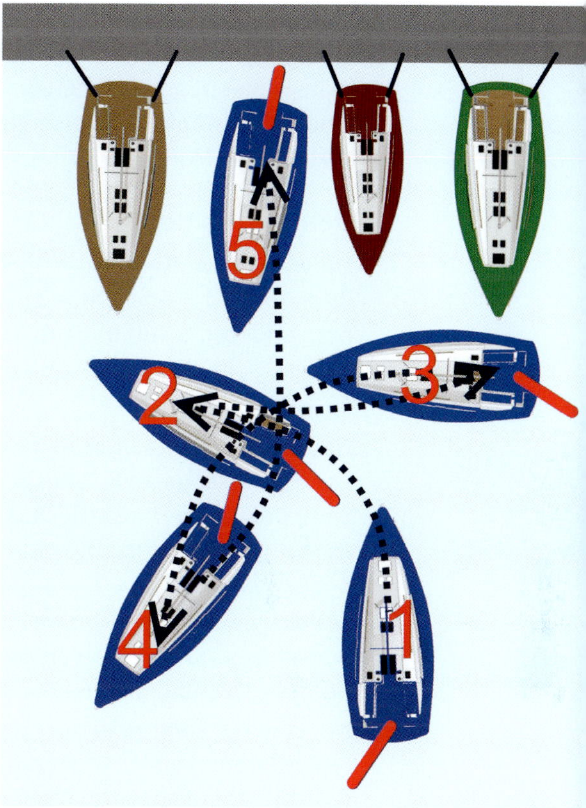

Drehen auf dem Teller

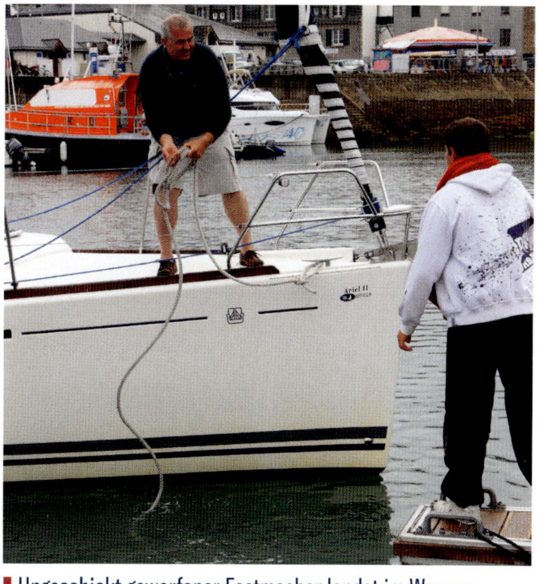
Ungeschickt geworfener Festmacher landet im Wasser

men werden soll oder muss, so ist es absolut wichtig, dass die zu werfende Leine sauber aufgeschossen und lang genug ist, um auch den Helfer zu erreichen. Wenn erst die schlecht geworfene Leine im Hafenbecken liegt und das Schiff bereits aufgestoppt ist, möglicherweise gleichzeitig auch noch Wind von der falschen Seite drückt, ist das Manöver verpatzt und weiterer Stress bahnt sich an.

Ärgerliche Unsitten:

- **Oft wird der Außenborder vom Beiboot seitlich statt achtern am Heckkorb weit überstehend festgeschraubt. Beim An- oder Ablegen bleibt man leicht an einem anderen Schiff hängen und beschädigt den Heckkorb.**
- **Gleiches gilt für zu weit überstehende Bug- oder Heckanker, Surfbretter, Klappfahrräder usw.**
- **Das Beiboot sollte im Hafen nicht hinterher gezogen werden, sondern an Deck vor dem Mast gestaut, oder an Davids aufgehängt werden. Allerdings stören auch Davids im Hafen die Manöver, denn sie stehen weit über und behindern den Blick nach achtern.**
- **Ausgesprochen ärgerlich und unhöflich ist es auch, das Beiboot beim Längsseitsliegen am Steg oder im Päckchen als übergroßen „Fender", oder gar Abweiser gegenüber anderen Yachten zu missbrauchen, um zu demonstrieren, dass ein Nachbar unerwünscht ist.**
- **Nicht selten sieht man am Steg, dass besonders lange Festmacher für mehrere Funktionen gleichzeitig eingesetzt werden: Eine sehr lange Bugleine wird manchmal gleichzeitig mit dem überlangen Ende für die Spring mitbenutzt. Später beim Ablegen kann es bei Seitenwind wichtig sein, dass die Leinen separat bedient werden müssen, und dann wird es kompliziert.**
- **Eine weitere Unsitte ist es auch, vorhandene Lippklampen gar nicht zu benutzen, weil die Führung der Leine auf das andere Schiff so schneller geht. Zu schnell sind ohne Führung durch die Lippklampen die Festmacher an irgendeinem Beschlag durchgescheuert.**
- **Bahnt es sich an, dass das Manöver möglicherweise misslingt, wird manch ein Skipper vom Stress übermannt und er beginnt an Deck nervös herumzuschreien. Das macht nicht nur einen schlechten Eindruck, sondern verunsichert auch die Crew zusätzlich, so dass das „Hafenkino" programmiert ist. Es ist keineswegs ehrenrührig, ein absehbar nicht gelingendes Manöver abzubrechen und einen zweiten Anlauf zu nehmen, statt dickköpfig einen festen Plan durchziehen zu wollen.**

6.4 Allgemeine Hinweise zum Ablegen

Gute Kommunikation ist das A und O eines gelungenen Hafenmanövers. Nur perfekt eingespielte Crews schaffen es, ein Hafenmanöver ohne sprachliche Kommunikation problemlos durchzuführen. Also will auch das Ablegen vor dem Starten der

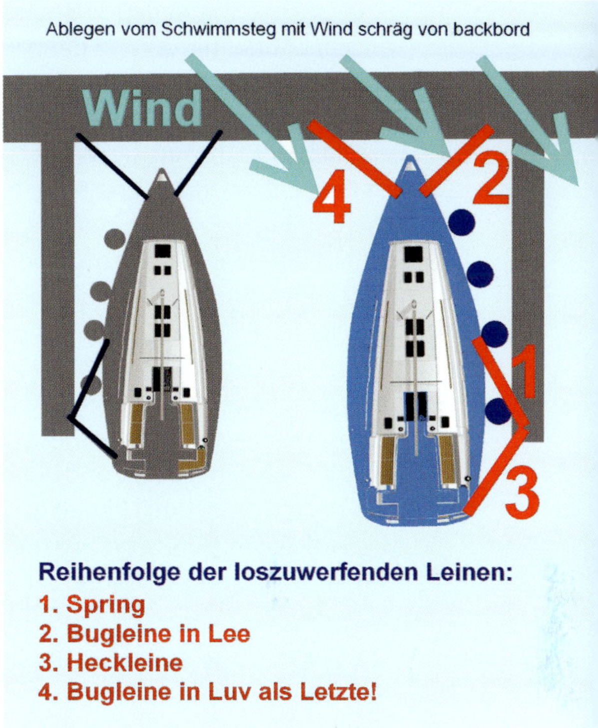

Ablegen aus der Box mit Schwimmsteg; Wind schräg von vorn von Backbord. Reihenfolge der loszuwerfenden Leinen: **1.** Spring, **2.** Steuerbordbugleine (in Lee), **3.** Heckleine, **4.** Backbordbugleine (in Luv).

Maschine in Ruhe mit der Besatzung durchgesprochen sein. Jede Aufgabe an Deck wird eindeutig jeweils einem Crewmitglied zugeordnet. Es geht darum, den Liegeplatz zügig, aber ohne Hektik, und vor allem ohne Kollision mit anderen Booten zu verlassen.

Sofern genügend Besatzung zur Verfügung steht, sollte eine Person am Bug, eine andere mittschiffs und eine dritte am Heck stehen, um im passenden Moment die richtige Leine loswerfen zu können. Die Anweisung dafür kommt in jedem Fall vom Rudergänger. Auf keinen Fall sollten Leinen losgeworfen werden, bevor der Rudergänger dazu eine Anweisung gegeben hat, denn sonst gerät das Schiff möglicherweise durch Windeinfluss unkontrolliert ins Treiben. Auch sollte es dem Rudergänger unmittelbar bestätigt werden, wenn die Leine tatsächlich losgeworfen ist.

Die wichtigste Frage vor dem Ablegen lautet: In welcher Reihenfolge werden die Festmacher losgeworfen? Grundsätzlich gilt, dass zuerst in Lee und dann in Luv losgeworfen wird. Dies bedeutet, dass die Leine, die das Schiff in der vorherrschenden Windrichtung hält, die letzte ist, die losgeworfen wird. Ein Blick in den Verklicker klärt die Lage. Eine Rückmeldung an den Rudergänger, dass die Leine losgeworfen wurde, erleichtert die Kommunikation: „Steuerbord Vorleine ist los!“.

Gerade beim Ablegen ist es wichtig, dass der Rudergänger den Radeffekt des Propellers in seine Planung mit einbezieht, denn allein durch Ruderlegen ist es aus dem Stand heraus nicht möglich, einen geraden Rückwärtskurs einzuhalten. Zur Anströmung des Ruders muss das Schiff mindestens 1 Knoten Fahrt haben. Im Falle des Ablegens mit Steg an Steuerbord (*siehe nebenstehende Zeichnung*) wäre es von Vorteil, wenn der Radeffekt achteraus nach Backbord ziehen würde. Bei Radeffekt nach Steuerbord sollte in diesem Fall ein Crewmitglied auf dem Fingersteg das Schiff abdrücken und im letzten Moment an Bord springen.

Die Mannschaft sollte neben der Leinenbedienung auch die Fender im Auge behalten und gegebenenfalls mit einem mobil eingesetzten Fender zur Stelle sein, wenn eine Berührung mit dem Rumpf des Nachbarschiffs nicht ausgeschlossen werden kann. Versuchen sie auf keinen Fall, mit den Füßen das eigene Schiff irgendwie abzudrücken. Die wirkenden Kräfte sind viel zu groß und zu schnell ist der Fuß zwischen den beiden Rümpfen eingeklemmt. Genauso wenig hat es Sinn, zu versuchen mit dem Bootshaken das Nachbarschiff auf Abstand zu halten. Meist rutscht er ohnehin ab und dann wird möglicherweise sogar jemand auf dem Nachbarschiff verletzt. Außerdem reicht die Armkraft eines Menschen ohnehin nicht aus, eine in Bewegung befindliche 10-Tonnen-Yacht schnell genug abzudrücken, weder mit dem Bootshaken, noch mit Händen oder Füßen.

Die Fender dürfen erst eingeholt werden, nachdem das Schiff wirklich frei manövrierfähig in Fahrt ist, denn gerade im Hafen gilt „Murphy's Law" besonders häufig. Mit Überraschungen muss immer gerechnet werden!

Und wohin nun mit den Leinen und Fendern nachdem das Ablegemanöver gelungen ist? Ein aufgeklartes Deck und routinemäßiges Stauen der Leinen und Fender sollte nach dem Ablegen selbstverständlich sein. Nur so wird verhindert, dass jemand an Deck über Leinen oder andere Ausrüstungsteile stolpert, und zum nächsten Anlegemanöver alles schnell genug gefunden wird. Es hat sich als zweckmäßig erwiesen, Leinen und Fender mit System immer am gleichen Ort zu stauen. Nur so sind sie schnell genug im Einsatz. Übrigens: Nasse Leinen gehören nicht in die Backskiste, denn dort entsteht sonst im Laufe der Zeit Schimmel und Gammel. Nasse Leinen hängt man besser gut aufgeschossen an die Seereling achtern auf.

6.5 An- und Ablegen längsseits an der Pier

An einer Pier oder einem Ponton längsseits anzulegen ist, insbesondere bei Windstille, wohl mit das einfachste Anlegemanöver überhaupt. Grundsätzlich kann wahlweise mit Backbord oder Steuerbord angelegt werden, doch wird das Manöver am elegantesten ablaufen, wenn beim Aufstoppen der Radeffekt genutzt wird. So wird das Heck auf den letzten Metern mit eingelegtem Rückwärtsgang, aber durch die Trägheit der Masse noch vorwärtsfahrend, mit dem Heckbereich durch den Radeffekt an die Pier gezogen. Also bei linksdrehender Schraube (rückwärts somit rechtsdrehend) mit der Steuerbordseite und mit rechtsdrehender Schraube mit der Backbordseite anlegen.

Auch für auflandigen Wind gilt das oben Gesagte. Wichtig ist in jedem Fall, dass nicht zu schnell an die Pier herangefahren wird, denn sonst wird es schwierig, die passende Motordrehzahl zum Aufstoppen zu finden. Wilde Gaswechsel wirken stümperhaft und schaden Motor und Getriebe.

Bei ablandigem Wind hingegen ist es, ohne den Radeffekt auszunutzen, erheblich schwieriger, ein sauberes Anlegemanöver zu fahren. Wird beispielsweise bei linksdrehender Schraube – also rechtsdrehend im Rückwärtsgang – und ablandigem Wind mit Backbord versucht anzulegen, so addieren sich die Kraftvektoren von Wind und Radeffekt im Moment des Aufstoppens ungünstig und das Heck wird schnell von der Pier wegdrehen. Falls nun ein Anlegen unter diesen Bedingungen mit der ungünstigen Backbordseite unumgänglich ist, oder wenn sehr kräftiger ablandiger Wind weht, so sollte das Manöver folgendermaßen ablaufen (*siehe nebenstehende Zeichnung*):

Bugleine, Heckleine und Spring sind vorbereitet auf ihren Klampen belegt. Nicht nur der Vorschiffsmann steht mit der aufgeschossenen Vorleine landseitig auf dem Vorschiff, sondern auch der Mann mit der Achterleine, denn am Heck wird er wegen der unvermeidlichen Drehbewegung weg von der Pier nicht an Land springen können. Im Moment des Aufstoppens springen beide vom Vordeck an Land. Die Vorleine wird auf der nächsten Klampe belegt und der Mann mit der Achterleine läuft schnell auf dem Steg nach achtern, holt dabei die Leine durch, so kurz er kann, und belegt dann auf einer Klampe auf dem Steg, zuerst einmal möglichst nahe am Heck. Dabei muss nicht sofort die optimale Stellung des Schiffes an der Pier erreicht werden. Es geht zuerst einmal einfach darum, das Schiff in eine ruhige Position zu bringen. Erst dann wird die Heckleine von Land aus mit 2 Mann dichtgeholt. Ist der Wind so stark, dass das Dichtholen allein durch Ziehen vom Steg aus nicht möglich ist, so wird auf dem Steg belegt und schiffseitig über eine Genuawinsch dichtgeholt. Die Feinarbeit kann dann ohne Stress anschließend erledigt werden: Abstand des Schiffes zu den Klampen an Land korrigieren, dann Vor- und Achterspring ausbringen, eventuell die Stellung der Fender korrigieren.

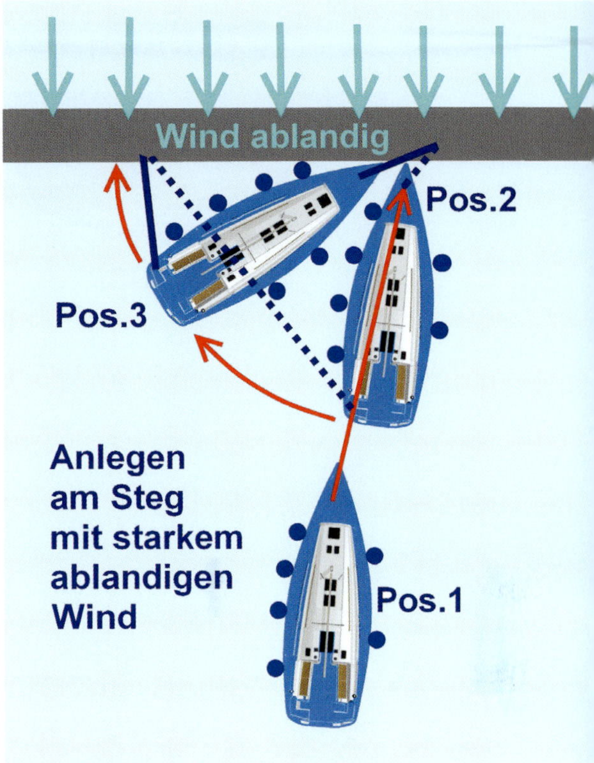

Längsseits an der Pier anlegen bei starkem ablandigem Wind

Das als Alternative zum Beschriebenen oft zitierte Eindampfen in eine Spring klappt bei kräftigem ablandigem Wind mit modernen, leicht gebauten Yachten mit viel Windangriffsfläche nicht. Man riskiert lediglich die Klampen aus dem Deck zu reißen.

Falls der Skipper einhand unterwegs ist, so ist es meist einfacher, zuerst die Mittelklampe kurz zu belegen.

Beim Ablegen von der Pier ist nun der Windeinfluss genau andersherum zu beurteilen: Nun ist – im Gegensatz zum Anlegen – der ablandige Wind der günstigere, denn er drückt das Schiff ja von der Pier weg. Geschickt ist es, dann die Heckleine als letzte loszuwerfen, denn so wird der Bug bereits etwas weggedrückt und das Schiff kommt von allein in eine günstige Position zum Einkuppeln in den Vorwärtsgang.

Muss hingegen bei erschwerendem, auflandigem Wind von der Pier abgelegt werden, so hilft folgende Methode: Das klassische Eindampfen in eine Spring, je nach Situation und Rumpfform in die Vorspring oder in die Achterspring. Allerdings muss der Skipper dabei sicher sein, dass die Klampen absolut fest mit dem Rumpf verbolzt sind und auch der Winddruck darf nicht allzu groß sein.

Ablegen vom Steg bei auflandigem Wind, eindampfen in die Achterspring

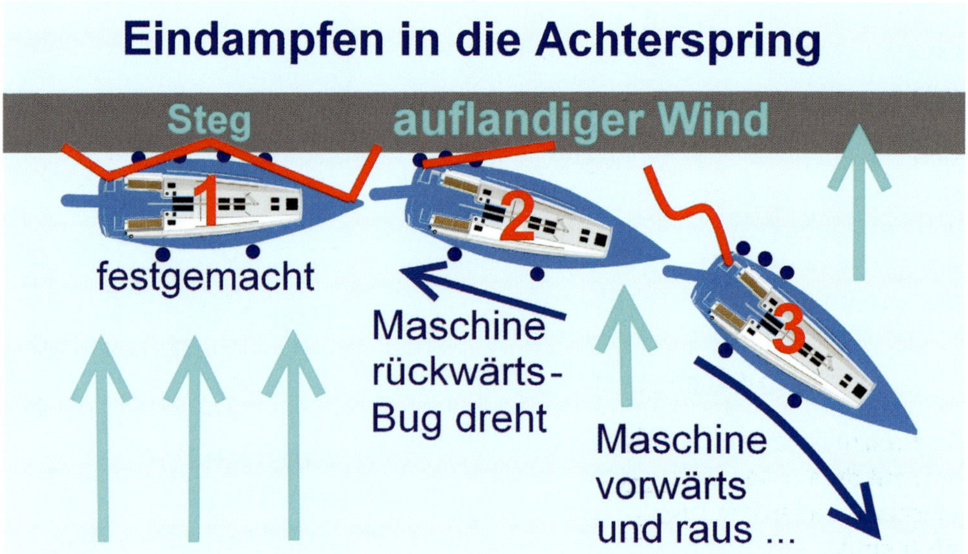

Sofern der Rumpf achtern schmal genug ist (meist bei älteren Yachten der Fall) klappt das Manöver gut durch Eindampfen in die Achterspring (*siehe Zeichnung*).

Mit der Achterspring auf Slip gelegt und der Maschine dosiert in Rückwärtsfahrt wird sich der Bug langsam von der Pier wegdrehen. Natürlich muss das Heck dabei sehr gut zum Steg hin abgefendert werden. Wenn die Drehung des Bugs weg von der Pier ausreichend groß ist, wird die Achterspring losgeworfen, von Deck aus schnell eingeholt und der Liegeplatz in Vorausfahrt verlassen. Allerdings ist dieses Manöver mit modernen Yachten mit sehr breitem Heck nicht möglich, weil das breite Heck keine Drehung ermöglicht.

Ablegen vom Steg bei auflandigem Wind, eindampfen in die Vorspring

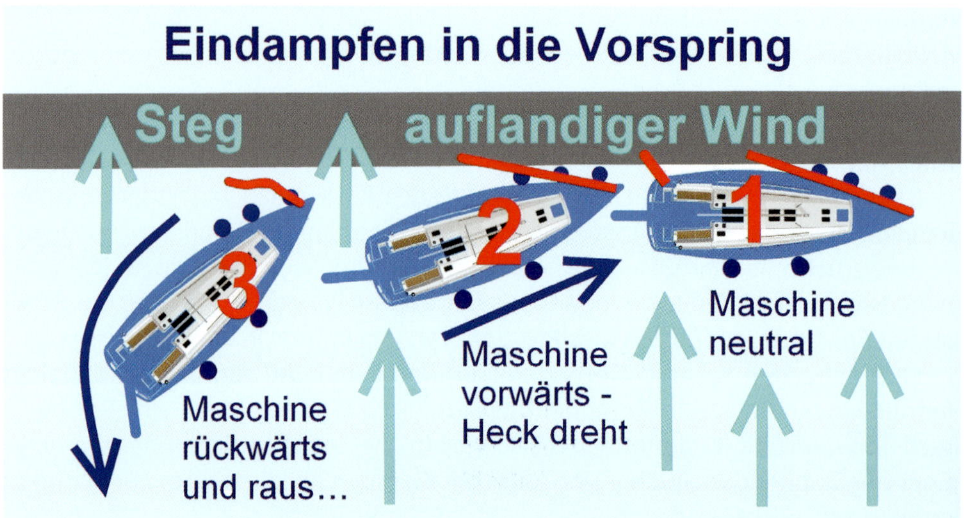

Was macht man aber in derselben Situation mit einem modernen Schiff mit extrem breitem Heck? In diesem Fall kann das Manöver durch Eindampfen in die Vorspring gelingen (*siehe Zeichnung*). Alle Leinen, außer der Vorspring, die auf Slip liegt, sind losgeworfen und der Bug ist zum Steg hin gut abgefendert. Nun wird dosiert vorsichtig vorwärts Gas gegeben, wodurch sich der Bug dem Steg nähert und sich das Heck langsam vom Steg wegdreht. Sobald das Heck ausreichend Abstand von der Pier hat, kann in Rückwärtsfahrt aus der Lücke herausgefahren werden kann. Mit einer wichtigen Einschränkung: Es klappt nur, wenn der Radeffekt in die passende Richtung zieht!

6.6 An- und Ablegen im Päckchen

Im Prinzip gilt beim An- und Ablegen im Päckchen ähnliches wie an der Pier. Lediglich mit dem Unterschied, dass statt an Klampen auf der Pier an den Klampen des Nachbarschiffes festgemacht wird. Die Fender sollten etwas höher gesetzt werden als beim Anlegen an der Pier und es sollten möglichst zusätzlich jeweils ein großer Kugelfender vorn und achtern angebracht werden, um sicherzustellen, dass beim Heranfahren auch bei einem ungünstigen Winkel das Nachbarschiff nicht beschädigt wird. Sofern keine Hilfe vom Schiff, an dem angelegt werden soll, zur Verfügung steht, werden die Bugleine und die Heckleine auf den eigenen Klampen belegt, gut aufgeschossen und von Bug und Heck jeweils von einem Crewmitglied zur breitesten Stelle des Schiffes geführt, wo beide dann auf das Nachbarschiff übersteigen können und die Leinen auf den Klampen des Nachbarn belegen. Aber bitte die Lippklampen benutzen! Meist ist es sinnvoll, die eigenen Leinen nur um die Klampen des Nachbarschiffes herumzuführen und dann wieder zurück aufs eigene Deck (auf Slip), denn so ist man später beim Ablegen unabhängig von der Hilfe des Nachbarn.

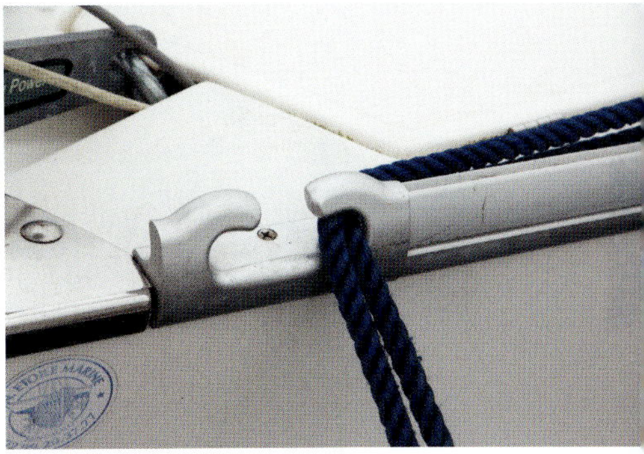

Lippklampen

Um die Klampen des Nachbarn nicht zu überlasten, ist es gute Seemannschaft, als Außenlieger vom eigenen Schiff insbesondere bei viel Wind zusätzlich Landleinen vorn und achtern zur Pier auszubringen.

Bei zu erwartendem Schwell muss darauf geachtet werden, dass die Masten nicht direkt nebeneinander stehen, also die Riggs nicht aneinanderschlagen können. Dies wird leicht erreicht, indem die beiden Schiffe nicht mit Bug an Bug, sondern mit Bug an Heck liegen. Außerdem hat dies den weiteren Vorteil, dass im Cockpit beider Yachten noch eine ausreichende Privatsphäre bewahrt ist.

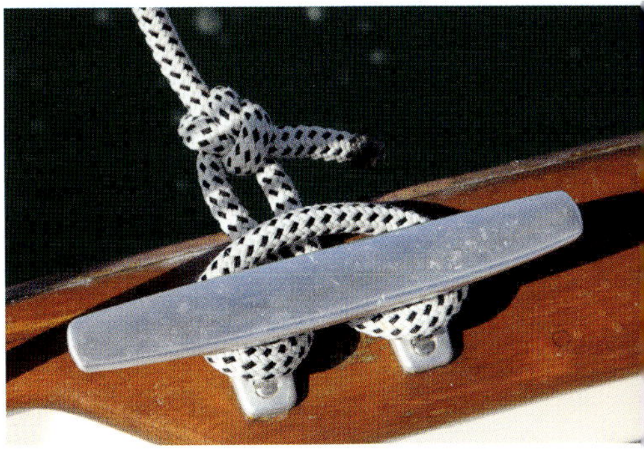

Palstek auf Klampe herumgeführt

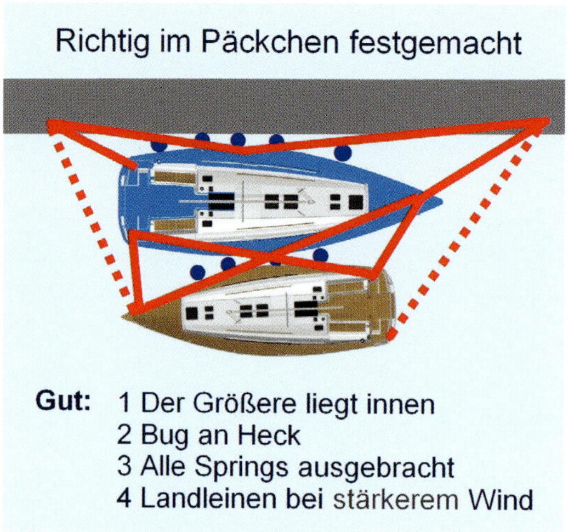

Richtig im Päckchen festgemacht

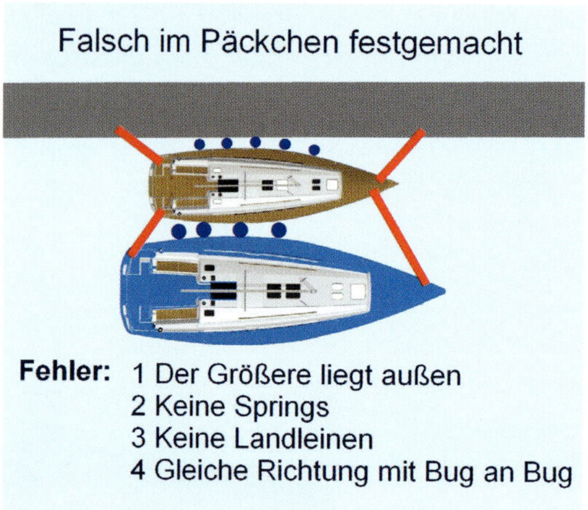

Falsch im Päckchen festgemacht

Ein Problem beim Ablegen aus dem Päckchen entsteht, wenn das eigene Schiff in einer Lücke zwischen zwei bereits vor dem Bug und hinter dem Heck vorhandenen Päckchen liegt. (*siehe Zeichnung*). Wie komme ich aus dieser engen Lücke heraus?

Das Eindampfen in eine Spring wird hier nicht funktionieren, weil der erreichbare Drehwinkel nicht ausreichend groß sein wird. Meist ist es darum unumgänglich, Hilfe von einem Nachbarschiff zu erbitten, oder kurz ein Besatzungsmitglied der eigenen Crew auf das Deck des Nachbarschiffes zu schicken, um so das eigene Schiff von Hand mit Leinenunterstützung über die anderen Boote in eine Außenposition im Päckchen zu verholen. Je nach Windrichtung und Radeffekt kann es sinnvoller sein, vorwärts oder lieber rückwärts hinauszufahren. Ein Bugstrahlruder wirkt hier Wunder. Bei kräftigem auflandigem Wind gibt es kaum eine Chance, den Liegeplatz zu verlassen.

Ablegen aus der Lücke zwischen zwei Päckchen.

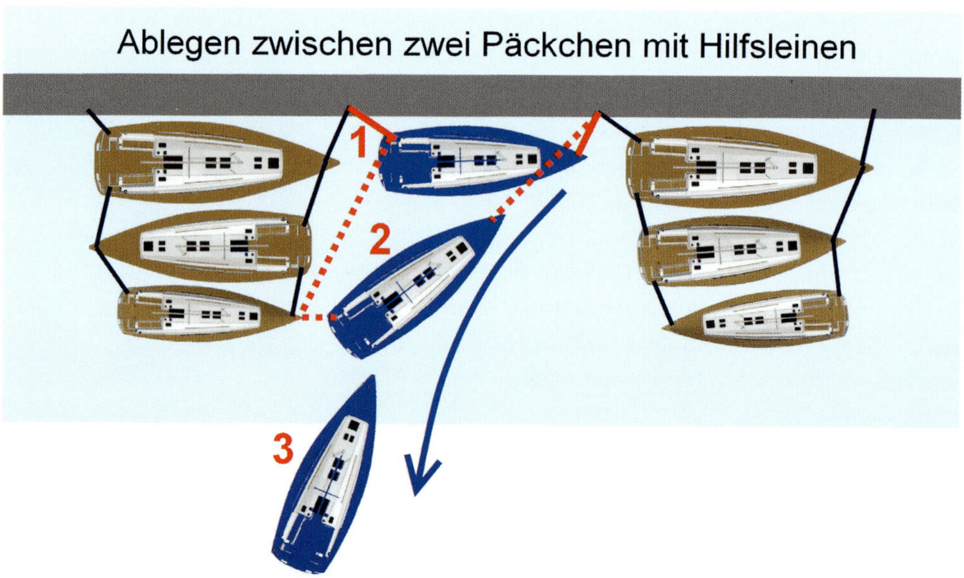

6.7 An- und Ablegen am Schwimmsteg mit Fingerstegen

Das An- und Ablegen am Schwimmsteg hat gewisse Gemeinsamkeiten mit den Manövern an der Pier (*siehe Kap. 6.5*). Allerdings mit dem Unterschied, dass der Bug nicht nur mit einer Leine zu nur einer Seite gesichert wird, sondern mit zwei Leinen, eine an Backbord, eine an Steuerbord. Beim Anlegen mit Wind von der Seite ist es grundsätzlich wichtig, dass die Luvleine als erste belegt wird.

Sofern gegen oder schräg gegen den Wind angelegt wird, ist folgende Reihenfolge beim Belegen der Leinen sinnvoll: Zuerst die Luv-Bugleine, um den Bug nach Luv zu sichern. Dann eine Achterspring von der Mittschiffsklampe, um sowohl nach vorne als auch zur Seite zu sichern. Nun kommt die Achterleine und zum Schluss die Lee-Bugleine (*siehe Zeichnung*).

Fällt der Wind hingegen schräg von achtern ein, so ist die Reihenfolge beim Festmachen eine andere: Zuerst die Achterspring von der Mittschiffsklampe zum Fingersteg belegen, dann mit der Bugleine nach Luv sichern. Nun die

Anlegen am Fingersteg mit Wind schräg von vorne

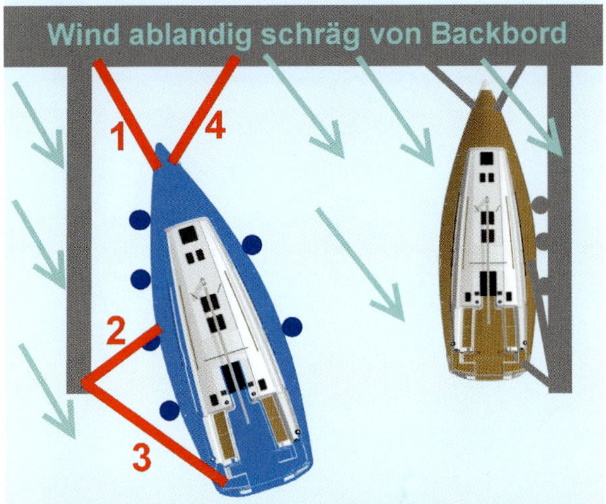

Reihenfolge der zu belegenden Leinen:

1 luvseitige Vorleine an Backbord
2 Mittelspring
3 Achterleine
4 leeseitige Vorleine an Steuerbord

Anlegen in der Box mit Schwimmsteg und Wind schräg von vorn, Reihenfolge der zu belegenden Leinen: **1**. luvseitige Bugleine an Backbord, **2**. Mittelspring, **3**. Heckleine, **4** leeseitige Bugleine, an Steuerbord

Anlegen am Fingersteg mit Wind schräg von achtern

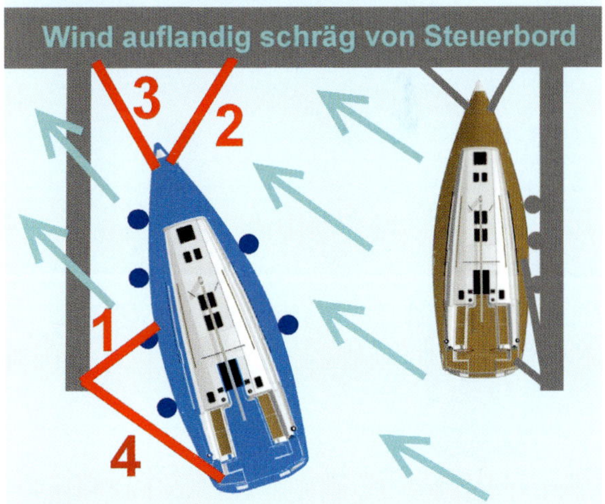

Reihenfolge der zu belegenden Leinen:

1 Mittelspring
2 luvseitige Vorleine Steuerbord
3 leeseitige Vorleine Steuerbord
4 Heckleine

Anlegen in der Box mit Schwimmsteg und Wind schräg von achtern, Reihenfolge der zu belegenden Leinen: **1**. Mittelspring, **2**. luvseitige Bugleine an Steuerbord, **3**. leeseitige Bugleine an Backbord, **4**. Heckleine

Ablegen von Fingersteg mit Wind schräg von vorne

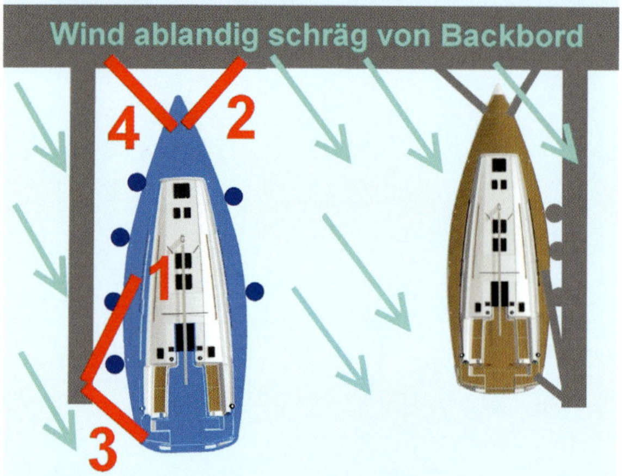

Reihenfolge der loszuwerfenden Leinen:

1 Mittelspring
2 leeseitige Bugleine
3 Heckleine
4 luvseitige Bugleine

Ablegen bei Wind schräg von vorn von Backbord

Ablegen vom Fingersteg mit Wind schräg von achtern

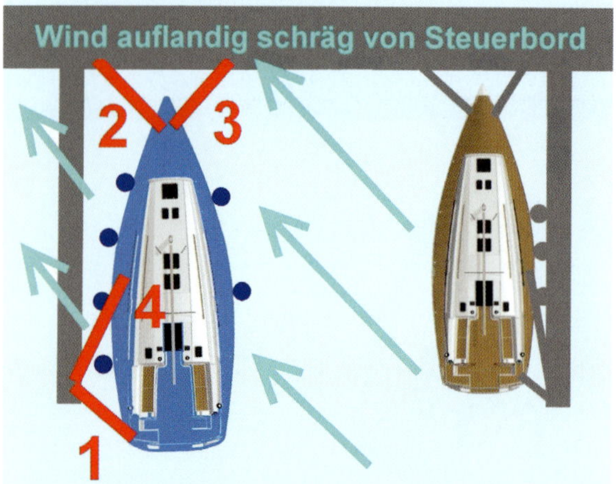

Reihenfolge der loszuwerfenden Leinen:

1 Heckleine
2 leeseitige Bugleine
3 luvseitige Bugleine
4 Mittelspring

Ablegen bei Wind schräg von achtern von Steuerbord

Achterleine auf den Fingersteg und als letztes die Lee-Bugleine.

Beim Ablegen gilt es genauso, den Windeinfluss zu berücksichtigen. Doch ist die Reihenfolge der loszuwerfenden Leinen nun umgekehrt:

6.8 An- und Ablegen an der Pier römisch-katholisch

Insbesondere im Mittelmeer, aber auch in manchen Häfen des Atlantiks, findet der Segler meist keine Schwimmstege, sondern lediglich eine nackte Betonpier mit einigen Pollern oder Ringen zum Festmachen. Um möglichst vielen Schiffen einen Liegeplatz geben zu können, wird hier nicht längsseits festgemacht, sondern rechtwinklig zur Pier. Tradition im Mittelmeer ist es, mit dem Heck an die Pier zu gehen, doch gibt es kein grundsätzlich zwingendes Argument dafür, dies tatsächlich immer so tun.

Vom Bug oder vom Heck aus – je nach günstigerer Fahrtrichtung zur Pier (Wind?) – werden zwei Vorleinen bzw. Heckleinen an Land belegt, während das jeweilige andere Ende des Schiffes durch den selbst ausgebrachten, eigenen Anker im Hafenbecken gesichert ist. Bei der „Luxusversion“ dieser Liegeplatzanordnung steht eine Mooring-Boje für das Festmachen zur Seeseite zur Verfügung. Alternativ dazu gibt es in manchen Häfen eine Mooringleine ohne Mooringboje. Diese Leine führt von der Pier zu einem Betonklotz am Boden des Hafenbeckens, der den eigenen Anker ersetzt. Diese Art des Festmachens, rechtwinklig zur Pier mit Bug oder Heck an einer Mooring

Schiff römisch-katholisch mit Heck an der Pier festgemacht

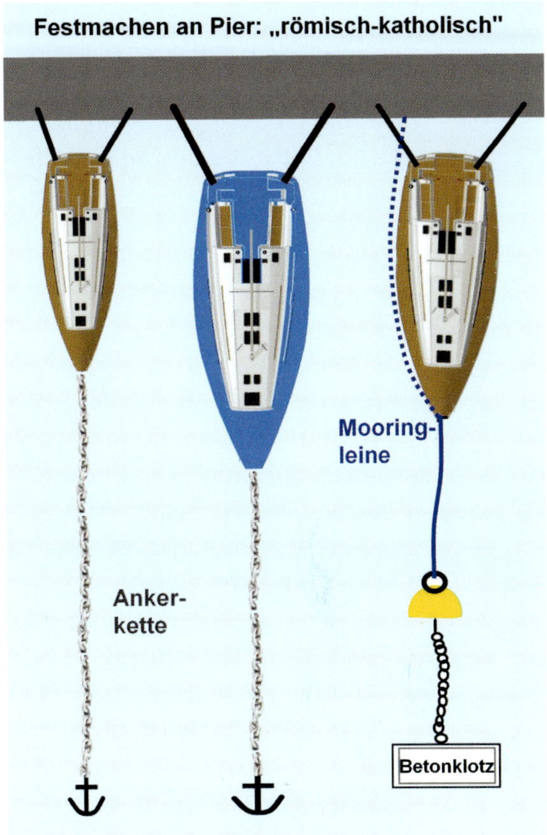

kennt man auch unter der Bezeichnung „römisch-katholisch", vermutlich weil diese Festmachetechnik insbesondere im Mittelmeer sehr verbreitet ist.

Je nach Windrichtung und Zahl der schon festgemachten Yachten im Hafen kann dieses römisch-katholische Anlegen – vor allem mit eigenem Anker seeseitig – mehr oder weniger schwierig bis chaotisch werden. Insbesondere in Rückwärtsfahrt mit dem Heck zur Pier bei seitlich einfallendem Wind entstehen oft interessante Szenen für das „Hafenkino" der Crews, die bereits entspannt an der Pier liegen. Da meist nicht erkennbar ist, wo die Anker der anderen Yachten liegen, wird die eigene Kette möglicherweise über eine oder gar mehrere Nachbarketten gezogen. Ganz zur Freude der Hafentaucher, die am nächsten Morgen – möglicherweise für ein stolzes Honorar – versuchen werden, den „Ankersalat" zu beseitigen.

Wichtig ist, dass der eigene Anker in ausreichendem Abstand von der Pier – mindestens 4-fache Wassertiefe – ausgebracht wird, denn nur so kann er sich eingraben. Ebenfalls wichtig ist, dass die Ankerkette erst dann gefiert wird, wenn sich die Yacht bereits in Rückwärtsfahrt befindet, damit der Anker am Hafenboden sich sofort in die richtige Richtung legt. Nur so viel Kette fieren, wie es der Fahrt des Schiffes entspricht! Auf keinen Fall die Kette ohne Fahrt im Schiff einfach zu einem großen Haufen am Meeresboden ausrauschen lassen, denn zu leicht kommt es zu einer Wuling, die das Eingraben des Ankers verhindert.

Bei ablandigem Wind, senkrecht zur Pier ist es noch am einfachsten: Man bringt in passendem Abstand zur Pier den eigenen Heckanker (bei Rückwärtsfahrt den Buganker) aus, motort vorsichtig in Richtung Pier, so nahe, dass ein Besatzungsmitglied über den Bug- oder Heckkorb mit einer Vorleine in der Hand an Land springen kann und sichert den Bug bzw. das Heck. Nun wird die Bug- oder Heck-Ankerleine so weit durchgeholt, dass genügend Spannung darauf steht, um das Schiff in seiner Position zu stabilisieren.

Steht eine Boje zur Stabilisierung des Hecks zur Verfügung, so wird diese im Vorausmotoren in Richtung Pier an einer Schiffsseite aufgenommen, die Heckleine mit ausreichender Länge auf Slip durchgezogen, gefiert und weiter in Richtung Pier motort, bis der Bug gesichert werden kann. Anschließend wird die Heckleine an der Boje, ähnlich wie beim eigenen Heckanker, auf Spannung durchgeholt.

Nicht immer gelingt es der Crew, im Vorbeifahren an der Mooringboje eine Leine durch das Auge auf Slip zu führen, sei es, weil der Rudergänger zuviel Fahrt im Schiff hatte, sei es weil Seitenwind das Schiff unkontrolliert ins Treiben brachte. Dann gibt es zwei Möglichkeiten: Die eine ist, das Manöver zu wiederholen. Die andere – vorausgesetzt, dass bereits andere Schiffe an der Pier liegen – zuerst an einem der Schiffe längsseits provisorisch festzumachen und dann mit dem Beiboot eine Leine – am besten auf Slip – zur Mooringboje auszubringen. In warmem Wasser vielleicht auch schwimmend.

Das Verfahren mit Mooringleine aber ohne Mooringboje ist im Ablauf etwas schwieriger, denn die Leine liegt am Meeresboden und ist mit ihrem landseitigen Ende nur an der Pier an einem Ring festgemacht. Wir beschreiben den Vorgang in Vorausfahrt mit dem Bug an der Pier: Das Schiff wird erst einmal mit dem Bug an die Pier motort, ohne nach achtern irgendeine Absicherung zu haben. Nun springt ein Crewmitglied über den Bugkorb an Land, belegt die Festmacher, während ein zweites Besatzungsmitglied, am besten mit einem Bootshaken von Bord aus, die Mooringleine nahe am Ring an der Pier auffischt und dann Hand über Hand am Schiffsrumpf entlang nach achtern führt. Am Heck angekommen wird nun die Mooringleine so gut es geht auf Spannung durchgeholt und auf einer Heckklampe belegt. Falls es bevorzugt wird, mit dem Heck anzulegen verläuft das Manöver ent-

Yachten, römisch-katholisch festgemacht

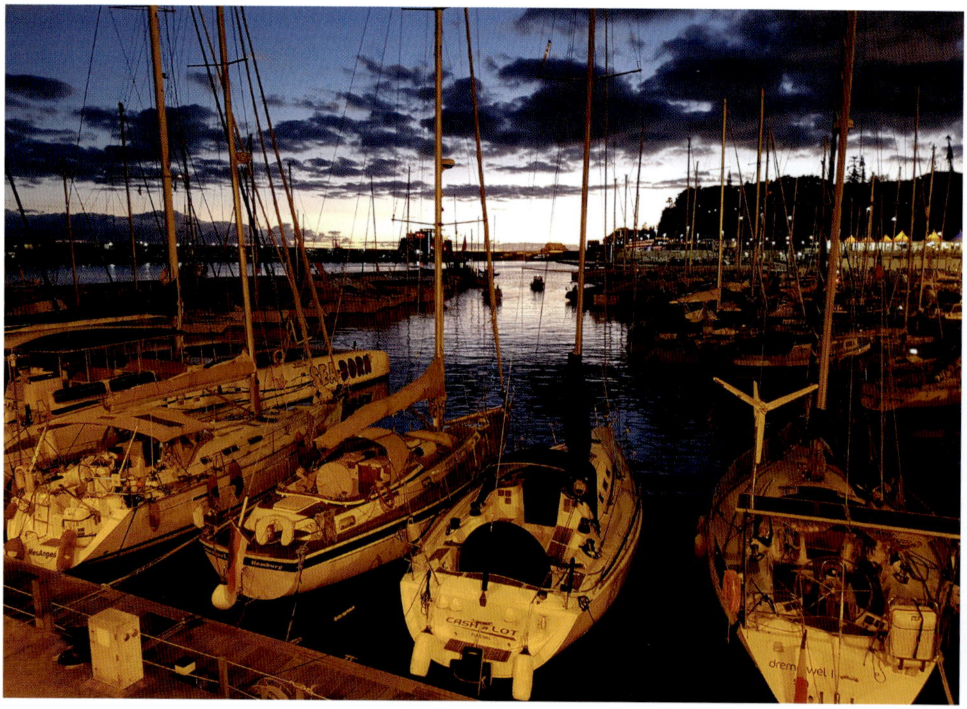

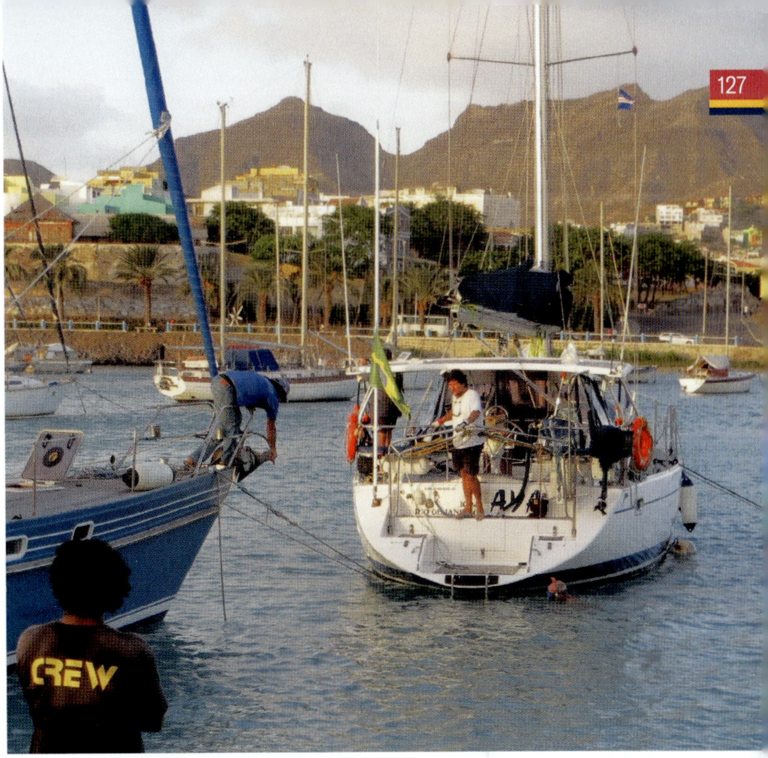

sprechend im Rückwärtsgang, doch muss berücksichtigt werden, dass möglicherweise der Radeffekt des Propellers das Manöver erschwert.

Dass dieses Manöver insbesondere bei Wind von der Seite schnell schiefgehen kann, ist offensichtlich, denn es fehlt die Möglichkeit, das Schiff zu stabilisieren, während die Mooringleine noch nicht belegt ist. Glück hat man, wenn das Schiff in der Phase ohne Sicherung zur Seeseite vorübergehend an einem Nachbarn längsseits liegen kann.

Noch schwieriger ist es, das Manöver bei auflandigem Wind voraus mit dem Bug an die Pier zu fahren. Das Manöver wird mit großer Wahrscheinlichkeit – bedingt durch den Radeffekt beim Aufstoppen im Rückwärtsgang – schiefgehen. In diesem Fall ist es sinnvoller, mit dem Heck an die Pier zu gehen, denn so kann der Rudergänger das Schiff mit dem Bug im Wind während des Manövers dosiert mit zeitweise eingelegtem Vorwärtsgang gegen den Wind stabilisieren.

Probleme mit Mooringleine, römisch - katholisch

Ein paar gute Arbeitshandschuhe sind beim Festmachen mit Mooringleine sehr zu empfehlen, denn die Leine, die vom Grund des Hafenbeckens hochkommt, ist in der Regel schlammig und oft muschelbewachsen. An ungeschützten Handflächen kommt es so schnell zu schlecht abheilenden Verletzungen.

6.9 An- und Ablegen in der Box zwischen Pfählen

Liegeplätze mit Pfählen, sogenannte Boxen, sind insbesondere in der Ostsee sehr verbreitet. Die Idee, das Heck an Pfählen zu sichern, während der Bug auf dem Steg festgemacht ist, mag auf den ersten Blick genial einfach erscheinen, hat aber seine Tücken im Detail. Von Vorteil ist es, wenn das Schiff mit einer Scheuerleiste ausgestattet ist, denn das Entlangrutschen am Pfahl ist oft unumgänglich. Viele skandinavische Yachten haben eine solche Scheuerleiste serienmäßig, nicht hingegen moderne Großserienschiffe.

Absolut wichtig ist es, dass vor dem Anlegen nicht nur alle vier Festmacher klar zum Gebrauch auf der Klampe belegt und dann sauber aufgeschossen auf Standby liegen, sondern dass die pfahlseitigen Leinen (beim Anlegen in Vorausfahrt also die Heckleinen) am Ende mit einem großen Auge (Palstek) versehen sind, um sie

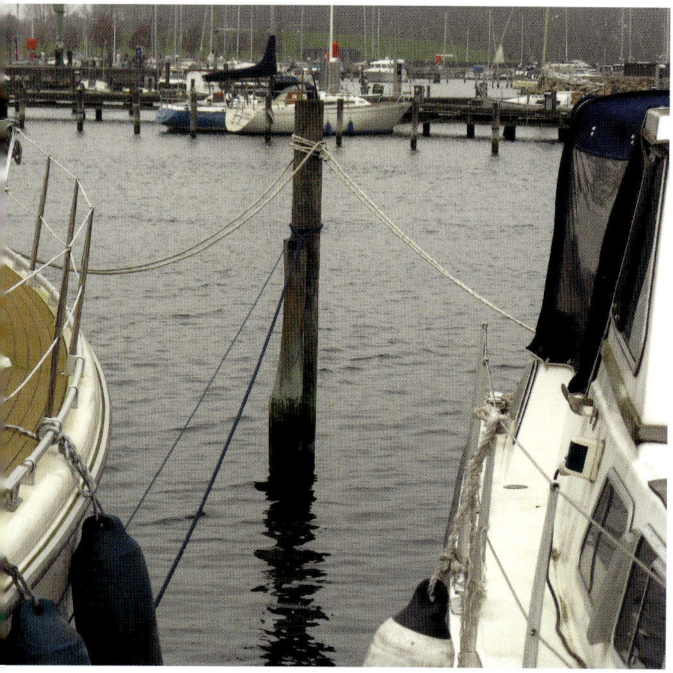

schnell genug über den Pfahl legen zu können. Manchmal sind die Pfähle allerdings zu hoch (in Tidengewässern nahe am Niedrigwasser), um ein Auge über sie legen zu können. Dann hilft nur das Belegen auf Slip um den Pfahl herum.

Mit mindestens drei Personen in der Crew und nur geringem Windeinfluss kann das Anlegemanöver folgendermaßen ablaufen:

In langsamer Fahrt voraus wird etwa aus der Mitte der Boxengasse die Drehung in die Box eingeleitet. Die Fender sind passend an der Reling belegt, aber noch an Deck liegend, bereit, mit einem Fußtritt außenbords gedrückt zu werden. Beim Passieren der Pfähle mit der breitesten Stelle des Rumpfes werden die zur Mitte geführten Heckleinen backbord und steuerbord jeweils über den Pfahl gelegt und dann in Vorausfahrt zügig durchgeholt. Sind die Heckleinen passend in der Länge belegt, so kann das Schiff mit eingelegtem Vorwärtsgang vorübergehend mit Schub nach vorn stabilisiert werden. Ein Besatzungsmitglied geht nun mit den Bugleinen in der Hand über den Bugkorb auf den Steg und belegt die Bugleinen an Land. Bei Seitenwind und wenn es schnell gehen muss, reicht es, zuerst einmal nur die luvseitige Bugleine zu sichern.

Festmachen in der Box zwischen Pfählen

Beim Ablegen aus der Box ist zu beachten, dass – bedingt durch den Radeffekt – das Schiff in Rückwärtsfahrt seitlich ausbrechen wird. Es muss also die dem Radeffekt entgegenwirkende Heckleine besonders zügig durchgeholt werden und möglicherweise über die Bugleinen der Bug schon etwas kompensierend kurz vor dem Loswerfen gedreht werden.

Die beschriebene Methode setzt voraus, dass der Abstand der Pfähle vom Steg mindestens 2 bis 3 Meter größer ist als die Bootslänge. Falls die Box nur

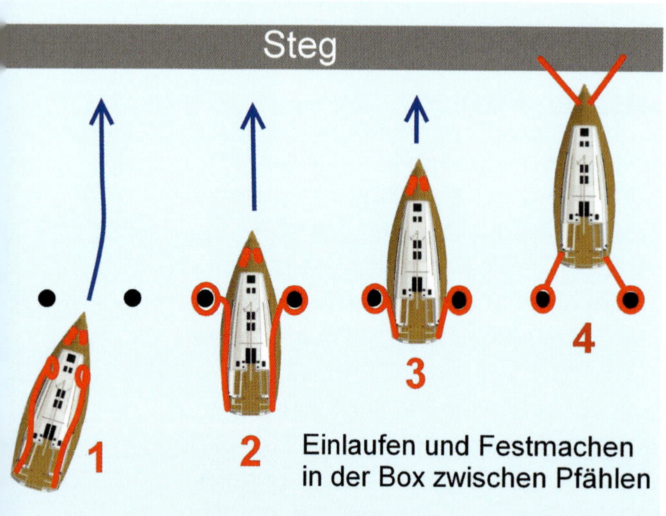

Festmachen in der Box zwischen Pfählen

etwa so lang wie das Schiff selbst ist oder gar kleiner, das Schiff aber mit Mittschiffsklampen ausgerüstet sind, kann das oben beschriebene Manöver dadurch variiert werden, dass statt der Heckleinen an Backbord und Steuerbord jeweils eine Mittelspring von den Mittschiffsklampen eingesetzt wird, mit der das Schiff seitlich und vorübergehend nach achtern gesichert und aufgestoppt wird. Sind die Bugleinen ausgebracht, so können zusätzlich die beiden Heckleinen an den Pfählen belegt werden. Die Mittelsprings bleiben (*siehe Zeichnung*).

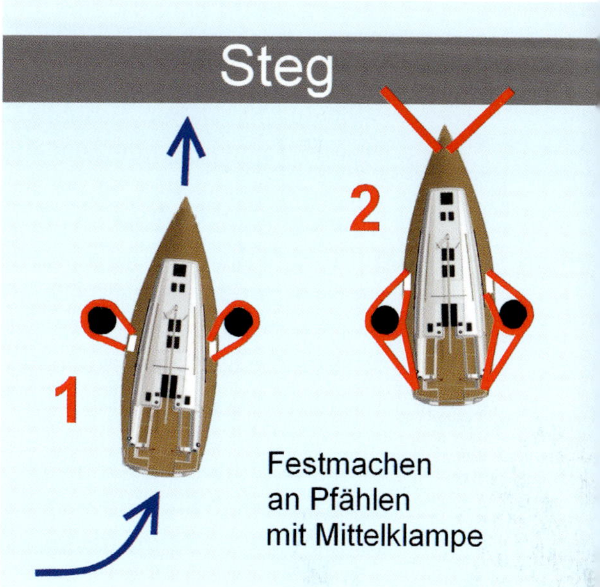

Festmachen an Pfählen mit Mittschiffsklampe

Bei viel Wind kann das An- und Ablegen zwischen Pfählen extrem schwierig werden. Doch auch für diesen Fall lassen sich Lösungen finden. In der Regel klappt es durch geschickten, vielleicht manchmal unkonventionellen Einsatz von Leinen. Immer geht es darum, die Yacht wenigstens provisorisch in eine einigermaßen stabile Lage vor dem eigentlichen Hineinfahren in die Box zu bringen. Je nach Windrichtung, Windstärke und Lage des Liegeplatzes kann dies sogar mit nur einer Leine erreicht werden. Während in der einen Situation eine Bugleine um einen Pfahl gelegt ausreicht, muss vielleicht in einer anderen Situation mit einer Spring von der Mittschiffsklampe oder mit einer Heckleine das Schiff gesichert werden. Alles hängt davon ab, wie viel Platz nach Lee vorhanden ist und wie am geschicktesten in die Box hineingedreht werden kann.

Hilfreiche Hinweise zu allen Feinheiten des An- und Ablegens zwischen Pfählen auch in verzwickten Situationen finden sich in der weiterführenden Fachliteratur (*siehe Literaturliste*).

6.10 An- und Ablegen an Bojen

Immer mehr malerische Buchten insbesondere im Mittelmeer, die noch vor wenigen Jahren als ideale Ankerbuchten bekannt waren, werden – meist mit ökologischen Argumenten – zu Ankerverbotszonen erklärt. Im Gegenzug werden dann dort kostenpflichtige Liegeplätze an Festmachebojen geschaffen. Sofern es sich dabei tatsächlich um Buchten mit Seegraswiesen (Posidonia) handelt, ist dagegen nichts einzuwenden. Wenn allerdings diese kostenpflichtigen Bojenfelder auf reinem Sandgrund eingerichtet werden, darf die Frage gestellt werden, ob nicht eher kommerzielle als ökologische Gesichtspunkte im Vordergrund stehen.

Das Festmachen an der Boje fällt vielen Crews schwer, weil sie den Fehler machen zu versuchen, die Boje am Bug aufzunehmen. Das Deck auf dem Bug einer

12-Meter-Yacht befindet sich mindestens 1,5 Meter über der Wasseroberfläche, so dass derjenige, der den undankbaren Job hat, die Bugleine durch das Auge der Boje dort vorne zu führen, schon teleskopartig verlängerbare Arme haben muss, um die Leine durchzuziehen. Erheblich einfacher, auch für den Rudergänger im Schiffshandling, sind folgende zwei Alternativen:

Aufnehmen der Boje an der breitesten Stelle des Schiffes

Unter Berücksichtigung von Wind und Strom wird die Boje so angefahren, dass die Yacht, an der Boje angekommen, wenigstens kurzzeitig nicht vertreibt. Sofern kein Strom setzt, ist das in Windrichtung. Es wird eine Bugleine, die etwas länger ist als die Schiffslänge, auf einer Bugklampe belegt und außerhalb der Seereling nach achtern geführt, bis zum Punkt der maximalen Schiffsbreite. Meist ist das etwa dort, wo sich die Mittschiffsklampe befindet. Vorteil: Die Höhe der Bordwand ist hier deutlich geringer als am Bug. Ein Crewmitglied legt sich nun dort auf den Bauch, mit dem Ende der Bugleine in der Hand, und wartet darauf, dass der Rudergänger das Schiff nun geschickt an die Boje heranmanövriert. Dies fällt dem Rudergänger leichter als das Anfahren am Bug, weil er näher am Geschehen ist. Zur Hilfe für den Rudergänger ist es zweckmäßig, wenn zusätzlich ein Beatzungsmitglied ständig mit ausgestreckter Hand auf die Boje zeigt, die ja schräg unterhalb der Bordwand für den Rudergänger auf den letzten Metern nicht mehr sichtbar ist. Sofern im Moment des Erreichens der Boje die Fahrt im Schiff gering genug ist, wird es dem „Leinenmann" nun gelingen, das Ende der Bugleine durch den Ring oberhalb der Boje zu führen und mit diesem Ende dann schnell wieder zum Bug zu gehen, wo die Leine durchgeholt und schließlich belegt wird. Um das Durchstecken des Festmachers durch den Ring zu erleichtern, ist es hilfreich, am Ende eine kleine Latte anzuknoten.

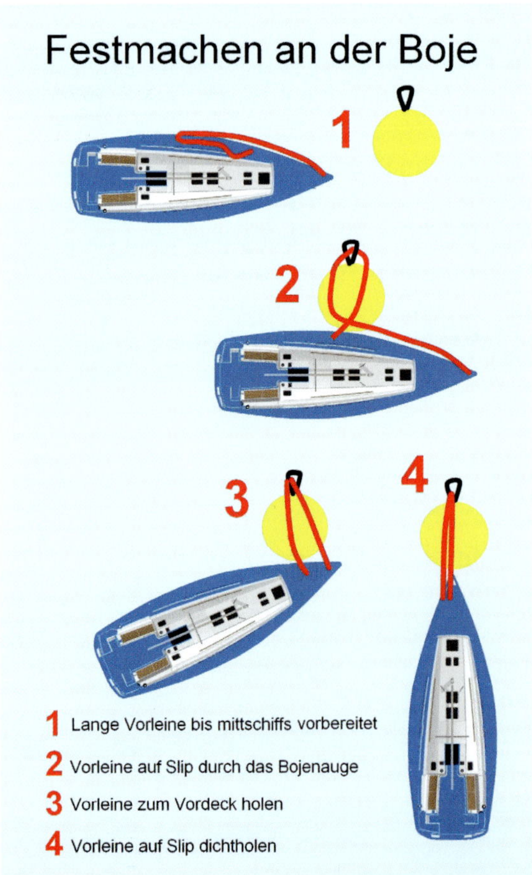

Anlegen an der Boje nahe der Mittschiffsklampe

Aufnehmen der Boje am Heck

Die zweite Variante des Manövers: In Vorausfahrt oder auch in Rückwärtsfahrt – je nach Wind und Bootstyp– nähert sich das Schiff der Boje so weit, bis sie sich nahe am Heck befindet. Das Heck ist auf fast allen Yachten der Bereich mit der geringsten Freibordhöhe. Außerdem kann auf vielen Yachten die Badeplattform genutzt werden. Eine Heckleine ist – belegt auf einer Heckklampe und sauber aufgeschossen – bereit, um von einem Crewmitglied von Deck aus oder von der Badeplattform aus durch den Ring an der Boje geführt zu werden. Die Heckleine wird kurz belegt. Nun kann in aller Ruhe eine Bugleine mit etwas mehr als zweifacher Bootslänge außerhalb der Seereling vom Bug zum Heck geführt, dort durch den Bojenring gezogen und zurück auf die Bugklampe geführt werden. Nun werden simultan die Heckleine gefiert und die Bugleine dichtgeholt, bis das Schiff schließlich nur noch an der Bugleine liegt. Klar zum Aperitif.

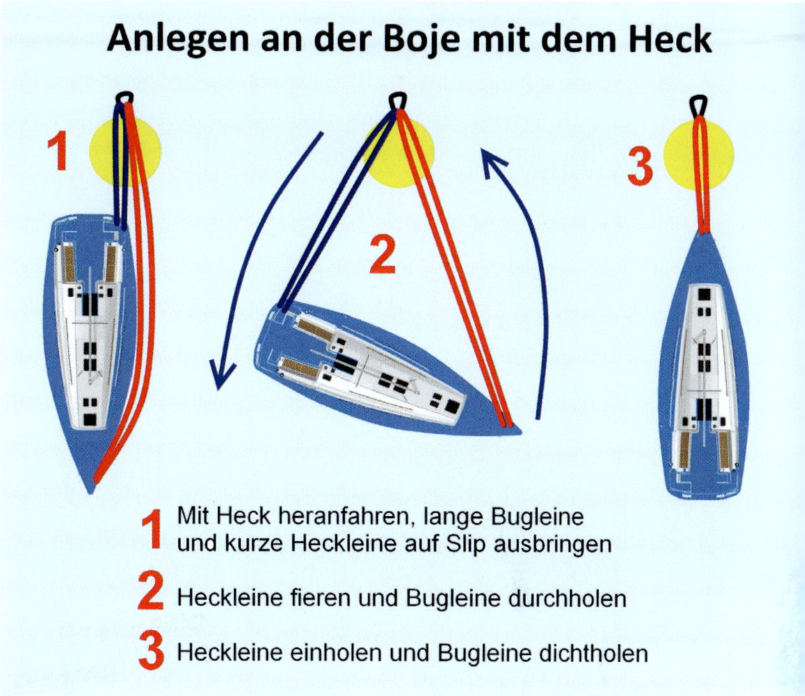

Anlegen an der Boje mit dem Heck

Zum Schluss sei darauf hingewiesen, dass es im Schiffsausrüstungshandel spezielle Bootshaken mit Konstruktionen gibt, mit denen man – ohne sich an Deck legen zu müssen – direkt einen speziellen Karabinerhaken mit daran befestigter Leine in den Bojenring einklicken kann. Es gibt sogar patentierte spezielle Bootshaken, mit denen man eine Bugleine auf Slip durch das Auge der Boje führen kann. Doch wer hat schon diesen genialen Haken an Bord?

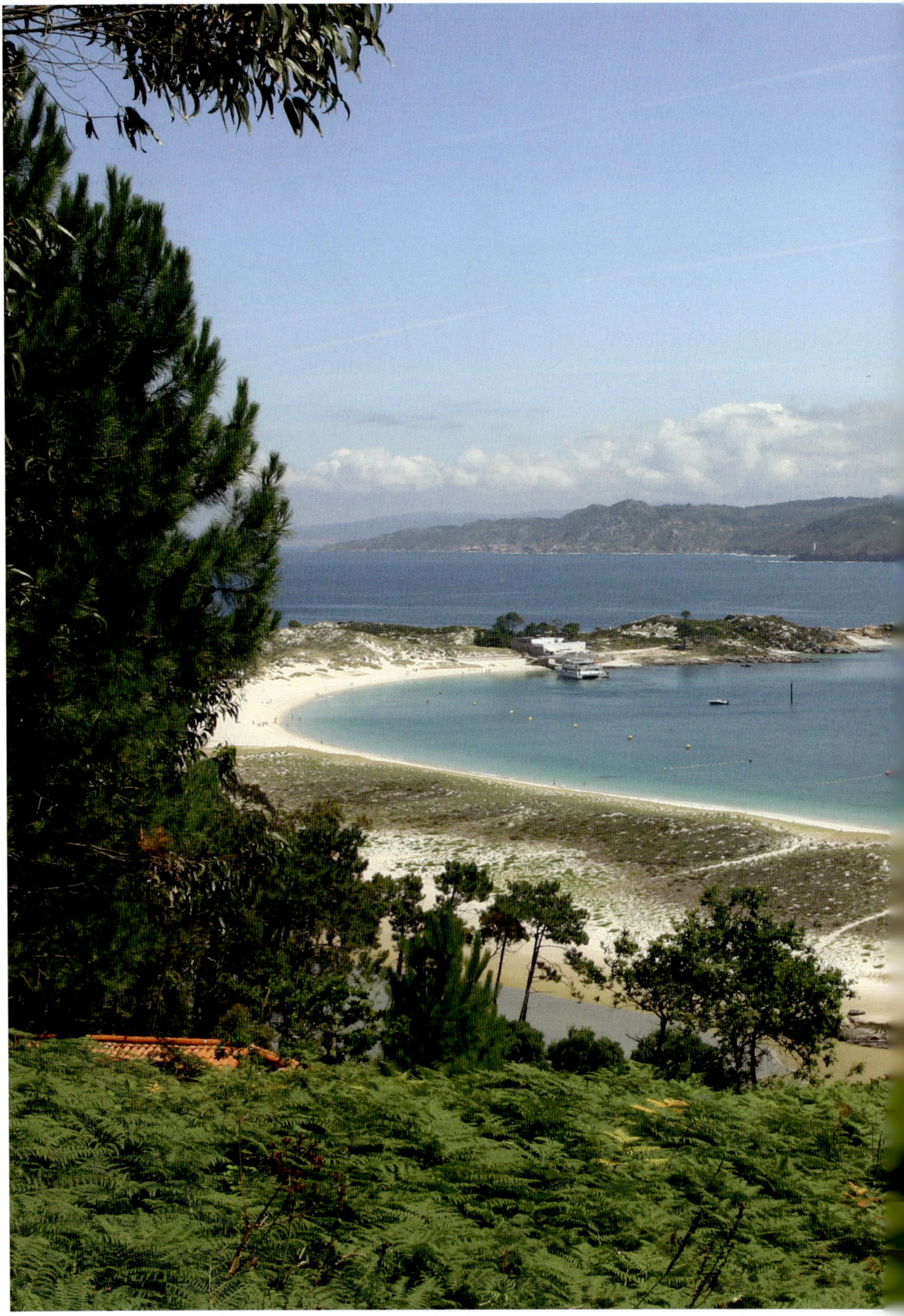

7

Ankern

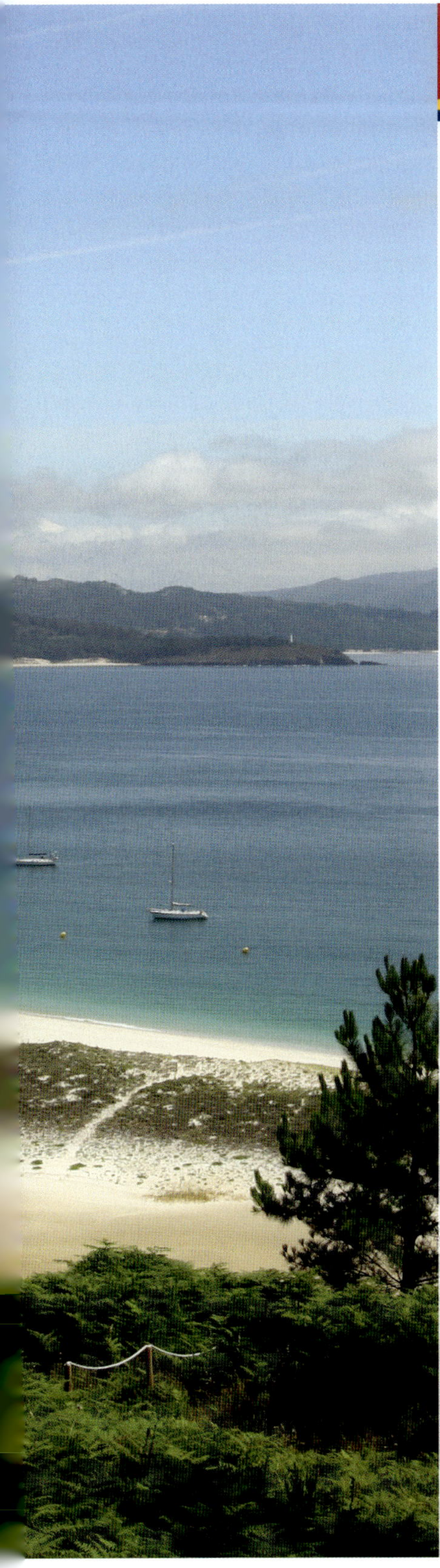

Zwar träumen viele Segler gern von einer idyllischen Nacht in einer stillen Ankerbucht, aber die meisten gehen dann doch in eine Marina „aus Sicherheitsgründen“. Ist Ankern wirklich so risikoreich wie viele glauben? Sofern die Yacht ein gutes Ankergeschirr hat, genügend Platz in der Bucht auch für mehrere ankernde Yachten vorhanden ist und der Skipper sich gut informiert hat über die Wassertiefen, die Art des Meeresbodens und die Entwicklung der Wetterlage, so gibt es in der Regel keinen Grund zur Sorge. Probleme entstehen allerdings heutzutage durch immer dichter belegte Ankerbuchten, so dass das Kollisionsrisiko steigt.

7.1 Voraussetzungen für gutes Ankern

Sofern der Skipper die Wetterlage mit Kompetenz analysiert hat, eine zur vorherrschenden Windrichtung passende, geschützte Bucht mit geeignetem Ankergrund gefunden hat, und sein Ankergeschirr der Schiffsgröße und dem Meeresgrund angemessen ist, so gibt es keinen Grund dafür, sich eine ge-

Idyllische Ankerbucht

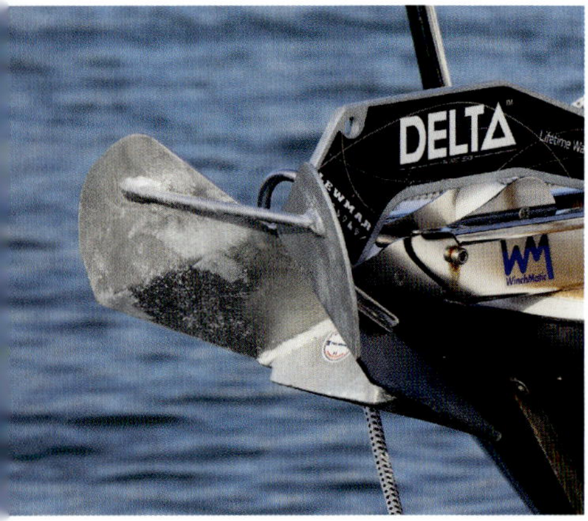

Delta-Anker im Bugbeschlag

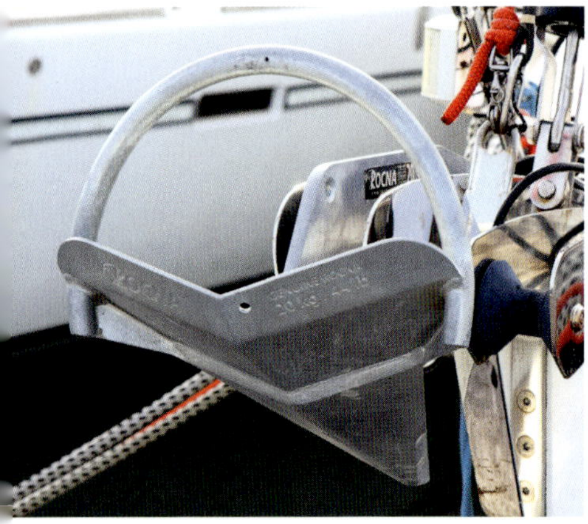

Rocna-Anker im Bugbeschlag

ruhsame Nacht in einer idyllischen Bucht entgehen zu lassen. Entscheidend ist allerdings, dass die Quelle des Wetterberichtes vertrauenswürdig ist und bei der Wahl des Ankerplatzes nicht nur die aktuelle Wetterlage berücksichtigt wird, sondern dass darüber hinaus zuverlässige Informationen über die zu erwartende, weitere Entwicklung mindestens für die nächste Nacht eingeholt wurden.

Wenn ein Anker nicht hält, so liegt es häufig ganz banal daran, dass die Yacht mit einem unterdimensionierten Ankergeschirr ausgerüstet ist. Dies gilt ganz besonders für Charteryachten.

Das Ankergeschirr

Eine komplette Ankerausrüstung besteht aus Anker, Kette, Leine und einer Ankerwinsch. Auf älteren Fahrtenyachten findet man oft den Pflugscharanker mit Kippgelenk, auch CQR-Anker genannt. Heutzutage sind viele Yachten mit einem sogenannten Delta-Anker ausgerüstet, der einen guten Ruf genießt. Er ähnelt dem CQR-Anker, hat aber größere Fluken und kein Kippgelenk. Daneben gibt es eine Vielzahl verschiedener Ankerformen, über deren Haltekraft recht kontrovers diskutiert wird. Manche Charteryachten sind aus Kostengründen mit Plattenankern (Brittany oder Danforth) ausgerüstet, deren Haltekraft auf Sand und Schlamm der des Pflugscharankers unterlegen ist. Hingegen hält er besser auf Seegraswiesen. Aber dort sollte man ohnehin aus ökologischen Gründen nicht ankern.

Ein Ankertyp, auf den in letzter Zeit immer mehr Langfahrtsegler schwören, ist der Rocna-Anker. Es handelt sich um eine Schaufelform mit einem Bügel, der das Wiedereingraben auch nach einer 180-Grad-Winddrehung ermöglicht (*siehe Foto*).

Ob der Anker und die Kette aus Edelstahl oder aus verzinktem Stahl hergestellt sein sollten, ist nicht nur eine Kostenfrage. Verzinkte Anker und Ketten rosten unvermeidbar nach einigen Jahren. Zwar mindert das anfangs nicht die Haltekraft, aber es sieht einfach nicht gut aus und hinterlässt Rostspuren an Deck. Verrostete Schäkel können sich leichter unkontrolliert lösen als neue. Edelstahl hingegen rostet zwar nicht (sofern es sich um eine seewasserfeste Legierung handelt), aber er hat in der Regel schlechtere Dehnungseigenschaften als verzinkter Stahl. Wird eine verzinkte Kette überlastet, so dehnt sie sich um bis zu 20 %, bevor sie bricht. Eine Edelstahlkette hingegen hat deutlich weniger Dehnungstoleranz, ehe sie versagt. Falls man sich also für eine Ankerkette aus Edelstahl entscheidet, so sollte sie ausreichend stark dimensioniert sein, so dass die Belastungsgrenze auch bei Starkwind nicht erreicht wird.

Edelstahl und verzinkten Stahl im Ankergeschirr zu mischen (Stahlanker an Edelstahlkette, oder umgekehrt) ist nicht sinnvoll, da dies zu schnellerer Korrosion an den verzinkten Teilen führt. Ob Edelstahl, oder verzinkter Stahl – auf jeden Fall sollte man nur eine Qualitätskette mit bekannten, normierten Festigkeitswerten und aus vertrauenswürdiger Herkunft kaufen.

Neben der Bauweise des Ankers ist vor allem sein Gewicht entscheidend. Die folgende Tabelle gibt Anhaltswerte für das passende Ankergewicht bei gegebener Schiffsgröße. Es werden nur Richtwerte genannt, denn neben der Rumpflänge spielt auch die Verdrängung des Schiffes und das Einsatzgebiet eine Rolle.

Richtwerte zum minimal sinnvollen Ankergewicht bei gegebener Rumpflänge

Rumpflänge	**10 m**	**12 m**	**14 m**	**16 m**	
Ankergewicht	16 kg	20 kg	25 kg	30 kg	

Wie viel Kette ist notwendig?

Die im Ankerkasten gestaute Ankerkette sollte mindestens 3-mal, besser 4- bis 5-mal so lang sein wie das Schiff, denn nur ausreichende Kettenlänge ist eine Gewähr dafür, dass der Anker auch bei Starkwind gut eingegraben bleibt. Ihr Gewicht und ihre Länge sorgen dafür, dass die Zugkraft der Yacht auf den Anker parallel zum Meeresboden übertragen wird und es nicht zu ruckartigen Bewegungen kommt.

Bei gutem Wetter, also wenig Wind, kann mit mindestens 3-facher Wassertiefe als Kettenlänge geankert werden. Je stärker der Wind, umso mehr Kette muss gesteckt werden. Wenn plötzlich Fallböen aus den Bergen über die Bucht hinwegpeitschen, ist mindestens 5- bis 6-fache Wassertiefe als Kettenlänge angemessen.

Sofern der Wind ablandig bläst, sich also keine hohe Welle aufbauen kann und das Ankergeschirr ausreichend dimensioniert ist, sollte auch bei Starkwind das Ankern auch über Nacht gefahrlos möglich sein.

Empfohlene Kettenlänge und Gliedstärke bei gegebener Rumpflänge

Rumpflänge	**10 m**	**12 m**	**14 m**	**16 m**
Kettenlänge min.	30 – 50 m	36 – 60 m	40 – 70 m	50 – 80 m
Gliedstärke	8 mm	10 mm	12 mm	14 mm

Beim Ausbringen der Kette ist es äußerst schwierig, die schon im Wasser befindliche Kettenlänge abzuschätzen. Doch genau dies ist absolut wichtig, denn nur bei ausreichender Kettenlänge am Meeresboden wird der Anker auch bei Starkwind halten. Die Ankerkette sollte darum alle 10 Meter, besser sogar alle 5 Meter in gleichmäßigen Längenabschnitten mit Farbe, Bändseln, Draht, Kabelbindern oder sonstwie gekennzeichnet sein. Nur so kann beurteilt werden, wie viel Kette bereits gefiert wurde. Nehmen sie sich vorsichtshalber ein paar Kabelbinder verschiedener

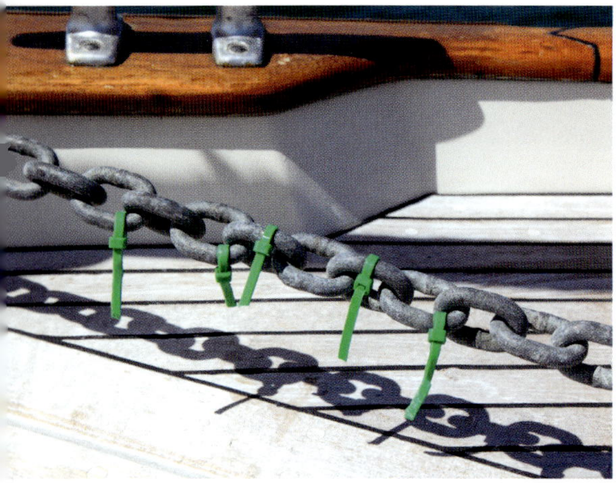

Markierungen an der Ankerkette

Farbe mit auf den Törn, für den Fall, dass ihr Charterschiff keine gekennzeichnete Kette hat.

Erfahrene Segler vertreten oft die Ansicht, dass grundsätzlich nur mit Kette und nicht mit einer Kombination aus Kette und Leine geankert werden sollte. In der Tat kann eine Leine im Gegensatz zu einer Kette im Laufe einer Nacht an scharfkantigen Steinen am Meeresboden durchscheuern. Hinzu kommt, dass eine ausreichend lange Kette eine bessere Dämpfwirkung auf die manchmal groben Schiffsbewegungen ausübt.

Auch wenn in der Regel nur mit Kette geankert wird, sollte sich am Kettenende bootsseitig dennoch eine Ankerleine (auch Trosse genannt) anschließen, um in einer Ausnahmesituation auch in noch tieferem Wasser ankern zu können. Auf einer 12- Meter-Yacht sollten mindestens 30, besser 50 Meter Trossenlänge an Bord sein. Auch hier sollte nicht am Durchmesser gespart werden (je nach Schiffsgröße zwischen 14 und 25 Milimeter), denn die Trosse sollte auch noch im angescheuerten Zustand stark genug sein, um das Schiff unter Sturmbedingungen halten zu können. Vorsicht: die Verbindung zwischen Kette und Trosse könnte in der Kettennuss der Ankerwinsch klemmen! Wichtig: Die Ankerleine muss im Ankerkasten an einem Beschlag angeknotet sein, um zu verhindern, dass sie bei vollständig ausgebrachter Länge ausrauscht.

Wo kann geankert werden?

Die allgemeine Wetterlage und die weitere Entwicklung mit der zu erwartenden Windrichtung für die beabsichtigte Liegezeit ist das Hauptkriterium zur Auswahl eines geeigneten Ankerplatzes. Der Wind sollte möglichst ablandig sein. Und zwar nicht nur zum Zeitpunkt des Ankermanövers, sondern – überprüft über den aktuellen Wetterbericht – auch während der gesamten Zeitspanne, in der in der Bucht geankert werden soll. Doch Vorsicht: Auch mit aktualisiertem, günstig erscheinendem Wetterbericht kann es manchmal passieren, dass der Wind dreht. Die Ursache dafür sind in der Regel lokal begrenzte thermische Effekte, die im Wetterbericht nicht genannt werden. So kommt es bei stabilen Hochdrucklagen am Tage durch die stärkere Erwärmung des Landes zu auflandigem Wind, während die Situation sich in der Nacht umkehrt, bedingt durch die nach dem Sonnenuntergang einsetzende Abkühlung des Landes. Insbesondere in inselreichen Gewässern wie der Ägäis oder in Kroatien ist es nicht immer ganz einfach, diese thermischen Effekte vorherzusehen oder richtig einzuschätzen.

Beim Ankern über Nacht muss neben der Windrichtung vor allem berücksichtigt werden, ob vielleicht Dünung von der offenen See oder Schwell von größeren, vorbeifahrenden Schiffen in die Bucht läuft. Durch Beugungseffekte an Kaps kann Dünung auch aus einer anderen Richtung als der Wind kommen und so einen Ankerplatz, der durchaus gut windgeschützt ist, in einen rollenden Wellenteppich verwandeln. Selbst eine nur schwache, langgezogene Dünung kann eine schlaflose Nacht wegen unangenehmem Rollen verursachen!

Es gibt Buchten, die bezogen auf Wind und Welle optimal liegen, die aber dennoch nicht zum Ankern geeignet sind, weil die Wassertiefe zu groß ist. Unter Einbezug eventueller Gezeiteneinflüsse darf die Wassertiefe auf keinen Fall ein Drittel der an Bord vorhandenen Kettenlänge übersteigen. Optimale Wassertiefen liegen für mittelgroße Yachten etwa zwischen 3 und 10 Meter Wassertiefe. Maximal etwa 20 Meter Wassertiefe sind bei entsprechender Kettenlänge noch zur Not akzeptabel, aber größere Tiefe ist zu vermeiden, denn kaum eine Yacht hat dafür genügend Kette an Bord. Hinzu kommt, dass eine eventuell etwas zu schwach dimensionierte Ankerwinsch möglicherweise bei 20 Meter und mehr frei im Wasser hängender Kette ihre Leistungsgrenze erreicht. Dann löst die elektrische Sicherung aus, die Winsch arbeitet nicht mehr und die Crew muss ihre Muskelkraft unter Beweis stellen. Das manuelle Hantieren mit der Ankerkette ist immer mit einem hohen Verletzungsrisiko verbunden. Es sollte so weit es geht vermieden werden.

Ein weiterer Aspekt bei der Wahl des Ankerplatzes ist die Beschaffenheit des Meeresbodens. Sand- und Schlammgrund sind bestens geeignet, um sicher zu ankern, denn der Anker kann sich darin tief eingraben. Hingegen ausgesprochen schlecht geeignet sind steinige Böden, Geröll oder feiner Kiesel. Auch Seegras, Tang oder Algen verhindern oft das Eingraben des Ankers. Auf Seegraswiesen soll aus ökologischen Gründen grundsätzlich nicht geankert werden.

Der Skipper muss nicht tauchen gehen, um zu beurteilen wie der Meeresboden beschaffen ist. Es gibt verschiedene Informationshilfen: See- und Hafenhandbücher beschreiben meist auch die geeigneten Ankerplätze eines Segelreviers. Seekarten mit großem Maßstab benennen die Beschaffenheit des Meeresbodens über Abkürzungen: R für Fels (Rock), S für Sand (Sand), M für Schlamm (Mud). In klarem Wasser kann man bei nicht zu tief stehender Sonne oft durchaus auch von Deck aus sehen, ob der Boden zum Ankern geeignet ist. Insbesondere Sandboden hebt sich hell ab von anderer Umgebung. Die zu meidenden Seegrasfelder sind meist aufgrund ihrer grünlichen Farbe gut auszumachen. In tropischen Revieren sind Korallenstöcke durch ihre bräunliche Farbe sehr deutlich zu unterscheiden von sandigem Boden. Eine polarisierende Sonnenbrille ist dabei eine gute Hilfe.

Falls es nicht möglich ist, den Meeresboden von Deck aus zu beurteilen (trübes Wasser oder Ankunft bei Nacht) so muss einfach testweise geankert werden und im Rückwärtsgang unter Maschine geprüft werden, ob der Anker hält. Tagsüber und in klarem, nicht zu kaltem Wasser ist eine Schnorchelausrüstung von Vorteil. Mit Tauchmaske, Flossen und Schnorchel ist schnell geprüft, ob sich der Anker gut auf dem Meeresboden eingegraben hat, oder ob die Kette sich vielleicht nur um einen Stein herumgezogen hat.

In beliebten Segelrevieren passiert es allerdings in der Hochsaison immer häufiger, dass die vielversprechende Bucht aus einem anderen Grund zum Ankern ausfällt: Es liegen bereits viel zu viele Schiffe vor Anker und der Platz reicht nicht aus, um ohne Kollisionsrisiko irgendwo zwischen den schon zu dicht ankernden Yachten seinen Haken in den Boden zu ziehen. Im Juli vor Porquerolles an der Côte d'Azur oder zu Weihnachten in den Grenadinen in der Karibik kann es so eng werden, dass die Yachten vor Anker Fender ausbringen und nachts Ankerwache gegangen werden muss, um Kollisionsschäden mit dem Nachbarn zu verhindern. Wie war das mit der gesuchten idyllischen Ruhe vor Anker?

Damit die nachbarschaftlichen Beziehungen beim Ankern nicht zu sehr strapaziert werden, hilft nur eines: Abstand halten! Eine Yacht ist kein Auto, das geparkt an seinem Platz bleibt. Eine ankernde Yacht „schwojt", d. h. sie beschreibt im Wind einen mehr oder weniger großen Kreisbogen um ihren Anker. Will man sichergehen, nicht während des Schwojens mit dem Nachbarschiff zu kollidieren, so dürfen sich die Schwojkreise benachbarter Schiffe nicht überschneiden. Leider sind heutzutage viele Segelreviere derartig überlaufen, dass das nicht immer realisierbar ist. Nervige Kompromisse sind dann manchmal notwendig. Am besten, man sucht sich einen Nachbarn mit einem Schiff aus, dass in der Rumpfform dem Eigenen ähnelt, denn typenähnliche Schiffe schwojen auch etwa gleichartig. Völlig unangebracht ist es beispielsweise, mit einem schweren Langkieler zu dicht in der Nähe einer leichten

Überfüllte Ankerbucht

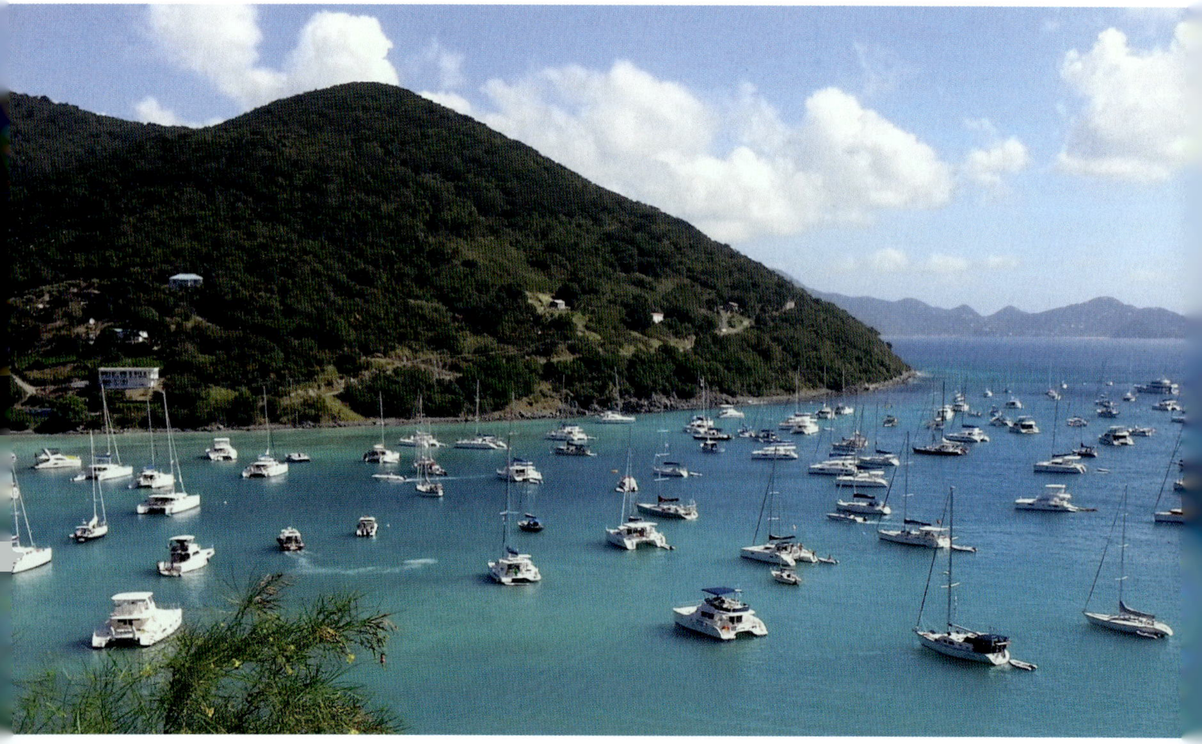

Motoryacht zu ankern, denn das Schwojverhalten der beiden Schiffe wird mit Sicherheit nicht simultan sein.

Konkret: Bei gegebener Wassertiefe von etwa 10 Meter, folglich mindestens 30 Meter Kettenlänge, müssten die Anker zweier benachbarter Schiffe optimal mehr als 60 Meter Abstand voneinander haben, um eine Kollision hundertprozentig auszuschließen. Dass dies in sommerlich überfüllten Ankerbuchten nicht von jedem Skipper eingehalten wird, weiß jeder erfahrene Segler. Was tun? Notgedrungen muss dann eine andere Bucht gesucht werden, oder man muss im weniger geschützten Außenbereich der Bucht ankern, sofern die Wassertiefe dort nicht zu groß ist. Mit einem Schiff mit wenig Tiefgang, beispielsweise einem Integralschwerter gibt es manchmal noch die Alternative, den Buganker im Flachwasser in Ufernähe auszubringen und das Heck mit einer Landleine an einem Baum oder Stein zu sichern. In vielen Buchten, z. B. in der Türkei, ist es allerdings inzwischen verboten, an Bäumen festzumachen. Stattdessen sind farbig gekennzeichnete Stahlpfähle zum Festmachen ans Ufer gesetzt.

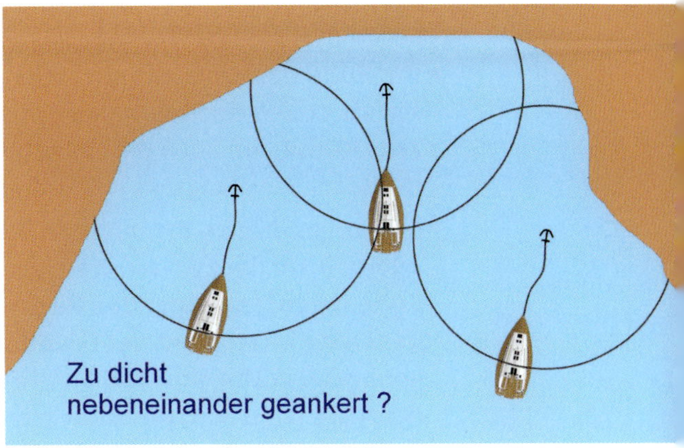

Schwojkreise, die sich überschneiden

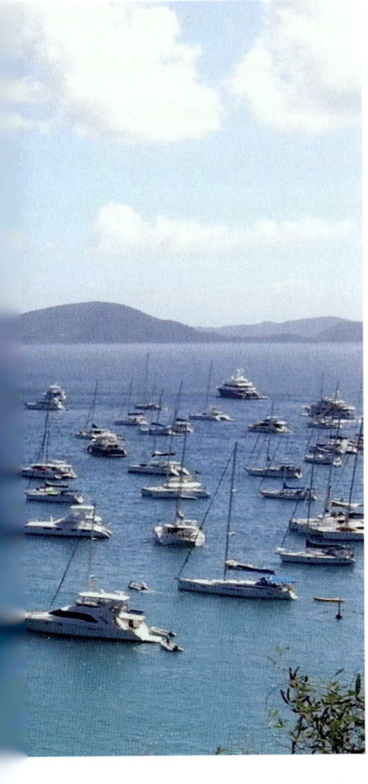

7.2 Ausbringen des Ankers

Wo genau in der Bucht der Anker ausgebracht wird, ist – abgesehen vom notwendigen Abstand zu anderen Schiffen – in erster Linie davon abhängig, aus welcher Richtung der Wind weht und wie viel Kettenlänge bei gegebener Wassertiefe gefiert werden muss. Falls mit Winddrehern zu rechnen ist, muss natürlich auch noch nach Änderung der Windrichtung der Abstand zum Land ausreichend bleiben.

Heutzutage haben fast alle Yachten von mehr als 10 Meter Länge eine elektrische Ankerwinsch. Wenn der Ankerbeschlag und der dazu passende Anker geschickt gebaut sind, lässt sich der Anker über die Fußschalter oder die Handbedienung fieren, ohne dass er von einem Crewmitglied aus der Halterung am Bugbeschlag gelöst werden muss. Bei manchen Winschen kann man rein mechanisch über eine Rutschkupplung den Anker durch sein Gewicht fieren, doch die meisten Winschen arbeiten auch beim Fieren elektrisch.

Verlauf des Ankermanövers:

- **Der Rudergänger sucht mit Hilfe des Echolotes unter Berücksichtigung des Abstands zu den Nachbarn den optimalen Ankerplatz, fährt sinnvollerweise ein/zwei Kreise, um auch die Umgebung auszuloten und fährt dann das Schiff unter Motor sehr langsam in Windrichtung auf die Ankerposition.**
- **Am vorgesehenen Ort mit dem Bug im Wind ruft der Rudergänger dem Crewmitglied auf dem Vorschiff zu: „Lass fallen Anker! Wassertiefe X Meter! Y Meter Kette fieren!“ und legt den Rückwärtsgang ein, um sicherzustellen, dass sich der Anker im Moment der Grundberührung in die passende Richtung legt. Bei genügend kräftigem Wind kann auf den Maschineneinsatz verzichtet werden, denn der Wind wird das Boot schnell achteraus treiben lassen.**
- **Nun wird die Kette der Wassertiefe entsprechend langsam gefiert. Dabei sind Kettenmarkierungen alle 5 Meter hilfreich (siehe oben). Auf keinen Fall lässt man die Kette ausrauschen! Bei Flaute fährt der Rudergänger die Yacht im Rückwärtsgang mit kleiner Drehzahl (etwa 800 U/min) langsam achteraus. Achtung: Radeffekt beachten!**
- **Die Kette wird nun so weit gefiert, bis sie mit mindestens 3-facher Wassertiefe ausgestreckt ist. Je stärker der Wind ist, umso mehr Kette wird gesteckt: 5-fache, ja 7-fache Wassertiefe kann notwendig werden, wenn es mit mehr als 4 Beaufort bläst. Ist genügend Kette ausgebracht, informiert der Vorschiffsmann den Rudergänger über die insgesamt ausgebrachte Länge. Die Kette wird mit einem Stropp an einer Bugklampe belegt.**
- **Nach optimal gefierter Kettenlänge motort der Rudergänger nun weiter nach achtern, um die Kette auf dem Meeresboden soweit zu strecken, dass der Anker beginnt sich einzugraben. Er sucht sich nun annähernd quer zur Kielrichtung eine mögliche Peilung, mit der er beurteilen kann, ob der Anker sich eingegraben hat. Ob der Anker hält, wird sich an der stehenden oder nicht stehenden Peilung ablesen lassen. Hat der Anker gegriffen, so wird das Schiff wenige Sekunden später trotz eingelegtem Rückwärtsgang auf der Stelle bleiben.**
- **Wenn über Nacht geankert werden soll, so ist es sinnvoll, die Motordrehzahl vorübergehend auf etwa 2000 U/min etwa eine Minute lang bei eingelegtem Rückwärtsgang zu steigern. Wenn auch dann immer noch die Peilung steht und keine verdächtigen Ruckbewegungen an der Kette erkennbar werden, kann man davon ausgehen, dass der Anker auch bei zunehmendem Wind über Nacht halten wird.**

Sofern in Gezeitengewässern gesegelt wird, muss natürlich bei der Berechnung der benötigten Kettenlänge der Tidenhub einkalkuliert werden. Angenommen es wird zum Niedrigwasser auf 3 Meter Wassertiefe geankert, so sind also mindestens etwa 10 Meter Kette ausgebracht. Sechs Stunden später hat sich die Wassertiefe durch das inzwischen mit der Flut aufgelaufene Wasser auf 6 Meter verdoppelt. Wird die ausgebrachte Kette nicht weiter gefiert, so wird das Schiff schon bei wenig Wind abtreiben, denn die bei Niedrigwasser ausgebrachte Kettenlänge ist nun bei höherem Wasserstand nicht mehr ausreichend.

Die Nacht vor Anker soll erholsam sein. Doch auch bei schwachem Wind wird die Kette im Laufe der Nacht etwas über den Meeresboden hin- und hergezogen, was leichte Schleif- oder Rumpelgeräusche erzeugt. Damit die Besatzung im Vorschiff nicht durch Kettengeräusche gestört wird, ist es sinnvoll, einen Ruckdämpfer in der ausgebrachte Kette anzubringen. Dies ist eine Art Gummipuffer, der über eine Leine mit der Ankerkette verbunden wird (*siehe Foto*), so dass der Körperschall der über den Meeresboden schlierenden Kette nicht in den Schiffsrumpf geleitet werden kann. Sinnvoll ist es, den Ruckfender unten mittels einer Ankerkralle (Kettenkralle) an der Kette und oben auf einer Klampe zu belegen. Dadurch wird die Zugkraft von der Winsch genommen und auf eine kräftige Bugklampe gelenkt.

Bei kräftigerem Wind könnte man die Frage stellen, ob es nicht sinnvoll ist, einen zweiten Anker auszubringen. Es gibt dafür zwei verschiedene Techniken: Beim sogenannten Verkatten werden zwei Anker hintereinander an derselben Kette eingesetzt. Hingegen nennt man es Vermuren, wenn der zweite Anker an einer separaten Kette ausgebracht wird. Beide Techniken sind kompliziert zu handhaben und können im Falle einer Legerwallsituation (Wind dreht auflandig und nimmt zu) in eine gefährliche Lage führen, weil man nicht schnell genug die beiden Anker bergen kann. Darum bin ich der Ansicht, dass diese Techniken nicht empfehlenswert sind und stattdessen das Schiff eher mit einem einfach zu handhabenden, aber etwas überdimensionierten Ankergeschirr ausgerüstet werden sollte, so dass auf andere Ankertechniken mit mehreren Ankern verzichtet werden kann. Ein Argument für das Ausbringen von zwei Ankern ist allerdings, dass in dicht belegten Ankerbuchten der Bereich, in dem das eigene Schiff schwoit, etwas kleiner gehalten wird.

Ruckdämpfer an Ankerkette

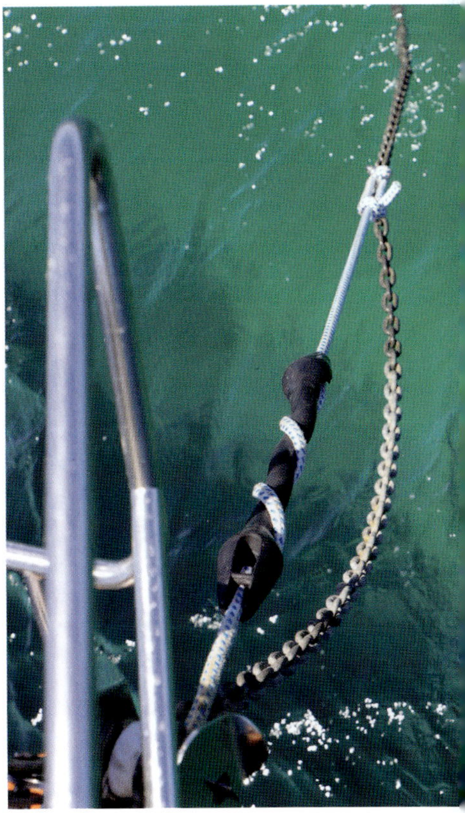

Ebenfalls sehr umstritten ist der Einsatz einer sogenannten Tripleine. Es handelt sich um eine zusätzlich zur Kette ausgebrachte Leine, die vom Anker nicht zum Schiff, sondern direkt zur Wasseroberfläche etwa senkrecht zu einem separaten Schwimmkörper hinaufführt. Diese Tripleine soll den Ort des eigenen Ankers insbesondere für andere Schiffe in der Umgebung sichtbar machen. Denn es passiert nicht selten, dass ein später ankommendes Schiff seine Ankerkette über die des schon ankenden Schiffes legt. Darum ist im Prinzip die Tripleine keine schlechte Idee, zumal sie bei entsprechender Leinenstärke auch dazu dienen kann, einen eventuell hinter einem Stein verklemmten Anker leichter wieder freizubekommen.

Allerdings wird in den meisten Situationen auf eine Tripleine dennoch verzichtet. Die Gefahr, dass eine andere Yacht mit unaufmerksamem Rudergänger über die Tripleine hinweg motort und sich die Leine dann in seinem Propeller verfängt, ist zu groß. In Tidengewässern muss außerdem die Länge der Tripleine dem maximalen Wasserstand angepasst sein, damit der Schwimmer bei Hochwasser nicht unter die Wasseroberfläche gezogen wird. Nahe am Niedrigwasser wird die Leine dann aber relativ lang sein und nicht mehr die Position des Ankers kennzeichnen.

Ankern im Fluss oder bei wechselndem Tidenstrom

In vielen Flussmündungen lässt sich gut ankern. Allerdings kann dies in Gezeitenrevieren wegen des Richtungswechsels des Tidenstroms problematisch werden. Nicht jeder Anker gräbt sich nach einem 180-Grad-Richtungswechsel des Bootes im Tidenstrom wieder sofort gut ein. Um das Problem zu lösen, kann man einen zweiten Anker mit eigener Kette etwa auf der Hälfte der Kettenlänge vom ersten Anker einschäkeln, so dass bei seitlichem Zug ein Y entsteht. So wird je nach Richtung des Tidenstroms mal der eine oder der andere Anker belastet. Über mehrere Tage hinweg kann dies aber zu einem neuen Problem führen: Die beiden Kettenhälften werden sich am Verbindungspunkt der Ketten der beiden Anker möglicherweise nach mehrtägigem Wechsel der Stromrichtung miteinander so vertörnt haben, dass es

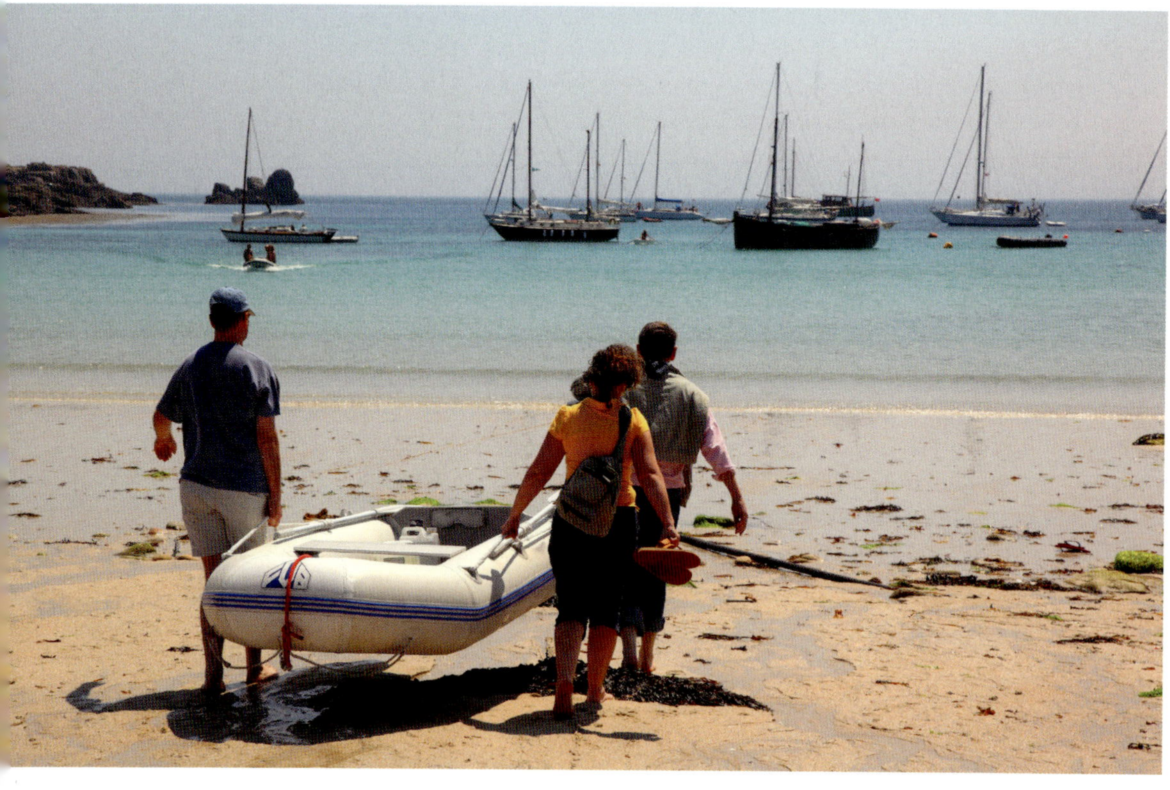

Mit Beiboot am Strand

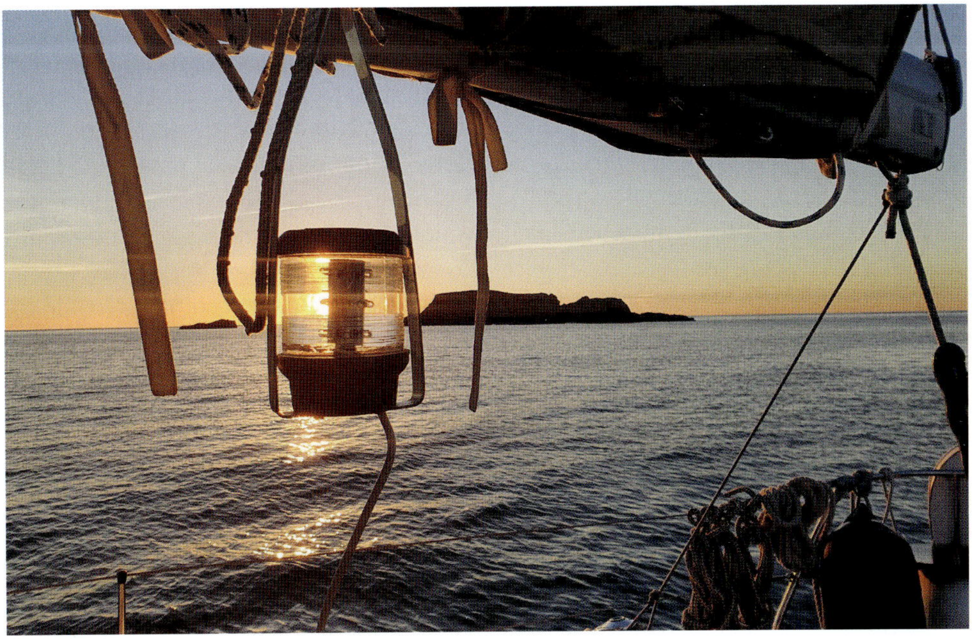

Mobile Ankerlaterne an Deck

sehr schwierig werden kann, die zwei Ketten voneinander wieder zu lösen. Ein Argument mehr, einen zuverlässigen Ankertyp wie z. B. den Rocna-Anker zu wählen, von dem bekannt ist, dass er sich auch bei 180 Grad Richtungswechsel sicher wieder eingräbt und besser auf alle Arten irgendwelcher Doppelankerkombinationen zu verzichten. Stattdessen lieber nur einen, aber überdimensionierten Anker und viel schwere Kette ausbringen.

7.3 Vor Anker liegen

Aufgrund der immer weiter steigenden Zahl der Segelyachten wird es insbesondere in der Sommersaison immer schwieriger, auf der Ankerreede genügend Raum zum Nachbarn zu halten. Darum – aber auch aus ökologischen Gründen (Zerstörung der Seegraswiesen im Mittelmeer) – gibt es immer mehr Bojenfelder in Buchten, in denen früher freies Ankern möglich war. Mancherorts, speziell in Buchten mit reinem Sandgrund ohne Seegras, scheinen aber ökonomische Überlegungen der Gemeindeverwaltung der primäre Grund für das Ausbringen von Bojen zu sein.

Gerade im Sommer gibt es nicht selten recht große Yachten, deren Besatzungen vor Anker – aber nicht nur dort – ausgiebige Partys feiern. Dagegen ist nichts einzuwenden, sofern der Abstand zum Nachbarn ausreichend ist und die Bord-Stereoanlage auf eine akzeptable Lautstärke geregelt wird. Im Laufe des Abends entwickelt sich jedoch auf manchen Schiffen nicht selten unter Alkoholeinfluss eine Stimmung, die den ankernden Nachbarn das Schlafen unmöglich macht. Man sollte nicht vergessen, dass es auch viele Segler gibt, die die Nacht vor Anker verbringen möchten, um der Disco-Atmosphäre des Hafens zu entrinnen. Auch die Suche von Naturnähe und Ruhe kann ein Grund sein, segeln zu gehen.

Eigentlich sollte es selbstverständlich sein, dass vor Anker nachts ein Ankerlicht gesetzt wird. Leider sieht man in letzter Zeit immer mehr Yachten, die diese Notwendigkeit ignorieren. Bei sternenklarer Nacht und hellem Mond, mag das nur grenzwertig sein, bei bedecktem Himmel hingegen kommt es möglicherweise schnell zu einer Kollision mit abends oder nachts neu in die Ankerbucht hineinfahrenden Schiffen. Das Ankerlicht ist in der Regel ein fest angebautes weißes Rundumlicht im Masttop. Für nachts hinzukommende Schiffe besser sichtbar ist hingegen eine mobile Ankerlaterne, die im Bug- oder Heckbereich in geringer Höhe über Deck angebracht wird.

Manchmal sieht man auch Schiffe vor Anker liegen mit eingeschalteten Positionslichtern, aber ohne Ankerlaterne. Möglicherweise ist die Ankerlaterne defekt und der Skipper weiß sich nicht anders zu helfen. Eine mobile Ankerlaterne in Reserve sollte darum zur Grundausrüstung gehören.

Stichwort Ankerwache

In der Berufsschifffahrt ist es juristisch vorgegeben, nachts Ankerwache zu gehen. In der Freizeitschifffahrt ist dies indessen nicht vorgeschrieben. Bei gutem Wetter kann in der Tat in der Regel auf eine Ankerwache verzichtet werden, sofern es die Umstände erlauben. Wenn aber z. B. mit einem Gewitter gerechnet werden muss und ein Winddreher zu erwarten ist, so sollte auch eine Ankerwache eingeteilt werden. Dies ist umso notwendiger, je näher am Ufer geankert wurde. Die Ankerwache achtet dabei nicht nur auf mögliche Kollisionen mit Nachbarn, sondern auch auf möglicherweise auswandernde Deckpeilungen zum Land als Hinweis auf das Schlieren des Ankers.

Unter dem Gesichtspunkt der Versicherung der Yacht ist es nicht unwichtig, die Police daraufhin zu überprüfen, inwieweit Schäden vor Anker gedeckt sind. Manche Versicherungsgesellschaften fordern, dass das Schiff vor Anker grundsätzlich immer mit mindestens einem Besatzungsmitglied besetzt ist. Beim Restaurantbesuch der Crew muss dann eben der Ankerwache das Abendessen per Beiboot hinübergerudert werden…

Apropos Beiboot: In Tidengewässern kommt es immer mal wieder vor, dass manch eine Crew, die bei Niedrigwasser an Land gegangen ist, einige Stunden später nach dem Landgang ihr Dinghy am Strand nicht mehr wiederfindet. Bei 4 bis 5 Meter Tidenhub, wie es beispielsweise an der französischen Atlantikküste normal ist, wird sich das Beiboot, insbesondere bei ablandigem Wind, nach wenigen Stunden selbstständig machen, falls es nicht hoch genug auf den Strand gezogen wurde.

Kurz noch eine Bemerkung zum Ankerball: Zwar ist er juristisch gesehen auf einer vor Anker liegenden Yacht in jedem Fall vorgeschrieben, aber nur wenige Skipper setzen ihn tatsächlich. In der Tat ist es mehr als plausibel, dass eine mitten in einem Ankerfeld sich praktisch nicht bewegende Yacht wohl, so wie alle anderen

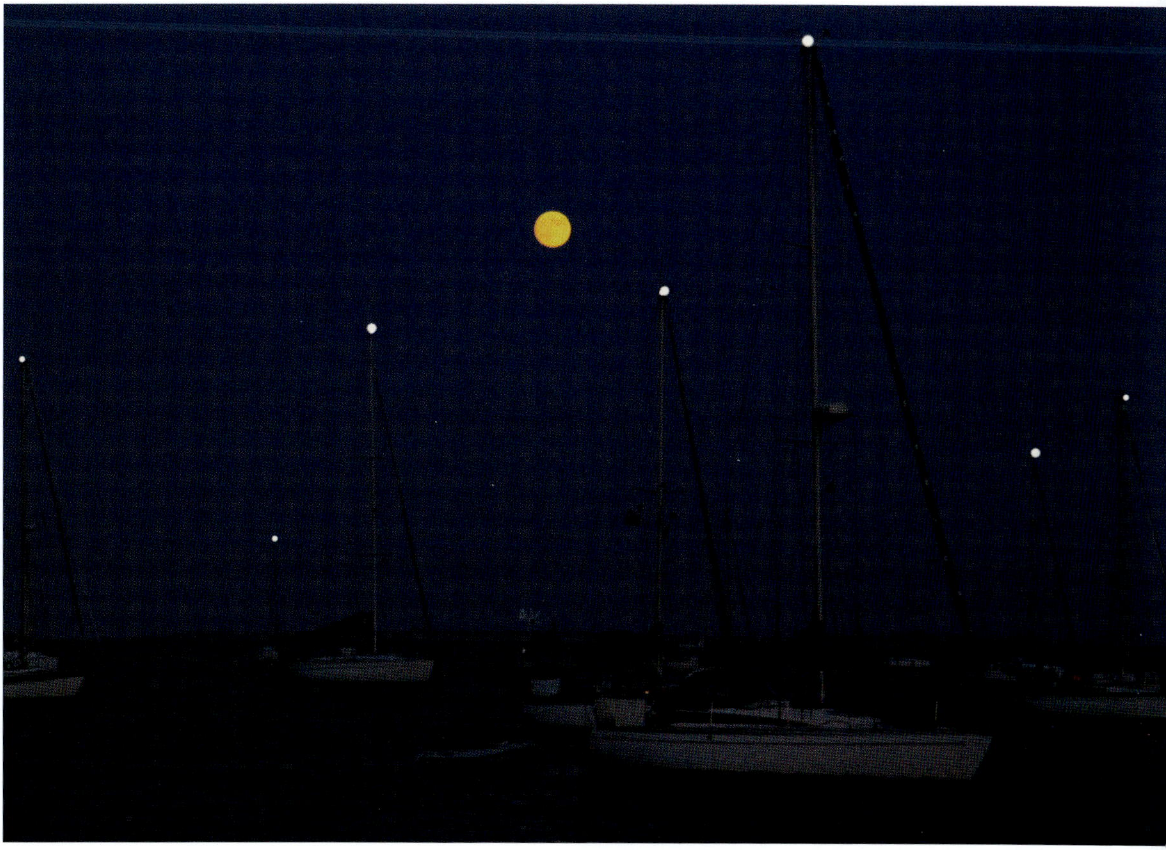

Yachten auch, ebenfalls vor Anker liegt, auch wenn kein Ankerball gesetzt ist. Insbesondere dann, wenn keine Crew an Deck zu sehen ist. Es ist allerdings von Land zu Land unterschiedlich, ob die maritimen Behörden bei einem Ankerlieger ohne Ankerball zum Boot kommen, um ein Strafgeld zu kassieren oder nicht.

Yachten nachts vor Anker

Völlig anders ist die Situation hingegen, wenn beispielsweise mitten in einem Fluss geankert wird. In einer betonnten Fahrrinne ist dies ohnehin verboten, aber es gibt nicht wenige unbetonnte Flussmündungen, in denen man hervorragend ankern kann. Wer dort keinen Ankerball setzt, handelt sicher eher fahrlässig.

7.4 Bergen des Ankers

Voraussetzung für ein gefahrloses Bergen des Ankers ist es, dass sich die Person auf dem Vorschiff mit dem Rudergänger – der ja auch den Motor bedient – durch Zuruf oder mit Handzeichen verständigen kann. Damit der Rudergänger weiß, wann er mit Motoreinsatz das Schiff zu bewegen beginnt, muss die Crew auf dem Vorschiff während des Ankerhievens die noch ausgebrachte, restliche Kettenlänge per Zuruf dem Rudergänger übermitteln.

Folgender Ablauf ist sinnvoll:

- Als erstes wird der Ruckdämpfer von der Kette gelöst und dem Rudergänger wird mitgeteilt: „Klar zum Anker hieven".
- Nach kurzem Rundumblick, ob keine anderen Schiffe stören könnten, gibt der Rudergänger das Zeichen „Hiev den Anker". Er legt den Vorwärtsgang ein und motort sehr langsam in Richtung Anker, um das Hieven der Kette zu erleichtern.
- Der Vorschiffsmann zeigt dabei mit einem ausgestreckten Arm in Richtung der voraus liegenden Kette.
- Über die Ankerwinsch holt der Vorschiffsmann nun die Kette ein, bis der Anker „kurzstag" ist. Das heißt, dass die Restlänge der Kette etwa nur noch gleich der Wassertiefe ist. Er ruft zum Rudergänger „Anker ist kurzstag!".
- Der Motor wird nun in Leerlaufstellung gebracht.
- Die Kette wird nun weiter eingeholt, so dass der Anker aus dem Meeresboden ausbricht. Der Vorschiffsmann ruft „Anker ist ausgebrochen!" und holt den Rest der Kette ein bis der Anker im Bugbeschlag fixiert werden kann.
- Nun wird das Schiff vorsichtig zwischen den anderen Ankerliegern hindurch mit Motor ins freie Wasser manövriert. Hoffentlich ohne sich dabei die Tripleine eines anderen Ankerliegers mit dem Propeller einzufangen. Ankermanöver puristisch ohne Motoreinsatz allein unter Segeln zu fahren, ist zwar bei ausreichendem Abstand zu den Nachbarn möglich, erfordert aber auch ein Höchstmaß an Kompetenz.

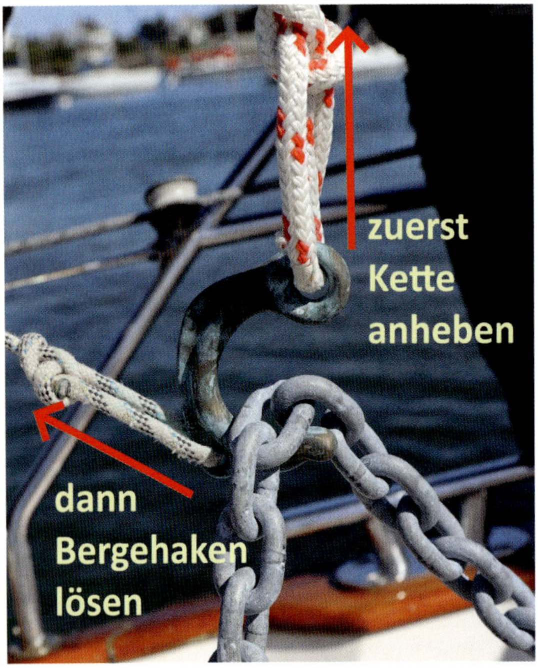

Bergehaken

Vorsicht: Beim Einholen der Kette über eine Elektrowinsch kann der Elektromotor unter ungünstigen Umständen überlastet werden. Zwar gibt es für diesen Fall eine Sicherung im Stromkreis der Ankerwinsch, aber der Motor leidet dennoch. Bei Wind sollte grundsätzlich das Einholen der Kette durch Vorausmotoren erleichtert werden. Der Vorschiffsmann sollte die Winsch dabei „mit Gefühl" bedienen und dem Elektromotor von Zeit zu Zeit kurze Pausen gönnen.

Sollte sich der Anker hinter einem Stein verklemmt haben, kann er in der Regel nicht über die Winsch allein mit brutaler Kraft frei gezogen werden. Man wird dann zuerst einmal versuchen, ihn durch Ziehen aus der Gegenrichtung unter Motoreinsatz freizubekommen. Wer in dieser Situation eine Tripleine am Anker hat, wird das Problem vermutlich durch kräftiges Ziehen an der Tripleine lösen können. Ist auch das nicht ausreichend, hilft nur noch der Einsatz der Schnorchel- bzw. Tauchausrüstung.

Stellt sich beim Einholen der Ankerkette heraus, dass die Kette eines benachbarten Ankerliegers mit angehoben wird, so lässt sich das Problem relativ leicht auch ohne Tauchausrüstung mit einem sogenannten Bergehaken, der an zwei Leinen befestigt ist, lösen (*siehe Foto*). Mit Hilfe des Bergehakens wird an seiner „Arbeitsleine" die fremde Ankerkette angehoben, so dass der eigene Anker freikommt. Anschließend wird der Bergehaken an seiner zweiten Leine, so gedreht, dass auch er freikommt und die fremde Kette auf den Meeresboden absinken kann.

Wer keinen Bergehaken an Bord hat, kann sich auch mit einer zusätzlichen Leine helfen, die unter dem Bug vom Beiboot aus unter der störenden Kette hindurchgezogen und zurück an Deck geführt wird. Die störende Kette wird mittels Hilfsleine angehoben, der eigene Anker in den Bugbeschlag gezogen und die Hilfsleine losgelassen.

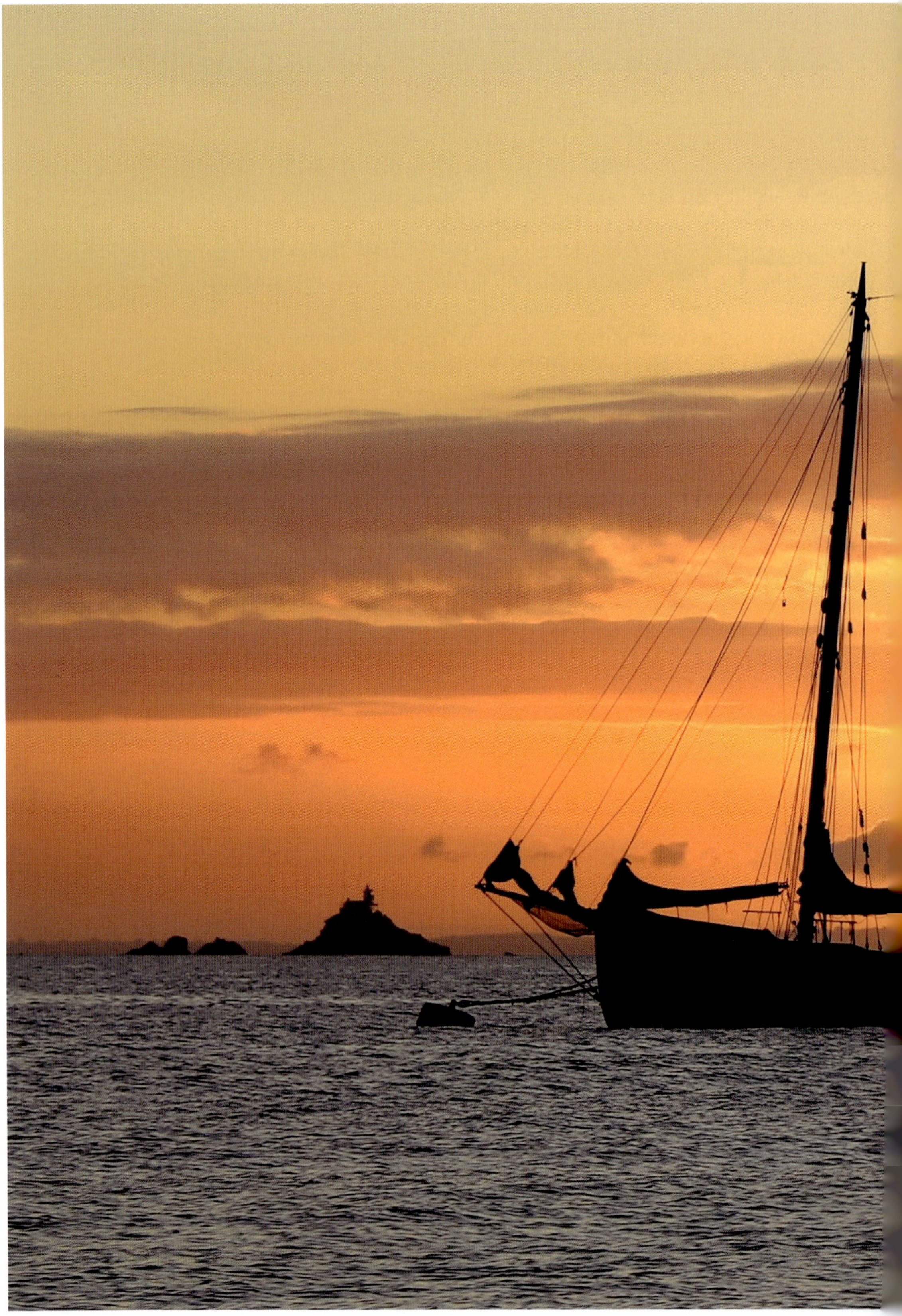

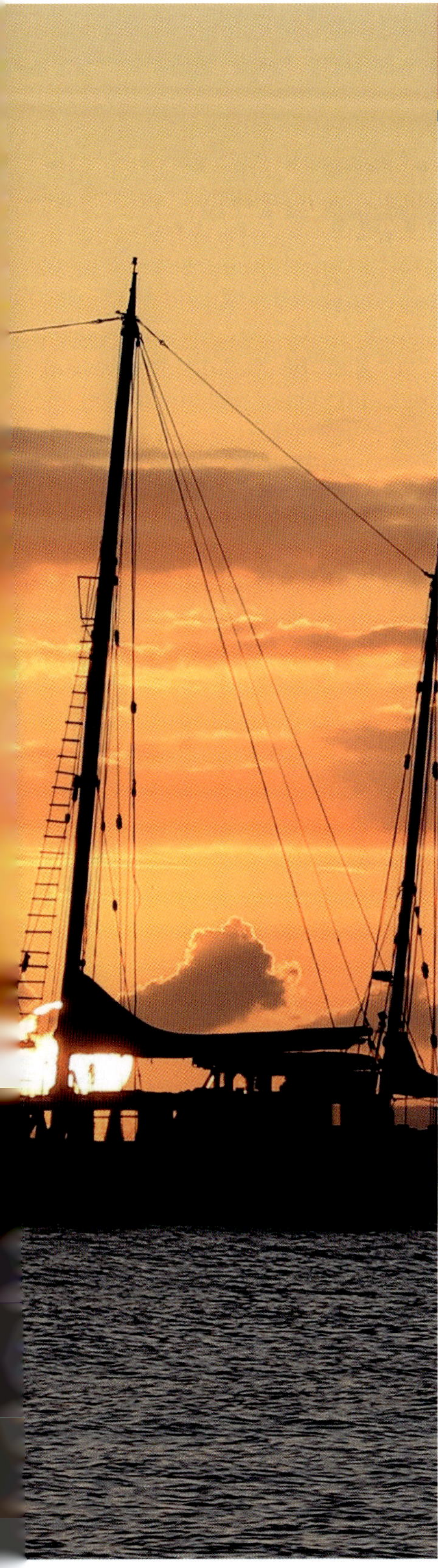

8 Angewandte Navigation und Seemannschaft

Als das GPS-System in den 1980ern eingeführt wurde, erschienen in allen Yachtzeitschriften warnende Artikel, in denen die Unerlässlichkeit traditioneller Navigation mit Karte, Zirkel und Lineal parallel zum Gebrauch des GPS betont wurde. Niemand hätte es 1990 gewagt, ohne Papierkarten durch die Ostsee zu segeln und niemand hätte den Atlantik ohne einen Sextanten an Bord überquert. Heutzutage wird dies von der Mehrzahl der Segler etwas anders beurteilt. Allerdings sollte im Sinne verantwortungsbewusster Seemannschaft der Skipper für den Fall eines Elektronikproblems auch die traditionellen Methoden beherrschen.

8.1 Zweckmäßiger Einsatz von GPS und Kartenplotter

Zwar wird auch heute noch in der Segelausbildung darauf hingewiesen, dass die Navigation mit GPS nur als Sicherheitsunterstützung ergänzend zur

Kartennavigation verstanden werden sollte, aber mal ehrlich ... Wie viele Segler koppeln heute noch auf der Karte mit? Wie viele Transatlantik-Segler können heute noch eine Position mit dem Sextanten – mit oder ohne HO-Tafeln – bestimmen?

Bei dem Überangebot an elektronischen Navigationshilfen bleibt heutzutage allerdings leider immer häufiger das hautnahe Erleben von Wind, Wasser und Horizont auf der Strecke. Die früher normale, gewisse Unsicherheit, speziell in der Bestimmung der Position, war emotional gesehen dabei das Salz in der Suppe. Klassische, „handgemachte" Navigation macht Spaß und bringt dem engagierten Navigator nach Erreichen des Ziels eine Befriedigung, die bei Benutzung eines Kartenplotters nicht aufkommen kann. Und geht es beim Segeln nicht in erster Linie um Spaß auf dem Wasser? Ein GPS am Kartentisch hat seinen guten Sinn, aber brauchen wir im Freizeitsegeln elektronische Wegpunktlisten, die wir zu Hause am PC runterladen, dann per Laptop mit an Bord nehmen und schließlich, staunend vor dem Bildschirm sitzend, verfolgen wie der Autopilot das Schiff von Tonne zu Tonne fährt? Um möglichst viel Freude beim Segeln zu erleben, ist der Einsatz unserer Sinne immer noch aussichtsreicher als die Lektüre von Handbüchern elektronischer Geräte.

Benutzung des Sextanten

Der Kartenplotter soll ja keineswegs ausgebaut werden, aber es darf die grundsätzliche Frage gestellt werden: Warum gehen wir eigentlich segeln? Bringt die

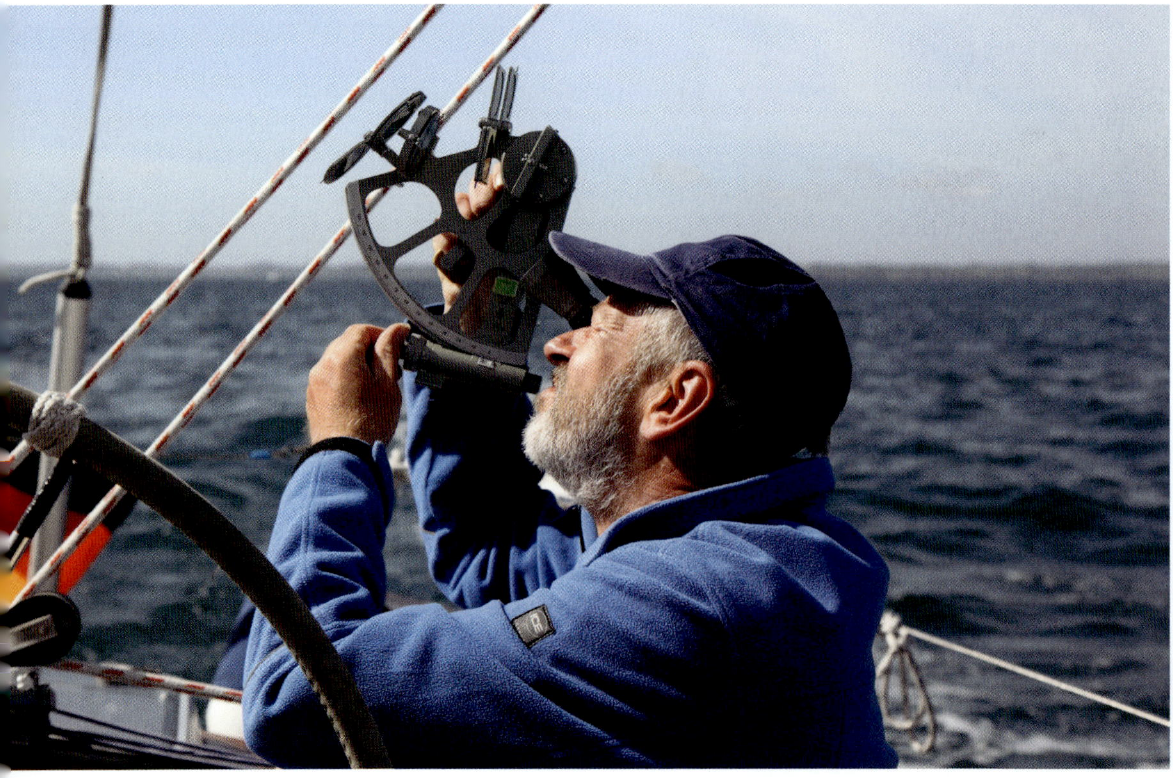

vom Land gewohnte Nutzung von Hightech uns auf See mehr Genuss im Segelerlebnis? War es nicht ursprünglich das Bedürfnis, Wind, Wasser, Wolken, Küstenlinien, Horizont in direkt erlebter Natur hautnah zu erfassen, was uns damals das erste Mal auf See hinausgezogen hat?

Dass es seit Jahrzehnten dank Radar und GPS weniger Havarien und Seenotfälle gibt, ist unbestritten ein hoher Wert und rechtfertigt die Präsenz dieser Geräte auch auf einer Segelyacht. Manche Hersteller von nautischen Hightech-Geräten argumentieren, dass Dank dieser Geräte mehr Zeit bleibt für den Segelgenuss in der Natur. Stimmt das? Meine Erfahrung ist, dass Crews, deren Schiff mit einem Kartenplotter direkt am Steuerstand ausgerüstet ist, ihre Augen öfter auf dem Bildschirm haben als am Horizont. Gehen wir tatsächlich segeln, um – wie im Büro – einen Großteil der Zeit damit zu verbringen, auf Computerdisplays zu schauen?

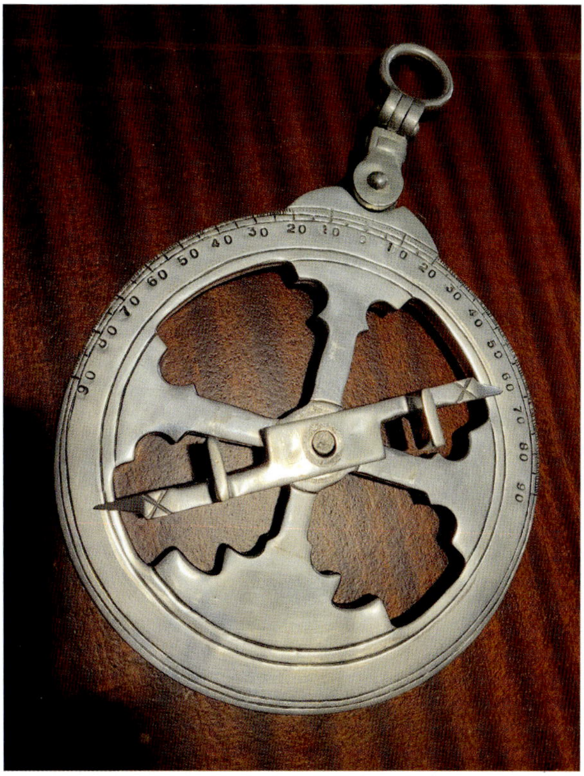

Astrolabium

Wie weit sollte ich als Skipper bei der technischen Ausrüstung – und der Nutzung dieser – auf See gehen? Im momentanen Mainstream geht die Tendenz an Bord eher zum High-Tech-Segeln, und weg vom naturnahen Erlebnis-Segeln. Die Hersteller einer vernetzten Navigationszentrale suggerieren uns, dass diese Geräte nicht nur zeitgemäß, sondern auch sicherheitsrelevant sind. In welchem Maße dies stimmt und vom Skipper akzeptiert wird, muss er selbst entscheiden, aber er sollte dabei das SEGELN nicht aus dem Auge verlieren! Der Einsatz unserer Sinne an Deck ist letztendlich für die meisten Segler doch vermutlich mit mehr Freude verbunden als die Lektüre des 200-seitigen Handbuchs vom Kartenplotter. Der grundlegende Gebrauch eines Sextanten lässt sich in wenigen Stunden erlernen. Und die geografische Breite des eigenen Standortes über den Polarstern mittels eines Astrolabiums (*siehe Foto*) annäherungsweise zu bestimmen, ist ebenso schnell gelernt wie faszinierend. Wer mehr über das Segeln im Sinne einer Rückkehr zum Wesentlichen lesen möchte, der findet im Literaturanhang dazu Tipps.

Zugegeben: Ein vom Skipper mitgebrachter Laptop kann an Bord durchaus sinnvoll eingesetzt werden. Bereits in der Törnvorbereitung ist ein Seekartenprogramm auf dem Laptop von großem Wert, um die in Frage kommenden Häfen, die reizvollsten Ankerbuchten, die zu umfahrenden Untiefen im Überblick kennenzulernen. Auch wenn es inzwischen in einigen europäischen Ländern juristisch zulässig ist, nur mit elektronischen Karten und ohne Papierkarten zur See zu fahren, so sollte der verantwortungsbewusste Skipper allerdings dennoch alle für den Törn hilfreichen Papierkarten an Bord haben. Bei plötzlicher Krängung in einer Böe oder in einer etwas größeren Welle fällt der Laptop vom Kartentisch und die Computer-Navigation ist beendet. Und selbst wenn es eine seetaugliche Halterung für den Laptop auf dem Kartentisch gibt: auf Raumschotskurs kommt irgendwann die eine besonders hohe Welle durch den Niedergang und schüttet eine satte Ladung Salzwasser über den Kartentisch. Schon ist Schluss mit dem Laptop. „Ist ja alles halb so schlimm, denn wir haben ja noch den wasserfesten Plotter im Cockpit!" Viel Spaß beim Segeln...

Es gibt noch ein gewichtigeres, systembedingtes Argument gegen den alleinigen Einsatz eines Kartenplotters oder Laptops in der Navigation: Gefahrenstellen wie felsige Untiefen oder Sandbänke sind auf Papierkarten immer gut lesbar eingezeichnet. Auf elektronischen Seekarten hingegen hängt es vom jeweils eingestellten Maßstab ab, welche Details abgebildet werden und welche aus Platzgründen auf dem Bildschirm unterdrückt werden. Es ist unmöglich, auf einem Computerdisplay überschaubar alle Details und Gefahrenstellen einer Küste von 100 Seemeilen Länge darzustellen. Darum sind elektronische Kartenprogramme so gestaltet, dass alle wichtigen Details zwar im Prinzip im Programm vorhanden sind, aber nur bei genügend groß gewähltem Maßstab wirklich auf dem Bildschirm erscheinen.

Ein Beispiel aus der Segelpraxis: Die halbe Nacht ist vorbei, der Navigator ist müde und braucht dringend Schlaf. Er übergibt die Navigation dem wachablösenden Crewmitglied, erklärt den weiteren Törnverlauf auf dem Display mit einem Maßstab von 1:200.000 und legt sich schlafen. Der Ersatznavigator vertraut der elektronischen Karte blind und hält das Schiff bei stetigem Wind problemlos auf Kurs. Ohne irgendwelche Ereignisse schiebt die Yacht Stunde um Stunde ihren Bug durch die See als plötzlich der Rudergänger aus heiterem Himmel schreit: „Brecher voraus!!!". „Kann nicht sein!" kommt es zurück vom brutal geweckten Skipper. Aber die Realität sieht anders aus als das Bild auf dem Laptop: Brecher, nur 200 Meter voraus – Ruder hart backbord! Der Skipper springt aus seiner Koje hinauf an Deck, dann schnell zurück an den Kartentisch und flucht los: „Verdammt! Wer hat denn diesen Maßstab eingestellt? Der Stein ist doch auf der Karte!"

Stimmt! Der Stein ist auf der Karte, aber auf der Karte 1:50.000. Und genau dieser Maßstab war aber in den letzen zwei Stunden gar nicht eingestellt gewesen. Der abgelöste Navigator, völlig übermüdet, hatte es nämlich vergessen, seiner Ablösung mitzuteilen, dass zwischendurch immer wieder auf einen kleineren Maßstab umgeschaltet werden muss, um alle Details auf dem Bildschirm sichtbar zu machen.

Auf einer Papierkarte hingegen, selbst bei Maßstab 1:200.000 sind – da sie ja viel mehr Fläche hat als ein Computerdisplay – alle für die Küstenschifffahrt gefährlichen Details eingezeichnet. Egal wie müde der Navigator auch sein mag. Als Ergänzung zu elektronischen Seekarten werden gut aktualisierte Seekarten im Papierformat z. B. veröffentlicht von *Imray* und vom *NV-Verlag*.

Ein Tipp zum zweckmäßigen Gebrauch des GPS in der Wende und in der Halse

Wenn hoch am Wind gesegelt wird und ein fester neuer Wegpunkt angesteuert werden soll, so stellt sich auf See insbesondere ohne Landsicht unweigerlich die Frage, auf welcher Position denn gewendet werden soll. In dieser Situation kann das GPS – besser als andere handgemachte Methoden – helfen, die optimale Position für die Wende zum nächsten Wegpunkt zu finden. Dazu muss allerdings der optimale Wendewinkel des Schiffes über Grund bekannt sein. Yachten, die am scheinbaren Wind etwa 40 Grad Höhe laufen, haben inklusive Abdrift meist einen Wendewinkel über Grund von etwa 100 Grad. Hierbei ist die Abdrift für Wind und eine kleine Reserve inbegriffen. Um den optimalen Punkt für die Wende zu finden, genügt es, bei am GPS eingegebenem nächstem Wegpunkt die Peilung dorthin anzeigen zu lassen und hoch am Wind so lange weiterzusegeln, bis diese Peilung – falls neuer Wegpunkt an Backbord – etwa 100 Grad weniger als der vor der Wende gesegelte Kurs beträgt. Liegt der Wegpunkt hingegen an Steuerbord, so segelt man entsprechend so lange weiter, bis die Peilung 100 Grad mehr als der vor der Wende gesegelte Kurs beträgt (*siehe Zeichnung*).

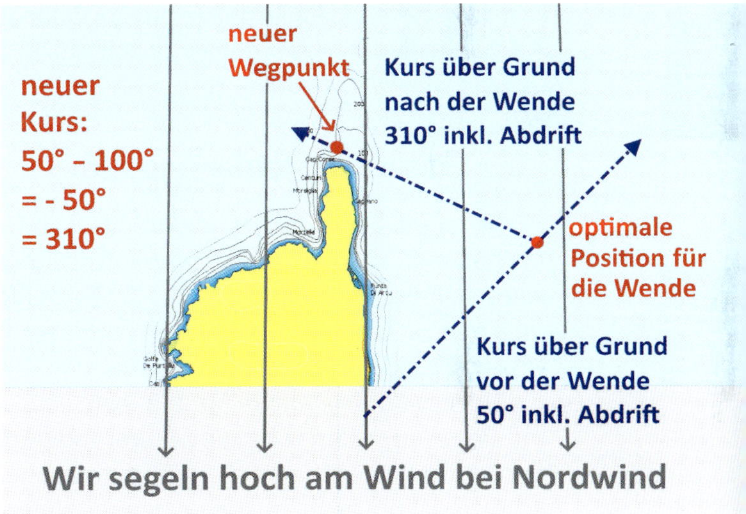

Die gleiche Methode funktioniert auch bei der Halse. Nach der Halse ist es ja wichtig, dass auf dem neuen Kurs die Genua nicht vom Großsegel abgeschattet wird und somit auch auf dem neuen Kurs wieder gut steht. Statt 100 Grad wie beim Wendewinkel, wird dann allerdings der optimale Halsen-Winkel in der Rechnung zugrunde gelegt. Bei den meisten Fahrtenschiffen beträgt dieser Winkel um die 70 Grad, so dass die gesegelte Wegstrecke zum Zielpunkt möglichst kurz wird. Vereinfachend können dabei die Kurse ohne Korrekturen benutzt werden, denn auf Raumschotskursen ist die Abdrift ja vernachlässigbar.

GPS als Hilfe in der optimalen Wende

GPS-Geräte ermöglichen das Programmieren von sogenannten Routen. Damit ist eine Abfolge von zu Törnbeginn fest eingegebenen Wegpunkten gemeint, die nacheinander automatisch ablaufen. Es ist also möglich, von Wegpunkt zu Wegpunkt zu fahren, ohne am Gerät nach Erreichen des letzten Wegpunktes, den Neuen separat eingeben zu müssen. Unter Motorfahrt kann dies durchaus sinnvoll sein. Beispielsweise beim Passieren mehrerer Untiefen, die so dicht beieinander liegen, dass vor Ort wenig Zeit bleibt, die jeweils nächste Gefahrenstelle neu einzugeben. Unter Segeln hingegen ist dies kaum sinnvoll. Zu oft wechselt der Wind seine Richtung, um zu Törnbeginn bereits sicher sein zu können, bestimmte Wegpunkte in fester Reihenfolge anzulaufen zu können.

Ein wichtiger Hinweis für Charterskipper:

Seien Sie beim Gebrauch aller eichbaren elektronischen Geräte misstrauisch. Ein Charterschiff hat ständig wechselnde Mannschaften. Und oft werden – beabsichtigt oder unbeabsichtigt – Grundeinstellungen an den Geräten verändert, ohne die nachfolgende Crew darüber zu informieren.

Mögliche Problembereiche sind:

- **Am GPS stimmt möglicherweise die eingestellte Kartennorm nicht mit der kartografischen Norm der Papierkarten überein.**
- **Am Echolot kann die Einstellung im Hinblick auf die Korrektur zwischen Geber-Einbautiefe und tatsächlicher Wassertiefe verstellt sein. Auf welches Niveau ist es geeicht? Unter Kiel? Unter Geber?**
- **Am Radar kann die Vorauseinstellung verändert worden sein, mit der Konsequenz, dass alle Radarpeilungen um einen gewissen Winkel falsch sind. Auch ist beim Radareinsatz darauf zu achten, ob „North up“ oder „Head up“ eingestellt ist (*siehe unten*).**

8.2 Einsatz von Radar und AIS

Ein Radargerät dient keineswegs nur dazu, bei Nebel andere Fahrzeuge, Inseln oder Küstenlinien zu orten. Es kann hervorragend zur Positionsbestimmung eingesetzt werden, indem markante, auf der Seekarte identifizierbare Landmarken wie Kaps oder kleine Inseln genutzt werden, um über Peilung und Abstand zum georteten Objekt die eigene Position zu finden.

Die Ausbildungsinhalte für den deutschen Sport-Seeschiffer-Schein beinhalten mit Recht auch den Umgang mit dem Radargerät. Diese Schulung geht so weit, dass auch das sogenannte Radarplotten behandelt wird. Hiermit ist ein geometrisches Verfahren gemeint, mit dem mittels Informationen über Kurs-über-Grund und Fahrt-über-Grund des eigenen Schiffes und des möglichen Kollisionsgegners über Dreieckszeichnungen ermittelt werden kann, ob das Risiko einer Kollision besteht und wo der eventuelle Punkt des Zusammentreffens liegt. Das Verfahren findet in der Großschifffahrt regelmäßig sinnvolle Anwendung.

Es sei aber die Frage erlaubt, ob es auch für die Sportschifffahrt sinnvoll nutzbar ist. Die Antwort lautet: Ja, aber mit Einschränkungen. Falls nämlich gewährleistet ist, dass insbesondere das eigene Fahrzeug über einen längeren Meßzeitraum seinen Kurs exakt einhalten kann. Genau dies ist aber auf einer Segelyacht nur selten der Fall, denn sie wird im Normalfall unter Segeln im Seegang mehr oder weniger hin und her gieren, was dazu führt, dass sich die Radarpeilung zum anderen Fahrzeug binnen weniger Sekunden immer wieder ändert. Daraus folgt, dass eine

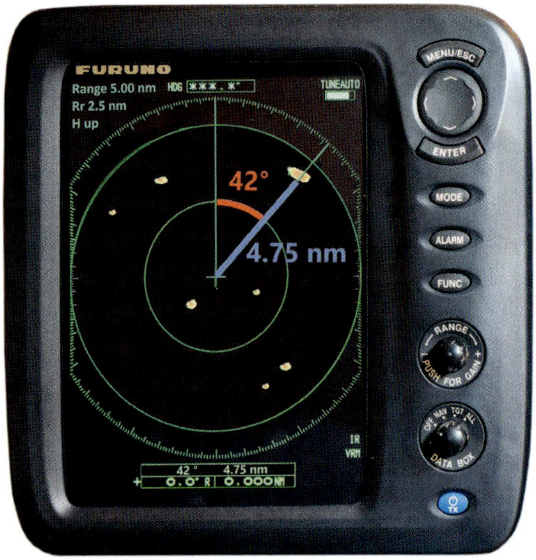

Radar mit EBL und Kontakt auf EBL

geometrische Auswertung unter diesen Bedingungen völlig unmöglich ist. Selbst unter Motorfahrt in mäßigem Seegang gilt das Gleiche. Radarplotten ist also nur dann realistisch machbar, wenn die See sehr ruhig ist und das eigene Schiff einen konstanten Kurs mit weniger als 2 oder 3 Grad Toleranz halten kann.

Daraus sollte nun aber andererseits keineswegs geschlossen werden, dass ein Radargerät auf einem kleinen Freizeitfahrzeug zur Kollisionsverhütung ungeeignet ist. Es gibt auch auf kleinen Yacht-Radars eine Funktion mit dem Namen EBL (Electronic Bearing Line), die die Beobachtung eines anderen Fahrzeugs auf einem variabel einstellbaren Peilstrahl erlaubt. Das Prinzip ist das Gleiche wie in der terrestrischen Navigation mit Peilkompass: Das Fahrzeug, bei dem überprüft werden soll, ob ein Kollisionsrisiko besteht, wird mittels EBL im Sinne einer Schiffsseitenpeilung angepeilt und es wird dann verfolgt, ob es zu einer „Stehenden Peilung" kommt. Bleibt das Echo des möglichen Kollisionsgegners über einen längeren Zeitraum auf dem EBL stehen, so muss nach den Regeln der KVR (Kollisionsverhütungsregeln, *siehe Literaturverzeichnis*) entschieden werden, wer von beiden der Ausweichpflichtige ist und dann entsprechend mit einer Kursänderung gehandelt werden. Eventuell bietet es sich an, über UKW mit dem anderen Fahrzeug Kontakt aufzunehmen. Dies gilt insbesondere beim Queren von Verkehrstrennungsgebieten.

Im Gegensatz zu GPS-Geräten sind Radargeräte in der Beschriftung der Bedienungstasten international vereinheitlicht, um sicherzustellen, dass der Navigator unabhängig vom Gerätehersteller auf jedem Schiff sofort mit dem Gerät umgehen kann.

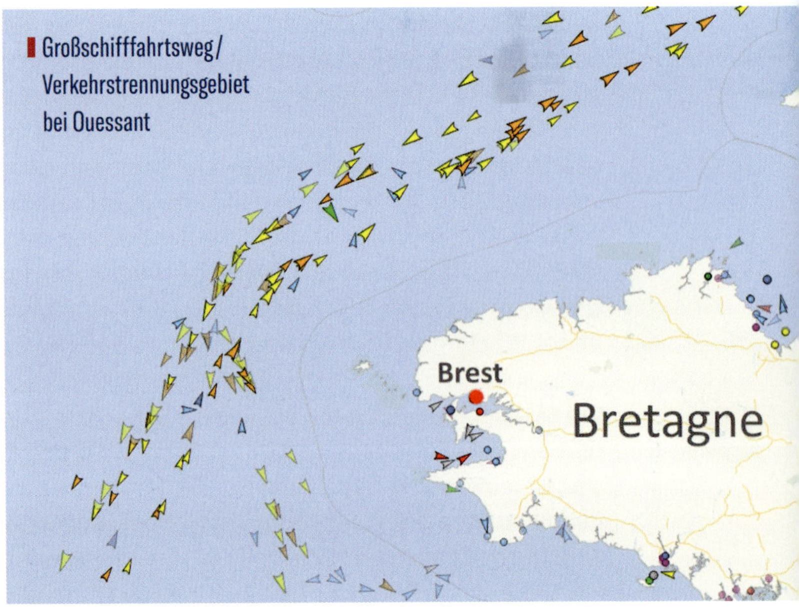

Großschifffahrtsweg/ Verkehrstrennungsgebiet bei Ouessant

Um dem Leser die Bedienung des Radargerätes zu erleichtern, hier eine Kurzbeschreibung der verschiedenen Haupt-Funktionen:

Head Up bezeichnet die Einstellung des Radars mit Rechtvoraus-Peilung in Kielrichtung. Vorsicht: Prüfen Sie vor dem navigatorischen Einsatz, ob „Head up" wirklich recht voraus peilt! Die Einstellung könnte durch inkompetente Benutzer versehentlich im Hauptmenü verstellt worden sein, was dazu führt, dass ein Objekt, dass am Radar z. B. 20 Grad an Steuerbord (oder Backbord) erscheint, tatsächlich recht voraus liegt und somit eine Kollision wahrscheinlich ist. Das Eichen von „Head up" in Kielrichtung lässt sich über das Hauptmenü einstellen.

North Up bezeichnet die Einstellung des Radars, bei der auf dem Bildschirm senkrecht nach oben die rechtweisende Nordrichtung angezeigt wird. Diese Funktion steht nur dann zur Verfügung, wenn das Radar an einen elektronischen Kompass – beispielsweise an den Kompass des Autopiloten – angeschlossen ist. In diesem Fall liegt also ein Objekt, dass auf dem Display recht voraus oben abgebildet wird, nicht in Kielrichtung, sondern in Nord-Richtung. Diese Einstellung wird gern beim Radarplotten benutzt (*siehe oben*).

RNG (Abkürzung von engl. „Range" = Reichweite) stellt den maximalen Abstand zwischen dem eigenen Schiff (Mitte des Bildschirms) und dem äußeren Abstandsring ein. Auf Yacht-Radars geschieht dies in der Regel in folgenden Stufen: 1/8 Seemeile – 1/4 Seemeile – 1/2 Seemeile – 1 Seemeile – 1,5 Seemeilen – 3 Seemeilen – 6 Seemeilen – 12 Seemeilen – 18 Seemeilen – 24 Seemeilen und bei leistungsstärkeren Geräten bis 36 Seemeilen. Es ist aber wichtig zu wissen, dass die jeweils eingestellte Reichweite keineswegs in der Praxis immer auch wirklich nutzbar ist, denn insbesondere in den großen Abstandsbereichen können ungünstige Rahmenbedingungen wie Regen, hohe Luftfeuchtigkeit oder nasse Segel die maximal nutzbare Leistung erheblich einschränken. Grundsätzlich sollte immer mit einer RNG-Einstellung gearbeitet werden, die das beobachtete Objekt gerade noch am Bildschirmrand erscheinen lässt, denn nur so ist eine optimale Auflösung gewährleistet.

BRG (Abkürzung von engl. „Bearing" = Peilung) zeigt die Peilung zum beobachteten Objekt im Sinne einer Schiffsseitenpeilung, sofern das Gerät im Head-up-Modus arbeitet. Der Winkel wird als Gradzahl am Rand des Displays angezeigt.

VRM (Abkürzung von engl. „Variable Range Marker" = variable Abstandsmarkierung) bedient eine Funktion, bei der ein Kreis um die Mitte des Displays (eigener Standort) in seinem Radius so verstellt werden kann, dass das zu beobachtende Objekt genau auf dem Kreis (Abstandskreis) liegt. Dies erleichtert die Beurteilung der Bewegung des georteten Objektes.

EBL (Abkürzung von engl. „Electronic Bearing Line“ = elektronische Peillinie) ist eine nützliche Ergänzung zum VRM, denn es ermöglicht, das beobachtete Objekt auf eine frei um 360 Grad drehbare Peillinie zu legen, so dass geprüft werden kann, ob ein Kollisionsrisiko besteht. Bleibt das Echo längere Zeit auf der Peillinie und verringert sich der Abstand, so handelt es sich um eine „Stehende Peilung“, was eine Kursänderung des eigenen Schiffes oder des möglichen Kollisionsgegners nach den Regeln der KVR (*siehe oben*) erfordert.

GAIN (engl. Verstärkung) stellt die Intensität des abgestrahlten Impulses ein. Die meisten Yachtradars haben mindestens zwei Gain-Einstellungen: eine manuell-variable und eine automatische. In der Mehrzahl der Fälle ist die Automatik-Einstellung optimal, doch gibt es besondere Situationen (hohe Fels-Steilküste, senkrechte Betonwände, Regen …), in denen es notwendig wird, die abgestrahlte Energie manuell zu verkleinern oder zu vergrößern, um ein klares Bild zu erzeugen.

SEA-CLUTTER (engl. Stör-Echos durch Seegang) nennt sich eine Ergänzungsfunktion zum Gain (*siehe oben*), die es ermöglicht, unerwünschte Echos, die durch Wellen an der Meeresoberfläche auf dem Bildschirm erscheinen, auszufiltern. Man nennt sie auch Seegangsenttrübung. Je nach Seegang muss dieser Filter stärker oder schwächer eingestellt werden. Meist gibt es auch dafür eine Automatik-Einstellung, die aber nicht immer zu optimalen Bildern führt, so dass manuell korrigiert werden muss. Vorsicht: Ein zu hoch eingestellter Sea-Clutter-Filter kann andere Objekte, die für die Navigation von Bedeutung sind, vollständig auf dem Bildschirm unterdrücken.

RAIN-CLUTTER (engl. Stör-Echos durch Regen) ist analog zum Sea-Clutter ein Filter, der eine sogenannte Regenenttrübung bewirkt. Regen bewirkt eine Dämpfung des abgestrahlten Impulses und verringert die maximal mögliche Reichweite. Die Folge ist, dass ein Objekt bei Regen ohne aktivierten Rain-Clutter-Filter nicht oder nur schwach auf dem Display abgebildet wird, so dass es übersehen werden kann. Mit Rain-Clutter lässt sich dieser Effekt minimieren. Doch auch hier der gleiche Hinweis wie bei Sea-Clutter: Ein zu hoch eingestellter Rain-Clutter-Filter kann andere Objekte, die für die Navigation von Bedeutung sind, vollständig auf dem Bildschirm unterdrücken. Vergleichen Sie im praktischen Einsatz, ob die manuelle, oder die automatische Einstellung die besseren Ergebnisse liefert.

ALARM Hiermit wird eine variabel einstellbare Zone auf dem Display definiert, mit der wahlweise einstellbar, in die Zone einlaufende, oder aus der Zone auslaufende Echos eine Sirene auslösen. Die Einstellung der Alarmzone geschieht mittels VRM und EBL (*siehe oben*) und ist nicht ganz einfach. Details sind dem hoffentlich an Bord vorhandenen Radar-Handbuch zu entnehmen. Eine Kurz-Anleitung gehört an jeden Kartentisch!

AIS

Seit vielen Jahren ist auch an Bord von Freizeitschiffen das sogenannte AIS zu einer Selbstverständlichkeit geworden (engl. „Automatic Identification System" = automatisches Identifikationssystem). Es handelt sich dabei um eine Seefunkgestützte Navigationshilfe zur Ortung anderer Fahrzeuge, bei der auf einem Bildschirm je nach Einstellung u.a. folgende Schiffs-Informationen im Umkreis von etwa maximal 50 Seemeilen sichtbar gemacht werden:

Name des Fahrzeugs, Position, Fahrt über Grund, Kurs über Grund, MMSI-Code, Zielhafen, Ladung und vieles mehr, was nicht unbedingt für die Navigation des Yachtskippers von Bedeutung ist. Die Datenübertragung erfolgt über UKW-Seefunk (VHF) und ist somit in der Reichweite abhängig von der Positionierung der UKW-Antennen auf der Yacht.

Es ist unmittelbar einleuchtend, dass diese Informationsflut auf einem kleinen Yacht-Bildschirm (koppelbar mit dem Radarbildschirm) schnell unüberschaubar wird. Darum kann der Skipper am Gerät einstellen, welche Informationen sichtbar sein und welche unterdrückt werden sollen. In der Regel reichen Angaben zu Kurs und Fahrt des anderen Fahrzeuges, um beurteilen zu können, ob ein Kollisionsrisiko besteht, denn darum geht es letztendlich. Dazu gibt es die Möglichkeit, nach Zeit und Distanz zum möglichen Kollisionsort Alarmbereiche einzustellen, so dass bei Unterschreiten der minimal akzeptierten Distanz zum möglichen Kollisionsgegner ein Warnton erschallt. Genauso wenn die Zeitspanne bis zur möglichen Kollision den eingestellten Minimalwert unterschreitet.

AIS-Geräte gibt es als rein passive Empfangsgeräte (Receiver) und als aktive Sende- und Empfangsgeräte (Transponder). Sie werden als sogenannte Blackbox ohne eigenes Display zum Anschluss an vorhandene Bildschirme oder als eigenständiges Gerät mit Display angeboten. Unter Sicherheitsgesichtspunkten ist es durchaus ratsam, das AIS als ein eigenständiges Gerät, unabhängig vom Kartenplotter eingebaut zu haben.

Juristisch sind alle Fahrzeuge über 300 BRT verpflichtet, ein AIS-Gerät an Bord zu haben und es auch auf See eingeschaltet zu haben. Nicht ausrüstungspflichtige Freizeit-Fahrzeuge unterliegen nicht dieser Verpflichtung. Wenn man als Segler nun aber auf See das eigene AIS benutzt und vergleicht, welche Schiffe man tatsächlich mit dem Auge sieht und welche auf dem AIS-Display abgebildet sind, so muss man häufig feststellen, dass die Verpflichtung der Berufsschifffahrt, AIS-Signale zu senden, insbesondere von Fischern nicht immer eingehalten wird. Genau dies ist der Grund, warum man auf einer Yacht auf keinen Fall auf ein Radar verzichten sollte,

AIS-Bildschirm mit Kontakten

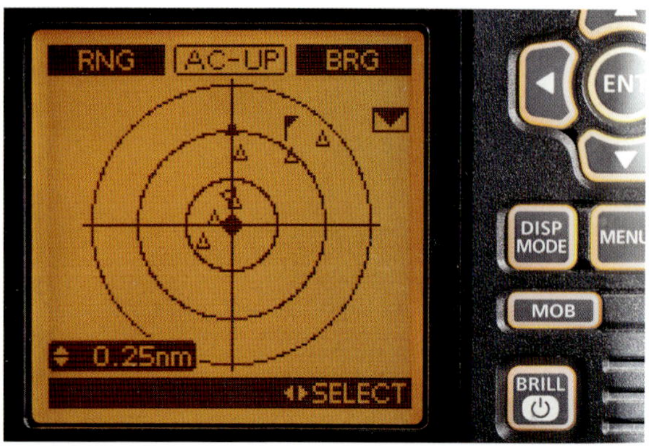

auch wenn ein AIS-Gerät an Bord ist. Auf einem richtig eingestellten Radar wird man mit sehr hoher Wahrscheinlichkeit ein anderes, auch sehr kleines Fahrzeug im Abstand von mindestens 1 Meile sehen. Wenn hingegen auf einem AIS-Empfänger keine Signale empfangen werden, der Bildschirm also leer bleibt, so kann daraus mitnichten geschlossen werden, dass sich keine anderen Fahrzeuge in der Umgebung befinden. Das AIS ersetzt nicht das Radar!

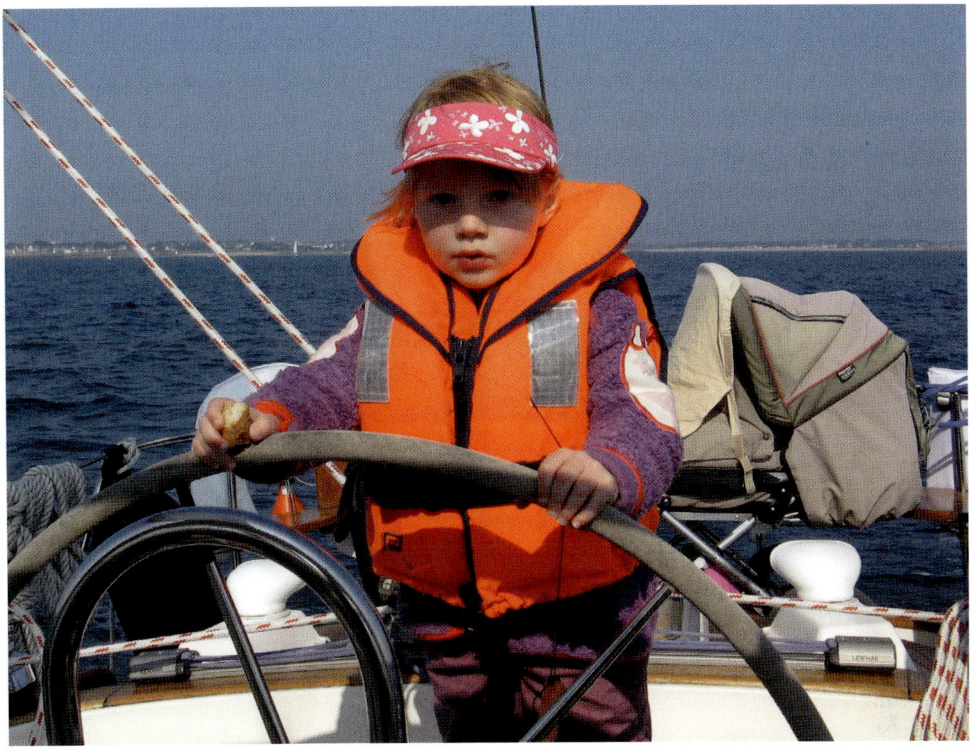

Am Ruder

8.3 Kurshalten

Rudergehen ist nicht einfach:

Zwar muss der Skipper nicht unbedingt selbst Rudergehen, aber er sollte in der Lage sein, einem weniger erfahrenen Rudergänger Hilfestellungen zu geben. Dazu muss er aber auch selbst einige Theoriekenntnisse aus dem Bootsbau besitzen.

Moderne Schiffe ähneln sich heutzutage mehr und mehr in ihren Rumpflinien, folglich auch in ihrem Steuerverhalten. Hydrodynamisch sehr effektive Spatenruder, schmale tiefgehende Kiele und breite Hecks prägen das Erscheinungsbild der heutigen Großserienyachten. Vorbalancierte Spatenruder setzen jede kleine Drehung des Steuerrades blitzschnell in eine Kursänderung um, was Regattasegler sicherlich schätzen. Doch ist ein solches Ruder auch optimal für einen Fahrtensegler? Insbesondere mit einem vielleicht unerfahrenen Rudergänger? Wohl kaum! Wenn –

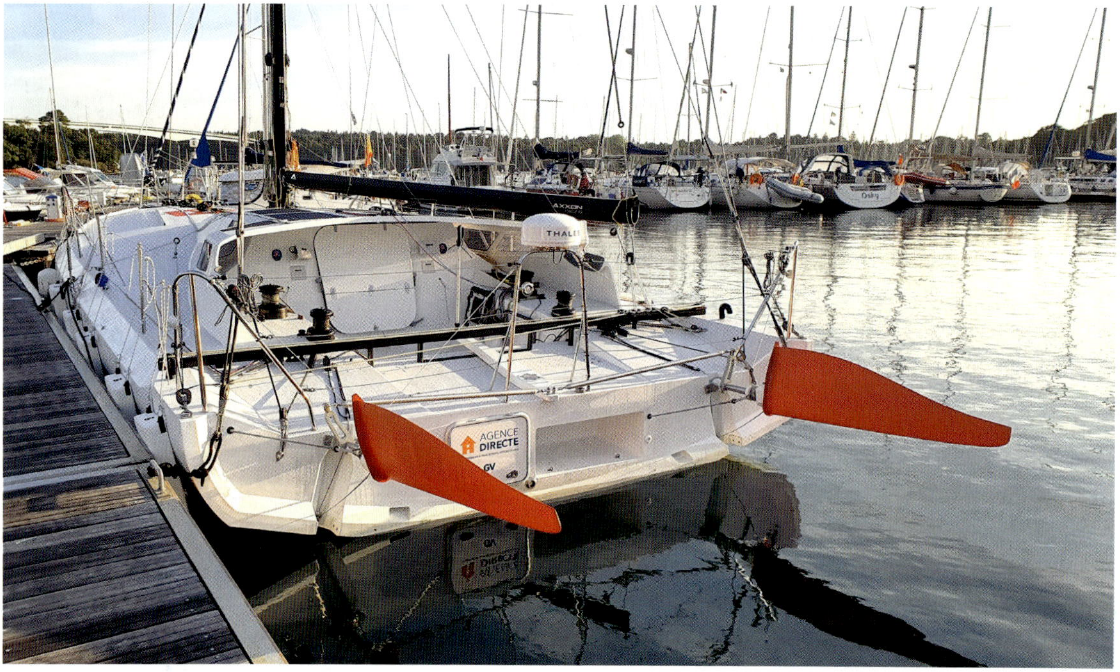

Rennyacht mit hochgeklappten Doppelrudern

wie heute meist üblich – zum Spatenruder noch ein schmaler, tiefgehender Kiel hinzukommt, so ist ein unerfahrener Rudergänger meist überfordert, denn das Boot reagiert sehr sensibel auf jede kleine Ruderbewegung. Hinzu kommt noch, dass die heute üblichen zwei Doppelkabinen im Achterschiff ein Heck notwendigerweise sehr breit machen, was gerade auf Raumwindkursen das Rudergehen erschwert. Das Heck wird in der schräg nachlaufenden Welle mit wechselnder Kraft immer wieder zur Seite gedrückt, so dass das ständig am Ruder korrigiert werden muss. Auf hochmodernen Hightech-Yachten wie beispielsweise den Open 40 und den Open 60 (Vendée-Globe-Rennen) wird allerdings das einfache Ruder durch Doppelruderanlagen ersetzt, was die Kursstabilität erheblich verbessert.

Ältere Fahrtenschiffe mit schmaleren Hecks wurden oft mit einem Skeg vor dem Ruder und horizontal etwas längeren Kielen gezeichnet.

Sie haben dadurch ein etwas trägeres Drehverhalten, sind aber meist kursstabiler und folglich gerade für einen unerfahrenen Rudergänger leichter zu beherrschen. Die größere benetzte Fläche bringt allerdings auch einen gewissen Geschwindigkeitsnachteil insbesondere bei leichten Winden mit sich.

Aus dem Gesagten ergibt sich, dass ein Skipper insbesondere auf einem modernen Schiff nicht von seiner Crew erwarten darf, dass jeder das Schiff zufriedenstellend auf Kurs halten kann. Erklärungen durch den Skipper, Übungsmanöver und schließlich einfach viel Routine sind unerlässlich.

Übersteuern ist der am häufigsten gemachte Fehler beim Rudergehen. Man versteht darunter eine tendenziell übertriebene Reaktion des Rudergängers auf eine

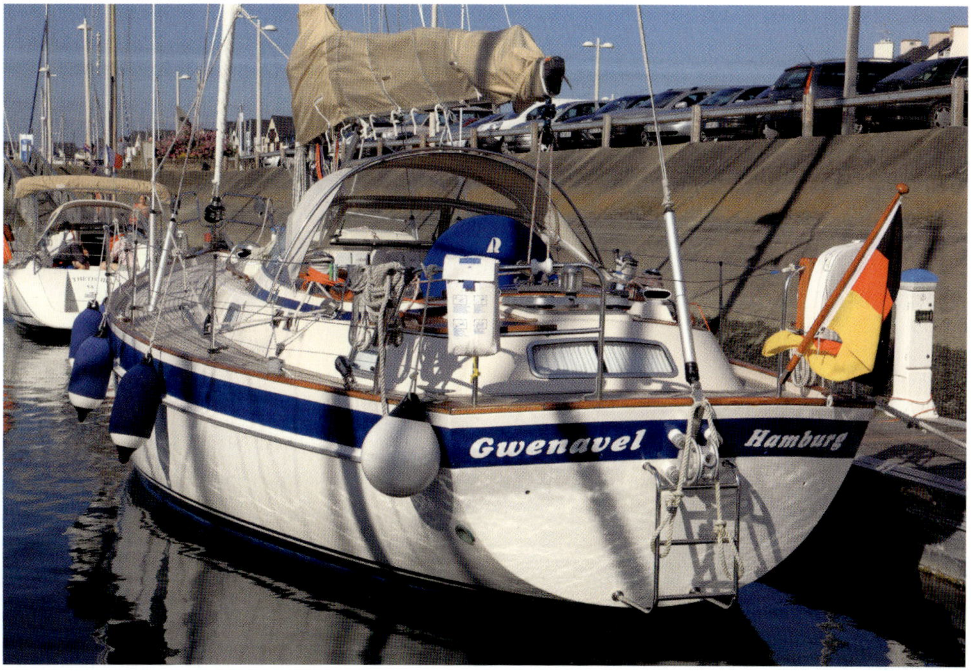

Ältere Fahrtenyacht mit schmalem Heck

Drehbewegung des Schiffes, meist verursacht durch eine durchlaufende, etwas höhere Welle, oder durch eine plötzlich einfallende Böe. Übersteuern verursacht einen Teufelskreis: Eine etwas höhere Welle drückt das Schiff ein wenig nach backbord aus dem Ruder. Der Rudergänger legt Steuerbordruder, allerdings viel zu stark. Das Schiff reagiert dementsprechend genauso stark und zieht aufgrund der Trägheit der Masse über die gewünschte Kursrichtung hinaus deutlich zu weit nach steuerbord. Der Rudergänger steuert in Gegenrichtung, aber nun noch überzogener als beim ersten Mal. Die zwangsläufige Folge ist, dass das Schiff nun völlig nach Backbord ausbricht. Die Bootsbewegung ähnelt eher der Bewegung einer Wasserschlan-

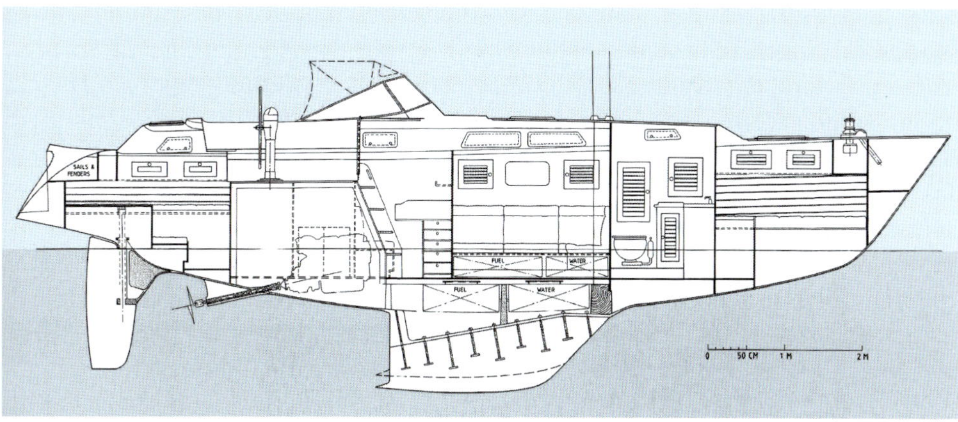

Ältere Fahrtenyacht mit gemäßigtem Langkiel und Skeg vor dem Ruder

ge. Möglicherweise schaukeln sich diese übertriebenen Ruderbewegungen so weit auf, dass das Schiff „in die Sonne schießt“. So nennt man ein extremes Ausbrechen aus dem Kurs in den Wind, das vorübergehend zu Manövrierunfähigkeit und extremer Krängung führt.

Wie geht es besser? „Mit Maß gegenhalten, stützen, vor allem nicht zu viel drehen“ lautet die Formel. Ein gutes Seeschiff kommt nach dem Durchlaufen einer kleineren Welle von allein wieder auf Kurs, ohne dass eine kräftige Ruderlagenänderung notwendig ist. Allerdings sollte der Rudergänger bei einer etwas größeren Welle „abstützen“, das heißt das Ruder kräftig in Position halten, oder vielleicht ein klein wenig Gegenruder legen, um die Tendenz der Yacht nach Lee auszubrechen, zu hemmen. In der nächsten Sekunde kommt das Schiff auf der Rückseite der Welle normalerweise von allein zurück auf Kurs. Es wird in der Regel nur eine kleine Drehbewegung notwendig sein, um den ursprünglichen Kurs wieder herzustellen.

Ein Tipp, um die eigenen Fähigkeiten am Ruder zu beurteilen: Übergeben Sie das Ruder bei etwa 5 Windstärken und etwa 1,5 Metern Seegang dem Autopiloten. Es dauert zwar einige Sekunden, bis er sich der Situation angepasst hat, denn moderne Autopiloten sind „lernfähig“. Die Elektronik liest zu Anfang etwa einige Sekunden lang das spezifische Steuerverhalten des Schiffes. Spätestens aber nach etwa 1 Minute hat ein technisch zum Schiff passend ausgewählter Autopilot den Kurs so gut im Griff, dass nur noch relativ kleine Ruderausschläge von meist weniger als 10 Grad notwendig sind, um das Schiff gut genug auf Kurs zu halten. Was der Beweis dafür ist, dass größere Ruderausschläge nicht notwendig sind.

Eine weitere, absolut banale, aber gefährliche Ursache für schlechtes Rudergehen ist mangelnde Konzentration. Statt auf den Kompass und den Verklicker zu achten, oder sich an einer Peilung recht voraus zu orientieren, schaut der Rudergänger zu lange in ein faszinierendes Wolkenbild, oder er beteiligt sich zu intensiv an einem Gespräch mit der Crew. Oder er ist vielleicht einfach schon zu lange am Ruder …?

Einfluss des Segeltrimms

Ganz wesentlich wird durch die Segelführung bestimmt, ob ein Schiff gut auf dem Ruder liegt. Es hat absolut nichts mit Sportlichkeit zu tun, wenn bei zunehmendem Wind zu viel Segelfläche stehen bleibt. Unnötig hohe Steuerkräfte sind die Folge zu großer Luvgierigkeit. Wenn das Schiff hoch am Wind regelmäßig mehr als 25 Grad krängt, sollte gerefft werden. Viele Crews machen den Fehler, bei auffrischendem Wind nur die Genua etwas einzurollen, das Groß aber unverändert stehen zu lassen. Das ungereffte Groß verursacht zusammen mit der verkleinerten Genua jedoch ein Ungleichgewicht in der Kraftverteilung. Segeltechnisch gesprochen wandert der Lateraldruckpunkt der Segelfläche nach achtern und erzeugt mehr Luvgierigkeit. Der Rudergänger muss dies durch entsprechend mehr – und häufig zu viel – Gegenruder ausgleichen. Der gleiche Effekt der übertriebenen Luvgierigkeit entsteht, wenn auf Amwind- oder Halbwindkurs das Groß zu dicht und die Genua nicht dicht genug geschotet werden.

Bei den meisten Schiffen muss oberhalb von 4 Beaufort das Groß gerefft werden. Und dies gilt für Raumwindgenauso wie für Amwindkurse. Insbesondere bei raumem wind ist es ein großer Fehler, die Genua ganz wegzurollen und nur noch mit dem Groß zu segeln. Das Ausbrechen des Schiffes in einer Böe, bedingt durch den extrem weit achtern liegenden Lateraldruckpunkt, wird dann fast unvermeidbar. Wird bei Raumwind hingegen nur mit der Genua, aber ohne Groß gesegelt, so ist dies zwar auch nicht optimal, aber doch leichter zu steuern. Es bringt außerdem den Vorteil, dass kein Bullenstander gesetzt werden muss.

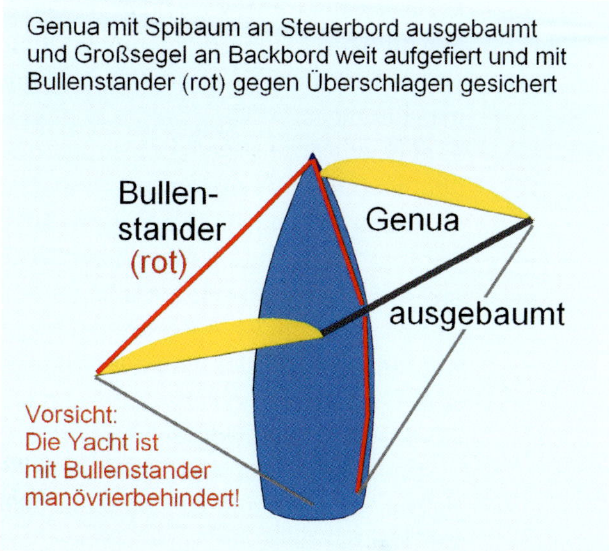

Bullenstander

Der Bullenstander ist ohnehin eine sehr umstrittene Hilfe zur Vermeidung von Unfällen. Zweifellos verhindert er – sofern richtig angeschlagen von der Baumnock zum Vorschiff und zurück in die Plicht – ein Überschlagen des Großbaums, auch Patenthalse genannt (*siehe Zeichnung*). Und ohne Zweifel wird er benötigt, wenn auf Raumwindkurs ein unerfahrener Rudergänger am Rad steht.

Einem routinierten Rudergänger wird es hingegen in der Regel auch in schwerer See nicht passieren, dass der Baum überkommt, denn er wird grundsätzlich gar nicht so weit raumschots abfallen, dass dieses Risiko entsteht. Kommt es tatsächlich zu einer Patenthalse mit über Bullenstander gesichertem Großbaum und vielleicht auch noch gleichzeitig gesetztem Spinnaker, so wird das Schiff mit Sicherheit extrem krängen und vielleicht sogar mit der Reling im Wasser liegen. Eine MOB-Situation ist dann durchaus möglich. Grundsätzlich gilt: Auf schwierigen Raumschotskursen darf nur ein erfahrener Rudergänger am Rad stehen.

Hilfen beim Rudergehen

Der Kurs eines Schiffes kann auf dreierlei Weise kontrolliert werden: Mit dem Kompass, über Peilungen zu Landmarken oder Sternen und über den Winkel zum Wind, ablesbar am Verklicker.

Der auf Yachten mit Radsteuerung fast immer in die Steuersäule eingebaute Magnetkompass kann allerdings etliche Fehler besitzen: Ist er wirklich exakt in Kielrichtung eingebaut? Zwar sollte dies selbstverständlich sein, doch ist es keineswegs immer ausreichend präzise der Fall.

Gibt es irgendwelche ferromagnetischen Gegenstände in der näheren Umgebung (Werkzeuge, Handys…), die die Anzeige beeinflussen? Besonders fatal ist in diesem Zusammenhang, wenn mit Autopilot gesteuert wird und unter Deck in der

Nähe des elektronischen Kompass ein Crewmitglied unwissend sein Handy oder einen anderen magnetisch wirksamen Gegenstand abgelegt hat.

Dass neben diesen vermeidbaren Fehlern auch die Missweisung und die Deviation in der Kursbestimmung berücksichtigt werden muss, weiß jeder Skipper, doch weiß er auch wie groß die Missweisung im besegelten Revier ist? Und besitzt das Schiff überhaupt eine Deviation? Und wenn ja, gibt es eine Deviationstabelle an Bord?

Niemand kann eine Segelyacht auf einen Grad genau auf Kurs halten. Ein Skipper sollte vom Rudergänger nicht erwarten, genauer als +/– 5 Grad zu steuern, zumal der Steuerkompass einer Segelyacht meist nicht gradweise, sondern fünfgradweise beschriftet ist. Auch wenn navigatorisch ein Kurs von z. B. 128 Grad gesteuert werden sollte, so gibt man dem Rudergänger den Kurs von 130 Grad vor. Später im weiteren Törnverlauf kann dann zum passenden Zeitpunkt etwas nach backbord auf 125 Grad korrigiert werden. Dem Rudergänger fällt es so leichter, den Kurs zu halten.

Unerfahrene Rudergänger machen häufig den Fehler, viel zu lange auf den Kompass zu schauen und zu versuchen, allein nach der Stellung der Kompassrose zu steuern. Der Blick des Rudergängers sollte besser ständig wechseln zwischen Kompass, Verklicker und Bug. Nur so bekommt man Gefühl für das Schiff.

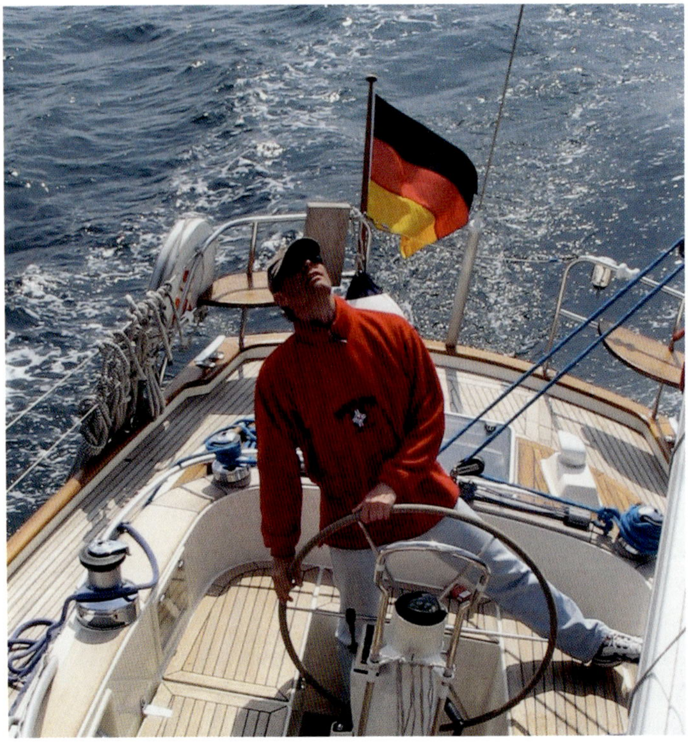

Rudergänger schaut in den Verklicker

Es ist sinnvoll, mit Landmarken, Tonnen oder sehr langsam ziehenden Wolken, evtl. nachts mit Sternen das Rudergehen zu üben. Üben bedeutet, Gefühl für das Schiff zu bekommen, so dass die Ruderbewegung im Laufe der Zeit automatisiert wird. Dieses Gefühl zu bekommen, lernt man nicht am Kompass, sondern nur über die natürlichen Sinne.

Der Rudergänger braucht auf jeden Fall eine zuverlässige Informationsquelle über die Windrichtung relativ zu seinem zu steuernden Kurs, denn nur so kann er optimal steuern und nur so kann die Crew die Segel optimal zum Wind trimmen. Die einzig brauchbare, weil zuverlässigste, Alternative zur häufig unzuverlässigen Elektronik einer Windmessanlage ist der Verklicker. Auch in unserer von Elektronik geprägten Zeit ist der gute alte mechanische Windpfeil im Masttop nach wie vor das zuverlässigste und aussagekräftigste Gerät zur Bestimmung der Windrichtung relativ zur Kielrichtung. Zwar haben die meisten Yachten eine elektronische Windmessanlage, aber nach meiner Erfahrung arbeitet die Mehrzahl dieser Anlagen nicht ausreichend genau.

Wohl kaum ein Regattasegler würde auf seinen mechanischen Verklicker verzichten wollen. Doch auch der Segler am Ruder einer Fahrtenyacht bekommt von keinem anderen Gerät an Bord so präzise die Windrichtung mitgeteilt. Wollfäden in den Wanten sind gute Ergänzungen, aber ein schlechter Ersatz für einen präzisen Verklicker. Darum lautet die Regel Nummer Eins für jeden guten Rudergänger: Schau in den Verklicker!

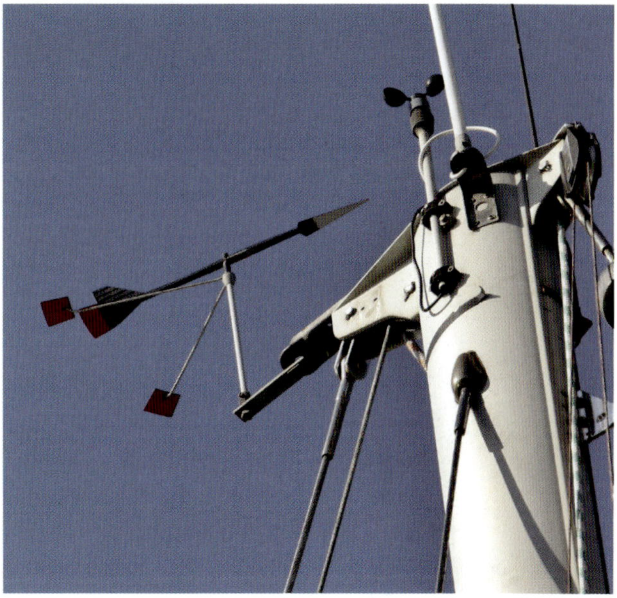

Windex-Verklicker und Anemometer im Masttop

Mehrmals pro Minute zum Masttop hinaufzuschauen, ist allein deshalb schon notwendig, weil der Wind im Laufe einer gewissen Zeit meist um 5 bis 10 Grad variieren kann. Selten kommt der Wind über einen längeren Zeitraum konstant aus der gleichen Richtung.

Der Skipper sollte darauf achten, dass sein unerfahrener Rudergänger häufig genug in den Verklicker schaut. Manch ein Anfänger am Ruder ist durch diese wiederholten Hinweise durch den Skipper genervt, aber wie soll es anders gehen?

Unter einfachen Segelbedingungen kann der Skipper dem lernenden Rudergänger ein kleines Spiel vorschlagen: Dem Rudergänger werden die Augen verbunden und er soll sich allein mithilfe seiner Wahrnehmung des Windes am Kopf und am Hals auf die aktuelle Windrichtung konzentrieren. Nun versucht er über diese haptische Wahrnehmung den Kurs so gut er kann zu halten. Eine gute Hilfe dabei ist auch der Gleichgewichtssinn, denn je nach Kurs zum Wind wird sich die Krängung des Schiffes verstärken oder verringern. Man kann sich als Crew einen Spaß daraus machen, auch längere Zeit blind Ruder zu gehen. Dass der Skipper währenddessen immer in der Nähe des Ruders bleiben sollte, versteht sich hoffentlich von selbst!

Richtungsangaben

Im Laufe eines Segeltages gibt es zahlreiche Situationen, in denen man sich zwischen Skipper, Crew und Rudergänger über beobachtete Fahrzeuge, Inseln oder Landmarken gegenseitig informiert. Am einfachsten geschieht dies, in dem der Winkel zwischen Kielrichtung und beobachtetem Objekt nach backbord oder steuerbord genannt wird. Manche Segler haben sich dazu angewöhnt, Winkel vergröbernd in „Uhrzeiten" zu beschreiben: Beispielsweise 60 Grad steuerbord als 2 Uhr, oder 90 Grad steuerbord (also querab) als 3 Uhr. Ich halte nicht viel von dieser Methode, denn es verbessert die Kommunikation in keiner Weise. Winkel sind Winkel und Uhrzeiten sind Uhrzeiten. Besser ist es, als Segler früh genug zu trainieren, Winkel möglichst gut zu schätzen. Das lässt sich leicht mit einem Handpeilkompass üben und kontrollieren.

Beim Landfall ist es oft notwendig, den Rudergänger auf ein Objekt an Land (Hügel, Haus, Antennenmast, Wasserturm, Baumgruppe…) aufmerksam zu machen, auf das er eine Zeit lang zusteuern soll. Doch ist es meist nicht einfach, verständlich zu beschreiben, welche Häusergruppe oder welches Wäldchen genau gemeint ist, weil es mehrere gibt. Eine gute Hilfe bietet dazu die eigene Hand: Man wählt irgendein klar identifizierbares Objekt – es muss keineswegs genau in Kursrichtung liegen – und beschreibt mit ausgestrecktem Arm wie viele Finger oder Handbreit rechts oder links davon sich das Blickziel befindet. Beispielsweise: „Die Häusergruppe, auf die du zusteuern sollst, liegt 3 Finger breit rechts vom großen Wasserturm“.

8.4 Manöver unter Segeln – Die optimierte Wende und Halse

Dem angehenden Skipper wird man nicht mehr den Ablauf einer Wende und einer Halse erklären müssen, denn das hat er zu Genüge bereits vorher als Teil der Crew gelernt und praktiziert. Doch es gibt einige Details, die häufig zu kurz in der üblichen Segelausbildung behandelt werden und die der Skipper seiner Mannschaft ausführlicher erklären sollte:

Die bessere Wende

Zuerst das Übliche:

- **Das Boot segelt hoch am Wind.**
- **Die Großschot ist dichtgeholt.**
- **„Klar zur Wende?“**
- **„Ist klar!“ (oder auch nicht), denn hier kommen nun 3 wichtige Punkte:**
- **Die Schot auf der alten Luvseite, also der neuen Leeseite, sollte mit 2 bis 3 Törns auf der Winsch bereits vorbereitet sein. Die Winschkurbel steckt noch nicht in der Winsch!**
- **„Re“: Der Rudergänger geht nun zügig durch den Wind, aber der Vorschoter wirft die Schot auf der alten Leewinsch erst dann los, wenn das Vorsegel wirklich leicht back steht! Denn so wird die Drehung im Bug unterstützt und das Schamfielen des Vorsegels am Mast so kurz wie möglich gehalten.**
- **Der Rudergänger, auf den Verklicker schauend, geht nun möglichst präzise auf den neuen Amwindkurs, fällt aber nicht darüber hinaus weiter ab, sondern wählt die Drehgeschwindigkeit so, dass im Idealfall die optimale Schoteinstellung durch Dichtholen an der neuen Leewinsch in dem Moment erreicht wird, wenn der neue Kurs hoch am Wind auf dem neuen Bug präzise anliegt.**

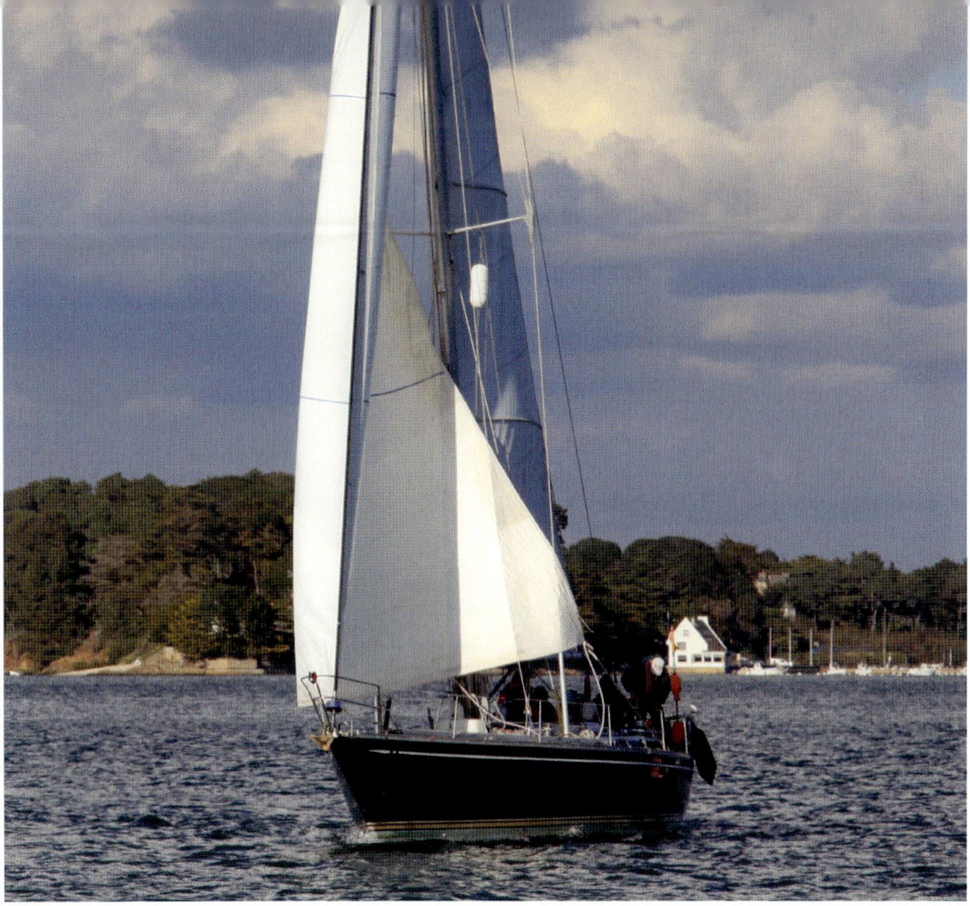

Die bessere Wende mit backstehender Fock

Zwei Unsitten:

Manche Rudergänger wollen der Crew die Arbeit des Dichtholens der neuen Leeschot leichter machen und fallen nicht vollständig auf den neuen Amwindkurs ab, sondern bleiben während des Dichtholens zu hoch am Wind auf dem neuen Bug. Das Schiff verliert dabei nicht nur viel Fahrt, sondern das Vorsegel wird auch durch das an den Wanten schlagende Achterliek schneller verschleißen.

Andere Rudergänger fallen über den optimalen Amwindkurs noch weiter ab, um dem Vorschoter mehr Zeit zu lassen für das Dichtholen der Schot. Auch dies ist nicht sinnvoll, denn der Druck im Segel nimmt ja dabei zu stark ab. Die Yacht verliert so ebenfalls Fahrt und Höhe, und es dauert dann einfach zu lange, bis der optimale neue Amwindkurs anliegt.

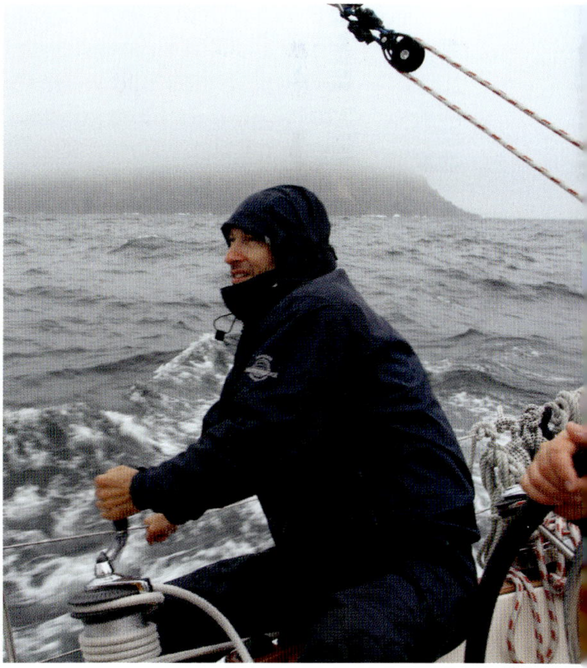

Die Genuaschot wird mit der Winsch dichtgeholt

Die bessere Halse

Auch bei der Halse gibt es einen wichtigen Punkt, bei dem sich das Manöver optimieren lässt. Wir setzten dabei allerdings voraus, dass die Großschot über eine oder zwei Winschen bedient wird und nicht über eine Talje.

Anfangs der bekannte übliche Ablauf:

- **Boot segelt auf Raumschotskurs. Der Rudergänger bleibt auf Kurs und ruft: „Klar machen zur Halse!“ oder „Klar zur Halse!“.**
- **Der Vorschoter holt die Lose aus der alten Luvschot durch, legt 2 bis 3 Törns über die alte Luvwinsch, belegt diese vorsichtshalber provisorisch und macht die Leeschot auf der alten Leewinsch klar zum Loswerfen.**
- **Der Großschoter (bei einer Zweiercrew der Rudergänger) holt seine Schot nun mittels Großschotwinsch maximal so weit durch, bis der Baum etwa auf Amwindstellung steht. Wichtig dabei ist, dass der Rudergänger, währenddessen das Schiff zuverlässig auf Raumwindkurs hält, nicht aber auf Vormwindkurs geht, denn sonst könnte es verfrüht zu einem Überschlagen des Baums kommen (Gefahr der Patenthalse!).**
- **Erst jetzt kommt vom Vorschoter und vom Großschoter die Meldung „Ist klar zur Halse“.**
- **Nun bringt der Rudergänger das Boot zunächst direkt vor den Wind, ruft: „rund achtern“ als Hinweis darauf, dass der Baum gleich überschlagen wird und dreht dann das Heck zügig durch den Wind.**
- **Mit einem kleinen Trick kann nun erreicht werden, dass der Schlag des Großbaums auf dem neuen Bug abgefedert wird: Die Großschot bleibt bei „rund Achtern“ nicht auf der neuen luvseitigen Winsch oder in der Klemme belegt. Der Großschoter hält vielmehr die Schot mit nur 2, maximal 3 Törns auf der Winsch über Reibung gesichert, aber nicht belegt! Im Moment des überkommenden Baums fiert er die Schot ein wenig, so dass der Schlag deutlich abgefedert wird. Wird die Großschot über eine Talje bedient und nicht über Winschen, so kann dieses Abfedern zwar theoretisch auch so durchgeführt werden, allerdings kann dies gefährlich werden, denn die Großschot könnte schnell unkontrolliert ausrauschen. Handschuhe sind unbedingt empfehlenswert.**

Der restliche Ablauf ist bekannt. Die Hauptgefahr bei einer Halse besteht grundsätzlich darin, dass im Moment „rund achtern“ der Großbaum unkontrolliert auf den anderen Bug schlägt, eventuell sogar dabei die Großschot ungebremst durchrauscht und der Baum dann brutal über das Cockpit hinwegfegt. Darum kann nicht oft genug vor dem Einleiten der Halse betont werden:

Großschot maximal dichtholen und Köpfe runter!

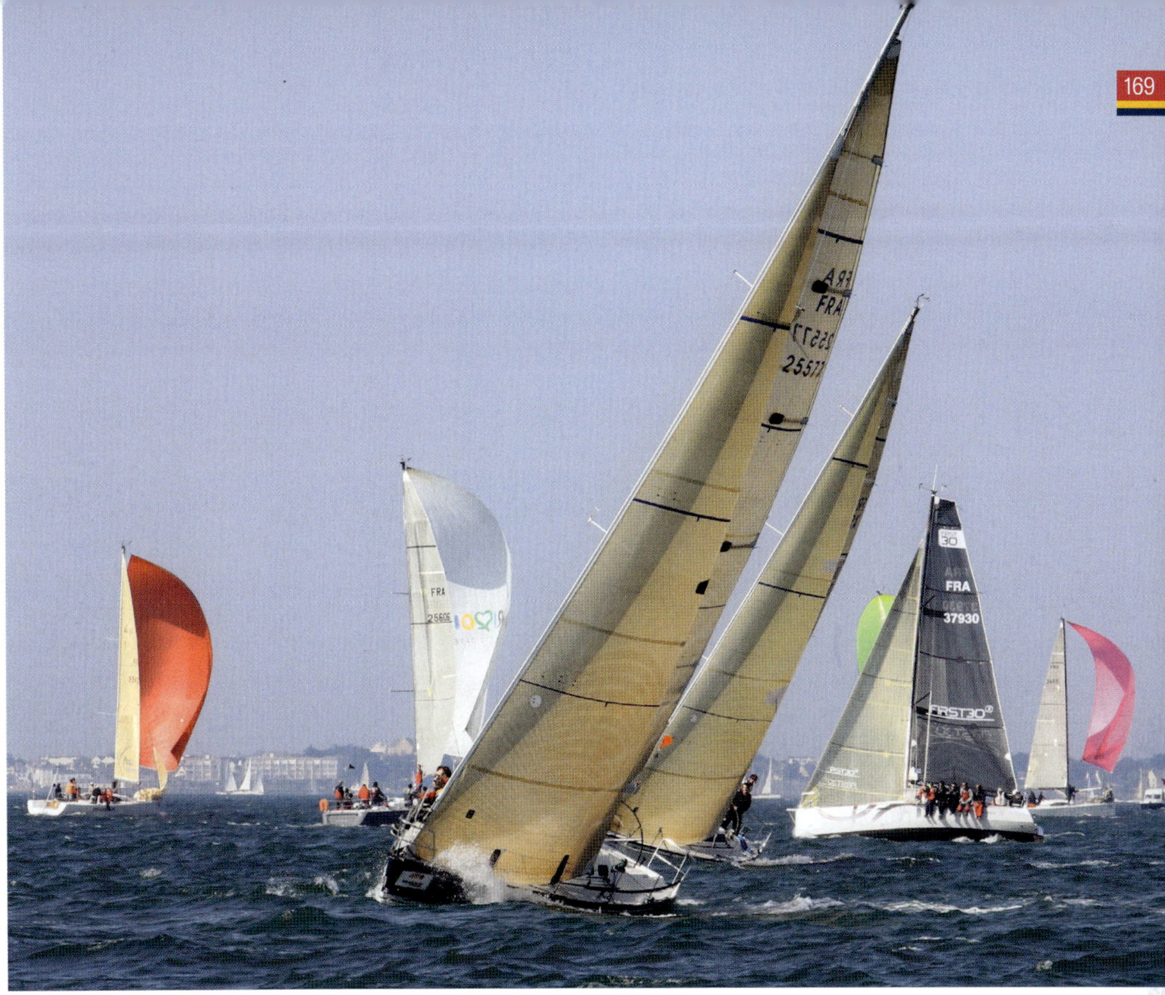

8.5 Segeltrimm

Das Thema Segeltrimm füllt leicht ein ganzes Buch und kann darum hier nur in den Punkten angesprochen werden, die der Skipper einer interessierten Crew erklären sollte:

Gut getrimmte Segel

Wie schnell eine Yacht segelt, hängt ab von Schiffstyp, Länge der Wasserlinie, Rumpfform, Windrichtung, Windstärke, Art des Seegangs, Fähigkeiten des Rudergängers … und nicht zuletzt von der Auswahl der Segel und vom Segeltrimm.

Die folgende Decksausrüstung dient dazu, die Segel optimal einzustellen:

- **Die Fallen**
- **Die Schoten**
- **Die Umlenkblöcke zur Holepunktverstellung der Genuaschoten**
- **Der Großschottraveller**
- **Der Baumniederholer**
- **Auf eher sportlichen Schiffen auch ein Achterstagspanner**
- **Auf Schiffen mit 7/8 Rigg oder bei einem Kutterrigg auch Backstagen**

Statt wie auf kleineren Regattayachten üblich, der Windstärke entsprechend verschieden große Vorsegel zu fahren, wird auf den meisten Fahrtenschiffen und sicherlich auf Charterschiffen einfach die große Genua durch Einrollen dem zunehmenden Wind angepasst. Auch das Groß wird auf vielen moderneren Fahrtenyachten über eine Rollanlage in seiner Fläche dem Wind angepasst. Details zum Thema „Reffen“ im anschließenden Kapitel.

Am Großsegel wie am Vorsegel gibt es 3 Parameter, die der Windsituation angepasst werden müssen:

- **Anstellwinkel**
- **Twist**
- **Profiltiefe**

Die Vortriebskraft, die ein Boot antreibt, wird auf Amwind- bis Halbwindkursen durch eine möglichst laminare Strömung entlang des Segelprofils erzeugt. Laminar bedeutet, dass es weder auf der Vorderseite noch auf der Rückseite des Segels irgendwelche Verwirbelungen gibt. Auf Raumschotskurs und vor dem Wind hingegen wird das Segel nicht mehr als Profil angeströmt, sondern es wirkt in erster Linie über seinen Luftwiderstand, den es zu optimieren gilt.

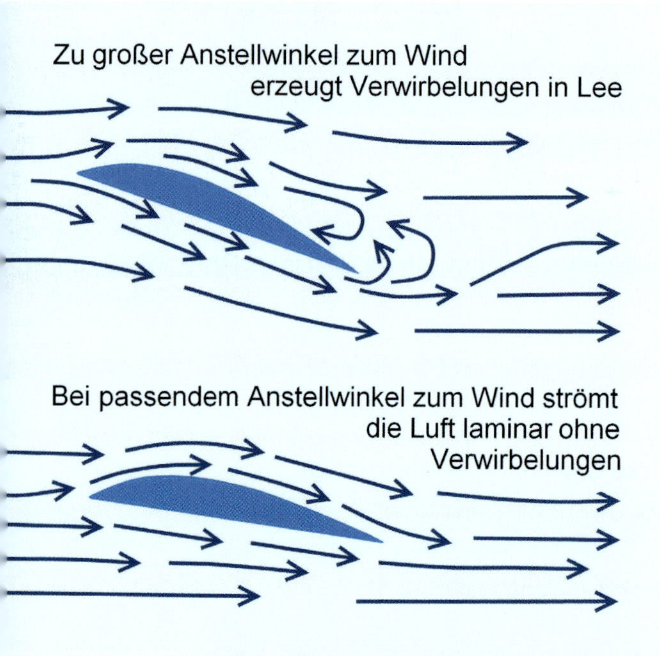

a) Turbulenzen am Segel bei zu großem Anstellwinkel und b) laminare Strömung bei passendem Anstellwinkel

Segel dürfen weder killen (oder gar schlagen), noch zu dicht gefahren werden. Dies wird erreicht durch einen optimal gewählten Winkel zwischen Segeln und scheinbarem Wind. Dieser optimale Anstellwinkel – am Groß über die Stellung des Baums grob zu beurteilen – variiert je nach Segelprofil und aktueller Windstärke etwa zwischen 10 und 20 Grad. Ein zu dicht geschotetes Segel kann keinen maximalen Vortrieb erzeugen, weil sich auf der Leeseite Turbulenzen bilden.

Hingegen wird ein nicht dicht genug gefahrenes Segel zumindest im Vorliek killen, im Extremfall gar auf voller Länge schlagen, so dass sich kein Druck im Segel aufbauen kann. Maximaler Druck im Segel, also maximaler Vortrieb entsteht durch Maximierung des Druckunterschiedes zwischen seiner Luvfläche und der Leefläche. Die Einstellung des Anstellwinkels geschieht am Groß über die Schot und den Niederholer und am Vorsegel über die Schot und den Holepunkt (*Details dazu siehe unten*).

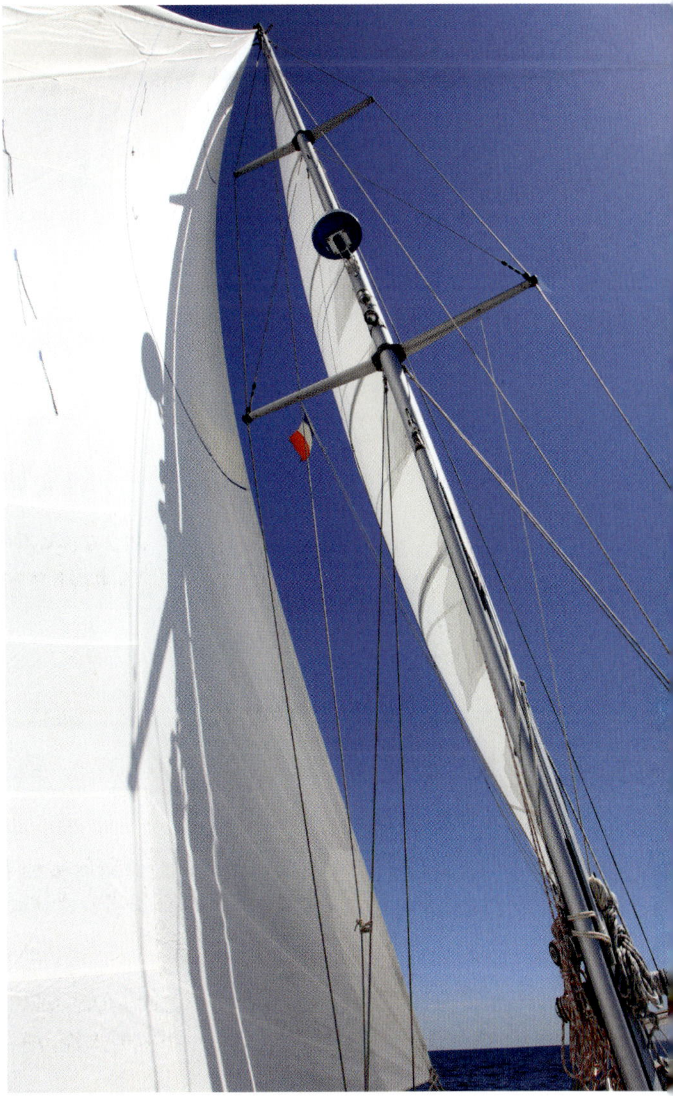

Der sogenannte Twist beschreibt eine Verdrillung des Segels von unten nach oben, mit dem Ziel, den scheinbaren Wind in allen Höhenbereichen in einem optimalen Winkel in das Segel einfallen zu lassen. Es ist nämlich keineswegs so, dass die Richtung des scheinbaren Windes, die im Verklicker angezeigt wird, auch diejenige ist, die in halber Masthöhe, oder an Deck auftritt. Dies liegt an der Tatsache, dass der wahre Wind in der Höhe deutlich kräftiger bläst als weiter unten näher an der Meeresoberfläche, wo die Reibung an der Wasseroberfläche die Windstärke reduziert. Der scheinbare Wind, der ja schließlich das Boot antreibt, ist aber das vektorielle Überlagerungsergebnis aus wahrem Wind und Fahrtwind. Und während der Fahrtwind in allen Höhenbereichen konstant ist, nimmt der wahre Wind von unten nach oben zu. Die Folge ist, dass der aus der Überlagerung resultierende scheinbare Wind von unten nach oben immer raumer einfällt (*siehe Zeichnung*). Dieser Tatsache muss Rechnung getragen werden im Trimm der Segel und genau das geschieht über den Twist. Das Segel bekommt einen von unten nach oben zunehmenden „Drill" nach Lee. Einerseits ist vom Segelmacher bereits ein gewisses Maß an Twist fest in das Segelprofil hineingeschneidert. Darüber hinaus kann der Twist verringert oder vergrößert werden: Im Groß über die Schot und den Niederholer und an der Genua über Schot und Holepunkt an der Genuaschiene an Deck. (*Details dazu siehe unten*).

Twist im Segel

Das Profil des Segels ist gekennzeichnet durch seinen Bauch (auch Profiltiefe genannt) und durch die Lage des Punktes maximaler Tiefe. Je nach Windstärke und Einfallswinkel sollte der Bauch stärker oder schwächer ausgeprägt sein und eventuell auch in seiner Lage verändert werden. Allgemein gilt: Je mehr Wind, umso flacher muss das Segelprofil eingestellt werden.

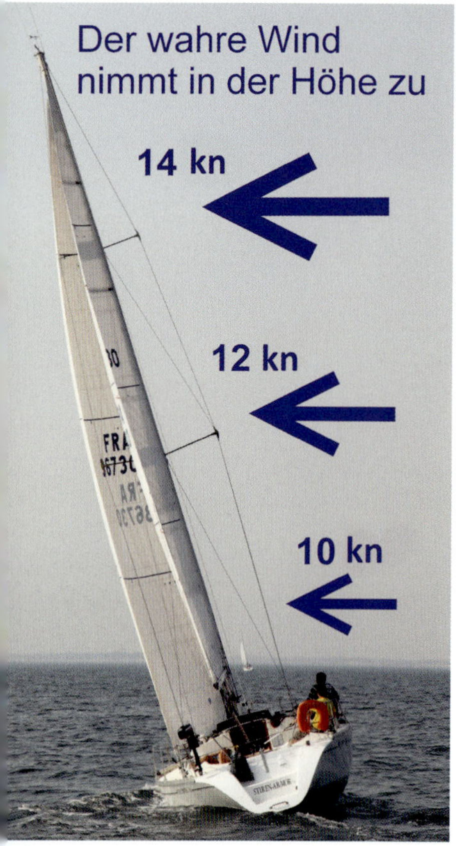

In der Höhe zunehmender wahrer Wind

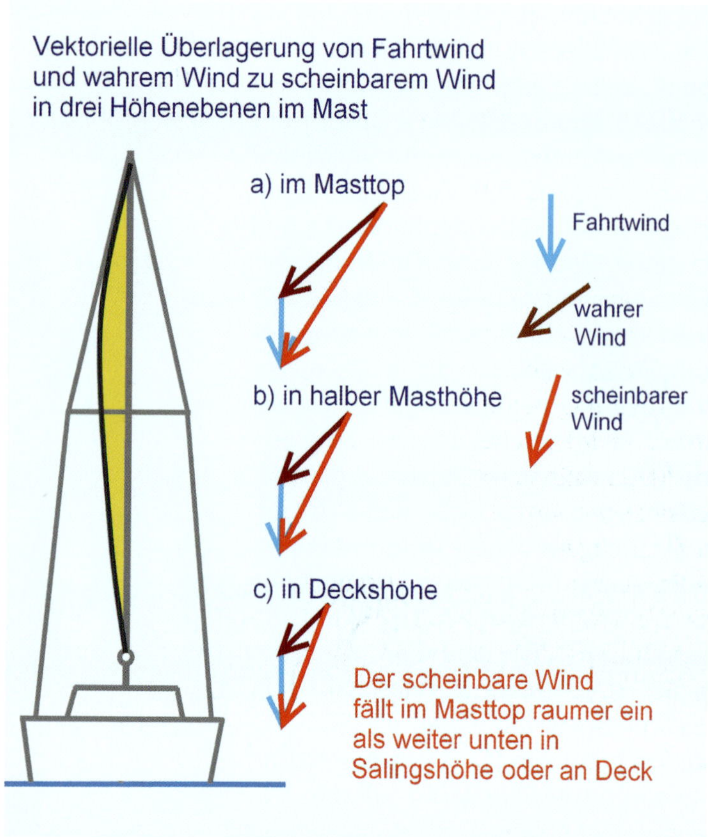

Drei Zeichnungen zur Vektoraddition: Fahrtwind + wahrer Wind = scheinbarer Wind a) an Deck, b) auf halber Masthöhe und c) im Masttop

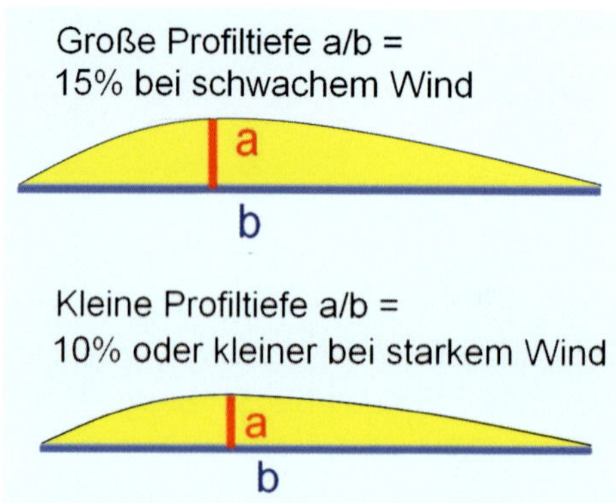

Profiltiefe im Segel in % bei versch. Windstärken

Auf Schiffen mit variablem Achterstagspanner kann die Profiltiefe des Groß und des Vorsegels durch Anspannen verringert und durch Losegeben vergrößert werden. Bei einem 7/8- oder 9/10-Rigg wird mit zunehmender Spannung auf dem Achterstag auch gleichzeitig die Krümmung des Masts im Mittelbereich nach vorne vergrößert, was in Folge das Großsegel flacher trimmt.

Der Segeltrimm muss natürlich auch den verschiedenen Kursen zum Wind angepasst werden. Beginnen wir mit dem Amwindkurs, auf dem das Segel besonders sensibel auf den Trimm reagiert.

Segeltrimm auf Amwindkurs

Das Ziel ist es, optimale Höhe zu laufen, also den besten Kompromiss zu finden zwischen einerseits einem möglichst kleinen Winkel zum Wind und andererseits maximaler Fahrt durchs Wasser. Zu viel Höhe verursacht Fahrtverlust. Weniger Höhe am Wind erhöht zwar die Fahrt durchs Wasser, verlängert aber andererseits die zu segelnde Strecke zum Zielpunkt. Welcher Winkel optimal ist, muss auf jedem Schiff individuell durch Testfahrten herausgefunden werden. Er liegt auf den meisten Fahrtenschiffen etwa zwischen 30 Grad und 40 Grad am scheinbaren Wind, also dem Wind, der vom Verklicker angezeigt wird. Das Segel sollte umso flacher getrimmt werden, je stärker der Wind ist. Zwar ist die Tiefe des Bauchs in gewissen Grenzen durch den Segelschnitt vorgegeben, aber sie lässt sich etwas beeinflussen durch Veränderung der Spannung des Vorlieks über das Fall. Bei wenig Wind (1 bis 3 Beaufort) wird das Fall des Vorsegels nur so weit durchgesetzt bis im Vorliek gerade keine Falten mehr auftreten. Bei mehr Wind muss das Fall umso härter durchgesetzt werden. Gleiches gilt für das Fall des Großsegels. Hat das Segel allerdings voll durchgehende Latten vom Vorliek bis zum Achterliek, so ist eine Veränderung der Profiltiefe praktisch nicht möglich. Auf einer Fahrtenyacht wird man diesen kleinen Nachteil gegenüber den Vorteilen des durchgelatteten Segels (weniger Killen, weniger Verschleiß, einfacheres Bergen) allerdings akzeptieren.

Gerade auf Amwindkurs muss besonders auf die Schotführung geachtet werden: Der Holepunkt der Genuaschot muss auf der Genua-Leitschiene so eingestellt sein, dass die Schot etwa gleiche Kraft auf Unterliek und Achterliek ausübt. Dies ist in der Regel grob formuliert nahe an der Winkelhalbierenden zwischen Unterliek und Achterliek der Fall. Steht der Umlenkblock auf der Leitschiene zu weit vorne, so wird das Achterliek zu dicht geholt, während das Unterliek zu bauchig sein wird. Steht er zu weit achtern, so ist es umgekehrt.

Zur Überprüfung ob die Luftströmung am Segel laminar ist, sind dünne farbige Windfäden (auch Telltales genannt, *siehe Foto*) in das Segel parallel zum Vorliek und am Groß auch am Achterliek eingenäht. Ab etwa 2 bis 3 Windstärken geben sie Auskunft darüber, ob das Segel richtig getrimmt ist. Bei weniger

Passender Holepunkt hoch am Wind

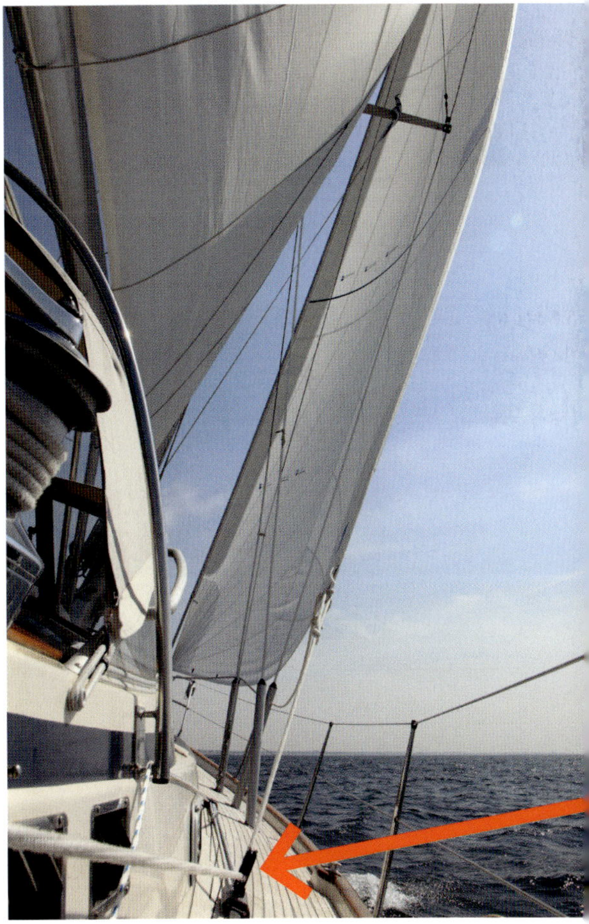

Wind oder bei Regen sind sie unbrauchbar, denn dann hängen sie meist nur schlaff herunter. Bei optimaler Anströmung des Profils durch den Wind müssen alle Fäden in Luv wie in Lee annähernd waagerecht auswehen.

Das Großsegel und das Vorsegel werden am Wind so dicht geholt, dass der Abwind des Vorsegels keinen Gegenbauch im Vorliek des Groß verursacht. Wenn das Tuch im Großsegel nahe am Vorliek zu killen beginnt, ist entweder die Fock zu dicht geholt oder das Großsegel zu weit gefiert. Allerdings mit einer Einschränkung: Wenn eine sehr große Genua gesetzt ist, die sich am Wind stark mit dem Großsegel überlappt, so darf sich bei dichtgeholten Schoten nahe am Vorliek des Großsegels durchaus ein kleiner Gegenbauch zeigen.

Die Überlappung wird üblicherweise in Prozent angegeben. So ist beispielsweise mit einer 120 % Genua gemeint, dass das Unterliek der Genua mit 20 % des Abstandes zwischen Bugbeschlag und Mastfuß (= 100 %) das Großsegel überlappt.

Eine weitere Trimmmöglichkeit bietet der Großschottraveller: Er dient insbesondere auf Regatta-orientierten Yachten dazu, beim Einfallen einer Böe kurzzeitig den Druck aus dem Groß zu nehmen, ohne den Trimm des Segelprofils verändern zu müssen. Auf Fahrtenyachten wird er eher selten gebraucht, denn er ist in der Regel dort nicht so breit wie auf Regattayachten. Bei geringer Breite ist sein Einfluss auf den Twist recht gering.

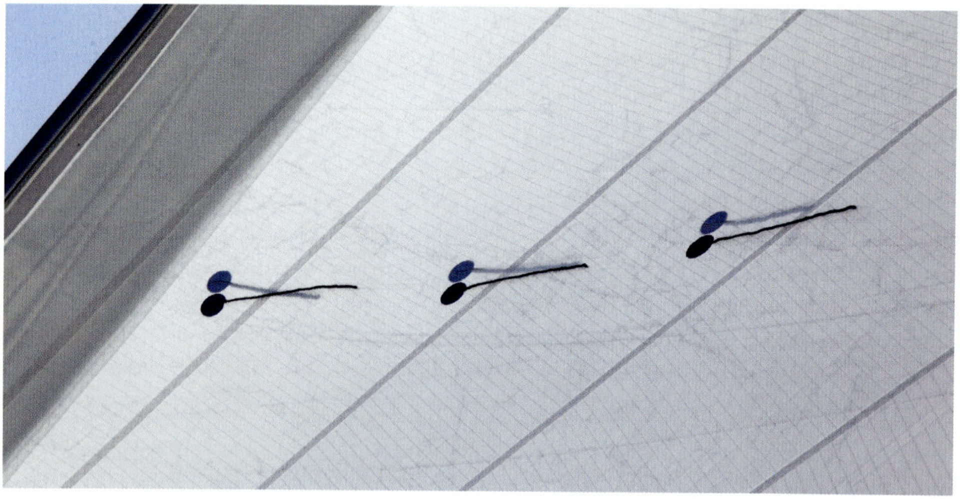

Telltales im Vorliek der Genua

Effizienter als der Großschottraveller zum Einstellen des Twists im Großsegel ist der Baumniederholer: Wird er gefiert, so öffnet sich der obere Bereich des Großsegels. Bei zunehmendem Wind kann dies genutzt werden, um den Zeitpunkt des Reffens hinauszögern.

Windfäden (Telltales) am Groß sind durchaus umstritten. Am Vorliek liegen sie ohnehin in der Verwirbelungszone direkt hinter dem Mast und können darum keine Information über die Luftströmung geben. Am Achterliek hingegen werden sie

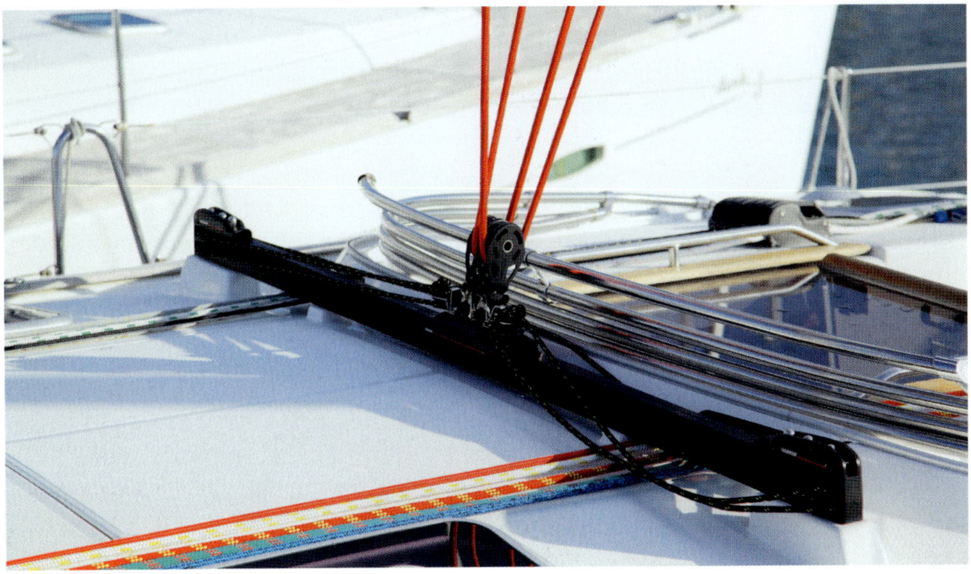

Großschot-traveller

sehr leicht beim Ein- oder Ausreffen abgerissen, so dass sie ohnehin nicht lange ihren Zweck erfüllen werden. Falls am Achterliek des Großsegels Telltales vorhanden sind, so sollten sie auf Amwindkurs möglichst der waagerechten Profillinie des Segels folgen (laminare Strömung), also weder nach Lee noch nach Luv auswehen.

Als Hilfe zum Steuern eines optimalen Amwindkurses haben gute Verklicker (z. B. Windex) unter dem beweglichen Windpfeil zwei im Winkel einstellbare Begrenzungsstäbe, mit denen der optimale Sektor zwischen Backbord-Hoch am Wind und Steuerbord-Hoch am Wind visuell begrenzt wird. Auf Fahrtenyachten beträgt dieser Sektor etwa 70 Grad bis 80 Grad, während er auf Regattayachten deutlich kleiner sein kann.

Der meistgemachte Fehler auf Amwindkurs besteht darin, die Segel zu dicht zu fahren. Zu dicht geschotete Segel verringern nicht nur die Leistung des Profils, sondern verursachen auch übermäßigen Ruderdruck, so dass zu viel Gegenruder gelegt werden muss. Gegenruder wirkt aber wie eine Bremse im Wasser. Auf einem gut ausbalancierten Schiff sind die Segel hoch am Wind dann richtig getrimmt, wenn im Mittel maximal 5 Grad Gegenruder gelegt werden muss.

Ein gut getrimmtes Schiff wird hoch am Wind sogar mit festgestelltem Ruder allein auf Kurs bleiben. Ein Autopilot ist hoch am Wind bei konstanten Windverhältnissen dann überflüssig.

Segeltrimm auf Halbwindkurs

Bei halbem Wind ist das Rudergehen zwar etwas einfacher als hoch am Wind, doch der Segeltrimm erfordert auch auf diesem Kurs erhebliche Aufmerksamkeit. Der Baumniederholer bekommt nun mehr Bedeutung: Mit aufgefierter Großschot würde der Baum auf Halbwindkurs ohne den Zug des Baumniederholers aus der Waa-

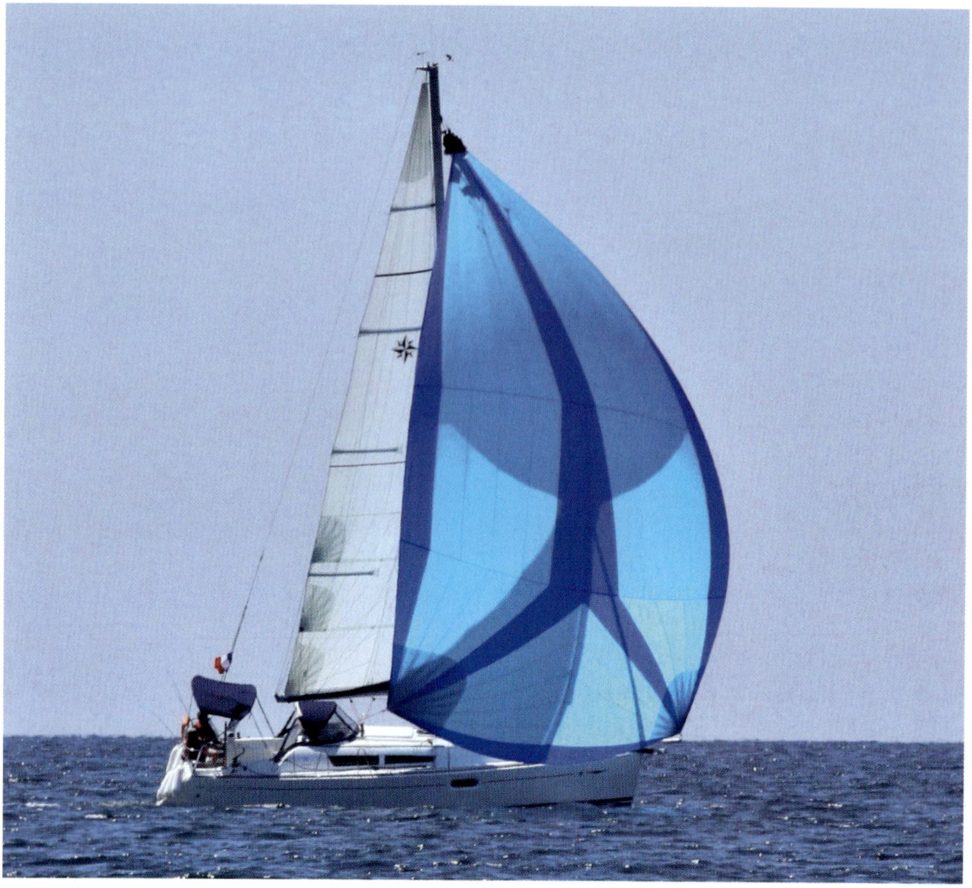

Auf Halbwindkurs mit Gennaker

gerechten etwas aufsteigen und das Achterliek des Großsegels zu weit öffnen. Die Kunst im Trimmen besteht nun darin, den Baumniederholer so einzustellen, dass das Achterliek des Groß zwar etwas geöffnet wird, doch nur so viel, wie es die Windstärke erfordert. Dabei ist zu berücksichtigen, dass die Windgeschwindigkeit im Masttop größer ist als in Höhe des Decks (*siehe „Twist" weiter vorne*). Die schon erwähnten Telltales entlang des Achterlieks sind hier die Informanden für die optimale Einstellung des Niederholers. Sie sollten mit dem Segel waagerecht fluchten und weder nach Luv noch nach Lee auswehen.

Die Windfäden helfen genauso beim Trimm der Genua. Die Genuaschoten werden bei halbem Wind so weit gefiert, dass die Telltales in Luv wie in Lee etwa waagerecht auswehen. Dass dies auf voller Vorliekslänge auch wirklich passt, lässt sich wieder – wie schon auf Amwindkurs – über den Holepunkt auf der Genua-Leitschiene einstellen. Ein zu weit nach hinten eingestellter Holepunkt lässt das Achterliek auswehen und es killt im oberen Bereich. Hingegen führt ein zu weit nach vorne eingestellter Holepunkt zu einem zu dicht geschlossenen Achterliek und einem zu bauchigen Unterliek, was eine erhebliche Leistungseinbuße verursacht.

Segeltrimm auf Raumwindkurs

Während auf Amwind- und Halbwindkurs die Segel als Profil wirken, wird das Boot auf Raumschotskurs und erst recht vor dem Wind nur noch über den Luftwiderstand angetrieben. Diesen gilt es zu maximieren, ohne das Rigg zu überlasten. Für die Einstellungen des Baumniederholers und der Holepunkte gilt im Prinzip dasselbe wie für den Halbwindkurs. Vorsicht: Bei zu weit aufgefierten Schoten kommt es schnell dazu, dass das Großsegel an den Unterwanten und den Salingen scheuert und an diesen Stellen vorzeitig verschleißt.

Ein häufig zu beobachtender Fehler ist das zu weite Abfallen auf Raumschotskurs, so dass die Genua in die Windabdeckung des Großsegels kommt. Dies führt nicht nur dazu, dass das Schiff langsamer wird, sondern beschädigt auch auf Dauer das Vorsegel, denn es schlägt unkontrolliert über dem Vorschiff. Es ist nicht allzu schwierig, dies zu vermeiden, denn es genügt, so weit anzuluven, bis die Genua wieder steht.

Segeltrimm auf Vormwindkurs

Auf diesem Kurs kommt der Baumniederholer voll zum Einsatz, denn er muss wie schon bei raumem Wind hart durchgesetzt werden. Die Kräfte, die auf ihm lasten, sind nun besonders groß und so kann es bei Starkwind durchaus passieren, dass ein zu schwach gebauter Beschlag am Niederholer ausreißt, wenn nicht früh genug gerefft wird.

Das Vorsegel kann auf Vormwindkurs natürlich nicht auf derselben Seite wie das Groß gefahren werden, denn es würde ja vollständig in der Abdeckung vom Großsegel liegen und schlagen. Also segelt man „Schmetterling". Das Groß und das Vor-

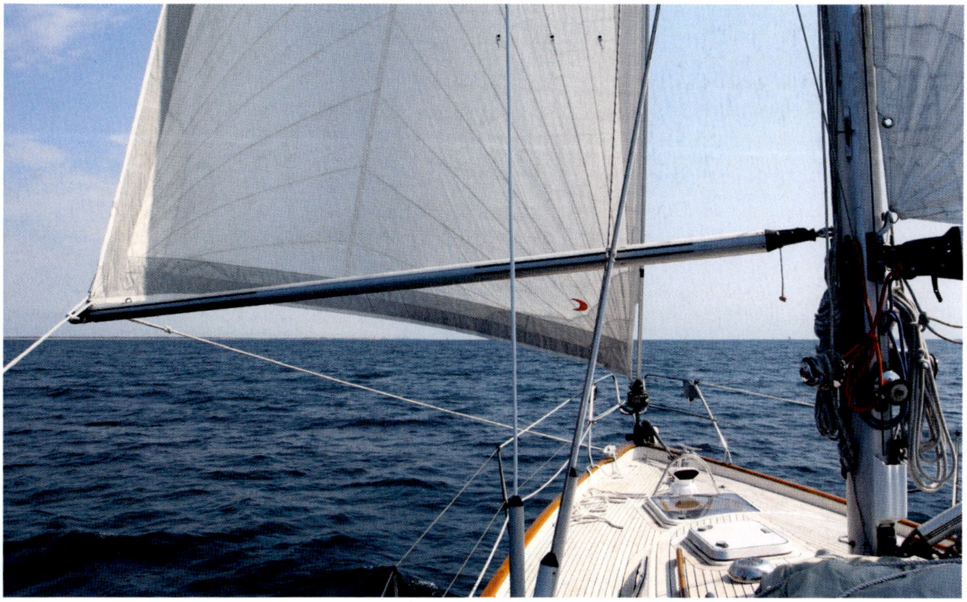

Mit ausgebaumter Genua

segel stehen auf verschiedenen Seiten. Die Holepunkte der Genuaschoten sollten dabei so weit wie möglich nach achtern geführt werden. Auf langen Schlägen lohnt es sich, die Schot aus den Umlenkblöcken herauszunehmen und auf den Heckklampen zu belegen. Um das Vorsegel weiter zu stabilisieren, kann es mithilfe des Spibaums oder eines speziellen Genuabaums ausgestellt werden. Aber hierbei Vorsicht! Auf dem Vordeck in bewegter See mit dem Baum balancierend sich zu bewegen, ist nicht einfach und setzt eine gewisse Routine voraus.

Darum ist es wichtig, dass nur erfahrene Crews auf dem Vorschiff den Baum handhaben, denn allzu schnell kommt es bei einer unvorhergesehenen Schiffsbewegung zu einem Unfall. Ein leichter Baum aus Carbon ist dabei im Vergleich zu einem Baum aus Aluminium klar im Vorteil.

8.6 Refftechniken

Etwa bis 4 Windstärken kann auf den meisten Segelyachten die volle Segelfläche genutzt werden. Schwere, steife Schiffe sind abhängig vom Kurs zum Wind auch manchmal noch bei 5 Beaufort ungerefft zu segeln, ohne das Rigg oder die Mannschaft zu überlasten, während sportlich-hochgetakelte, eher leichte Schiffe oft hoch am Wind schon bei 3 bis 4 Beaufort gerefft werden müssen.

Um wie viel die Segelfläche verkleinert werden muss, ist abhängig von der Windstärke, vom Schiffstyp, vom Kurs zum Wind, von der Entwicklung der Wetterlage und von der Belastbarkeit der Besatzung.

Wann muss gerefft werden?

Oft machen unerfahrene Crews den Fehler, erst dann zu reffen, wenn der Wind bereits so stark geworden ist, dass ein Reffmanöver ohne Stress nicht mehr möglich ist. Sobald absehbar ist, dass der Wind 4 Beaufort überschreiten wird, sollte das erste Reff eingebunden bzw. die Segel etwas eingerollt werden.

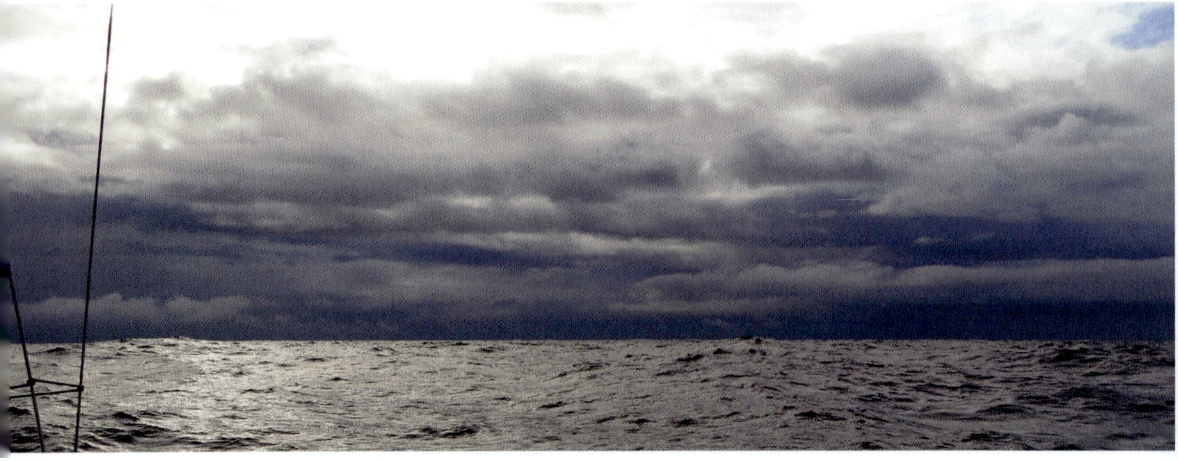

Wolken-Ankündigung Reffen notwendig

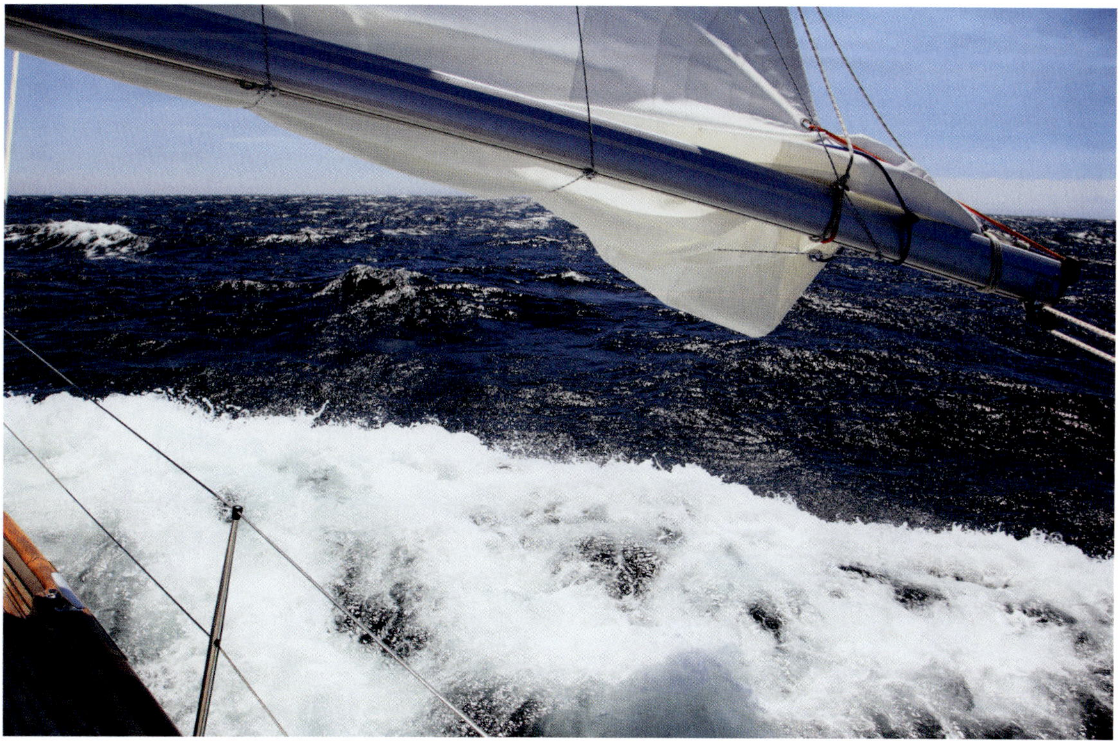

Der regionale Wetterbericht, meist mehrmals täglich über UKW-Seefunk ausgestrahlt, ist dabei neben der eigenen Beobachtung eine gute Hilfe. Mit offenen Augen, etwas Erfahrung und Aufmerksamkeit in der Beobachtung des Himmels kann ein Segler häufig die Anzeichen für herannahenden Starkwind aus der Veränderung der Wolken und einer Änderung der Windrichtung ablesen.

Gerefft auf See im Starkwind

Bei instabiler Wetterlage sind besonders dunkle, tiefhängende Wolken, die relativ schnell heranziehen, in der Regel ein Hinweis auf bald einsetzenden Starkwind. Der Luftdruck ist dann meist schon zuvor deutlich gefallen.

Wenn die mittlere Krängung auf Amwindkurs regelmäßig mehr als 20 Grad beträgt, so wird es Zeit zum Reffen. Mehr als 20 – 25 Grad Krängung hat nichts mit „sportlichem Segeln“ zu tun. Es führt lediglich zu mehr Abdrift. Große Krängung steigert keineswegs die Bootsgeschwindigkeit, auch wenn es sich vielleicht so anfühlt. Das Material wird hingegen übermäßig beansprucht und der Besatzung fällt jede Bewegung an Bord schwerer. Kochen, essen, schlafen – alles wird schwieriger, ja in grobem Seegang wird es unter Umständen fast unmöglich zur Toilette zu gehen.

Ein weiterer Hinweis auf notwendig werdendes Reffen ist auch die zunehmende Luvgierigkeit des Schiffes. Am Wind genauso wie bei halbem Wind. Der Rudergänger wird dann immer mehr Gegenruder legen müssen, um das Schiff noch auf Kurs halten zu können. Mehr als 5 bis maximal 10 Grad Gegenruder sollten als Mittelwert auf einem gut ausgetrimmten Schiff nicht notwendig sein, um den Kurs zu halten.

Auf einem Raumschotskurs passiert es leicht, dass der zunehmende Wind nicht früh genug wahrgenommen wird, um noch problemlos das Reff einbinden zu können, denn der Fahrtwind verringert ja den scheinbaren Wind. Das Schiff wird immer schneller, aber es entsteht keine bedrohlich zunehmende Krängung, denn durch die Fahrt „mit dem Wind" ist die subjektiv wahrgenommene Windgeschwindigkeit etwa 1 bis 2 Beaufort geringer als die wahre Windgeschwindigkeit. Es ist gar nicht selten, dass in einer solchen Situation ein Beschlag des Baumniederholers bricht.

Die folgenden Tabellen geben Richtwerte für das Reffen auf verschiedenen Kursen zum Wind bei zunehmender Windgeschwindigkeit. Im konkreten Einzelfall kann es allerdings sinnvoll sein, je nach Schiffstyp und allgemeinen Bedingungen von diesen Werten abzuweichen.

Orientierungshilfen zum Reffen auf Amwind- und Halbwindkurs:

Windstärke	Großsegel	Vorsegel
1 bis 3	voll	voll bzw. Leichtwindgenua
4 bis 5	1. Reff	leicht eingerollt
6 bis 7	2. Reff	ein Drittel der Fläche eingerollt
8	3. Reff	halbe Fläche eingerollt, besser Sturmfock

Orientierungshilfen zum Reffen auf Raumwindkurs:

Windstärke	Großsegel	Vorsegel
1 bis 4	voll	voll bzw. Leichtwindgenua
5 bis 6	1. Reff	leicht eingerollt
6 bis 7	2. Reff	ein Drittel bis halb eingerollt
8	3. Reff	halb eingerollt, besser Sturmfock

Reffen des Vorsegels

Eine Allround-Genua sollte unter Normalbedingungen im Hinblick auf ein noch brauchbares Profil nicht mehr als maximal 30 % bis 40 % ihrer Fläche eingerollt werden, denn bereits nach 3 – 4 Umdrehungen am Vorstag treten die ersten Falten im Profil auf. Mit jeder weiteren Umdrehung werden die Falten zahlreicher und tiefer. Darum ist es sinnvoll, bei zu erwartendem Starkwind eine Starkwindfock an einem sogenannten „fliegenden Vorstag" oder an einer zweiten, weiter innen zum Mast hin installierten Rollanlage angeschlagen zu haben.

Auf Regattayachten, die mit Mannschaft gesegelt werden, ist es üblich, der Windstärke entsprechend verschiedene, unterschiedlich große Vorsegel zu fahren. Auf

Einhandrennen hingegen werden heutzutage Rollanlagen für alle Vorsegel eingesetzt, denn einhand kann bei viel Wind ein Vorsegel nicht mehr klassisch gewechselt werden.

Praxistipp: Beim Einrollen der Genua sollte auf die Schoten nur so wenig Lose gegeben werden, wie gerade eben notwendig, um das Einrollen noch ohne Einsatz der Winschen zu ermöglichen. Zuviel Lose lässt die Schoten schlagen und führt zu großen Falten im aufgewickelten Tuch. Es entsteht dann eine unregelmäßig gewickelte „Rollwurst“, die die Leistung der Restfläche des Segels durch Turbulenzen ruiniert. Beim Einsatz einer Winsch zum Einrollen der Genua bei Starkwind sind die wirkenden Kräfte nicht mehr so deutlich zu spüren wie beim Einrollen ohne Winsch. Dies kann dazu führen, dass die Reibung zwischen Rollprofil und Vorstag so groß wird, dass der Draht des Vorstags überlastet wird, frühzeitig altert und später dann irgendwann überraschend bricht.

In Vorbereitung auf Schwerwetter ist auf einem gut ausgerüsteten Schiff mindestens eine Starkwindfock mit höchstens der halben Fläche der Genua an Bord. Und zusätzlich eine noch kleinere Sturmfock mit weniger als einem Viertel der Fläche der Genua. Falls diese Fock auch mit einem Vorliek für die Rollanlage ausgestattet ist, kann sie allerdings nur im Hafen gesetzt werden, denn auf See bei Starkwind wird es so gut wie unmöglich sein, in Böen auf dem stampfenden und rollenden Vorschiff die riesige Genua zu bergen und sie gegen die Starkwindfock zu ersetzen.

Rollanlage Vorsegel

Um auch auf See das Setzen eines Starkwindsegels bei schlechtem Wetter möglich zu machen, muss ein zusätzliches mobiles Schwerwetterstag – auch „Fliegendes Vorstag“ genannt – vorhanden sein. Dies ist ein klassisches Draht-Vorstag, das bei gutem Wetter zum Mast hin weggebunden wird und nur bei zu erwartendem Starkwind über eine spezielle Spannvorrichtung auf einem besonders festen Beschlag auf dem Vorschiff hart durchgesetzt wird. An diesem Stag wird dann die Starkwind- oder Sturmfock klassisch mit Stagreitern, also ohne Rolleinrichtung, gesetzt. Separate Schwerwetterschoten gehören natürlich ebenfalls dazu, denn die Genua muss mit ihren eigenen Schoten gegen Ausrollen gesichert werden.

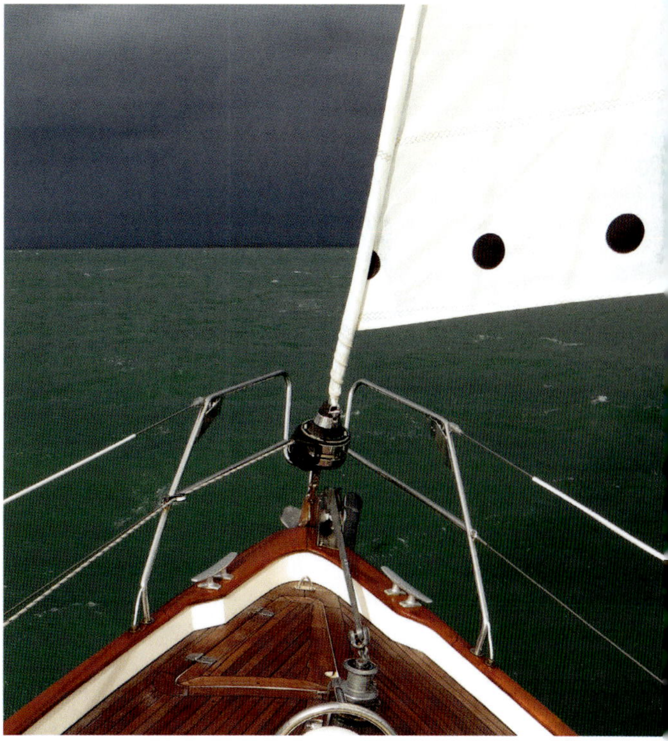

Auf einem Langfahrt-orientierten Fahrtenschiff ist es sinnvoll, statt des fliegenden Schwerwetterstags auf dem

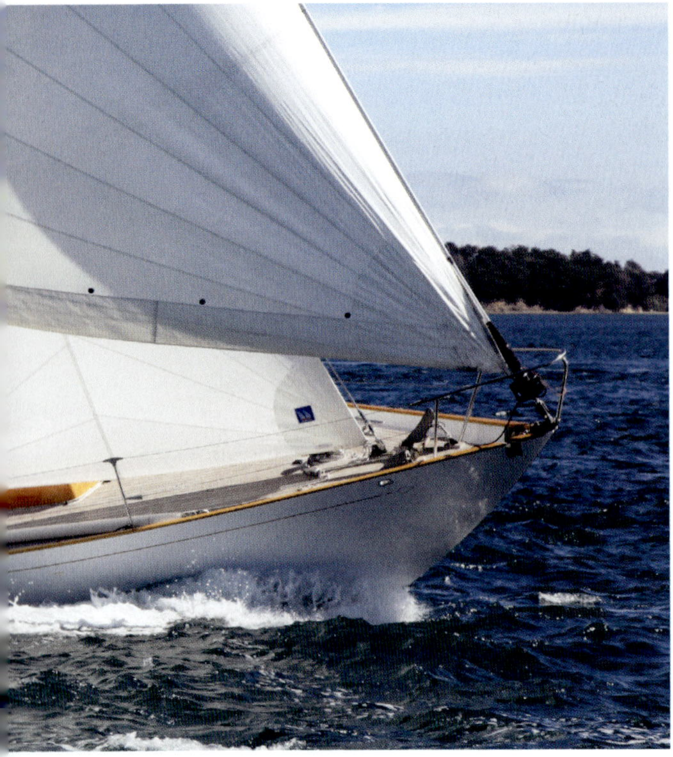

Zwei Vorsegel

Vorschiff eine zweite Rollanlage zwischen Genua-Rollanlage und Mast anzubauen. Eine kleine Starkwindfock bleibt daran ständig aufgerollt angeschlagen. Sie muss so klein und aus so festem Tuch sein, dass sie bei Sturm auch noch durch weiteres Einrollen zu einer Sturmfock verkleinert werden kann.

Reffen des Großsegels

Die meistverbreiteten Reffsysteme für das Groß sind das Bindereff am Baum und das Rollreff im Mast. Beide Systeme haben ihre Vor- und Nachteile. In Großsegel, die in den Mast eingerollt werden, können keine horizontalen Latten eingearbeitet werden, denn sie lassen sich ja nicht einrollen. Ein lattenloses Segel muss darum einen stark konkaven Schnitt im Achterliek haben, um nicht zu killen. Dies hat aber zur Folge, dass ein Rollgroß bei gleicher Masthöhe etwa 10 bis 15 % weniger Segelfläche und dementsprechend weniger Leistung hat als ein Groß mit Bindereff. Es gibt allerdings Segelmachereien, die vertikale Latten in das Segel einarbeiten, so dass das Achterliek etwas weniger konkav geschnitten werden kann, ohne das Einrollen in den Mast unmöglich zu machen. Ein so geschnittenes Segel kann aber aerodynamisch niemals ein so gutes Profil besitzen wie ein klassisches Groß.

Ein Groß mit Bindereff kann auf zweierlei Weise mit Latten versehen sein. Regattasegler bevorzugen die Version, die früher auch noch bei Fahrtenseglern üb-

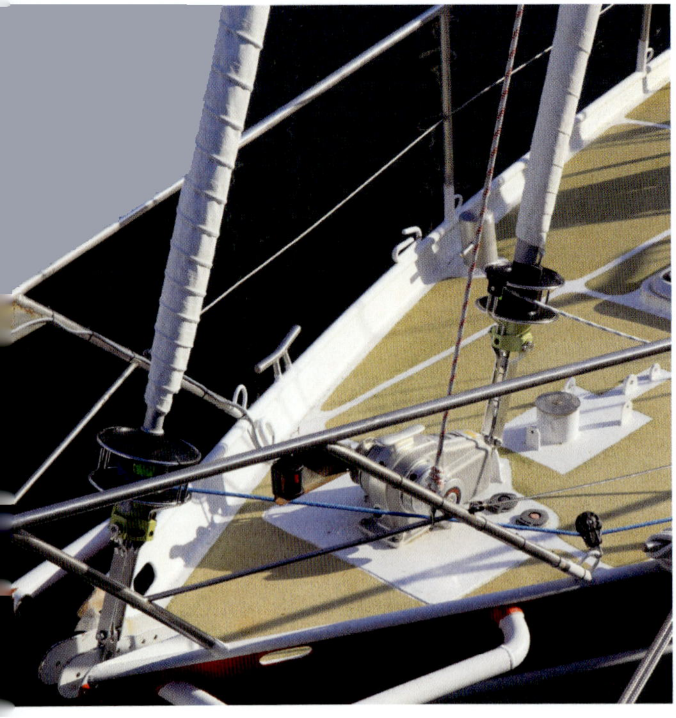

Zwei Rollanlagen

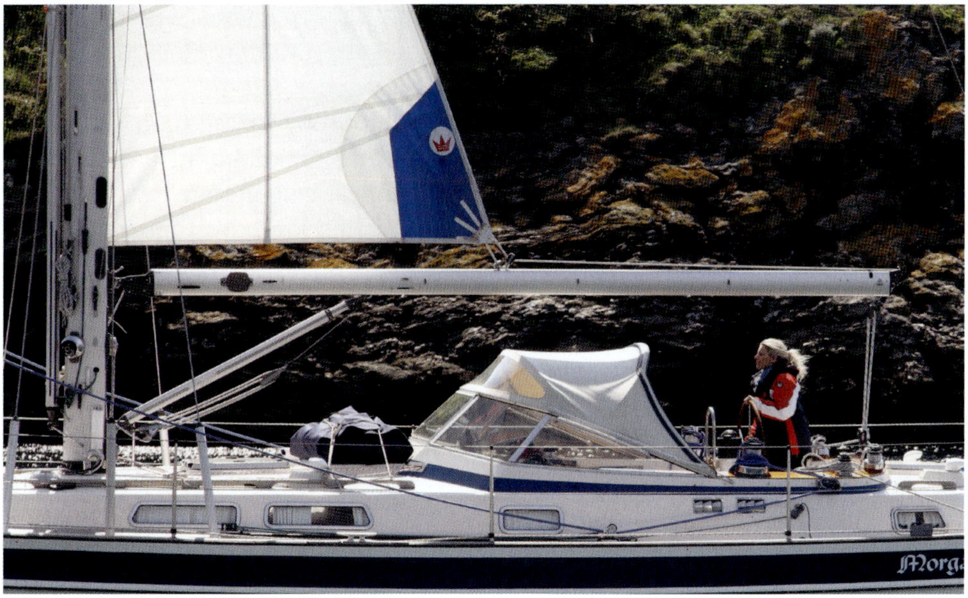

Rollanlage Großsegel

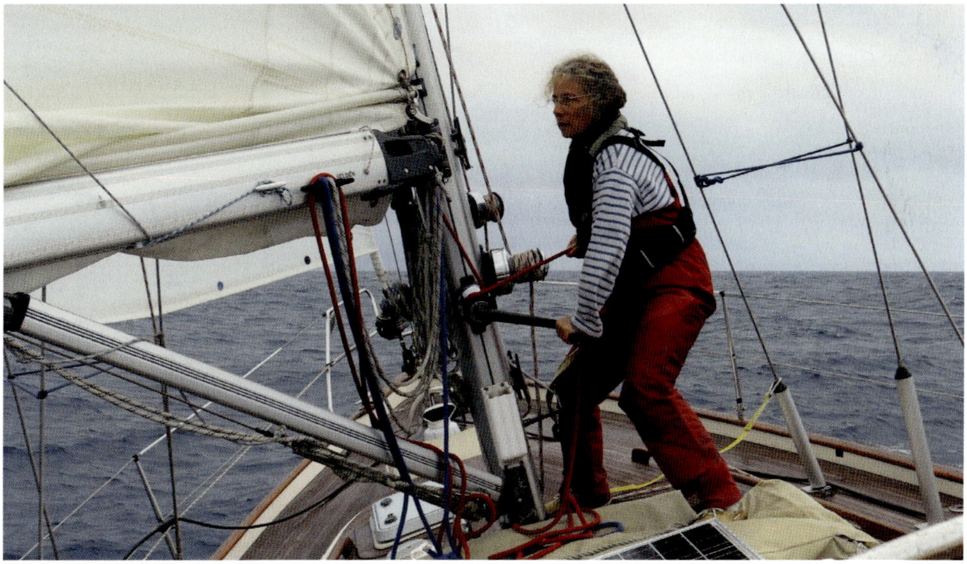

Bindereff am Großsegel

lich war: Vergleichsweise kurze Latten sind in das Achterliek eingesetzt und stabilisieren lediglich etwa ein Viertel der horizontalen Strecke zwischen Mast und Achterliek. Vorteil: Das Segel lässt sich relativ gut trimmen. Nachteil: Das faltenfreie Bergen des Segels ist recht aufwändig. Die von Fahrtenseglern bevorzugte Version ist die des voll-durchgelatteten Großsegels. Dabei stabilisieren horizontale Latten in voller Bahnbreite das Tuch zwischen Achterliek und Mast, was das Profil stabilisiert und insbesondere das Bergen des Segels erheblich vereinfacht. Umso mehr, wenn

Lazyjacks vorhanden sind. Allerdings lässt sich die Bauchtiefe des Segels praktisch nicht mehr verändern, denn die durchgehenden Latten stabilisieren das vom Segelmacher im Schnitt vordefinierte Profil.

Ein Vorteil des Rollgroß im Vergleich zum voll durchgelatteten Groß ist zweifellos, dass bei richtiger Bedienung und gut gewarteter Rollanlage das Einrollen schneller geht als das Reffen mit Bindereff. Zumindest bei gutem Wetter trifft dies so meist zu. Bei Starkwind hingegen passiert es nicht selten, dass das schlagende Tuch beim Einrollen in den Mast Falten wirft und klemmt und dann im Extremfall die Segelfläche überhaupt nicht mehr verändert werden kann.

Um dies zu vermeiden, ist folgendes wichtig: Das Rollgroß hat einen festen Drehsinn zum Einrollen. Darum ist es keineswegs egal, auf welchem Bug segelnd das Groß gerefft wird. Die „Schokoladenseite“ ist die, bei der das Tuch sich nicht um die Schlitzkante am Mast herumarbeiten muss, sondern frei eingezogen werden kann. Welche Seite dies ist, muss konkret an Bord geprüft werden. Ein Hinweis: Reffen sie nicht – wie in manchen Segelschulen gelehrt – im Wind, sondern stattdessen hart am Wind mit dichtgeholter Fock hoch am Wind segelnd. Das hat zwei Vorteile: Erstens wird das Schiff durch die dichtgeholte, gut stehende Fock auf dem Amwindkurs in seinen Bewegungen stabilisiert, rollt folglich nicht. Zweitens kann das Groß über seine Schot besser kontrolliert werden. Es wird folglich weniger schlagen, was wiederum das Einrollen erleichtert.

Das Reffen am Wind statt im Wind ist nicht nur auf Schiffen mit Rollgroß von Vorteil, sondern erleichtert genauso den Reffvorgang auf einem Schiff mit klassischem Latten-Groß und Bindereff.

Schritte beim Reffen eines Großsegels mit Bindereff:

1. **Der Rudergänger (oder Autopilot) geht hoch an den Wind, Großschot und Fockschot werden dichtgeholt. Das Boot bleibt auf Amwindkurs.**
2. **Sofern kein Rodkicker vorhanden, wird der Baum mittels Dirk etwas angehoben, um das Achterliek zu entlasten.**
3. **Die Großschot wird so weit gefiert, bis kein Druck mehr im Segel steht.**
4. **Das Großfall wird nun so weit gefiert bis das Reffauge des 1., 2. oder 3. Reffs (je nach Windstärke) am Reffhaken eingepickt werden kann.**
5. **Das Großfall wird nun über die Fallwinsch wieder hart durchgesetzt.**
6. **Die Reffleine des 1., 2. oder 3. Reffs wird mittels Winsch hart durchgesetzt und mit Stopper festgeklemmt.**
7. **Sofern kein Rodkicker: Lose auf die Dirk geben.**
8. **Das entlang des Baums freie Tuch wird mit Reffbändseln zusammengebunden (überflüssig bei Lazyjacks).**
9. **Die Yacht fällt ab auf neuen Kurs und die Großschotlänge wird dem neuen Kurs angepasst.**

Schritte beim Reffen eines Rollgroßsegels:

1. **Das Boot geht hoch an den Wind auf der „Schokoladenseite" der Rollanlage (s. o.)**
2. **Großschot und Fockschot werden dichtgeholt. Das Boot bleibt auf Amwindkurs.**
3. **Der Baum wird mittels Dirk oder Baumstütze (Rodkicker) etwas angehoben, um das Achterliek zu entlasten**
4. **Die Großschot wird so weit gefiert, bis kein Winddruck mehr im Segel steht.**
5. **Die Reffleine wird so weit durchgeholt und damit die Großsegelfläche so weit verkleinert, wie es die Windstärke notwendig macht.**
6. **Die Dirk wird wieder gelöst, bzw. der Rodkicker wird passend eingestellt.**
7. **Die Großschot wird passend zum neuen Kurs eingestellt.**

Befragt man erfahrene Segler zu ihren Erfahrungen mit Rollgroßsegeln, so berichten viele davon, dass es insbesondere bei viel Wind nicht selten während des Reffvorganges notwendig wird, das Cockpit zu verlassen, um direkt am Mast die Rollanlage zu bedienen. Das bedeutet, dass dann in der Regel zwei Personen gebraucht werden, um das Rollgroß klemmfrei in den Mast einzurollen: Der eine bedient die Rollmechanik am Mast, während der andere die Baumstellung und die Holeleine kontrolliert. Man vergleiche hiermit die Argumentation der Hersteller von Rollanlagen für Großsegel: *„Ein Rollgroß hat gegenüber einem klassischen Groß den Sicherheitsvorteil, dass es während des Reffvorgangs nicht notwendig ist, den Schutz des sicheren Cockpits zu verlassen."* Die Praxiserfahrung steht – insbesondere bei Starkwind – eindeutig im Widerspruch zur Theorie der Hersteller.

Es gibt auch Rollanlagen für Großsegel, die das Tuch nicht in den Mast, sondern waagerecht im Baum aufrollen. Hiermit werden gleich zwei Fliegen mit einer Klappe geschlagen: Das Großsegel kann, wie beim klassischen Groß mehrere waagerechte Latten haben, was eine größere Segelfläche erlaubt. Und falls irgendwo etwas klemmt, ist es im Baum in Reichweite der Crew. Ein Einklemmen des Segeltuchs innerhalb des Masts in großer Höhe ist ausgeschlossen. Leider sind diese Anlagen sehr teuer und darum nicht sehr verbreitet.

8.7 Segeln bei Nacht

In diesem Kapitel sollen nicht die Kennungen von Leuchtfeuern, die Befeuerungen von Fahrwassern oder die Lichterführung von Fahrzeugen bei Nachtfahrt behandelt werden, denn der angehende Skipper kennt all dies bereits aus den Anfängen seiner Segelausbildung. Allerdings sind vielleicht ein paar Tipps hilfreich, die der Skipper für die anstehende Nachtfahrt weitergeben kann.

Auch wenn sie in Zeiten des GPS fast überflüssig erscheinen könnten, Leuchttürme und befeuerte Tonnen stehen hoffentlich auch in Zukunft noch lange als zuver-

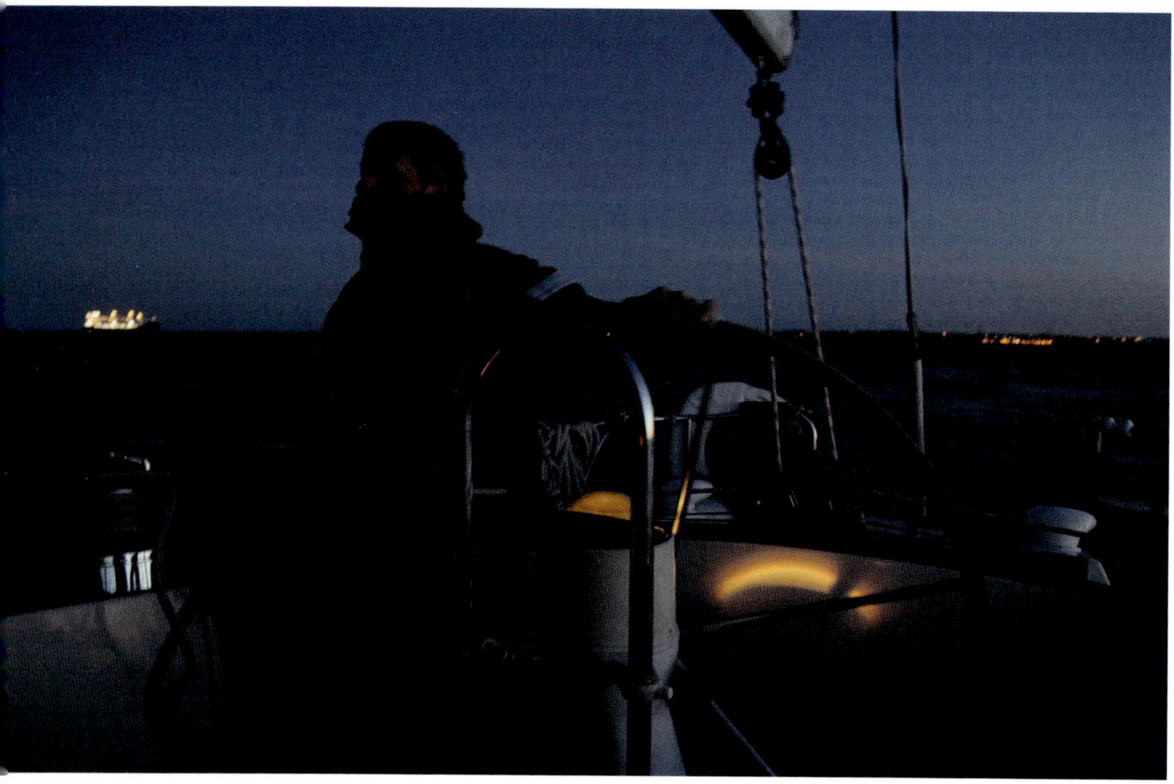

Segeln bei Nacht erfordert besondere Vorbereitungen

lässige Navigationshilfen bei Nacht zur Verfügung. Es gehört etwas Übung dazu, die Kennung eines Leuchtfeuers – insbesondere bei hohem Seegang – richtig zu identifizieren. Ein guter Skipper wird seine Crew in den ersten Stunden nach Sonnenuntergang einführen in die „Kunst" des Lichterlesens. Dazu gehört es, einerseits die Blitz- und Blinkzeichen in ihrer Anzahl richtig zu erkennen und andererseits auch die zeitliche Abfolge richtig über eine Stoppuhr oder routiniertes Mitzählen im Sekundentakt zu messen. Übung lautet auch hier das Zauberwort. Mit einer einfachen Taschenlampe lässt sich die Kennung eines Feuers leicht simulieren, so dass der Skipper daraus ein kleines Lernspiel für seine Crew machen kann.

Im sogenannten Leuchtfeuerverzeichnis finden sich die notwendigen Informationen über Position und Kennung aller Leuchttonnen und Leuchtfeuer. Es erscheint in allen seefahrenden Nationen jährlich aktualisiert. Meist ist es allerdings nicht an Bord, weil es teuer ist und selten gebraucht wird. Der Skipper ist dann auf die Eintragungen zur Befeuerung in der – vielleicht veralteten – Seekarte angewiesen. Eine gute Hilfe auf Langfahrt in West-Europa ist nicht nur für die Nachtfahrt der *Reed's Nautical Almanac* (*siehe Literaturverzeichnis*), denn er enthält neben umfangreichen allgemeinen Information zur Navigation auch jährlich aktualisiert alle befeuerten Tonnen und Leuchtfeuer zwischen Dänemark und Gibraltar. Auch ist die Symbolik der Befeuerung, die Kennungen und ihre Abkürzungen im *Reed's* übersichtlich auf

Tafeln dargestellt. Eine Kopie dieser Tafeln nachts am Kartentisch schnell zur Verfügung zu haben, ist vielleicht keine schlechte Idee.

Im Folgenden sollen die Aspekte des Segelns bei Nacht behandelt werden, die in der Segelausbildung leider in der Regel zu kurz kommen. Doch in der Vorbereitung von Schiff und Crew für die Nachtfahrt ist vieles zu beachten.

Segeln nach Sonnenuntergang bis tief in die Nacht hinein ist nicht nur ein emotional stimulierendes Erlebnis. Es erweitert auch den Aktionsradius auf einem Törn erheblich, so dass entferntere Ziele erreicht werden können als bei einem Törn, der nur bei Tageslicht gesegelt wird. Wer 24 Stunden durchsegelt, gewinnt praktisch die Distanz eines Segeltages, so dass während eines zeitlich begrenzten Segelurlaubs Häfen, Inseln oder Ankerplätze angelaufen werden können, die sonst unerreichbar wären.

Auch ist es gar nicht so selten, dass während der Nacht ein günstigerer Wind weht als am Tage. Dies ist insbesondere dann der Fall, wenn eine stabile Hochdrucklage herrscht und sich durch die unterschiedliche Erwärmung von Wasser und Land thermische Winde aufbauen. Tagsüber Seewind, vom Meer in Richtung Festland und nachts, meist etwa ab Mitternacht, umgekehrt von Land in Richtung See. Der nächtliche ablandige Wind kann keinen hohen Seegang aufbauen wegen der relativ kurzen Wirkungsstrecke (Fetch) über die meist eher schmale Wasserfläche zwischen Küste und Schiff. Folglich ist in dieser Situation bei gleicher Windstärke das Segeln bei Nacht ruhiger als am Tag.

Woher holt sich aber der Segler die Information darüber, ob mit thermischen Winden zu rechnen ist? Aus der Bodenwetterkarte (Internet, Hafenbüro) mit einge-

Die Instrumentenbeleuchtung darf nicht zu hell sein.

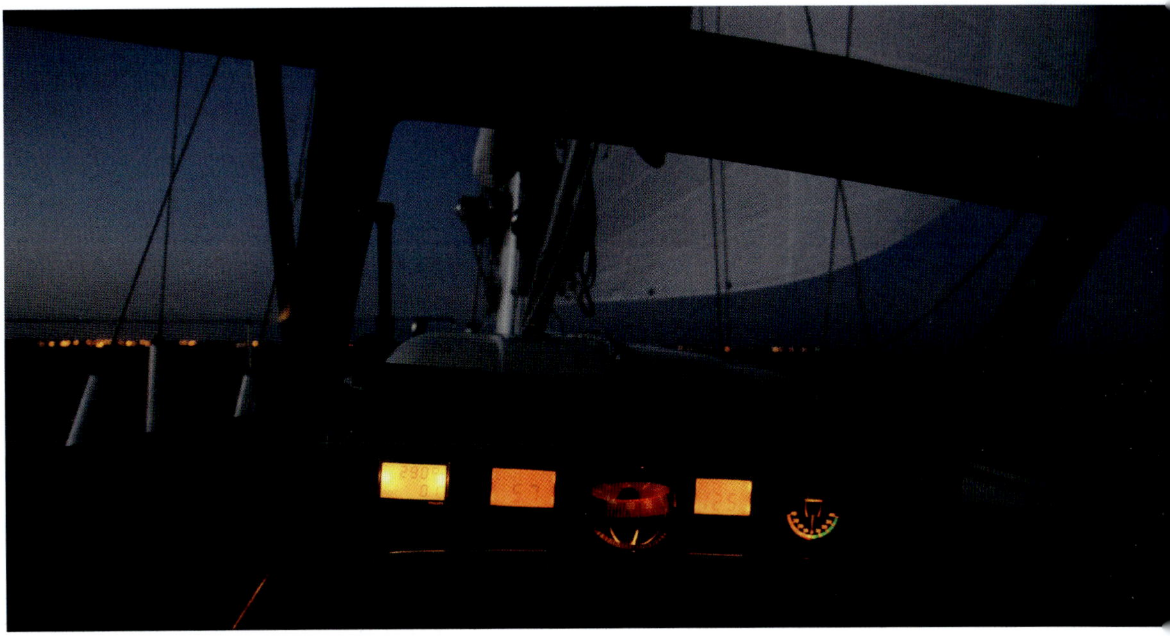

zeichneten Isobaren, also der Lage der Hoch- und Tiefdruckgebiete ist die Verteilung der Hoch- und Tiefdruckgebiete erkennbar. Eine ausgeprägte Hochdrucklage über einer Küste mit großer homogener Landmasse einerseits und großer Seefläche andererseits, erzeugt – zumindest im Sommer – in der Regel thermische Winde. Der Küste vorgelagerte Inseln wie beispielsweise in Griechenland oder in der Türkei oder an der Côte d'Azur in Frankreich erschweren allerdings die Interpretation der Wetterkarte, denn sie erwärmen sich natürlich wie das Festland und erzeugen folglich Turbulenzen, die schwer vorhersehbar sind. Dies ist u.a. der Grund für die z. B. in der Ägäis oft unangekündigt einfallenden Böen in Küstennähe. Einfacher hingegen zu analysieren ist die Wetterlage an einer klar gegliederten Küste wie der italienischen Adria ohne vorgelagerte Inseln: Auf der einen Seite nur Land, auf der anderen nur Wasser. Häufig werden thermisch bedingte Winde auch in den über Seefunk (UKW) ausgestrahlten Wetterberichten genannt, aber verlassen Sie sich nicht darauf!

Neben der Analyse der Wetterlage gehört in jedem Fall für das Segeln bei Nacht eine systematische Überprüfung der kompletten Ausrüstung des Schiffes dazu. Folgendes ist dabei zu beachten:

Stauen von Ausrüstung unter Deck

In der Nacht noch konsequenter als am Tage muss alles so gestaut sein, dass nichts hin und her fliegen kann, aber dennoch alles leicht zu finden ist. Handlampen, Rettungswesten, Lifelines, Schreibutensilien, Thermoskannen mit warmen Getränken, Snacks für die Wache… alles sollte griffbereit sein. Auf einem längeren Törn ist ein Stauplan dabei durchaus hilfreich.

Lose Ausrüstung an Deck

Unfallursache Nummer 1 an Bord, und natürlich insbesondere bei Nacht, ist das Stolpern oder Ausrutschen auf unachtsam an Deck herumliegenden, unaufgeschossenen Leinen. Alle Stolperfallen müssen beseitigt werden: Leinen, Fender, Bootshaken, Beiboot, Beibootriemen, Klappfahrrad, Surfbrett – was auch immer. Das Deck muss so aufgeklart sein, dass die Crew – wenn es denn sein muss – auch ohne Beleuchtung vom Cockpit sicher zum Vordeck gehen kann.

Für den sicheren Gang zum Vorschiff – insbesondere bei Nacht – haben viele Skipper ihr Schiff mit Lifelines ausgerüstet, die vom Bug bis zum Heck führen. Dies ist durchaus sinnvoll, unter der Voraussetzung, dass die Lifeline nicht selbst zur Unfallursache wird. Dies ist aber insbesondere dann der Fall, wenn sie aus Drahtseilen oder Tauwerk besteht, denn durch die runde Form kommt es beim Drauftreten leicht zum seitlichen Ausrutschen durch Abrollen. Besser geeignet ist flaches, an Deck glatt liegendes Textilband.

Und nicht zu vergessen: Auch die am Tage ausgebrachte Schleppangel sollte eingeholt werden, denn wer will schon mitten in der Nacht plötzlich einen hin und her schlagenden 9 Kilogramm schweren Barrakuda an Deck haben.

Feste Ausrüstung an Deck

Die persönlichen Lifebelts der Crew müssen irgendwo eingepickt werden können. Auf einem gut ausgerüsteten Schiff gibt es zu dem Zweck für Crew und Rudergänger Augbolzen im Cockpit. Auch am Mast und auf dem Vorschiff sind Einpickhilfen notwendig. Falls das Schiff keine Augbolzen hat, so hilft man sich provisorisch mit der Steuersäule. Die Seereling könnte brauchbar sein, ist aber vorher auf Stabilität zu prüfen. Auf manchen Schiffen sind die Füße der Relingsstützen nicht fest genug im Deck verankert, um auch die hohen Kräfte aufnehmen zu können, wenn ein Besatzungsmitglied in den Relingsdraht fällt. Eine Seereling muss jedoch „bulletproof" verankert sein!

Eigentlich sollte niemand bei Schwerwetter auf das Vorschiff gehen, schon gar nicht in der Nacht. Aber es kann ja unvorhergesehen dennoch einmal notwendig werden. Prägen sie sich darum die Position der Handläufe ein, die – hoffentlich stabil genug – an Deck angebaut sind.

Beleuchtung an Deck

Vor einem Nachttörn muss sichergestellt sein, dass alle Beleuchtungen auch tatsächlich funktionieren.

✔ Hier eine Liste der zu überprüfenden Lampen

- ◯ **Navigationsbeleuchtung, rot und grün am Bug und weiß am Heck und/ oder Dreifarbenlaterne im Masttop**
- ◯ **Dampferlicht, weiß, auf etwa halber Masthöhe für Motorfahrt**
- ◯ **Ankerlaterne, mobil nahe an der Plicht, oder fest im Masttop**
- ◯ **Blitzlampe an der MOB-Rettungsboje**
- ◯ **Kompassbeleuchtung**
- ◯ **Decksbeleuchtung**
- ◯ **Instrumentenbeleuchtung für Logge, Echolot, GPS-Tochter …**
- ◯ **Verklickerbeleuchtung**

Beleuchtung unter Deck und im Cockpit

Auf einer mittelgroßen Yacht gibt es unter Deck sicherlich mehr als ein Dutzend Decken- und Wandlampen. Dazu kommen die Beleuchtungen für den Motorraum und vielleicht auch für einige Stauräume. Speziell auf einem Charterboot können Sie allerdings nicht davon ausgehen, dass alle diese Lampen auch funktionieren. Darum ist es sinnvoll, mehrere Taschenlampen und Stirnlampen (und auch die zugehörigen Ersatzbatterien) mit an Bord zu bringen. Für neuere Lampen mit USB-Lademöglichkeit nicht das Ladekabel vergessen. Möglichst viele Lampen sollten auf Rotlicht umschaltbar sein.

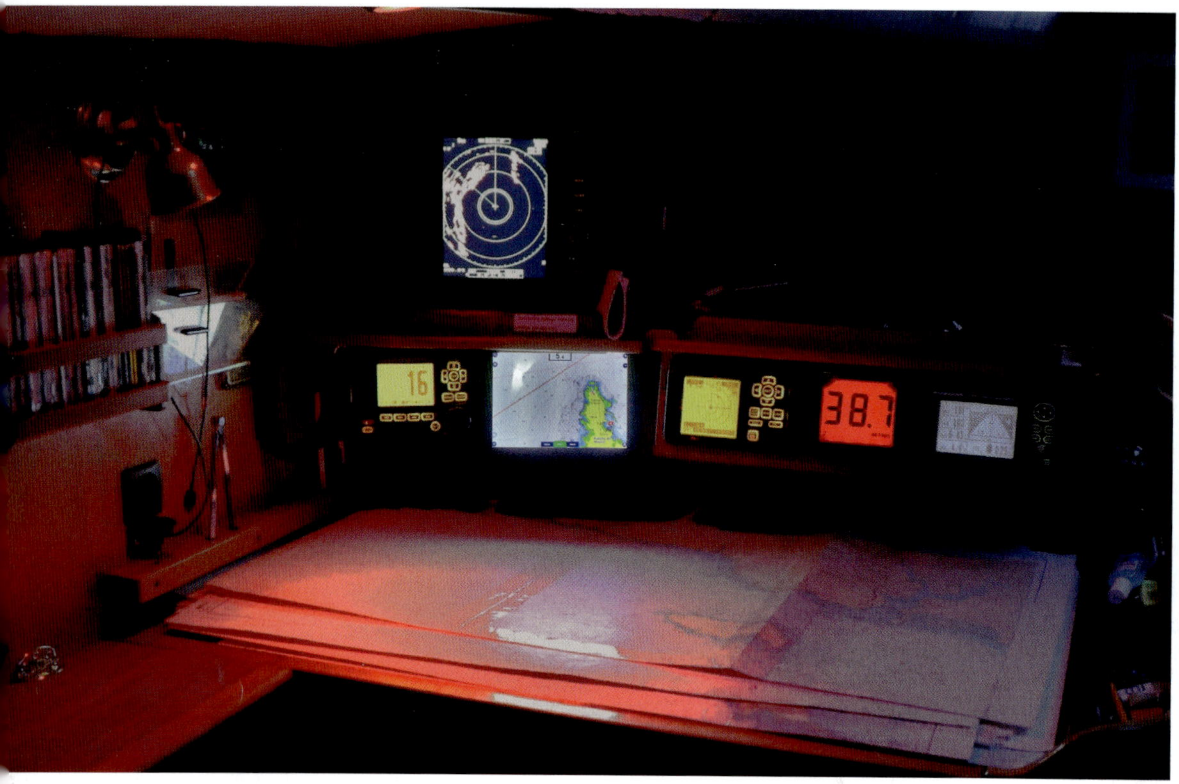

Nachts am Kartentisch mit Rotlicht

Bei Nachtfahrt ist darauf zu achten, dass die wachhabende Crew im Cockpit nicht durch helles Licht, das aus dem Niedergang kommt, geblendet wird. Zum Erkennen der Positionslaternen anderer Fahrzeuge und zum Auffinden und Identifizieren von Leuchttürmen oder Leuchttonnen muss sich das Auge an die Dunkelheit gewöhnt haben, was bedeutet, dass die Pupillen deutlich geweitet sind. Plötzliches helles Licht lässt die Pupillen sich rasch verengen und es dauert mehr als eine Minute, bis sie sich wieder ausreichend geweitet haben.

Darum ist es beispielsweise nicht sinnvoll, bei Nacht direkt am Niedergang eine Deckenleuchte zu benutzen. Besser ist es, außerhalb des direkten Sichtwinkels der Crew unter Deck eine sehr schwach leuchtende Leselampe angeschaltet zu lassen. Am besten geeignet ist eine spezielle, mit roter LED ausgestattete Deckenleuchte über dem Kartentisch, die neben der mit einem Dimmer versehenen, weiß leuchtenden Kartenleselampe alternativ zur Verfügung steht.

Am Kartentisch sollte eine gute, große Lupe nicht fehlen. Manche Details auf der Seekarte (Abkürzungen der Lichterkennungen, Tiefenangaben bei Untiefen) sind schon am Tage nicht immer leicht ablesbar. Wie dann erst bei Nacht? Und: Haben Sie an die Reservebrille gedacht?

Manche Yachten sind mit einer separaten Cockpitbeleuchtung in Form von Halogen- oder LED-Strahlern am Brückendeck oder am Großbaum ausgerüstet. Es ist klar, dass diese Lampen auf See bei Nacht nur in Ausnahmefällen benutzt werden sollten, denn sie blenden die Crew erheblich.

Und nicht vergessen: Wo sind eigentlich die Schalter für all diese vielen Lampen? Auf jedem Schiff ist gerade für die Nachtfahrt eine Einweisung der Crew in alle Stromkreise und das komplette Elektroschaltpanel unabdinglich. Dabei sollte auch gleich vom Skipper gezeigt werden, wo sich die Bord-Batterien und der/die Batteriehauptschalter befinden.

Mobile Lampen und andere Ausrüstung

Mindestens eine stoß- und wassergeschützte – besser wirklich wasserdichte – Handlampe sollte pro Crewmitglied an Bord sein. Dazu auch Stirnlampen und Ersatzbatterien falls die Crew ihre eigenen Lampen vergessen hat. Am besten natürlich alle Lampen in LED-Ausführung. Ein starker Suchscheinwerfer, mobil oder mit Spiralkabel ans 12V-Netz angeschlossen, ist bei Hafenansteuerungen und auf Ankerreeden von großem Nutzen.

Stirnlampe

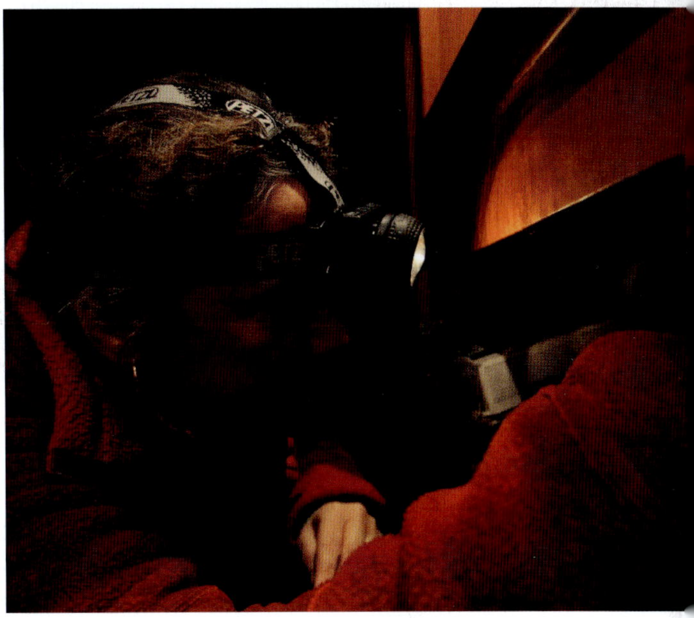

Auf Charterschiffen gibt es in der Regel nur eine, maximal zwei Taschenlampen in der Standardausrüstung, und keineswegs immer wasserdicht. Eine Chartercrew tut daher gut daran, mobile Lampen selbst mitzubringen. Stirnlampen können auch in der Koje als Leselampe genutzt werden, ohne die Person in der Nachbarkoje zu stören.

Das Alptraumthema MOB

Ein Mann-über-Bord-Manöver (MOB – Man Over Board) bei Nachtfahrt ist wohl mit das Schlimmste, was auf einem Törn passieren kann. Um die Chancen des Wiederfindens der über Bord gefallenen Person zu erhöhen, gibt es mehrere Möglichkeiten:

Jedes Crewmitglied, zumindest jede Wache, bekommt auf Nachtfahrt eine eigene wasserdichte Blitzlampe vom Skipper ausgehändigt. Es gibt diese in LED-Technik mit einer Leuchtdauer von mehreren Tagen, während die üblichen älteren batteriebetriebenen Blitzlampen oft nach wenigen Stunden ihren Geist aufgeben.

Wer die Ausgaben nicht scheut, kann sich ein persönliches EPIRB zulegen (Emergency Position Indicating Radio Beacon). Das ist ein in der Tasche zu führender oder direkt in die Rettungsweste eingesetzter kleiner Seenotsender, der GPS-gestützt über Satelliten die Position des MOB weltweit an die nächstliegenden Seenotrettungsstationen weiterleitet. Darüber hinaus gibt es UKW-gestützte persönliche MOB-Sender im Taschenformat, die im AIS-Modus die Position des Über-Bord-Gefallenen bis auf etwa zwei Seemeilen Reichweite senden. Diese Sender sind insbesondere natürlich dann sinnvoll, wenn die eigene Yacht mit AIS ausgestattet ist. Auf vielen Eigneryachten – weniger auf Charterschiffen – sind die Rettungswesten mit solchen AIS-MOB-Sendern ausgestattet.

Bordbatterien, Kapazitätsberechnungen

An Bord einer seegehenden Yacht sollte es zwei Batteriebänke geben: Eine Batterie für den Motorstart und eine weitere – besser mehrere parallel geschaltet – für den restlichen Servicebereich. Die beiden Bereiche sind voneinander unabhängig zu schalten und müssen mit einer elektronischen Trennvorrichtung ausgestattet sein, so dass es unmöglich ist, durch ein zu tiefes Entladen im Servicebereich die Motorbatterie mitzuentladen.

Die Batteriekapazität wird in Amperestunden (Abkürzung Ah) angegeben. Sie ist das Produkt aus Stromstärke (in Ampere, A gemessen) und Zeit (in Stunden, h gemessen). Die Berechnung des gesamten Stromverbrauches und der damit benötigten Batteriekapazität ist auf den ersten Blick relativ einfach: Man liest den Stromverbrauch am Amperemeter am Elektroschaltkasten ab und multipliziert diesen Amperewert mit der Zeit in Stunden, während derer die Geräte benutzt werden.

So benötigt man beispielsweise für ein Radar, das 4 A Strom zieht und das eine ganze Nacht 12 Stunden lang läuft, 4 A × 12 h = 48 Ah Kapazität in der Batterie. Das würde rein theoretisch bei einer Batterie mit beispielsweise 100 Ah Kapazität für etwa 2 Nächte reichen.

Doch die Praxis ist etwas komplexer:

- **Nicht auf allen Schiffen gibt es ein Amperemeter am Schaltkasten, das den aktuellen Gesamtstrom misst.**
- **Wohl niemand misst mit einer Uhr die genaue Nutzungsdauer der eingeschalteten Geräte.**
- **Es sind in der Regel mehrere Geräte mit unterschiedlichem Stromverbrauch gleichzeitig angeschaltet.**
- **Bei vielen Geräten kennt der Skipper den tatsächlichen Stromverbrauch nur näherungsweise.**
- **Nur Lithium-Batterien können ohne Schaden zu nehmen, vollständig entladen werden. Alle anderen Batterien (AGM, Gel) sollten möglichst nur bis maximal 50 % entladen werden. Tieferes Entladen führt bei diesen älteren Batterietypen zu beschleunigtem Altern = Minderung der zur Verfügung stehenden Kapazität.**

Der vorausschauende Skipper erstellt darum eine tabellarische Liste, mit der er den ungefähren Stromverbrauch abschätzt. Als Beispiel mag folgende Aufstellung dienen, bei der bereits weitestgehend LED-Technik vorausgesetzt ist:

Gerät	Stromverbrauch	Dauer der Nutzung	entnommene Ah
Steuerbordlaterne	0,2 A	10 h	2 Ah
Backbordlaterne	0,2 A	10 h	2 Ah
Hecklaterne	0,2 A	10 h	2 Ah
Salonbeleuchtung	1,5 A	4 h	6 Ah
Lampen am Kartentisch	0,2 A	5 h	1 Ah
Kartenplotter	2 A	12 h	24 Ah
Radar	4 A	2 h	8 Ah
Funkgerät	3 A	1 h	3 Ah
Kühlschrank	4 A	6 h	24 Ah
5 Kojenlampen	0,2 A	2 h	2 Ah
Autopilot	6 A	5 h	30 Ah
Summe			**104 Ah**

Geht man davon aus, dass wir aus Sicherheitsgründen nur 50 % der Batteriekapazität nutzen wollen, so müsste allein für eine einzige durchsegelte Nacht bereits mehr als 200 Ah Batteriekapazität an Bord vorhanden sein. Mittelgroße Charteryachten sind in der Regel jedoch mit nicht mehr als 2 100 Ah-Batterien ausgerüstet, also 2 × 100 Ah = 200 Ah. Es leuchtet unmittelbar ein, dass unter diesen Bedingungen nur eine einzige Nachtfahrt elektrisch gesehen schon grenzwertig werden kann.

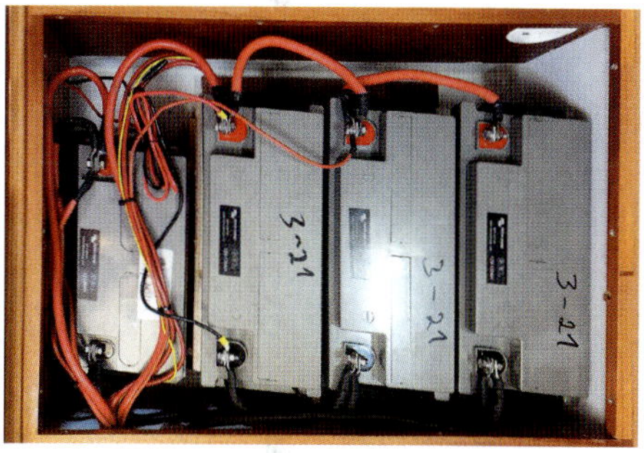

Batteriebank mit parallel geschalteten Batterien

Was also tun? Es gibt eine Reihe von Möglichkeiten (Reihenfolge nach Stromverbrauch geordnet):

- **Autopilot nur selten benutzen**
- **Kühlschrank ausschalten**
- **Radarnutzung auf ein wirklich notwendiges Minimum beschränken**
- **Plotter auf langer Strecke außerhalb navigatorischer Problemzonen ausschalten**
- **Beleuchtung unter Deck auf ein unumgängliches Minimum beschränken.**

Wacheinteilung

Viele Skipper fragen sich vor einer Nachtfahrt möglicherweise: „Brauchen wir überhaupt eine Wacheinteilung? Eine Nacht halte ich auch so durch…" Sicherlich, eine einzige Nacht lässt sich zur Not auch ohne Wacheinteilung durchsegeln. Aber am nächsten Morgen ist eine aufmerksame Schiffsführung dann meist nicht mehr gewährleistet. Um dies von vornherein auszuschließen, sollte der verantwortungsvolle Skipper sich mit der Crew schon am Abend auf eine sinnvolle Wacheinteilung einigen. Ich sage bewusst einigen, denn eine diskutierte und von allen Crewmitgliedern als sinnvoll erachtete Wacheinteilung ist für die Bordatmosphäre und somit für den effizienten Einsatz der Crew besser als eine vom Skipper aufgezwungene.

Welche Aufgaben hat die Wache unter Normalbedingungen?

- **Rudergehen, bzw. Autopilot bedienen**
- **Segelstellung in Bezug zum Wind kontrollieren und ggf. verändern**
- **Ausguck gehen, um Kollisionen zu vermeiden**
- **Schiffsort jede Stunde ins Logbuch eintragen**
- **Einen Snack für die Ablösung bereitstellen**

Wie soll die Wacheinteilung zeitlich organisiert werden? 2-stündig, 3-stündig, 4-stündig, rotierend oder mit festen Zeiten, Einzelwachen, Doppelwachen? Welches Konzept gewählt wird, hängt in erster Linie von der Größe und Kompetenz der Crew und vom Wetter ab.

Ziel der Wacheinteilung muss es sein, dass parallel zur aufmerksamen Schiffsführung die Freiwache genügend viel Schlaf bekommt, um selbst einige Stunden später wieder fit zu sein. Dies ist aber längerfristig kaum zu erreichen, wenn man nach nur zwei Stunden in der Koje wieder an Deck muss. Es sollten darum – sofern es eben machbar ist – am Stück mindestens 4 Stunden, besser noch 6 Stunden wachfreie Zeit für jedermann zum Ausspannen und Schlafen zur Verfügung stehen. Dies geht natürlich nur bei größerer Crew.

Die Frage, ob der Skipper selbst ebenfalls Wache gehen sollte oder nicht, ist abhängig von der Größe der Crew zu beantworten. In einer 2er- oder 3er-Crew ist es wohl unvermeidlich, dass auch der Skipper Wache geht. In einer größeren Crew mit 4 und mehr Leuten könnte man die Meinung vertreten, dass der Skipper, da er ja ohnehin 24 Stunden lang in jedem Moment bei Bedarf zur Verfügung stehen muss, nicht in die feste Wacheinteilung einbezogen wird. Die Entscheidung muss allerdings immer auch von der Belastbarkeit der Crew abhängig gemacht werden. Folgendes Wach-Schema ist ein Vorschlag zur Planung:

Crewstärke inkl. Skipper	Wachzeit bei gutem Wetter	Wachzeit bei schlechtem Wetter
2	3 oder 4 Stunden Einzelwache	2 Stunden Einzelwache
3	2, 3 oder 4 Stunden Einzelwache	2 Stunden Einzel- + 2 Std. Doppel
4	2 oder 3 Stunden Einzel- oder Doppelwache	2 Stunden Doppelwache
5 mit Skipper wachfrei	2 oder 3 Stunden Einzel- oder Doppelwache	2 Stunden Doppelwache; evtl. auch zeitweise mit Skipper

Über mehrere Tage und Nächte hinweg kann ein Rotationsverfahren sinnvoll sein, doch gibt es auch Segler, die gern regelmäßig einen bestimmten Teil der Nacht Wache gehen. Warum nicht! Es ist mit dem Skipper und dem Rest der Crew zu besprechen.

Ein wichtiger Punkt: Egal wie müde der Skipper selbst ist, egal wie lange er bereits in der Koje liegt... Wenn die Mannschaft unsicher ist in der Beurteilung einer Situation, so muss der Skipper geweckt werden.

Ebenfalls wichtig: Falls aus irgendeinem Grund nachts das Cockpit verlassen werden muss, um an Deck etwas zu klarieren, dann muss unbedingt eine zweite Person als Beobachter im Cockpit bleiben.

Ernährung und Kleidung

In der Regel sind die Nachttemperaturen deutlich niedriger als am Tag. Das ist auch schon bei der Packliste der Crew zu berücksichtigen. Auch im Sommer kann es im Ärmelkanal, aber auch in der Ostsee manchmal nachts so kalt werden, dass eine oder zwei „Zwiebelschichten" mehr bei der Kleidung vorgesehen werden müssen. Auch eine angemessene Ernährung trägt dazu bei, dass die Wache nicht auskühlt. Warme Suppen, Tee und Kaffee in Thermoskannen, vorbereitete Sandwiches, Schokolade, Nüsse ... halten die Crew auch nachts in Form. Alkohol sollte nachts selbstverständlich tabu sein!

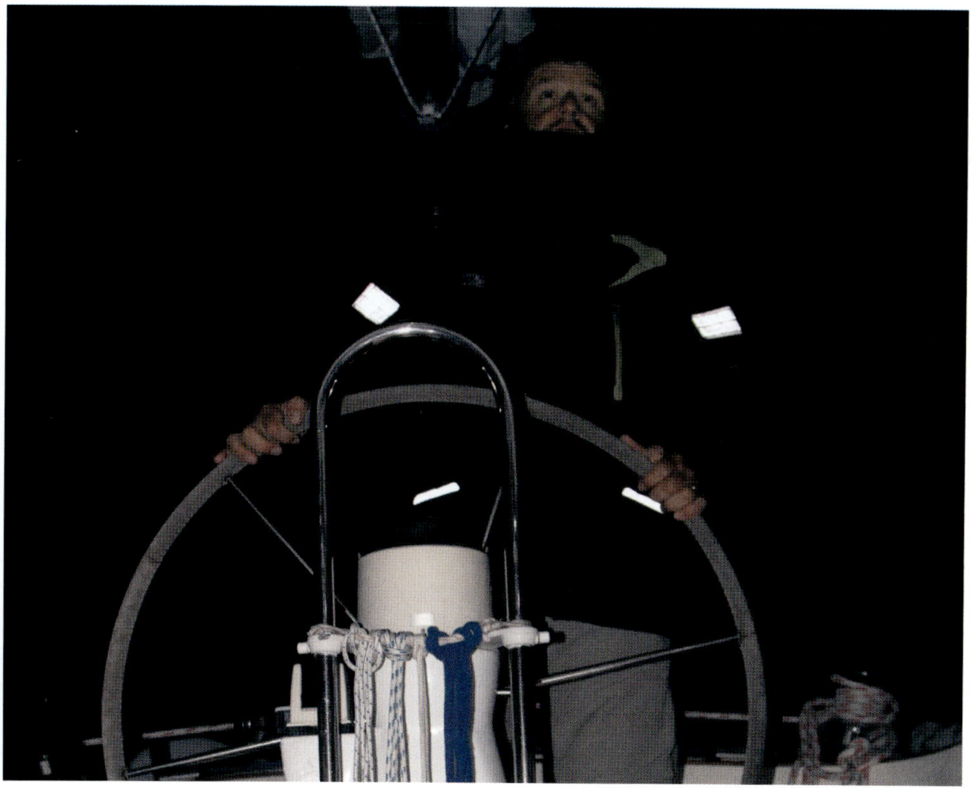

Wache nachts an Deck

Checkliste für die Navigation auf See bei Nacht

- Crew einweisen in das Erkennen von anderen Fahrzeugen durch ihre Lichterführung
- Aktuellen Wetterbericht abrufen
- In den Plotter alle wichtigen Wegpunkte eingeben und zusätzlich auch auf der Papierkarte vermerken. Der gesamten Besatzung diese Liste erklären.
- Warme Suppen und andere nachts leicht essbare Nahrungsmittel vorbereiten
- Verkehrstrennungsgebiete möglichst vermeiden. Falls nicht möglich, dann bei der Wacheinteilung darauf achten, dass mindestens ein erfahrenes Crewmitglied während der Passage an Deck ist.
- Nicht zu dicht unter Land segeln, um unbeleuchtetes Fischereigeschirr zu vermeiden. Meist ist das Wasser frei von Fischereibojen auf mehr als 50 Meter Wassertiefe. Gleiches gilt für unbeleuchtete Tonnen.
- Die Route, wenn möglich, in weitem Abstand zu unbeleuchteten Tonnen planen
- Positionen, die Kursänderungen notwendig machen, der Wache besonders erklären
- Nicht nur den Zielhafen navigatorisch vorbereiten (Befeuerung), sondern auch einen Plan B entwickeln und alternative Zielhäfen navigatorisch vorbereiten.
- Seehandbuch, Hafenhandbuch, Leuchtfeuerverzeichnis, Gezeitentafeln, Strömungsatlas usw. griffbereit am Kartentisch lagern und der Crew dazu notwendige Details erklären.

8.8 Fahrt unter Maschine, Motorsegeln

Motoren auf See

Unter Puristen und Seglern, die viel Zeit haben, weil sie in der Törnplanung sehr flexibel sind, hört man manchmal die Aussage: Ich motore grundsätzlich nur im Hafen! Auf See wird gesegelt! Ob man sich diese Haltung erlauben kann, ist allerdings auch stark von der zur Verfügung stehenden Zeit abhängig.

Die meisten Segler werden im Laufe der Jahre gemittelt feststellen, dass sie je nach Seegebiet, Jahreszeit und Segeleigenschaften der Yacht etwa 20 % bis 40 % der zurückgelegten Strecke motort haben. Leichtwindsegel wie Gennaker können diesen Anteil erheblich verkleinern, doch gibt es Seegebiete mit hoher Dünung, wo selbst bei 3 Beaufort Wind raumschots nicht gesegelt werden kann, weil die Segel in der Dünung durch die Rollbewegung einfach nicht stehen.

Darum ist auf einer Fahrtenyacht ein zuverlässiger, vibrationsarm laufender Dieselmotor auf lange Strecken leider unverzichtbar. Ökologisch gesehen wäre natürlich ein Elektroantrieb wünschenswert, doch ist die Reichweite moderner Yachten mit Elektroantrieb momentan mangels ausreichender Batteriekapazität auf Langfahrt nicht ausreichend.

Der Dieselverbrauch sollte natürlich möglichst gering gehalten werden. Er ist keineswegs proportional zur Drehzahl bzw. Geschwindigkeit. Er wächst vielmehr deutlich überproportional mit zunehmender Drehzahl. Eine 12-Meter-Segelyacht, die bei 5 Knoten unter Maschine 2 Liter Diesel pro Stunde verbraucht, wird bei 6 Knoten Fahrt schon mehr als 3 Liter verbrauchen. Bei 7 Knoten können auch 5 Liter pro Stunde erreicht werden. Darum sollte möglichst vermieden werden, deutlich über die halbe Maximaldrehzahl zu gehen, denn so wird der Verbrauch gering gehalten, die Geräuschbelästigung wird minimiert und der Motor erleidet weniger Verschleiß.

Dass bei Flaute die Segel eingeholt werden, sollte eigentlich selbstverständlich sein, doch sieht man nicht selten Segelyachten bei Flaute mit gesetztem Groß motoren. Sofern zumindest ein Rest von leichtem Wind das Groß noch im Profil stehen lässt, ist dagegen nichts einzuwenden. Hingegen lassen manche Segler das Groß auch noch bei absoluter Totenflaute stehen. Selbst mit voll durchgesetzter Großschot kann sich das Profil dann nicht mehr stabilisieren und das Segel schlägt unkontrolliert im Fahrtwind. Dass dies zu beschleunigtem Verschleiß des Segels im Tuch wie in den Nähten führt, müsste eigentlich jedermann klar sein.

Motorsegeln

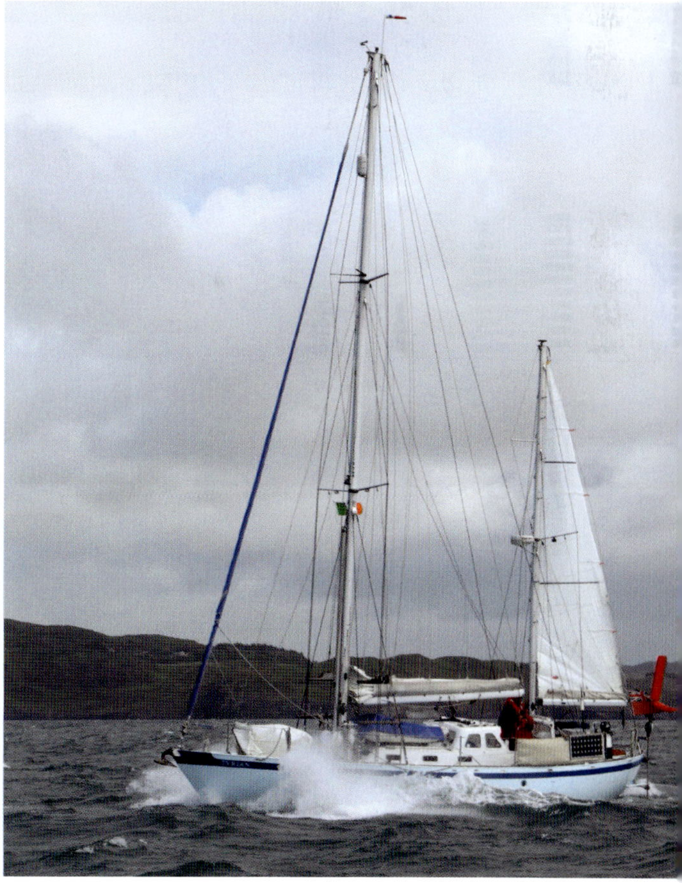

Motorsegeln

Manchmal gibt es auf See Situationen, in denen die Kombination aus Motor und Segel sinnvoll ist: Nur 1 bis 2 Beaufort Wind reicht oft nicht, um die Segel zum Stehen zu bringen, insbesondere dann nicht, wenn eine alte Dünung läuft. Dann kann es sich durchaus lohnen, statt mit nacktem Mast zu motoren, die Segel zum Antrieb hinzuzunehmen. Dies gilt vor allem auf Amwindkurs.

Wenn das Ziel direkt in Luv liegt und ein schwacher Wind genau auf die Nase setzt, neigen die meisten Segler dazu, alle Segel zu bergen, die „eiserne Genua" zu starten und mit Direktkurs auf das Ziel zuzuhalten. Doch ist dies wirklich die beste Technik, um möglichst schnell den Zielhafen zu erreichen? Bei absoluter Flaute ist dies zweifellos unumgänglich. Aber wie ist die Situation bei etwa 1 bis 2 Beaufort Wind direkt aus der Zielrichtung?

In der Regel lohnt es sich in dieser Windsituation durchaus, zumindest das Groß gesetzt zu lassen und mit etwa 20 Grad Winkel zum Wind sehr spitzwinklig kreuzend schräg gegenan zu motoren. Bei etwa 20 Grad Anströmwinkel wird das Groß bereits ein festes Profil entwickeln und einen zwar geringen, aber nicht vernachlässigbaren Vortrieb erzeugen.

Zwar würde dies zum Segeln allein nicht reichen, aber in Verbindung mit dem Vortrieb des Motors (Fahrtwind) gewinnt das Schiff mit gesetztem Groß eine Geschwindigkeit, die deutlich größer ist als allein unter Motor. Die Frage ist, ob der Geschwindigkeitsgewinn groß genug ist, um den Wegverlust auszugleichen, der durch das spitzwinklige Kreuzen entsteht. In der Regel ist dies sehr wohl der Fall. Ein Beispiel:

Bei 20 Grad Abweichung vom direkten Kurs entsteht 6 % mehr Weglänge (*siehe Zeichnung*). Somit muss der Geschwindigkeitszuwachs durch Motorsegeln größer als 6 % sein, um einen zeitlichen Vorteil zu erreichen. Angenommen das Schiff kann ohne Segel mit 5 Knoten direkt gegenan motoren. Mit gesetztem Groß müsste das Schiff dann mindestens 6 % mehr Fahrt machen, um den Wegverlust auszugleichen. Dies sind 5,3 Knoten.

Erfahrungsgemäß ist es aber auf den meisten Yachten so, dass mit gesetztem Groß bei etwa 20 Grad Anströmung die Fahrt von 5 auf etwa 6 Knoten zunimmt. Somit ist der Fahrtgewinn deutlich größer als der Wegverlust. Der Vorteil ist offensichtlich. Auf 10 Seemeilen Strecke ergibt dies einen Zeitvorteil von etwa einer Viertelstunde (*siehe Zeichnung*).

Bei aller Notwendigkeit, zeitweise motoren oder motorsegeln zu müssen, sollte sich der Skipper bei Leichtwind doch ständig fragen, ob es nicht möglich wäre, den Gennaker zu setzen, um den Motor so wenig wie möglich einzusetzen.

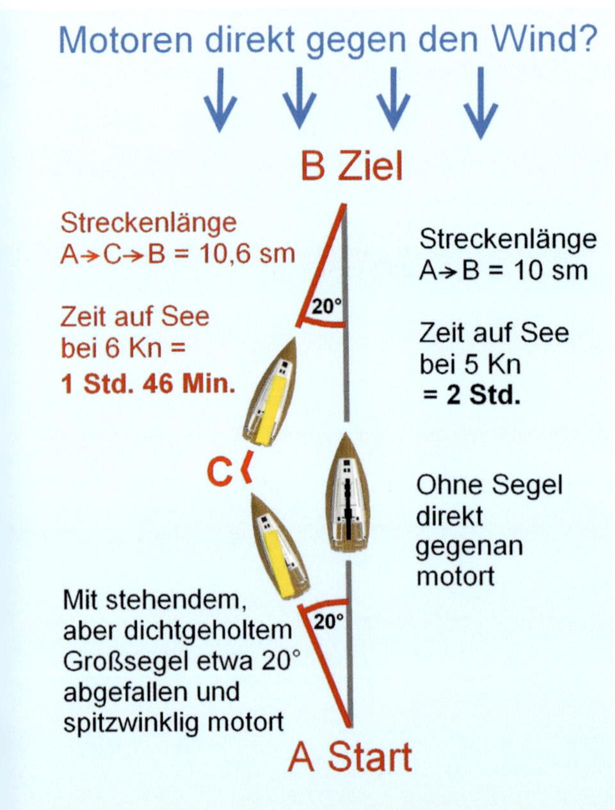

Direktkurs im Vergleich zu spitzwinklig gekreuztem Kurs unter Motorsegeln mit 20 Grad vom Direktkurs abgefallen

8.9 Einhandsegeln

Mit Crew an Bord und dennoch allein: Auch wenn man gar nicht die Absicht hat, jemals ohne Crew, also einhand zu segeln, ist es dennoch von großem Vorteil – weil sicherheitssteigernd – seine Segelkompetenzen so weit zu entwickeln, dass man nicht auf die Crew angewiesen ist. Viele Yachten werden von Paaren gesegelt. Fällt einer der beiden aus wegen einer Verletzung oder wegen Seekrankheit, wird der andere automatisch zum Einhandsegler. Aber selbst mit einer Dreiercrew kommt so manch ein Skipper unter ungünstigen Bedingungen mit einer nicht seefesten Crew in die Zwangslage, allein das Schiff sicher in den Hafen bringen zu müssen. Denn die anderen beiden Besatzungsmitglieder liegen mit einem Eimer neben der Koje unter Deck.

Insbesondere auf Charteryachten trifft man nicht selten Skipper, die zwar eine große Crew an Bord haben, die aber von dieser Crew bei Manövern keine hilfreiche Unterstützung erwarten können. Ein Skipper mit vier Anfängern an Bord ist eine gefährliche Konstellation, wenn es darauf ankommt, in einer Stresssituation schnell und richtig zu handeln. Beispielweise beim Reffen ist dann ein elektrischer Autopilot vermutlich hilfreicher als ein unerfahrener Rudergänger, der nicht in der Lage ist, das Schiff auch bei größerem Seegang genau genug auf Kurs zu halten.

Einhandtauglichkeit des Schiffes

Nicht jedes Schiff ist von seiner Konzeption her geeignet, auch einhand gesegelt zu werden. Insbesondere die Yachten aus den deutschen und französischen Großserien-Werften werden in erster Linie für den Einsatz in Charterflotten mit einer Grundkonzeption gebaut, die voraussetzt, dass der Skipper über eine Crew verfügt. Diese Schiffe sind zwar recht wendig, leicht im Hafen zu manövrieren, aber als Kehrseite dessen auch nicht sehr kursstabil. Sie haben große Cockpits, bei denen die verschiedenen Bedienungselemente für Rigg, Segel und Maschine für einen Einhandsegler zu weit voneinander entfernt liegen.

Um die an Bord auftretenden Kräfte bei der Segelbedienung und bei anderen Manövern für den Einhandsegler nicht zu groß werden zu lassen, ist eine Länge zwischen 34 und 41 Fuß (etwa 10,50 bis 12,50 Meter) optimal. Der Lateralplan sollte so gezeichnet sein, dass eine gute Kursstabilität auch in grober See gewährleistet ist. Denn nur so wird ein Autopilot oder eine Wind-Selbststeuerungsanlage das Schiff auch in schwerer See gut auf Kurs halten können. Bei leichteren, modernen Schiffen wird dies eher mit einer Doppelruderanlage als mit einfachem Ruder erreicht. Yachten mit Kurzkiel, wenig Verdrängung und einfachem Spatenruder sind in der Regel nicht so kursstabil wie solche mit Doppelruderanlage. Wer sich für ein leichteres Schiff entscheidet, muss allerdings wissen, dass die Schiffsbewegungen in grober See erheblich heftiger und damit anstrengender sind als auf einem schwereren Schiff. Ein Knoten mehr Fahrt muss bereits bei mittlerem Seegang auf Langstrecke unweigerlich damit bezahlt werden, dass der Skipper zwar etwas schneller, aber körperlich und mental auch deutlich erschöpfter sein Ziel erreicht.

Ausgesprochen weiche Schiffsbewegungen bei gleichzeitig hoher Kursstabilität auch in grober See hat unbestritten ein Langkieler. Mit seiner relativ großen Verdrängung hat er gegenüber dem moderneren, leichteren Schiff den weiteren Vorteil, dass Dank des großvolumigen Unterwasserschiffs (Gesetz von Archimedes) bei gleicher Länge der Wasserlinie auch größere Tanks und größere Stauräume zur Verfügung stehen. Auf Langfahrt ist dieses Mehr an Autonomie ein wichtiger Gesichtspunkt. Andererseits muss man wissen, dass Langkieler aufgrund der größeren benetzten Fläche etwas langsamer segeln als Kurzkieler, insbesondere bei schwachem Wind. Auch sind Hafenmanöver deutlich schwieriger zu fahren wegen des langgestreckten Lateralplans, der nur sehr träge dreht. Ein eindeutiges Plus bei Langkielern ist hingegen die Ruderkonstruktion ohne Lücke zum Kiel. Treibgut, abgerissene Fischernetze, Leinen usw. rutschen einfach unten durch. Und selbst Orcas haben es erheblich schwerer, das Ruder zu beschädigen.

Wie bei vielen Dingen findet man das Optimum oft in der Goldenen Mitte: Der gemäßigte Langkieler mit Skeg vor dem Ruder ist für Langfahrt sehr nahe an der „eierlegenden Wollmilchsau". Er ist relativ kursstabil, dreht aber im Hafen noch akzeptabel, hat in seinem recht fülligen Rumpf viel Raum für Staugut und große Tanks und liegt in seiner Geschwindigkeit zwischen dem Langkieler und dem modernen Kurzkieler. Sein Ruder ist gegen Kollision durch einen Skeg gut geschützt. Je nach persönlicher Priorität und der Frage, ob das Schiff gezielt für Langfahrt oder nur für kürzere Urlaubstörns vorgesehen ist, wird der Segler sich für eine der drei Varianten entscheiden.

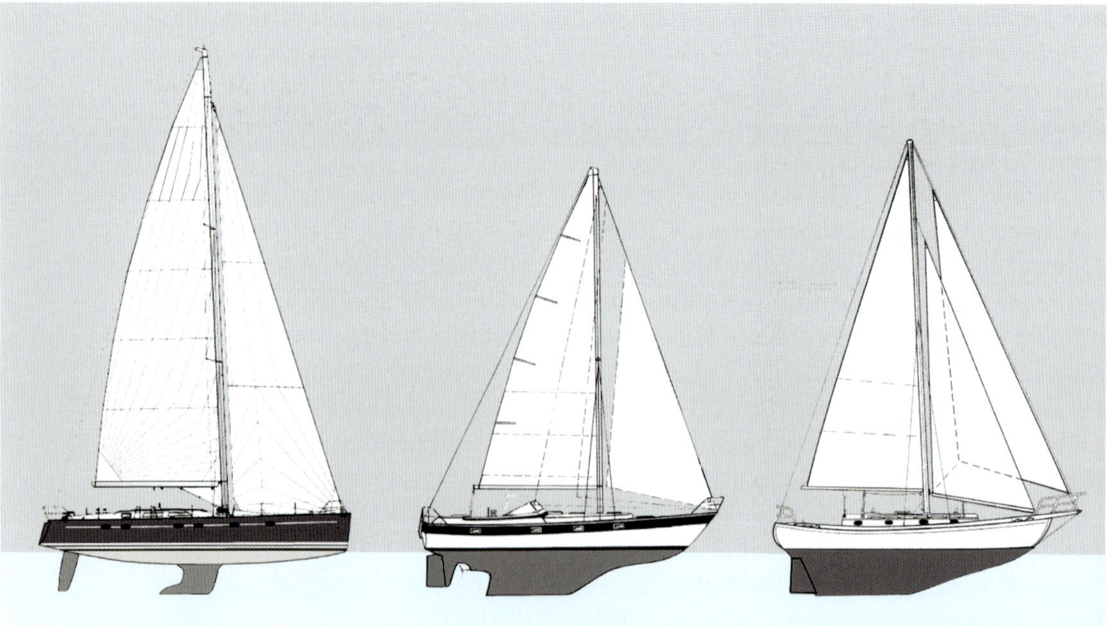

Kurzkieler — Gemäßigter Langkieler — Langkieler

Hinsichtlich des Riggs sollte der Einhandsegler vor allem das Segeln bei schlechtem Wetter mit viel Wind im Hinterkopf haben. Die Vorsegelrollanlage und das Reffsystem des Großsegels müssen absolut zuverlässig funktionieren. Bei den Vorsegeln muss bedacht werden, dass ein Segelwechsel an einer Rollanlage schon bei mäßig bewegter See und mittleren Windstärken so gut wie unmöglich ist. Die große Genua bei Starkwind zu 50 % und mehr eingerollt, verwandelt sich in einen faltenreichen, leistungsschwachen Windsack. Sie aber gegen eine Starkwindfock auf See bei schlechtem Wetter zu tauschen, wird nicht gelingen. Um das Problem zu lösen, gibt es zwei Möglichkeiten: Zusätzlich zur Vorsegel-Rollanlage mit Genua wird ein „fliegendes Vorstag“ zwischen Genuastag und Mast angebracht, an dem klassisch eine Starkwindfock oder eine Sturmfock mit Stagreitern angeschlagen werden kann. Die zweite Möglichkeit: Statt des „fliegenden Vorstags“ wird an gleicher Stelle eine zweite Rollanlage fest angebracht, an der auf Stand-by ein Starkwindsegel aufgerollt ist. Je nach Riggtyp und Position des oberen Mastbeschlages dieses zweiten Stags kann es dabei notwendig sein, zusätzliche Backstagen anzubringen, um bei Schwerwetter ein „Pumpen“ des Masts zu verhindern.

Details im Deckslayout

Auf einer großen Zahl moderner Schiffe ist es nicht möglich, als Rudergänger auch alle Segel zu bedienen, denn meist sind die Winschen für die Bedienung von Groß und/oder Genua für den Rudergänger einfach zu weit von ihm entfernt. Oft wird die Großschot über eine Winsch neben dem Schiebeluk vom Niedergang bedient, weil mit zwei Steuerrädern und offenem Heck keine anderen möglichen Befestigungspunkte mehr vorhanden sind für eine Großschot nahe am Steuerrad.

Auf modernen Großserienschiffen sind fast alle Leinen vom Mast über Umlenkblöcke ins Cockpit geführt. Ob das Zurückführen der Fallen, Reffleinen und Niederholer ins Cockpit wirklich eine Verbesserung der Bedienungsfreundlichkeit und eine Steigerung der Sicherheit für die Crew bedeutet, kann durchaus kontrovers diskutiert werden:

Zwischen den 3- oder gar 4-fachen Umlenkungen der Leinen bis zum Cockpit mit entsprechend viel Reibung kommt es hin und wieder zu Kinken in der Leine, die wie ein Knoten vor dem Block wirken. Dann muss ohnehin ein Crewmitglied an Deck und die verklemmte Leine lösen. Auch beim Reffen muss auf vielen Yachten trotz Rückführung der Leinen ins Cockpit eine Person an Deck zum Mast, um das Reffauge in den Reffhaken einzusetzen und dort zu halten, während der andere im Cockpit das Fall bedient. Das sogenannte Einleinen-Reff vermeidet theoretisch diesen Nachteil, doch funktioniert es auf vielen Schiffen nicht sauber, weil einfach zuviel Reibung an den zahlreichen Umlenkpunkten entsteht. So sind leider heute auf den meisten Charteryachten zum Reffen oft drei Personen notwendig.

Bleiben die Leinen hingegen am Mast – so wie man es nach wie vor auf vielen Fahrtenyachten unter Langfahrtseglern sieht – so ergeben sich mehrere Vorteile: Es wird eine Person bei der Bedienung eingespart, die Leinen sind dank weniger Reibung leichter zu handhaben und es gibt keine „Leinen-Spaghetti“ im Cockpit. Sofern ein guter Autopilot eingebaut ist, kann der Skipper alles alleine machen und gewinnt dadurch an Routine und Unabhängigkeit. Und mehr Routine bedeutet in der Regel auch mehr Sicherheit.

Aber selbst, wenn alle Leinen-Rückführeinrichtungen normalerweise funktionieren, bleibt ein starkes Argument für das Leinenhandling am Mast statt im Cockpit: Wenn wirklich einmal etwas an Deck im Rigg oder an den Segeln schief läuft, dann mit hoher Wahrscheinlichkeit nicht bei eitel Sonnenschein und spiegelglatter See, sondern bei schlechtem Wetter, viel Wind und grobem Seegang. Der Crew, die es gewohnt ist, alles vom Cockpit aus zu bedienen, wird es an Übung und Routine fehlen, um unter diesen Bedingungen an Deck zu gehen und dort das Problem zu lösen. Dies führt notgedrungen zu Verunsicherung, in deren Folge leicht ein Unfall passieren kann. Ist hingegen der häufige Gang an Deck zum Mast zur Routine geworden, so stimmt jeder Schritt und jede Handbewegung. In einer Stresssituation reduziert dies verständlicherweise erheblich das Unfallrisiko.

Im Hafen ist es bei An- und Ablegemanövern von großem Vorteil, wenn sich der Skipper schnell und sicher von achtern zum Vorschiff und von der Backbordseite auf die Steuerbordseite bewegen kann. Manche Decks allerdings sind in dieser Hinsicht einfach schlecht konzipiert. Ungünstig angebrachte Püttings, schlecht platzierte Beschläge, störende Gestänge eines Biminis oder der Sprayhood, Stufen im Deck usw. erschweren einen sicheren Gang über das Deck. Wichtig ist in diesem Zusammenhang auch, dass die Seereling wirklich belastbar ist, die Relingsstützen eine solide Verankerung im Deck haben und die Drähte ausreichend stark dimensioniert sind.

Es darf eigentlich nicht passieren, aber für den Fall, dass der Skipper über Bord fällt, muss er die Möglichkeit haben, möglichst ohne Fremdhilfe zurück an Bord zu klettern. Nicht jede Badeleiter am Heck lässt sich aus dem Wasser von unten herunterklappen. Darum ist es sinnvoll, auf beiden Seiten des Schiffes an der Seereling jeweils eine zusammengebundene Strickleiter mit herunterhängender Auslöseleine zu befestigen. Im Ausrüstungshandel findet man diese kompakt verpackt, leicht zu befestigen und leicht von der Wasseroberfläche aus herunterzuziehen. Manche Einhandsegler bringen grundsätzlich auf See eine etwa 15 Meter lange Leine nach achtern aus, in der Hoffnung, dass sie sich daran auch bei Fahrt wieder an Bord ziehen können. Doch Vorsicht, man mache sich keine Illusionen: Ab etwa 5 Knoten Fahrt ist es so gut wie unmöglich, sich an einer hinterhergezogenen Leine wieder zum Heck zu ziehen. Probieren Sie es bei gutem Wetter einmal selbst aus!

Unter Deck

Guter Schlaf ist eines der Hauptthemen auf See. Der beste Bereich an Bord zum Schlafen in bewegter See ist nahe an den Drehpunkten von Roll- und Stampfbewegungen. Und dies ist eindeutig im Bereich des Salons. Somit macht ein Salon mit Halbrundsofa auf der einen Seite und zwei getrennten Sesseln auf der anderen Seite keinen Sinn für Segler, die auf längerer Strecke auch viele Nächte auf See ver-

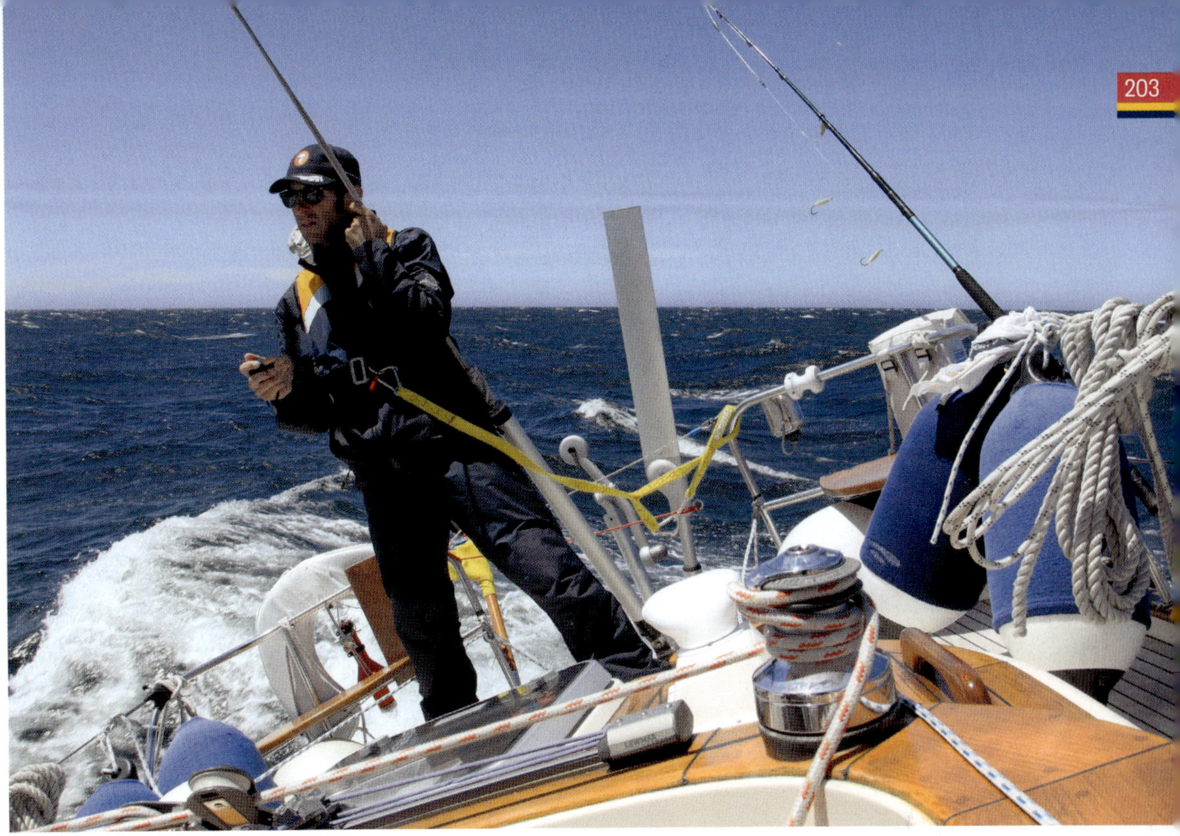

Einhandsegler an Deck

bringen müssen. Ein langfahrttauglich gebauter Salon hat auf jeder Seite jeweils ein Längssofa mit mindestens 2 Metern Länge. Zusätzliche „Leesegel" aus solidem Stoff und an belastbaren Beschlägen befestigt, sollten vorgesehen sein, um auch bei stärkeren Rollbewegungen nicht aus der Koje zu fallen.

Thema Ernährung: Auf hoher See muss es auch bei schlechtem Wetter möglich sein, in der Pantry zu arbeiten. Kardanisch aufgehängte Kocher sind heute meist Standard. Darüber hinaus sollte es aber auch möglich sein, sich bei gröberen Schiffsbewegungen gut nach hinten und zur Seite abzustützen. Die besten Möglichkeiten dafür bietet eine Pantry in U-Form.

Selbststeueranlagen

Gerade beim Einhandsegeln ist ein guter Autopilot natürlich unverzichtbar. Elektrische Autopiloten funktionieren heutzutage – vorausgesetzt sie wurden zur Yacht passend dimensioniert ausgewählt – ein paar Jahre lang sehr zuverlässig. Leider wird jedoch zu häufig aus Kostengründen ein zu schwacher Autopilot eingebaut. Auf ein 12-Meter-Schiff gehört ein Autopilot, der seine Kraft direkt unter Deck auf den Ruderquadranten überträgt und nicht ein Gerät, dass im Cockpit über Zahnriemen auf das Steuerrad wirkt. Zum Motoren bei Flaute wird diese Spar-Version ausreichen, doch nicht auf Dauer bei Schwerwetter.

Auch für Pinnensteuerung gibt es unterschiedlich starke Versionen eines elektrischen Autopiloten. Es sollte grundsätzlich eher ein zu starker als ein zu schwacher Pilot eingebaut werden. Wichtig dabei ist, dass die Bedieneinheit zur Kurs-

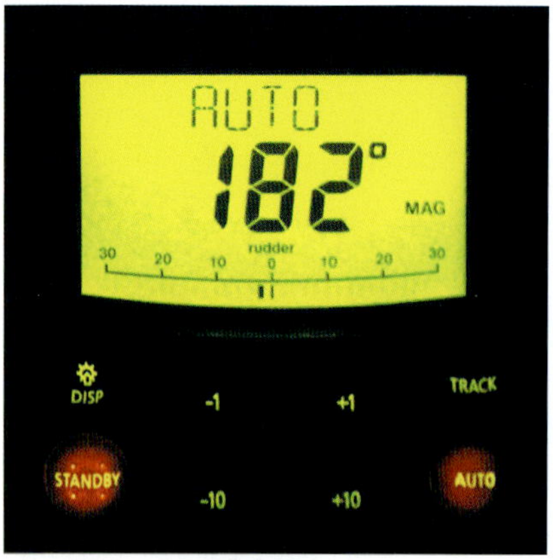

Autopilot

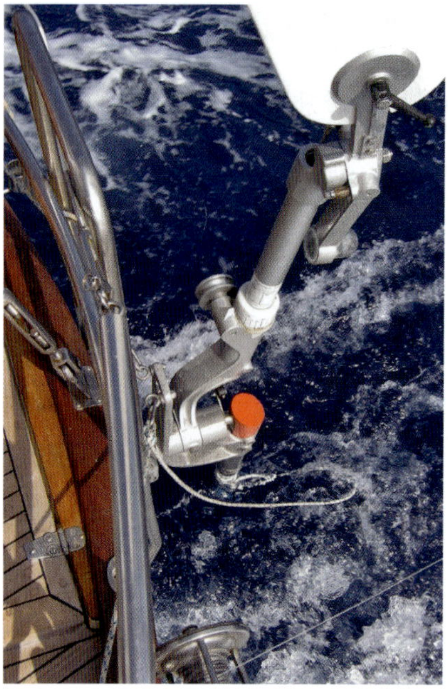

Windsteuerung

programmierung und Kurskorrektur wasserdicht ist und möglichst nahe am Steuerstand in der Nähe des Rudergängers eingebaut wird.

Auf Charteryachten wohl kaum zu finden, auf Eigneryachten mit Langfahrtpotenzial hingegen sehr geschätzt sind Selbststeueranlagen, die keinen elektrischen Strom benötigen, sondern die Kraft des Windes und des vorbeiströmenden Wassers nutzen, um das Schiff auf Kurs zu halten: sogenannte Wind-Selbststeuerungen. Weltweit sehr bekannte und geschätzte Anlagen sind der Windpilot oder auch die Aries, die mit einem Servoruder am Heck arbeiten, das seine Kraft über Umlenkleinen an das Hauptruder im Cockpit überträgt (*siehe Foto*). Die Hauptvorteile dieser Windsteuerung gegenüber einem elektrischen Autopiloten sind seine Unabhängigkeit von einer bordeigenen Energiequelle, seine mechanische Robustheit und Zuverlässigkeit, sowie die Tatsache, dass die entwickelten Steuerkräfte umso kräftiger werden, je mehr Wind weht. Der elektrische Pilot hingegen hat eine konstruktionsbedingt festgelegte Maximalkraft, die bei Schwerwetter in hoher See irgendwann ihre Einsatzgrenze erreicht.

Antizipieren

Vorausschauendes Handeln ist das A und O beim Einhandsegeln! Ob bei Manövern auf See oder im Hafen, immer muss der Skipper sich früh genug überlegen: „Was passiert, wenn …?“

Der Skipper ohne einsatzfähige Crew wird eher etwas zu früh ein Reff einbinden. Er wird schon bevor er am Ankerplatz ist, das Ankergeschirr zum Einsatz klarmachen. Er wird die Festmacher und Fender nicht erst kurz vor dem Anlegen im Hafen ausbringen, sondern alles möglichst schon vor der Ansteuerungstonne vorbereitet haben. Er wird sich bei seinen Bewegungen an Deck so vorsichtig verhalten, dass das Verletzungsrisiko klein gehalten wird. Dazu gehört es natürlich auch, eine Rettungsweste zu tragen und bei Bedarf die Lifeline zu benutzen.

Auf längeren Schlägen ohne Crew tritt früher oder später das Problem des Schlafmangels auf. Eine Nacht ohne Schlaf werden die meisten Skipper durchhalten können, wenngleich auch dies schon zu Konzentrationsstörungen und damit höherem Fehlerrisiko führt. Eine zweite Nacht ohne Schlaf schafft wohl kaum jemand. Daraus folgt, dass auch der Schlaf vorausschauend organisiert werden muss.

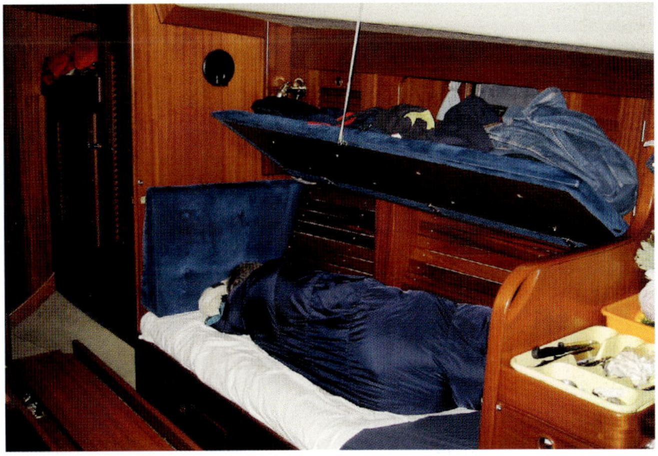

Skipper in der Koje

Heißt: Schlafen, sobald die Situation es erlaubt, auch am Tage. Rein rechtlich gesehen, darf ein Einhandsegler gar nicht schlafen, denn er ist ja nicht in der Lage, ständig Ausguck zu gehen, so wie es nach den international geltenden KVR (Kollisionsverhütungsregeln) vorgeschrieben ist. In der Segelpraxis gibt es aber in wenig befahrenen Seegebieten kurze Zeitspannen, in denen sich ein Skipper für einige Minuten dennoch aufs Ohr legt. Natürlich nicht beim Durchqueren eines Verkehrstrennungsgebietes oder mit weniger als etwa 50 Seemeilen Abstand zu einem Hafen. Man bedenke: Ein moderner Frachter, der sich mit 22 Knoten Fahrt einer Segelyacht nähert, die selbst mit 6 Knoten in Gegenrichtung unterwegs ist, braucht weniger als eine Viertelstunde vom Horizont bis zur möglichen Kollision.

Daraus ergibt sich, dass sich der Skipper nur unter folgenden Bedingungen schlafen legen kann:

- **Das besegelte Seegebiet liegt deutlich außerhalb von Schifffahrtslinien und Fischereizonen.**
- **Es herrscht gute Sicht und es sind keine Fahrzeuge auf 360 Grad rundum auszumachen.**
- **Das Radar wurde auf Intervallbetrieb geschaltet, um alle 10 Minuten auch hinter den Horizont zu schauen und gegebenenfalls einen Alarm auszulösen.**
- **Auf dem Radar wurde ein sinnvoll gewählter Alarmbereich eingestellt und aktiviert.**
- **Auch auf dem AIS wurde eine Alarmzone und ein zeitliches Alarmintervall eingestellt. Das AIS zeigt zu Beginn der Ruhepause des Skippers keine Fahrzeuge in einem gefährlichen Abstand.**
- **Der Skipper nimmt einen Wecker – besser zwei – mit in die Koje, der ihn situationsabhängig a) ohne Crew im Cockpit spätestens nach einer Viertelstunde b) mit Crew im Cockpit spätestens nach 1 Stunde weckt.**
- **Es ist nicht mit markanten Wetteränderungen zu rechnen.**
- **Die Besegelung ist der zu erwartenden Wetterlage vorausschauend früh genug angepasst.**
- **Die Selbststeueranlage arbeitet zuverlässig.**
- **Er schläft möglichst tagsüber „auf Reserve“ in einer Zeitspanne ohne Gefahrenpotenzial**

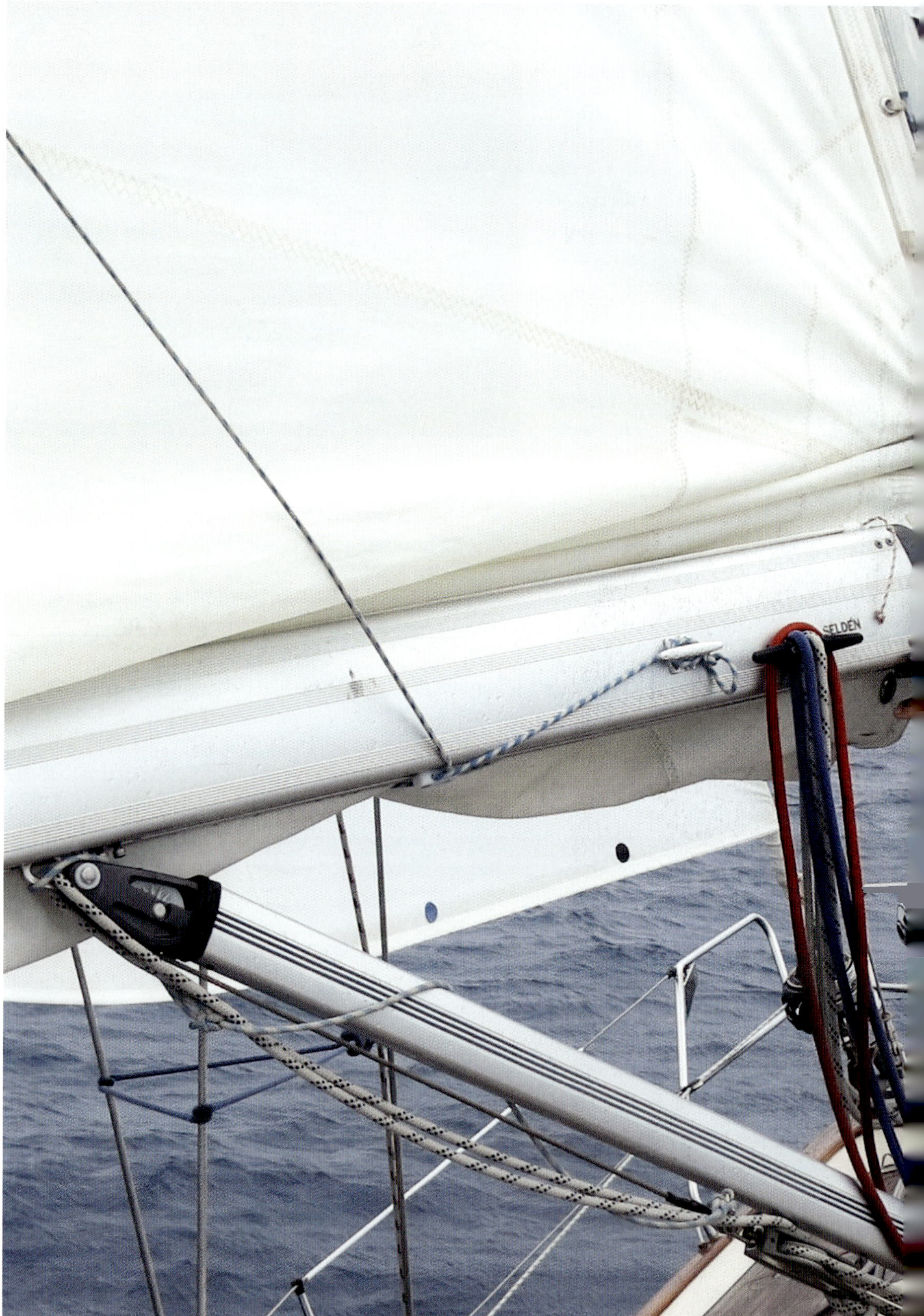
SELDÉN

9

Gefahren-situationen

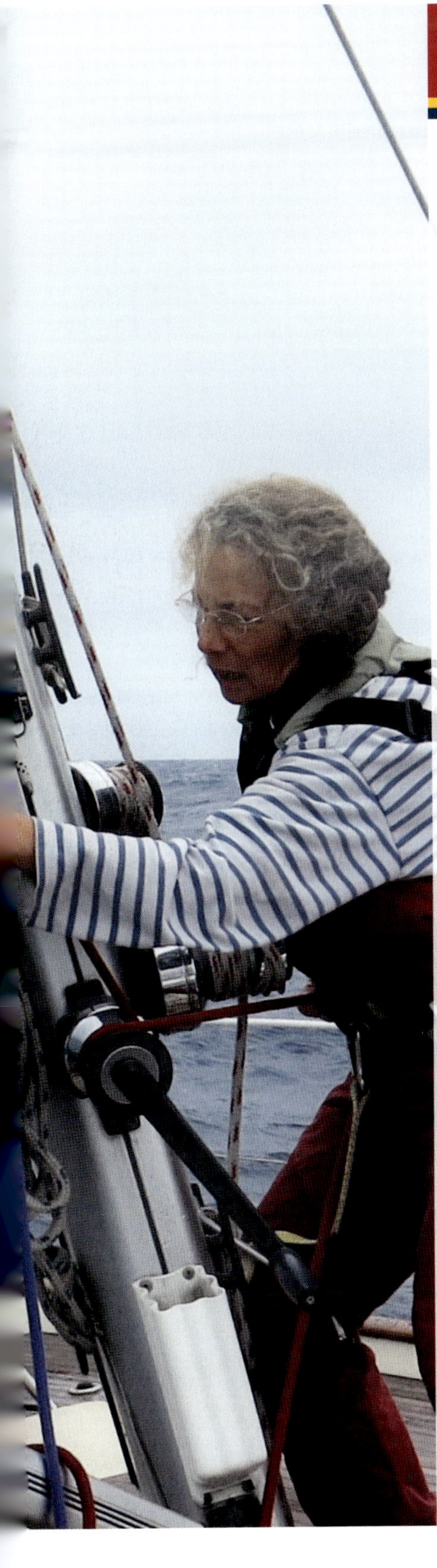

Ob eine Situation während eines Törns als gefährlich eingestuft werden muss, hängt von den Rahmenbedingungen ab. Eine unerfahrene Crew wird vielleicht wild-schlagende Segel während des Reffens bereits als gefährlich wahrnehmen. Ob sich eine Yacht in einer schwierigen, einer gefährlichen, oder in einer Notsituation befindet, kann in der Regel nicht von Crewmitgliedern, sondern nur vom Skipper beurteilt werden.

9.1 Beurteilung der Notsituation

Manche unerfahrene Crewmitglieder empfinden möglicherweise eine Situation als extrem bedrohlich, während der Skipper die Situation als zwar schwierig, aber beherrschbar beurteilt. Angst kann ein echtes Problem an Bord werden. Angst im Sinne eines unbeherrschten Gefühls der Bedrohung führt zu Fehlhandlungen. Der aufmerksame Skipper merkt es früh genug, wenn ein Crewmitglied stark verunsichert ist und greift entsprechend beruhigend ein. Meist ist es der hohe Seegang, der das Schiff in grobe Bewegung bringt, der insbesondere

Reffen bei Schwerwetter kann verunsichernd wirken.

Segelneulingen bedrohlich erscheint. Aber erst eine wirklich über dem Schiff meterhoch brechende See ist ernsthaft bedrohlich. Eine 7 Meter hohe Dünung mitten im Atlantik mit 200 Meter Abstand zwischen den Wellenbergen wirkt zwar sehr eindrucksvoll, ist aber nicht gefährlich. Ganz im Gegensatz zu einer 3 Meter hohen, steilen, rollend brechenden Welle im Skagerrak bei Wind gegen Strom. Mit dem Lifebelt in ein festes Decksauge eingepickt erscheint aber selbst diese Situation nicht mehr so bedrohlich. Der pädagogisch geschickte Skipper wird es durch ruhig erklärende Worte schaffen, eine verunsicherte Crew zu beruhigen. Nur ein schlechter Skipper nimmt ein verängstigtes Besatzungsmitglied nicht ernst und erzählt dabei vielleicht auch noch Horrorgeschichten.

Zum Glück geschieht es extrem selten, dass Yachten in Seenot geraten und dabei vom Sinken bedroht sind. Die Gefahr des Sinkens ist allerdings die klassische Situation für Fehlhandlungen in Panik. Nicht jede Kollision mit einem Baumstamm oder einem schlafenden Wal führt gleich zum Sinken. Nicht jeder Wassereinbruch durch ein beschädigtes Toilettenventil ist Grund, in die Rettungsinsel zu gehen. Nicht jede Welle, die im Sturm die Plicht überflutet und den Niedergang hinunterrollt, lässt die Yacht kentern oder gar sinken.

Und dennoch waren es in der Vergangenheit gerade diese Situationen, in denen immer wieder Segler ertrunken sind. Nicht weil ihr Schiff sank, sondern weil sie in Panik viel zu früh versuchten, in die vermeintlich schützende Rettungsinsel zu gehen. Die Mehrzahl der 1979 im berüchtigten Fastnet-Sturm ertrunkenen Segler verloren ihr Leben beim Verlassen des Schiffes während des Versuchs, in die Rettungsinsel zu steigen. Ihre Yachten wurden am Tage nach dem Sturm zwar manövrierunfähig, aber dennoch schwimmend gefunden. Gebrochene Masten, zerschlagene Ruder, eingeschlagene Niedergangsschotten, 2 Kubikmeter Wasser im Schiff – alles nicht Grund genug, das eigene Schiff zu verlassen. Hätten die betroffenen Segler die Nerven behalten und wären an Bord geblieben, hätten sie vermutlich den Sturm überlebt.

Nicht jede Notlage ist wirklich hochgradig bedrohlich! Nicht jede Notlage an Bord erfordert den Einsatz des Seefunkgerätes. Viele Situationen sind mit Bordmitteln zu beherrschen, vorausgesetzt, dass das Schiff, die Crew und der Skipper gut vorbereitet sind. Allzu leichtfertig werden insbesondere in der Hochsaison immer wieder über Funk Notmeldungen abgesetzt. Etwa 80 % aller bei den Seenotrettungsstellen eingehenden Alarme sind weder durch eine akute Gefährdung für Leib und Leben der Besatzung noch durch eine Havarie des Schiffes begründet. Eine Motoryacht, die 6 Seemeilen vor der Küste bei gutem Wetter in tiefem Wasser, weit entfernt aller Untiefen mit leer gefahrenem Dieseltank treibt, ist nicht in einer akut bedrohlichen Lage, sondern benötigt lediglich Diesel oder einen Schlepper. Es müssen dafür nicht sämtliche Rettungskreuzer der nächstgelegenen Küstenwachen über DSC alarmiert werden.

In Kurzform hier ein paar grundlegende Erklärungen zum Einsatz des Seefunkgerätes (UKW = VHF):

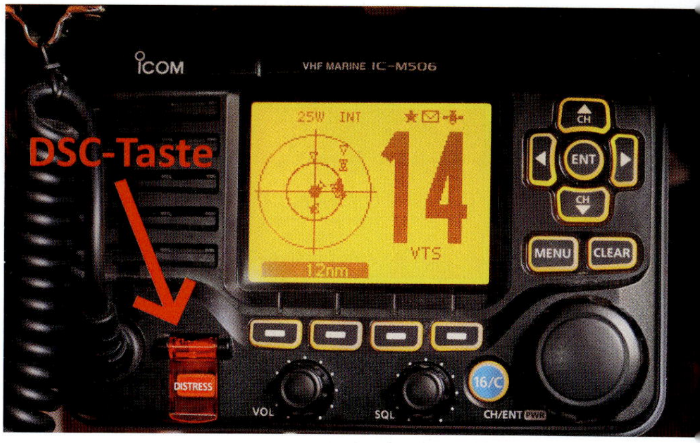

UKW-Gerät mit Distress-Taste

Es gibt im Seefunk 3 Ebenen der Mitteilung: die Sicherheitsmeldung, die Dringlichkeitsmeldung und die Seenotmeldung. Alle 3 werden immer über Kanal 16 abgesetzt.

Die 1. Stufe ist die sog. Sécurité-Stufe (sécurité, frz.= Sicherheit), am UKW-Gerät konkret 3 × gesprochen mit: **SECURITE – SECURITE – SECURITE**.

Eine SECURITE-Meldung wird über Funk abgesetzt, wenn eine Situation auftritt, die möglicherweise gefährlich werden könnte, aber der Gefahrenfall noch nicht aktuell eingetreten ist. Ein paar Beispiele: Ein auf See treibender Container, ein Schlepper, der an einer sehr langen Schlepptrosse ein manövrierunfähiges Fahrzeug zieht, oder eine Starkwind-Warnung.

Die 2. Stufe, die sogenannte Dringlichkeits-Meldung, wird über **PAN PAN – PAN PAN – PAN PAN**, also 3 × doppelt gesprochen, (la panne, frz. = der Schaden) über das UKW abgesetzt. Hierbei muss es sich zwar um eine gefahrbergende Lage handeln, bei der jedoch weder Mensch noch Fahrzeug akut hochgradig bedroht sind. Ein typischer Fall für PAN PAN ist beispielsweise ein wegen Ruderbruchs manövrierunfähig gewordenes Segelschiff, oder ein schwer, aber nicht lebensgefährlich erkranktes Crewmitglied (Beinbruch, ausgekugelter Arm).

Die dritte und höchste Alarmstufe betrifft die akute Seenotsituation, am UKW-Funkgerät dreimal gesprochen mit: **MAYDAY – MAYDAY – MAYDAY** (m'aider, frz. = hilf mir). Diese Seenotmeldung wird nur dann abgesetzt, wenn die akute Gefahr des Sinkens des Schiffes und/oder akute Gefahr für das Leben der Besatzung besteht. Ein Piratenüberfall, schwere Kollision mit starkem Wassereinbruch, Strandung mit drohendem Sinken, Feuer an Bord, MOB bei kaltem Wasser sind Beispiele für eine MAYDAY-Situation. Hingegen muss nicht zwingend ein MAYDAY abgesetzt werden, wenn im Sommer bei wenig Wind, ruhiger See und 23 Grad warmem Wasser ein sportliches Besatzungsmitglied beim Zuwasserlassen des Beibootes ins Wasser fällt. Selbst ein Mastbruch ist kein Grund für ein MAYDAY, solange niemand schwer verletzt wurde oder das Schiff keinen starken Wassereinbruch hat.

Alle 3 Stufen dieser UKW-Mitteilungen haben Priorität vor anderen Anrufen am UKW. Sie werden immer auf Kanal 16 abgesetzt und bei MAYDAY auch auf Kanal 16 fortgeführt. Bei SECURITE und PAN PAN wird nach der Ankündigung auf Kanal 16 in der Regel auf einen anderen Arbeitskanal gewechselt, um Kanal 16 für akute Seenotfälle freizumachen. Der Skipper entscheidet, ob und welche Meldung über UKW abgesetzt wird. Es ist eine normierte Funkgesprächsroutine einzuhalten, die international gültig ist und in der Ausbildung zum sogenannten SRC (Short-Range-Certificate, verpflichtend für Skipper, früher das UKW-Sprechfunkzeugnis) gelernt wird.

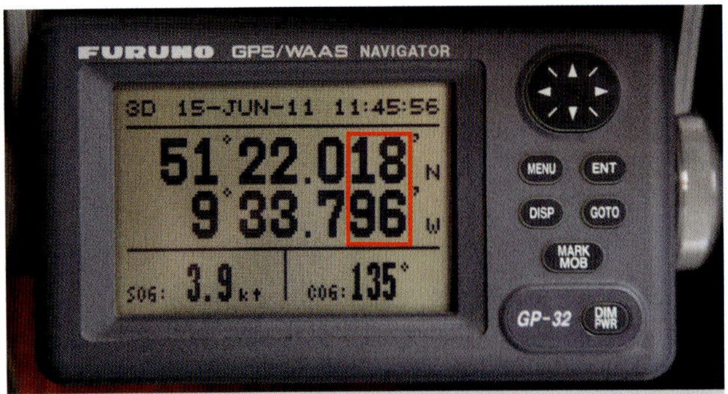

Bei Positionsmeldung die hunderstel und tausendstel Minuten weglassen

Seit langem sind in der Berufsschifffahrt UKW-Geräte mit einem sogenannten DSC-Controller (Digital-Selective-Call) gekoppelt an ein GPS verpflichtend eingeführt. Diese Geräte senden – ausgelöst über eine spezielle Distress-Taste – ohne Sprachunterstützung automatisch den Schiffsnamen, den MMSI-Code (Maritime Mobile Service Identity), die Uhrzeit und die Position nach GPS des in Seenot geratenen Schiffes an alle Seefunkstellen im Empfangsradius von UKW-Strahlen, also je nach Antennenhöhe und Übertragungsbedingungen etwa zwischen 15 und 50 Seemeilen. Zwar setzen sich auch in der Freizeitschifffahrt diese DSC-Geräte immer mehr durch, aber auch Geräte der alten Generation ohne DSC-Funktion sind noch im Einsatz.

GPS mit Pos. Auf drei Kommastellen

Bei über das UKW in Worten gesprochener Positionsübermittlung sollte die Genauigkeit nicht übertrieben werden. Auch wenn das GPS bis auf Tausendstel Minuten genau die Position angibt, ist es keinesfalls sinnvoll oder notwendig, mehr als eine Dezimale hinter dem Komma anzugeben. Drei gesprochene Stellen hinter dem Komma verlängern lediglich das Durchgeben der Position und es vergrößert das Risiko von Missverständnissen. Zum Orten einer Yacht reicht eine Genauigkeit von etwa 200 Metern (etwa $^1/_{10}$ Seemeile) voll aus.

9.2 Seenot-Ausrüstung und Notrollen

Jedes seegehende Schiff muss entsprechend seines Fahrtgebietes eine einsatzbereite Ausrüstung für mögliche Unfälle und Havarien an Bord haben. Der Umfang dieser Ausrüstung wird natürlich für ein Island-Hopping zwischen den Inseln in Kroatien ein anderer sein als für eine Atlantiküberquerung. Im Folgenden hier eine Liste der Seenot-Ausrüstung für kurze Küstentörns und anschließend eine Ergänzungsliste für den Hochseetörn:

Minimal-Notausrüstung für Küstennahe Segelreviere:

- **UKW-Handgerät mit Reserveakku**
- **Mobiles GPS**
- **Mobiler MOB-AIS-Sender**
- **Notantenne für fest eingebautes UKW-Gerät, nutzbar auch für mobiles UKW**
- **Rettungsweste und Lifebelt für jedes Crewmitglied**
- **Rettungsinsel für Küstenfahrt**
- **2 MOB-Rettungskragen**

- 2 Trillerpfeifen
- Wasserdichte Blitzlampen für jedes Crewmitglied
- Signalmittel wie Handfackeln, Signalraketen, Wasserfärbungsmittel, Rauchbomben
- Trinkwasser in Kanistern
- Mehrere wasserdichte Taschenlampen
- Notproviant
- Verbandskasten
- Medikamentenvorrat
- 2 Lenzpumpen
- 2 Eimer mit ausreichend langem Tampen
- Leckpropfen in versch. Durchmessern
- Werkzeuge wie versch. Zangen, Bolzenschneider für die Wanten, Handbohrer,
- Feuerlöscher
- Feuerlöschdecke
- Reserveanker mit Reservekette
- Nebelhorn
- Werkzeugkasten mit Zangen, Schraubenziehern, Maulschlüsseln, Bohrern, Sägen usw.
- Ersatzteile für das Rigg wie Schäkel, Drahtseil, Seilklemmen, Ersatztauwerk, Spannschrauben usw.
- Ersatz-Winschkurbeln
- Weithalskanister für Bootspapiere, Ausweise, Führerscheine, Geldbörse, Kreditkarten
- Ersatzbrillen, Ersatzsonnenbrillen
- Sonnenschutz

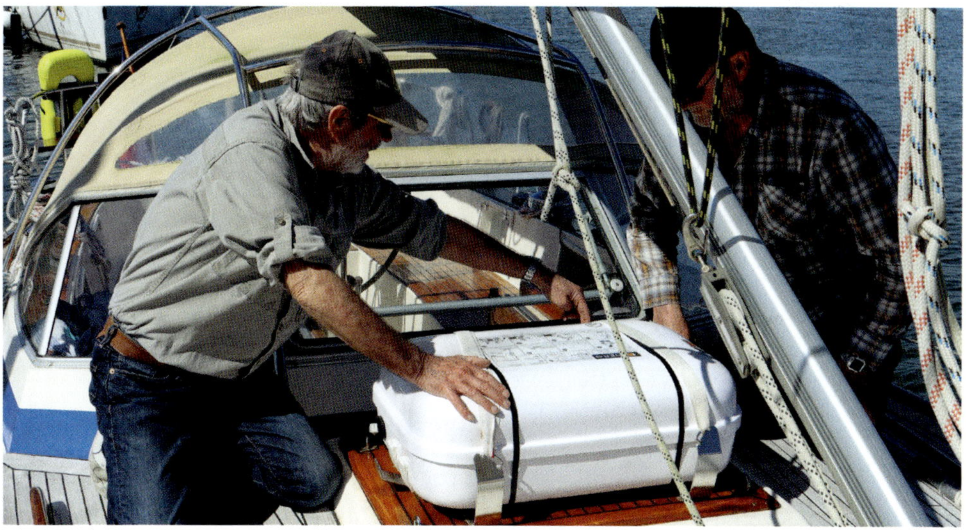

Seenotausrüstung Rettungsinsel

Zusätzliche Ausrüstung für den Hochseeeinsatz:

- EPIRB-Seenotsender (Sarsat-Cospas)
- Größere Rettungsinsel für die Hochsee
- MOB-Signalschwimmer mit langer Flaggenstange mit Blitzlicht
- Mobiler Kompass
- Handpeilkompass
- Reserve-Uhr, wasserdicht
- Reserve-Fernglas
- Mobiles GPS
- Weiteres mobiles UKW-Handgerät inkl. Reserveakku
- Mehr Trinkwasser in Kanistern
- Mehr Notproviant
- Reservebatterien/Akkus für alle mobilen elektrischen Geräte
- Mobile Arbeitstalje für versch. Einsätze
- Größere Werkzeugkiste
- Reserveblöcke
- Große Schraubensammlung
- Mehrere Weithalskanister für mehr persönliche Dinge
- Wärmende Reserve-Kleidung in Weithalskanistern
- Sonnenschutz, Kappen, Handtücher

Alle hier genannten Dinge sollten auf einem Hochseetörn am besten bereits sicher in mehrere Seenot-Weithalskanister (engl. „Grab-Bag") verteilt aufbewahrt werden. Nur so ist sichergestellt, dass im Notfall möglichst wenig vergessen wird.

Notrollenverteilung:

Auf längeren Törns ist es durchaus sinnvoll, die Aufgabenbereiche im Seenotfall auf einige Mitglieder der Crew zu verteilen. Der Skipper kann nicht alles selbst machen. Insbesondere ist dies wichtig für den Fall, dass das Schiff verlassen werden muss, sei es, um in die Rettungsinsel zu gehen, sei es beim Abbergen auf ein zur Hilfe gekommenes, anderes Schiff.

Die zu verteilenden Aufgabenbereiche betreffen:

- Die Bedienung des Funkgerätes, Kommunikation mit der Küstenfunkstelle
- Das Klarmachen der Rettungsinsel
- Das Stauen der persönlichen Dinge in Weithalskanister
- Das Klarmachen des Beibootes, zusätzlich zur Rettungsinsel, sofern es bereits aufgeblasen einsatzbereit an Deck liegt.

Um sicherzustellen, dass tatsächlich im Ernstfall keine Pannen passieren, ist es wichtig, dass der Skipper diese Aufgaben detailliert mit jedem betreffenden Crewmitglied in Ruhe durchspricht und die einzelnen Abläufe tatsächlich unter Deck und an Deck übend durchgespielt werden.

9.3 Ausfall der Maschine oder der Elektrik

Heutzutage sind Schiffsdiesel so zuverlässig, dass Motorausfälle – entsprechende Wartung vorausgesetzt – äußerst selten auftreten. Auch auf einem Charterschiff sollte ein Skipper davon ausgehen können, dass der Motor der Yacht zur Übergabe ordentlich gewartet und uneingeschränkt einsatzbereit ist. Es kann jedoch auch bei gutem Service einmal passieren, dass der Jockel auf See stehen bleibt. Insbesondere in warmen Revieren liegt das Problem häufig an Schmutz, Bakterien oder Wasser im Diesel.

Zur Schnelldiagnose hier eine kurze Übersicht der am häufigsten auftretenden Motor-Probleme und deren Beseitigung in Kurzform:

- **Alarm bei zu geringem Ölstand: Motor sofort abstellen! Ölstand kontrollieren und gegebenenfalls nachfüllen.**
- **Alarm wegen fehlender Motorkühlung: Motor sofort abstellen! Kühlwassereinlass kontrollieren. Verstopft etwas den Einlass? Kühlwasserpumpe ausgefallen? Keilriemen gerissen? Seewasserfilter verstopft?**
- **Motor abgewürgt, Drehzahl schlagartig auf Null: Leine im Propeller. Mit Tauchmaske und Brotmesser ins Wasser, Propeller freischneiden.**
- **Anlasser dreht beim Starten nicht durch: Motorbatterie leer oder defekt. Batterie laden, oder neu kaufen. Zweite Möglichkeit: defekter Anlasser; mit Hammer beim Startversuch leicht auf das evtl. verklemmte Relais klopfen.**
- **Anlasser dreht beim Starten normal durch, Motor startet aber nicht: Vermutlich keine Dieselzufuhr; leerer Tank, oder Dieselfilter verstopft, oder Wasser im Diesel, oder Luft in der Dieselzufuhr. Diesel nachfüllen, Filter wechseln, Dieselleitungen entlüften, eventuell mit frischem Diesel durchspülen.**
- **Motor läuft unregelmäßig, stottert und bleibt dann stehen: Gleiche Diagnose wie beim vorherigen Punkt.**

Problematisch wird der Ausfall der Maschine erst bei Flaute und/oder starker Strömung mit gleichzeitig anderen Fahrzeugen in der Nähe, beispielsweise beim Queren eines Verkehrstrennungsgebietes. In diesem Fall muss sofort über UKW eine Warnung an die Fahrzeuge in der Umgebung abgesetzt werden mit dem Hinweis auf Manövrierunfähigkeit. Da Yachten nicht verpflichtet sind, die Laternen und Tageszeichen für Manövrierunfähigkeit zu führen (zwei rote Rundumlichter bei Nacht im Mast und zwei schwarze Bälle am Tage), bleibt also für die meisten nur das UKW-Gerät. Wichtig ist dabei die klar verständlich gesprochene Nennung der eigenen Position nach Länge und Breite in Grad und Minuten (mit nur einer Stelle hinter dem Komma!). Falls die Situation es erfordert, kann zusätzlich zur UKW-Warnung

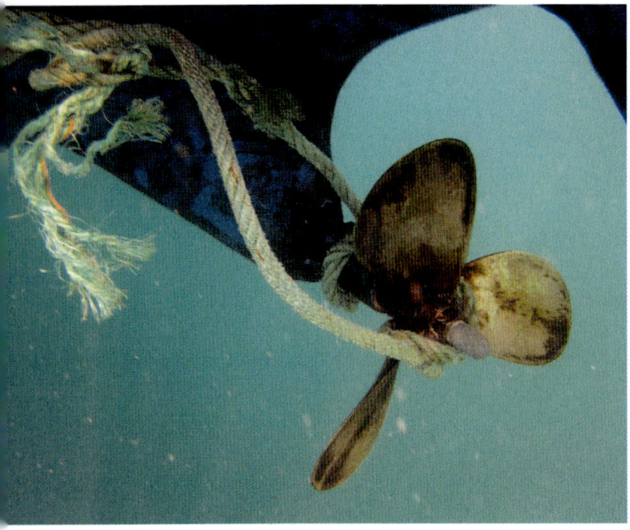

Leine im Propeller

eine weiße Leuchtkugel geschossen werden. Zwar führen die meisten Yachten heutzutage keine Signalpistole an Bord (Waffenscheinpflicht), aber es gibt im Fachhandel kleine Trommel-Schussgeräte, die mit weißen, roten und grünen Leuchtkugeln bestückt werden können und die ohne Waffenschein zu erwerben sind. Sie ersetzen allerdings nicht die vorgeschriebenen pyrotechnischen Seenot-Signalmittel.

Nicht nur durch einen Defekt in der Maschine oder in der Dieselzufuhr kann es zu einem Ausfall kommen. Mindestens ebenso häufig ist – zumindest in Küstennähe – ein Ausfall hervorgerufen durch einen Tampen oder ein treibendes Netz oder eine große Plastikfolie im Propeller. Leider gibt es auch heute noch einige Fischer und andere Seefahrer, die alte Leinen oder Netzreste einfach ins Meer werfen.

In dem Falle hilft leider nichts anderes, als mit einem scharfen Messer und Neoprenanzug ins Wasser zu springen und die Schraube freizuschneiden. Nachts wird dafür zusätzlich eine kleine wasserdichte Handlampe benötigt, die ohnehin immer in Reichweite des Steuerstandes liegen sollte. Vorsicht beim Arbeiten unter dem Heck. Im Seegang wird das Heck vermutlich stampfen und kann dem tauchenden Skipper hart an den Kopf schlagen. Der Skipper sollte solche Einsätze vorher vor Anker trainieren.

Die Maschine kann auch dadurch ausfallen, dass sie gar nicht gestartet werden kann wegen eines elektrischen Fehlers.

Der Fehler kann vielfältig verursacht sein:

- **defekte Starterbatterie**
- **defektes Zündschloss (Kontakte durch Seewasser oxydiert)**
- **Wackelkontakt an den Zuleitungen (Vibrationsschaden)**
- **defekter Anlasser**

Zur Prüfung des Fehlers ist es hilfreich, wenn der Skipper mit einem sogenannten Multimeter umgehen kann, mit dem er die elektrische Spannung und Stromstärke messen kann, doch nicht jeder Skipper hat ausreichende Kenntnisse in Elektrik. Dies zu erlernen ist allerdings recht einfach (*siehe Literaturhinweise im Anhang*).

Auf Langfahrt ist es sinnvoll, vorsorglich eine neue, nirgendwo angeschlossene Batterie in Reserve zu haben, die nur von Zeit zu Zeit nachgeladen wird (Spannungsabfall), denn nur unangeschlossen ist es sicher, dass sie im Notfall vollgeladen zur Verfügung steht.

Eine separate Werkzeugkiste für Elektroreparaturen mit Kabeln, Steckern, Schaltern, Lötkolben, Lötzinn und Klemmzange ist ebenfalls auf einem längeren Törn angesagt.

9.4 Manövrierunfähigkeit, Ruderbruch

Beginnen wir mit einer Beispiel-Situation, die auf jedem Küstentörn mit etwas Pech auftreten kann: Wie segeln bei gutem Wetter und stetigem Wind von 4 Beaufort unweit der Küste, kein Problem in Sicht. Plötzlich wird der Rudergänger unruhig, versucht das Ruder hin und her zu drehen, denn er stellt einen ungewöhnlichen Widerstand fest. Die Fahrt des Schiffes nimmt ebenfalls deutlich ab. Ein Blick ins Heckwasser klärt die Lage: Eine daumendicke Leine geht vom Heck aus schräg hinunter ins tiefe Blau… vermutlich eine Fischerleine. Am Rumpf rumpelt zudem etwas Hartes. Es ist die Boje, mit der der Fischer sein Fanggeschirr gekennzeichnet hat. Der Rudergänger hatte sie einfach nicht gesehen. Offensichtlich hängt unten am Meeresboden irgendetwas Schweres an der Leine, schwer genug, um die 10-Tonnen-Yacht abzustoppen. Was tun? Der Skipper hat bereits die Tauchmaske, Flossen und Schnorchel aus dem Stauraum auf dem Achterdeck geholt und sucht nur noch ein scharfes, solides Messer. Die Segel werden geborgen, die Badeleiter ausgeklappt und der Skipper springt am Heck ins Wasser. Das Schiff – inzwischen ohne den Winddruck in den Segeln – rollt und stampft recht grob im Seegang. Nur die Leine hinter dem Heck durchzuschneiden, reicht nicht, denn sie hat sich fest hineingezogen in den schmalen Spalt am Spatenruder zwischen Ruderoberkante und Rumpf. Einfaches Herausziehen ist auch mit grober Gewalt unmöglich. Es bleibt dem Mann im Wasser nichts anderes übrig, als unter das Heck zu tauchen und zu versuchen, die Leine direkt an der Klemmstelle zwischen Ruder und Rumpf durchzuschneiden. Leichter gesagt als getan, denn das Schiff bewegt sich manövrierunfähig im groben Seegang wie ein wilder Gaul. Mehrere Versuche sind notwendig, bis die verflixte Leine endlich durchgeschnitten ist und auch die eingeklemmten Reste herausgeschnitten sind. Und dann passiert das fatale: Der Job ist fast erledigt als eine höhere Welle plötzlich das Heck besonders stark anhebt und der Rumpf im nächsten Moment hinunterkracht auf den Kopf des Skippers. Er schafft es noch, auf die erste Stufe der Badeleiter zu kommen, fällt dann aber bewe-

Netz im Ruder

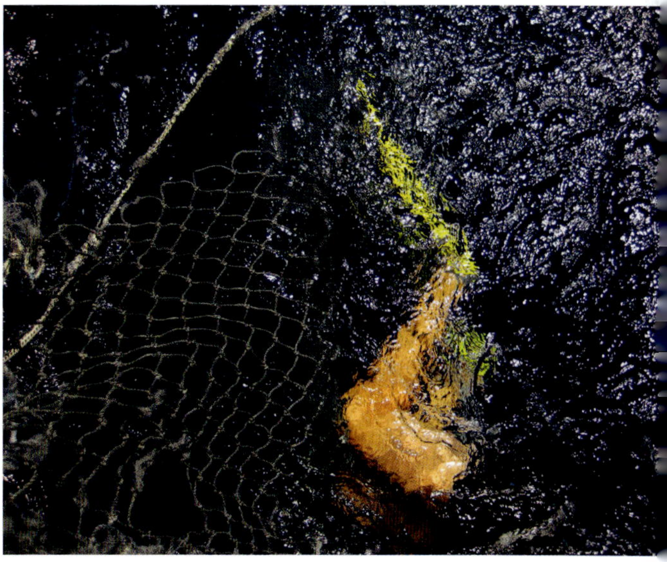

gungslos zurück ins Wasser. Den anderen Crewmitgliedern ist klar, dass er offensichtlich Hilfe benötigt. Ein weiterer Mann geht mit einer fingerdicken Rettungsleine ins Wasser, bindet dem Skipper die Leine mit einem Palstek um die Brust und gibt Anweisung zum Bergen des Mannes. Über die Badeplattform werden Skipper und Retter mit Mühe an Bord gezogen. Der Skipper hat eine beängstigend blutende Platzwunde am Hinterkopf. Ihm ist schwindelig und es wird ihm übel: Gehirnerschütterung. Der nächste Hafen ist etwa zehn Seemeilen entfernt, zum Glück in Lee, also ohne Kreuzen in etwa 2 Stunden zu erreichen. Fazit: Eine Nacht im örtlichen Krankenhaus und fünf Nadelstiche in der Kopfhaut. Er hat noch einmal Glück gehabt. Nicht auszudenken, wenn dies nachts passiert wäre. Und glücklicherweise kam der Schlag erst nachdem das Ruder schon freigeschnitten war.

Schlussfolgerungen:

- **Der Rudergänger muss ständig auf der Hut sein, um eventuell auftretende Hindernisse, Leinen, Bojen im Wasser zu umfahren. Was bei Nacht problematisch ist. Also nachts möglichst mehr Abstand von der Küste halten und in tieferem Wasser segeln.**
- **Bei unter Wasser notwendig werdenden Arbeiten unbedingt eine Sicherungsleine anlegen. Ein Kopfschutz wäre von Vorteil. Fahrradhelm evtl. vorhanden?**
- **Die Besatzung vor dem Einsatz unter Wasser informieren über möglicherweise auftretende Komplikationen.**
- **Auf jedem Törn Maske, Flossen und Schnorchel an Bord einsatzbereit haben.**
- **Möglichst jemanden in der Crew haben, der trainiert ist, auch Probleme unter Wasser tauchend zu beheben.**

Ruderbruch

Zwar kommt es selten vor, aber es ist nicht völlig auszuschließen: Durch Kollision mit Treibgut ist das Ruder weggebrochen. Auf modernen Yachten mit schmalem, tiefen Kiel und Spatenruder ist dies leichter möglich als auf traditionellen Yachten mit einem Skeg vor dem Ruder, denn der Skeg hält das Ruder in voller Länge, es ist 3-fach gelagert, während das lange, schmale Spatenruder allein innerhalb des Rumpfes gelagert ist und der lange Hebelarm besonders hohe Kräfte in den Rumpf einleitet.

Ruderbruch muss aber nicht unbedingt durch Kollision mit Treibgut verursacht werden. Das Ruder kann auch dadurch brechen, dass das Schiff bei viel Wind in schwerer See durch ein verpatztes Wendemanöver achteraus treibt und möglicherweise von einem großen Brecher hart nach achtern beschleunigt wird. Dann wird das Ruder von der falschen Seite rückwärts angeströmt und schlägt mit brachialer Gewalt quer. Nur sehr gut gebaute Ruder werden einen solchen Schlag ohne Bruch überstehen. Wenn das Ruder selbst in seiner Lagerung nicht bricht, so werden vermutlich die Steuerseile reißen. Was tun?

Sind tatsächlich „nur“ die Steuerseile gerissen, so hat man großes Glück, sofern ein elektrischer Autopilot – mit Schubstange direkt auf den Ruderquadranten geführt – an Bord installiert ist, denn damit ist das Schiff wieder steuerbar. Wenngleich nur noch durch Knopfdruck auf der Bedienungstastatur und nur solange die Batterien Strom geben. Tipp: Reserve-Steuerseile mit auf Langfahrt nehmen.

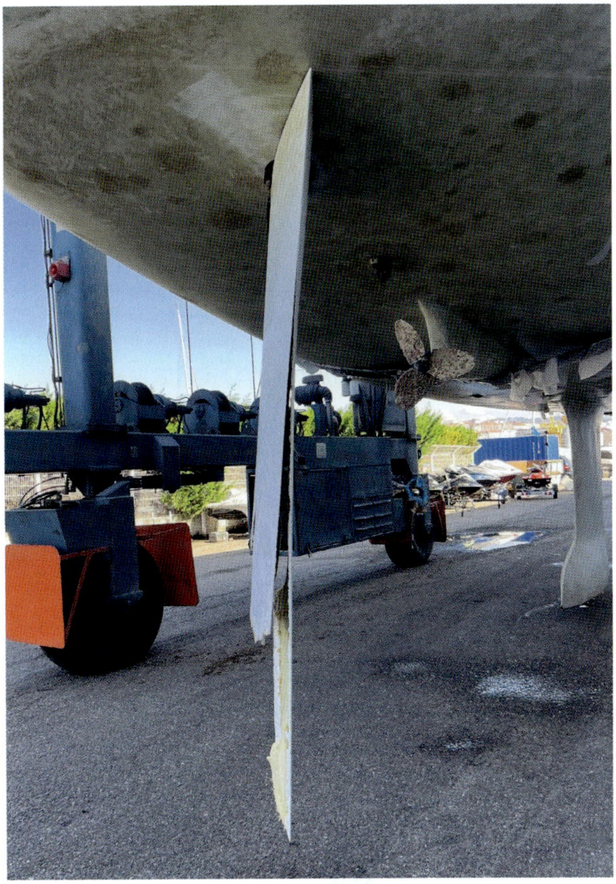

Ruderbruch
Foto von Pantaenius

Ist hingegen die Ruderlagerung oder das Ruderblatt selbst gebrochen, so hilft auch kein Autopilot mehr. Zuerst einmal muss die Schiffsbewegung einigermaßen im Rahmen des Möglichen gedämpft werden. Das erreicht man am besten durch Bergen des Großsegels bei dichtgeholten Fockschoten. Manche Schiffe werden so einen zwar sehr unregelmäßigen, aber dennoch akzeptablen Raumschotskurs auch ohne Ruder segeln. Achtern ausgebrachte lange Leinen, in Buchten gelegt und eventuell mit angeknoteten Eimern als Widerstand hinterhergezogen, können den Kurs vielleicht stabilisieren. Des Weiteren muss überlegt werden, ob es möglich ist, mit Bordmitteln ein Notruder nach Art der schräg außenbords angebrachten Ruder der Wikingerschiffe improvisierend zu bauen. Hierzu ist viel in Segelzeitschriften und Ausbildungsbüchern geschrieben worden: Die ausgebaute Toilettentür am Spibaum befestigt als Ruder einsetzen, Treibanker einseitig ausbringen, eine Pütz nachschleppen, das Schiff wie eine Jolle durch geschickten Segeltrimm auf einen einigermaßen konstanten Kurs bringen usw. Alles am Schreibtisch leicht formuliert, aber an Bord bei Schwerwetter kaum oder gar nicht praktikabel. Bei wenig Wind und Welle sind solche Vorschläge vielleicht – je nach Bootsgröße – noch machbar, aber ein Ruderbruch tritt äußerst selten bei wenig Wind und Welle auf. Manch eine Crew hat in einer solchen Situation zum Funkgerät gegriffen und sich abbergen lassen. Als Alternative zum Aufgeben des Schiffes wäre es auf hoher See fernab vom Land denkbar, zuerst einmal abzuwarten bis die Wetterlage sich gebessert hat (möglicherweise erst nach ein bis zwei Tagen?), um dann damit zu beginnen, tatsächlich ein Notruder aus dem Spibaum und einer geeigneten Holzplatte zu bauen. Das Hauptproblem wird dabei sein, das Brett am Spibaum belastbar zu fixieren. Sofern Bohrmaschinen, Sägen, Schrauben, Bolzen und genügend Reserve-Leinen an Bord sind, sollte es binnen einiger Stunden machbar sein, ein Notruder zu konstruieren, dass dann am Pütting des Achterstags angelascht wird. Bläst der Wind nicht zu stark, so sollte es möglich sein, einen akzeptablen Kurs zu steuern. Ob das dann ein Amwind-, Halbwind-, oder Raumwindkurs sein wird, muss ausprobiert werden. Hoffen wir, dass in der steuerbaren Richtung ein Hafen liegt und genügend Lebensmittel an Bord sind …

Im Extremfall hilft sonst nur noch das Seefunkgerät. Über Kanal 16 PAN PAN senden und um Schlepphilfe bitten! Sofern kein Wassereinbruch mit dem Ruderbruch verbunden ist und nach Lee genügend Seeraum zum Warten auf Hilfe vorhanden ist (keine Felsen, Riffe, Sandbänke), handelt es sich aber nicht um einen Seenotfall. Am VHF-Gerät ist also keine Mayday-Meldung zu geben, sondern lediglich Pan-Pan. (*siehe Beginn dieses Kapitels*).

9.5. Strandung

Die möglichen Gründe für eine Strandung sind zahlreich: Nicht selten stranden Yachten, weil unter ungünstigen oder falsch beurteilten Bedingungen geankert wurde. Solange der Wind ablandig ist und das Ankergeschirr der Größe der Yacht entsprechend beschaffen ist, genügend lange Ankerkette gesteckt wurde, und die Wetterlage konstant bleibt, wird selbst bei Starkwind nicht viel passieren. Doch sollte der Wind drehen, beispielsweise im Gewitter, und auflandig werden, vielleicht böig auffrischen, so geht manch eine Yacht in dem immer höher werdenden Seegang auf Drift und landet am Strand. Beim ständigen Aufschlagen auf den Meeresboden wird dabei meist mindestens das Ruder und oft auch die Rumpf-Kiel-Verbindung schwer beschädigt.

Gerade in Tidengewässern wie der Nordsee oder der Küste der Bretagne hört man immer wieder von Strandungen, die durch Fehler in der Berechnung der Wassertiefe entstanden sind. Sofern es sich dann dabei lediglich um Grundberührungen vor Anker auf weichem Meeresboden handelt, sind die Folgen meist eher harmlos. Die Yacht liegt dann nur ein paar Stunden nahe am Niedrigwasser auf der Backe und kommt beim nächsten Hochwasser wieder frei. Läuft die Yacht hingegen bei ablaufendem Wasser (Ebbe) und bewegter See, vielleicht sogar höherer Dünung, auf eine Sandbank, oder gar auf eine felsige Untiefe, so kann daraus schnell ein Totalverlust werden. Denn in dem mit der Ebbe stetig fallenden Wasserstand wird es binnen kurzer Zeit unmöglich werden, das Schiff selbst mit zusätzlichem Maschineneinsatz wieder flott zu bekommen. Der Rumpf wird nach jeder durchlaufenden Welle hart auf den Meeresboden aufschlagen und schnell einen strukturellen Schaden erleiden.

In Tidengewässern mit sehr starkem Gezeitenstrom wie in einigen Seegatten in der Nordsee oder im Bereich der englischen Kanalinseln kommt es immer wieder durch Navigationsfehler zu Strandungen, weil der Skipper den Einfluss des Stroms auf den Kurs über Grund unterschätzt hat. Vorsicht: Nicht alle elektronischen Seekartenprogramme geben ausreichend genaue Information über Richtung und Stärke des Tidenstroms. Tatsächlich zuverlässig informieren dazu vor allem die Strömungsatlanten der nationalen ozeanografischen Institute wie BSH in Deutschland, British Admiralty in England und SHOM in Frankreich.

Nicht selten ist eine Strandung die Folge menschlichen Versagens: Vielleicht erinnert sich der Leser noch an die Strandung der Rennyacht VESTAS im Jahre 2014 auf einem Korallenriff im Indischen Ozean während des Volvo-Ocean-Race. Damals war nachts beim Wachwechsel der neuen Wache nicht mitgeteilt worden, in welcher Einstellung sich der Kartenplotter befand. Er war in einer unangebrachten Zoom-Einstellung der neuen Wache überlassen worden. Der Maßstab war zu klein eingestellt gewesen und ein Korallenriff, das bei größerer Maßstabseinstellung leicht auf der Karte erkennbar gewesen wäre, wurde auf dem Bildschirm nicht dargestellt. Die neue Wache ging bei dieser Kartendarstellung davon aus, dass die See vor dem Bug für die nächsten 4 Stunden frei sein würde und segelte die Rennyacht bei über 10 Knoten Fahrt blind auf das Riff. Es folgte eine spektakuläre Rettungsaktion mit Hubschraubereinsatz. Meine Bemerkung dazu: Mit Papierkarten als Navigationsgrundlage wäre diese Havarie höchstwahrscheinlich nicht passiert, denn auch auf kleinmaßstäblichen Ozeankarten sind gefährliche Korallenriffe eingezeichnet.

Ein anderes Beispiel aus der Regattaszene: Im Golden Globe Race 2022 wurde der Skipper Guy de Boer nachts brutal aus dem Schlaf gerissen als sein Schiff an der

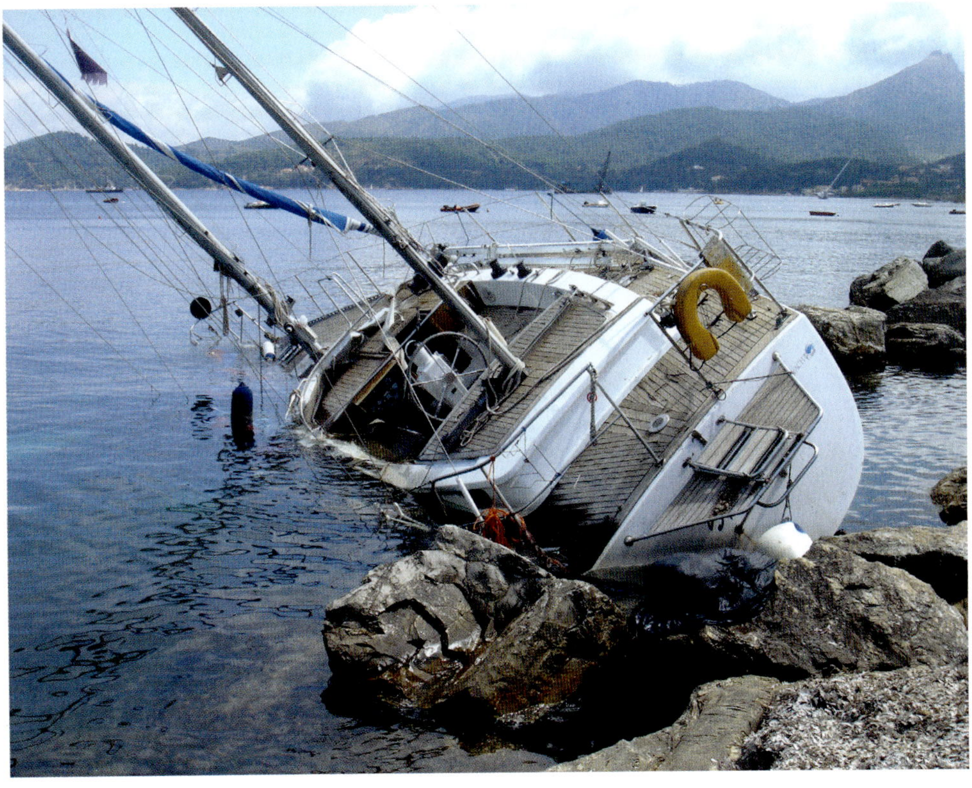

Strandung *(Foto von Pantaenius)*

Nordküste von Fuerteventura auf Felsen lief. Vermutlich völlig übermüdet hatte er seine Yacht trotz der geringen Nähe zur Küste der Wind-Selbststeueranlage überlassen. Doch da Windselbststeueranlagen nun einmal den eingestellten Kurs relativ zum Wind halten, verursachte ein späterer unvorhergesehener Winddreher, dass die Yacht nicht den vom Skipper beabsichtigten Kurs einhielt, sondern stattdessen Kurs auf das Land zu nahm. Die Yacht konnte zwar abgeborgen werden, aber das Rennen war für den Skipper zu Ende.

Auf See in Küstennähe kann auch ein Ruderschaden zur Strandung führen, wenn nicht schnell genug repariert werden oder Schlepperhilfe herangeholt werden kann.

Gar nicht so selten sind Strandungen von Yachten, die abends an Mooringtonnen festgemacht wurden und nachts mit der Crew im Tiefschlaf mitsamt der Mooring auf Drift gehen. Alte, jahrelang nicht gewartete, rostende Grundketten halten nicht ewig. Mit Glück treibt die Yacht an einen nahegelegenen Sandstrand, aber vielleicht landet sie auch auf den scharfkantigen Felsen einer zerklüfteten Küste. Ein Tipp dazu: Nach dem Festmachen an einer Mooring mit eingelegtem Rückwärtsgang mit mindestens 2000 U/min etwa eine Minute lang die Belastbarkeit des Bojengeschirrs prüfen. Ruder dabei mittschiffs arretieren, bzw. gut festhalten, falls die Mooringkette reißen sollte.

Verhalten nach der Strandung:

- **Seefunkstelle informieren: PAN PAN mit Position über UKW absetzen.**
- **Alles Notwendige tun, um die Crew gefahrlos an Land zu bringen. Beiboot, Rettungsinsel …**
- **Möglichst schnell die Versicherung verständigen und um Beratung bitten.**
- **Hafenbehörden, Coast-Guard informieren.**
- **Umweltschäden durch auslaufenden Diesel oder Öl vermeiden**
- **Die Yacht nicht unbeaufsichtigt zurücklassen, Gefahr der Plünderung.**
- **Die Yacht mit Bug- und Heckanker zum Land hin sichern, es sei denn es gibt eine Chance, sie mittels Ankergeschirrs weit nach See ausgebracht über die Ankerwinsch und unter Maschinenhilfe sowie Schleppereinsatz von See aus wieder in tiefes Wasser zu bewegen.**
- **Für den Versuch, das Schiff wieder mittels Ankern, Maschineneinsatz und Schlepperhilfe in tiefes Wasser zu ziehen, in Tidengewässern auf möglichst hohen Wasserstand nahe am Hochwasser warten. Nicht zu früh mit dem Freischleppen beginnen, denn erst wenn das Boot annähernd wieder waagerecht im Wasser liegt, kann man hoffen, dass nur wenig Schaden am Rumpf entsteht.**
- **Bei Strandung auf Sandgrund im Tidengewässer bei Niedrigwasser mit einem Schaufelbagger eine Rinne ins tiefere Wasser vorbereiten.**

9.6 Mastbruch, Schäden im Rigg und an den Segeln

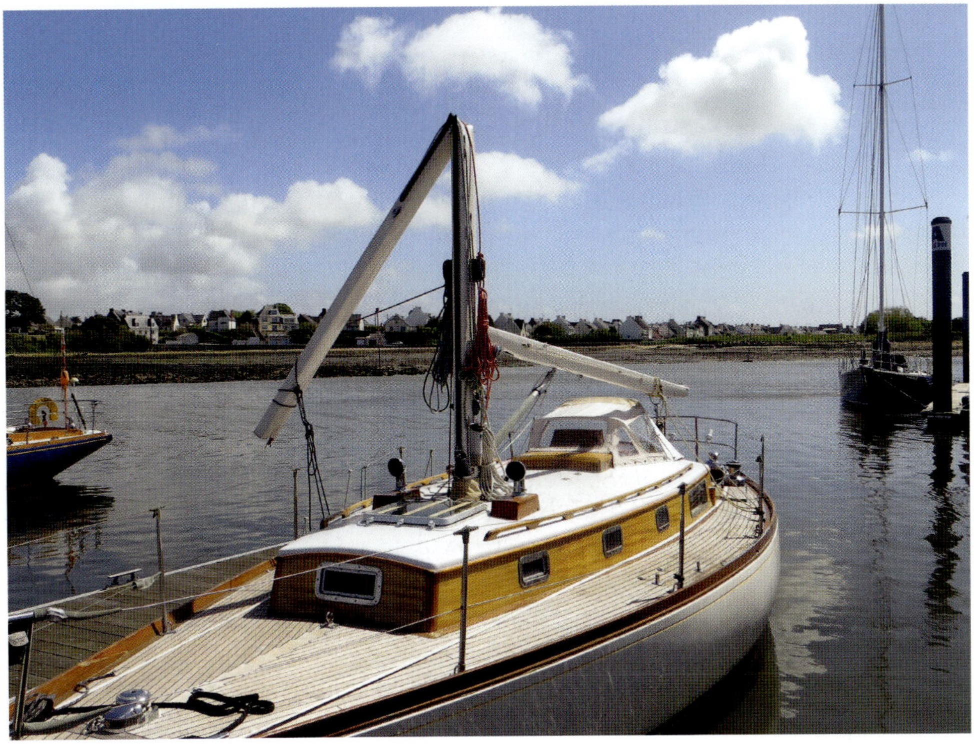

Gebrochener Mast

Das Material der heutzutage verarbeiteten Segeltuche ist in der Regel so gut, dass selbst bei Starkwind kaum eine Crew mit zerrissenen Segeln rechnen muss, es sei denn sie sind viel zu alt und durch UV stark geschädigt. Wenn Schäden an den Segeln auftreten, so liegt das in den meisten Fällen daran, dass Nähte aufplatzen. Meist ist es eine Folge von Unachtsamkeit der Crew, die nicht darauf geachtet hat, dass die Segel nirgendwo am Mast oder an den Wanten scheuern oder hin und her schlagen. Die grundsätzlich lange Haltbarkeit der Segel wird drastisch verkürzt durch zu langes Schlagen im Wind beim Setzen und Bergen oder beim Motorsegeln.

Häufiger als beschädigte Segel kommt ein Defekt der Rollanlagen von Groß oder Genua vor. Ein Charterskipper tut gut daran, zu Törnbeginn im Hafen die Leichtgängigkeit beider Rollsysteme zu prüfen. Wenn die Anlage draußen auf See bei 6 Windstärken oder mehr klemmt, ist es zu spät. Es gibt einige immer wieder auftretende Fehler bei der Bedienung der Rollanlagen:

Wichtig ist es, die „Schokoladenseite" der Großsegelrollanlage zu kennen und zu benutzen. In *Kapitel 8.6* wurde ausführlich über die richtige Refftechnik gesprochen. Beim Einrollen sollte das Großsegel so wenig wie eben möglich im Wind schlagen. Ferner sollte es unbedingt auf dem Bug eingerollt werden, der dem Drehsinn der Rollanlage entspricht, so dass das Tuch sich nicht um die Schlitzkante am Mast herumarbeiten muss, sondern frei eingezogen werden kann. Nicht nur bei Starkwind passiert es sonst schnell, dass das schlagende Tuch beim Einrollen in den Mast wegen hinderlicher Falten klemmt und dann überhaupt nicht mehr zu bewegen ist.

Der Hauptfehler bei der Bedienung der Vorsegel-Rollanlage ist ein nicht hart genug durchgesetztes Genuafall. Bei zu wenig Spannung auf dem Genuafall kann es passieren, dass sich das Fall beim Einrollen oben am Mastbeschlag um das Vorstag herumwickelt und dann nach 3 bis 4 Drehungen kein weiteres Einrollen mehr möglich ist. Die Folge ist ein kaum eingerolltes Vorsegel, das nicht mehr weiter gerefft werden kann. Wenn dann der Wind weiter zunimmt, ist das Schiff gefährlich übertakelt und die Crew kann auf den Starkwind nicht mehr mit weiterer Verkleinerung der Segelfläche reagieren. Das kann fatale Folgen haben, denn ein übertakeltes Schiff ist in seinen Bewegungen schwer oder gar nicht zu kontrollieren.

Es kommt auch – zum Glück selten – vor, dass Vorsegelrollanlagen mangels Wartung klemmen oder gar ihre Kugeln aus den Kugellagern verlieren. Ob dies zu befürchten ist, lässt sich allerdings schon im Hafen leicht prüfen, indem man die Anlage auf Leichtgängigkeit und angemessenes Spiel prüft.

Der worst case: Mastbruch. Die Wahrscheinlichkeit, dass der Mast einer gut gewarteten Yacht bricht, ist vermutlich nicht größer als die, auf der Anreise einen Autounfall zu haben. Bevor ein Mast tatsächlich bricht, zeigen sich in der Regel Vorwarnungen im Rigg in Form angerissener Wantendrähte an den Pressungen der Terminals (*siehe Foto*). Im Falle eines angerissenen Wants wird die Segelfläche verkleinert und man läuft den nächsten Hafen an, wo eine Reparatur möglich ist. Es sei denn es gibt das notwendige Reparaturmaterial an Bord (Stahlseilklemmen, Reserve-Wantendraht, Kettenglieder, schraubbare Terminals). Der Mast wird nicht gleich wegen eines angerissenen Wants brechen. Wantendrähte haben eine Innen- und eine Außenwicklung. Es sei denn es handelt sich um massives Rodrigg. Sind ein einem Want aus Draht lediglich ein oder zwei Außendrähte gerissen, so ist die Festigkeit in der Regel noch ausreichend, um auch unter Segeln noch den nächsten Hafen mit Riggerservice ohne Mastbruch zu erreichen. Natürlich sollte dabei durch Reffen die Belastung im Rigg gering gehalten werden.

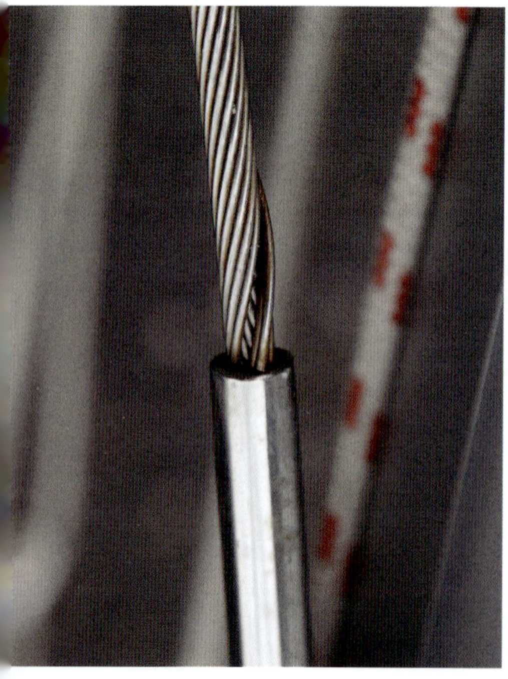

Angerissene Drähte am Terminal vom Unterwant

Sollte dennoch der Extremfall des Mastbruchs eintreten, so bleibt nur die Möglichkeit, die gebrochenen Teile irgendwie mit Leinen am Schiff zu sichern, oder sie mit einem schweren Bolzenschneider abzutrennen und außenbords zu werfen. Vorsicht: ein gebrochener Mast, der außenbords hängt, kann den Rumpf schwer beschädigen. Danach wird versucht, unter Motorkraft den nächsten Hafen anzulaufen. Auch hier Vorsicht:

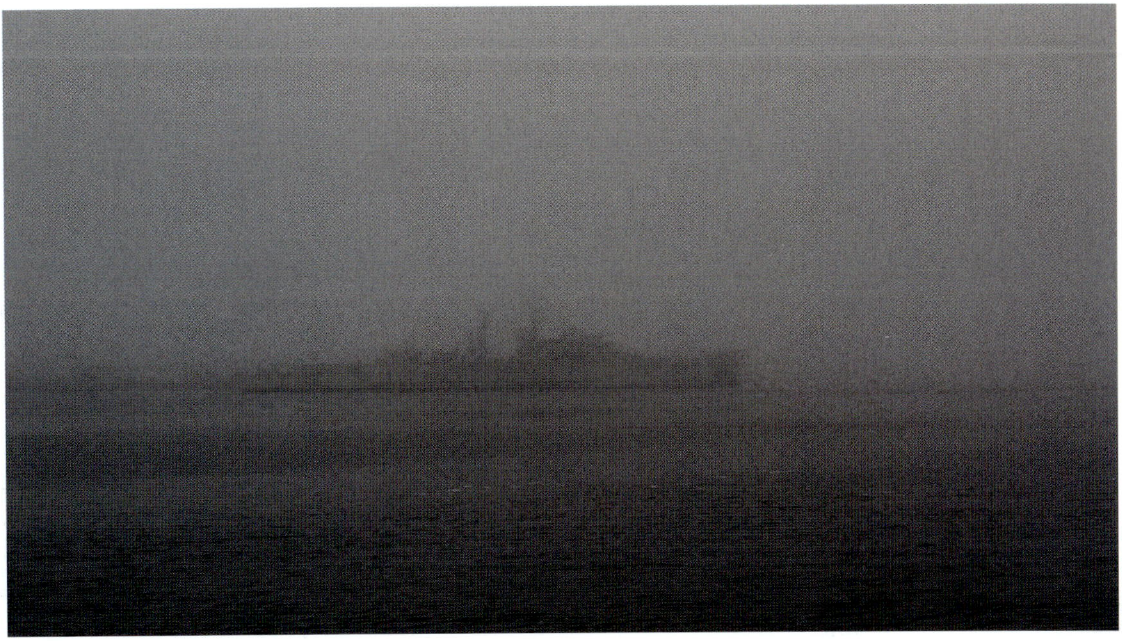

Möglicherweise hängen noch Leinen im Wasser, die in die Schraube geraten können und das Schiff manövrierunfähig machen.

Begegnung im Nebel

Auch bei Mastbruch gilt, dass es sich in der Regel nicht um einen Seenotfall im Sinne von Mayday handelt, sondern nur um eine Pan-Pan-Situation.

9.7 Nebel

Beinahe-Kollision im Nebel

Eine selbst erlebte klassische Nebelsituation: Wir sind im Frühsommer auf einem Überführungstörn im Ärmelkanal unterwegs von Cherbourg nach Brest. Unsere 12-Meter-Yacht ist mit der neuesten Navigationselektronik ausgerüstet: GPS, Radar, AIS, DSC-Seefunk, Kartenplotter. Dazu natürlich die klassischen Hilfsmittel wie Kompass, Echolot, Logge … alles funktionsfähig. Vor dem Auslaufen in Cherbourg hören wir den Wetterbericht auf UKW und schauen uns auch die Großwetterlage auf Karten im Internet an. Auf der Vorderseite eines Tiefs westlich von Irland strömt feuchtwarme Luft von Nordspanien über Westfrankreich nach Südengland, Wind Südwest 2 bis 3 Beaufort, Sicht 3 bis 4 Seemeilen, zeitweise Nebelfelder. Da die Zeit drängt, können wir nicht auf die Rückseite des Tiefs mit günstigerem (und trockenerem!) Nordwestwind warten und entscheiden uns auszulaufen. Unsere Planung sieht vor, mit einem ersten Kreuzschlag nach Westnordwest bis an den Rand des Verkehrstrennungsgebietes nördlich der englischen Kanalinseln und dann auf dem anderen Bug mit günstigem Gezeitenstrom runter nach Süden zwischen Alderney und dem Festland hindurch in Richtung Jersey.

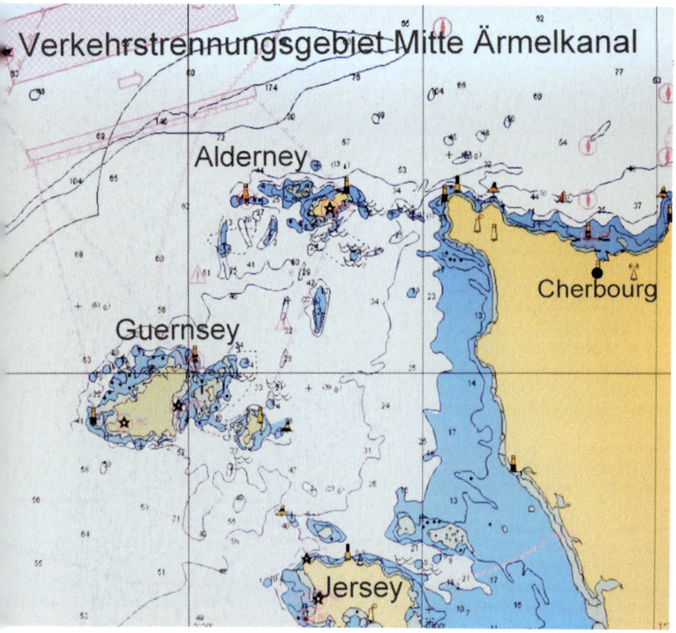

Englische Kanalinseln – Cherbourg

Die erste Hälfte des Plans lässt sich ohne Probleme umsetzen. Nach etwa 2 Stunden sehen wir die ersten Frachter auf dem Dampfertrack recht voraus, wenden und segeln mit neuem Kurs in Richtung Jersey. Fahrt durchs Wasser 6 Knoten, über Grund 10 Knoten, denn der Tidenstrom schiebt nun mit mehr als 4 Knoten. Allerdings setzt die Strömung gegen den Wind, sodass sich eine sehr grobe See aufbaut. Gleichzeitig verschleiert sich der Horizont voraus in einem sich verdichtenden Hellgrau: Nebel voraus. Eine Viertelstunde später – der Wind hat inzwischen deutlich nachgelassen – motoren wir durch eine feuchte Nebelsuppe mit einer Sicht von maximal 200 Metern. Auf dem AIS-Display erscheinen 2 Fahrzeuge etwa 3 Meilen voraus, die unverständlicherweise nicht von unserem Radar erfasst werden. Nach einigem Überlegen stellt unser Skipper fest, dass jemand die Seegangsenttrübung (Sea-clutter, *siehe Kap. 8.2*) wegen des starken Seegangs zu hoch eingestellt hatte und damit sämtliche schwächeren Echos ausgefiltert wurden. Nach einer Reduzierung des Filters erscheinen die beiden Fahrzeuge nun auch auf dem Radar. Doch plötzlich ertönt ein Nebelhorn irgendwo beängstigend nahe von Steuerbord. Das Radar steht auf „Range" 5 Seemeilen, viel zu viel, um im Nahbereich von wenigen Hundert Metern Echos sauber zu erfassen. Noch bevor das Radar auf den Nahbereich mit Range von einer halben Seemeile eingestellt ist, kommt dicht neben uns schemenhaft eine dunkle Silhouette aus der Suppe schräg auf uns zu. Kollisionsgefahr! Ruder hart Backbord! Mit weniger als 30 Metern Abstand wird die Kollision vermieden. Das „Geisterschiff" entpuppt sich als hölzerne Segelyacht, ebenfalls mit Radar ausgerüstet, allerdings mit einem Radarreflektor im Mast, der seinen Namen nicht verdient. Eines dieser kleinen zylindrischen „Spielzeu-

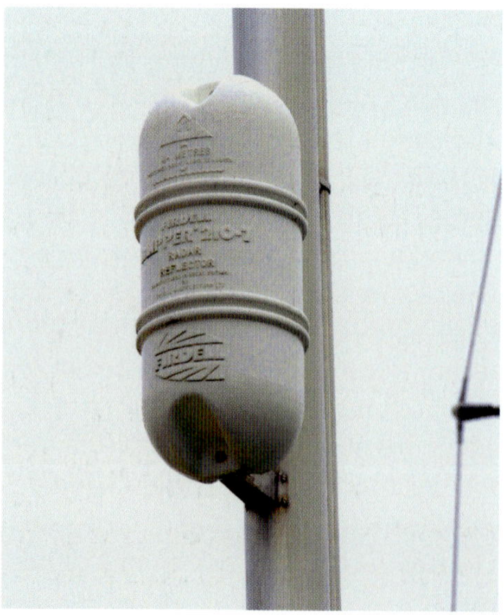

Guter Radarreflektor Firdell Blipper

ge“, deren Radar-Echo nicht größer ist als das einer fliegenden Ente …

Den entscheidenden Fehler haben wir allerdings selbst gemacht: Das Radar wurde nicht wechselnd, mal im Nahbereich und mal im Fernbereich eingestellt, so dass wir das ohnehin schwache Echo des hölzernen Schiffes in unmittelbarer Nähe nicht erfassen konnten.

Auf den letzten Meilen vor Jersey – immer noch in dichtem Nebel – dürfen wir Radar-Lektion Nummer 2 lernen: Auf dem Radar mit Range 5 Seemeilen erscheint recht voraus etwa 2 Seemeilen entfernt ein dickes Echo auf dem Display, das sich auf uns zu bewegt. Das AIS hingegen bleibt blind. Nach AIS geurteilt, befindet sich 2 Meilen vor uns kein Fahrzeug. Das Echo wird mit abnehmendem Abstand immer deutlicher, immer größer und im Nahbereich auf Range von einer halben Meile wird klar, dass es sich um ein recht großes Fahrzeug, vermutlich aus Stahl handeln muss. Die Sicht hat sich inzwischen etwas verbessert und wenige Minuten später passiert uns an Backbord im Abstand von etwa 200 Metern ein etwa 30 Meter langer Trawler. Berufsfahrzeuge dieser Größe sind verpflichtet, einen AIS-Transponder zu benutzen, also selbst kontinuierlich ein AIS-Signal mit ihrer Kennung, Position, Kurs und Fahrt zu senden. Offensichtlich hält sich der Kapitän des Trawlers nicht an die international geltenden Vorschriften der IMO (International Maritime Organisation), denn entweder hat er gar kein AIS an Bord, was sehr unwahrscheinlich ist, oder er hat es nicht in Betrieb. Beides wäre rechtswidrig.

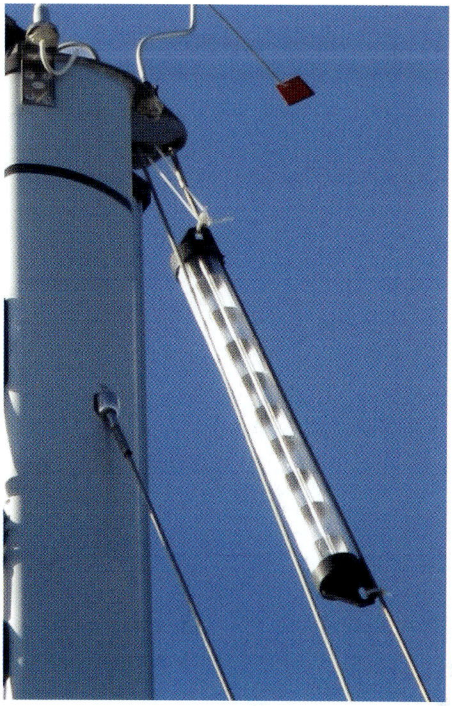

Schlechter Radarreflektor zu klein

Die Erfahrungen dieses Segeltages lassen sich folgendermaßen zusammenfassen:

- **Bei Einsatz des Radars die Filter für Seegangsenttrübung (Sea-clutter) und Regenenttrübung (Rain-clutter) auf angemessene Einstellung überprüfen und auch nicht der Automatik vertrauen.**
- **Das Radar wechselnd im Nahbereich und im Fernbereich einsetzen und mit unterschiedlichem „Gain“ (*siehe Kap. 8.2*) die Sendeleistung variieren.**
- **Dem AIS nicht blind vertrauen, denn nicht jedes ausrüstungspflichtige Berufsfahrzeug sendet tatsächlich AIS-Signale.**
- **AIS ersetzt kein Radar!**

Segler müssen ferner wissen, dass ein Radargerät bei deutlich mehr als 25 Grad Krängung aufgrund des kleinen Abstrahlwinkels der „Radarkeule“ nach Backbord und Steuerbord querab keine Echos mehr erfassen kann. Um vom Radar eines anderen Schiffes erfasst werden zu können, gehört ein möglichst großer Radarreflektor ins Rigg. Der zusammensteckbare Aluminium-Oktaeder, bei Nichtgebrauch in der Backskiste verstaut, ist nach wie vor einer der wirksamsten Reflektoren, gemeinsam mit den zylinderförmig gekapselten, am Mast fest installierten. Doch nur mit mindestens 30 Zentimeter Durchmesser ist er wirklich effizient. Im Handel findet man auch aktive Radarreflektoren, sogenannte Radartransponder, die aus einem stromsparenden passiven Standby-Betrieb in einen aktiven Sendemodus wechseln, sobald sie von einem fremden Radarstrahl erfasst werden. Dann senden sie ein elektronisch verstärktes Radarecho aus, das auf dem Display des Empfängers so groß wie das eines großen Stahlschiffes erscheint.

Nicht jede Yacht ist mit Radar ausgerüstet. Die meisten Freizeitskipper in nebelarmen bis nebelfreien Revieren segeln auf Yachten ohne Radargerät.

Doch was tun, wenn man dennoch irgendwann einmal überraschend vom Nebel eingehüllt wird?

- **Die Fahrt des Schiffes so weit verringern, dass jederzeit aufgestoppt werden kann.**
- **Stille an Bord! Gut Ausguck halten, auf Schallsignale achten.**
- **Selbst Nebelschallsignale geben: Ein langer Ton jede Minute.**
- **Rettungswesten anlegen.**
- **Radarreflektor setzen, falls nicht fest angebaut.**
- **Bei akuter Gefahr einer möglichen Kollision über UKW/VHF auf 5 Watt Leistung (Nahbereich) andere Schiffe auf Gefahrenlage aufmerksam machen. Nicht auf 25 Watt Sendeleistung, denn dann ist die Reichweite zu groß.**
- **Auch bei Flaute Großsegel gesetzt lassen (bessere optische Erkennbarkeit)**
- **Navigationslichter anschalten.**
- **Bei Fahrt unter Maschine von Zeit zu Zeit Motor abschalten und nach Schallsignalen hören.**
- **Ständig Position überprüfen und ins Logbuch eintragen.**
- **Ständig Kartentiefe mit Echolotangabe vergleichen.**
- **Das Fahrwasser der Großschifffahrt verlassen, evtl. in flachem Wasser ankern und auf bessere Sicht warten.**
- **Niemals ein Fahrwasser queren, sondern möglichst am Rand bleiben.**

9.8 Feuer

Die Ursache für Feuer an Bord einer Segelyacht liegt in den allermeisten Fällen in der Pantry. Viele Yachten sind in warmen bis sommerlich heißen Revieren unterwegs. Wird an Bord gekocht, so kommt es insbesondere in der Pantry schnell zu einem Wärmestau. Wenn nun z. B. Steaks oder Fische gebraten werden sollen, so kann das Öl in der Bratpfanne und die Luft in der Umgebung so heiß werden, dass

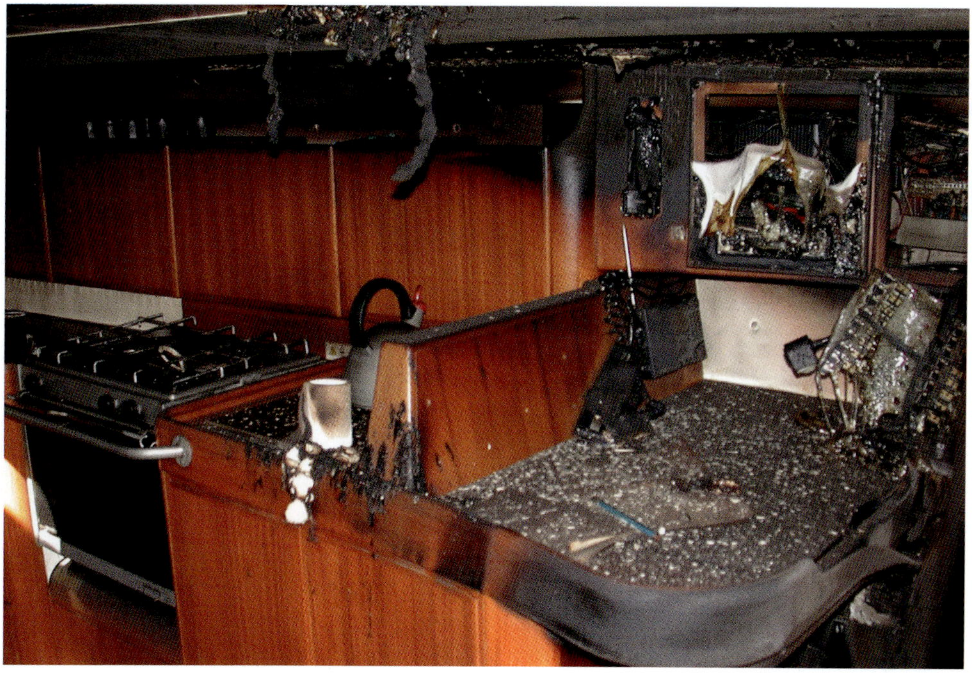

Brandschaden Elektrobrand *(Foto von Pantaenius)*

es zu brennen beginnt. Der größte Fehler, der dann gemacht werden kann, ist es Wasser auf den Brandherd zu schütten. Es entsteht binnen Millisekunden eine verheerende Stichflamme, aus der dann das brennende Öl weiter in der Umgebung verspritzt wird. Schnell entzünden sich weitere brennbare Dinge wie Handtücher und Topflappen in der Nähe. Aufgrund der Enge an Bord und der guten Sauerstoffzufuhr kann sich solch ein Brand dann schnell weiter ausbreiten. Die einzig richtige und schnellste Reaktion ist im Falle eines Ölbrandes in der Bratpfanne, mit einer Löschdecke den Brand zu ersticken, also die Sauerstoffzufuhr zu stoppen. Sofern ein passender Pfannendeckel schnell genug zur Hand ist, reicht es meist sogar, einfach den Deckel auf die Pfanne zu legen.

Eine Feuerlöschdecke gehört in jede Pantry. Natürlich ist auch der Einsatz eines Feuerlöschers, beispielsweise eines CO_2-Löschers oder Schaumlöschers sinnvoll, doch ist die Reaktion mit der Löschdecke meist schneller und darum effektiver.

Auf den meisten Yachten wird der Herd in der Pantry mit Gas betrieben. Die Gasanlage muss mindestens an drei Stellen abzusperren sein: An der Gasflasche, an einem Ventil in der Nähe des Herdes und am Herd selbst. Auf vielen Schiffen gibt es auch einen Durchflußmengenbegrenzer, sowie Gas-Alarmeinrichtungen. Um zu verhindern, dass bei geöffneten Ventilen nach Verlöschen der Flamme (z. B. durch Windzug) weiterhin Gas ausströmt, haben alle guten Gasherde direkt an den Brennern Thermofühler. Es ist diesen redundanten Sicherheitssystemen zu verdanken, dass heutzutage Gasexplosionen an Bord extrem selten geworden. Wichtig ist natürlich, dass nicht nur der Smut, sondern auch alle anderen, die sich mal kurz einen

Kaffee machen wollen, die Funktion des Gasherdes perfekt beherrschen. Somit ist auch hier wieder der Skipper gefragt, denn er muss bei der Schiffseinweisung die Crew auch über die Gasanlage detailliert informieren.

Eine weitere mögliche Feuerursache sind Basteleien an den Stromkreisen des Schiffes. So dürfen beispielsweise niemals durchgebrannte Sicherungen einfach überbrückt werden. Es kommt sonst schnell zu einem Kabelbrand, der wiederum in seiner Umgebung schnell anderes Plastik oder Holz entzünden kann. Auch das Vertauschen der Polung von Plus und Minus kann bei einigen Geräten einen Elektrobrand auslösen. Auch Elektrobrände werden am besten mit einem Schaum- oder CO_2-Löscher bekämpft.

Was hingegen wirklich extrem selten brennt, ist der Dieselmotor. Ausgelaufener Diesel brennt nur bei sehr hohen Temperaturen, die im Motorraum einer Yacht aber nicht auftreten. Erst in zerstäubtem Zustand und bei hohem Druck lässt er sich leicht entzünden, nämlich in den Zylindern des Motors. Ein Motordefekt ist darum auf einer Yacht praktisch niemals eine Brandursache. Allerdings gibt es ja im Motorraum nicht nur den Motor selbst, sondern auch seine Anbauteile wie Starter und Lichtmaschine. Hier kann es bei einem Defekt in der Tat zu einem Elektrobrand kommen. Darum gehört ein Feuerlöscher auch in die Nähe des Motorraums.

9.9 Leckbekämpfung bei Wassereinbruch

Wann sinkt ein Schiff? Nach dem Gesetz von Archimedes erfährt ein Körper, der in eine Flüssigkeit eingetaucht ist (das Schiff bis zur Wasserlinie unter Wasser) einen Auftrieb, der genauso groß ist wie das Gewicht der verdrängten Flüssigkeit. So verdrängt also beispielsweise eine 9 Tonnen schwere Yacht 9 Tonnen Wasser. Dies bedeutet, dass ihr Unterwasserschiff etwa 9 Kubikmeter Volumen hat. Nebenbei: Der Begriff „Verdrängung“ hat hierin seinen Wortursprung. Bei Salzwasser verändert sich der Wert um etwa 3 %, da Salzwasser eine größere Dichte hat als Süßwasser. Somit wird die Yacht in Süßwasser etwas tiefer im Wasser liegen als in Salzwasser.

Dringt nun durch ein Leck Wasser in den Rumpf ein, so wird – einfach gesprochen – das Schiff um das Gewicht dieses Wassers innerhalb des Rumpfes schwerer. Sind schließlich mehr als 9 Kubikmeter Wasser in den Rumpf eingedrungen, die vorher bei „normaler“ Wasserlinie von ihm als Unterwasserschiff verdrängt wurden, so ist die Grenze erreicht und die Yacht beginnt zu sinken.

Ein Wassereinbruch kann vielfältige Ursachen haben:

Rein statistisch ist die Ursache Nummer 1 die falsche Bedienung der Toilette. Auf den meisten Schiffen müssen die Seeventile für den Seewassereinlass und den Schmutzwasserauslass vor der Benutzung geöffnet und danach wieder verschlossen werden, denn fast immer sind die Toiletten unter der Wasserlinie eingebaut. Auch eine Schlauchführung in Form eines Schwanenhalses ist nicht immer ausreichend, um sicherzustellen, dass das Schiff nicht über die Toilette vollläuft. Ein Schwanenhals funktioniert nur, wenn er an seiner höchsten Stelle belüftet ist. Eine sorgfältige Einweisung der Crew in die Bedienung der Toilettenpumpe ist daher unabdinglich.

Die zweithäufigste Ursache für ein Leck ist das Platzen oder Reißen irgendwelcher Schläuche. In erster Linie sind hier die Kühlwasserschläuche und der Auspuff des Motors zu nennen. Eine Segelyacht sollte zwar so gut gewartet sein, dass dies nicht passieren kann, aber auch hier gilt Murphy's Law ... Der vorausschauende Skipper hat dazu immer eine Rolle von elastischem, reißfestem aber hochbelastbarem Tape dabei, das speziell für solche Einsätze gedacht ist. Eine provisorische Reparatur ist damit meist machbar.

Auch Kollisionen mit Treibgut, einem Baumstamm, einem Fass, auf Langfahrt auch mit einem an der Oberfläche schlafenden Wal können einen Wassereinbruch verursachen. Die Mehrzahl der Yachten ist aus Polyester gebaut. Dieser Werkstoff ist bei ausreichender Rumpfstärke sehr schlagfest, so dass die Kollision z. B. mit einem Baumstamm im vorderen Rumpfbereich in der Regel kein Leck hervorrufen wird. Das Problem entsteht an anderer Stelle, nämlich am Ruder. Moderne Schiffe haben ein schmales, tiefes Spatenruder, das zwar hydrodynamisch sehr effektiv ist, das aber auf manchen Großserienschiffen nicht ausreichend stabil genug im Rumpf verankert ist, um einer schweren Kollision standhalten zu können. Ein solches Leck am Übergang des Ruders in den Rumpf lässt sich mit Bordmitteln nicht beheben. Man kann bestenfalls versuchen, die Menge des eintretenden Wassers mit Lappen, Pfropfen, Keilen usw. zu verringern.

In den Köpfen vieler Segler schwirrt häufig die Angst vor einer Kollision mit einem verlorengegangenen Container herum. Tatsächlich ist die Zahl dieser knapp an der Oberfläche lauernden „Kollisionsgegner" so verschwindend gering, dass man aus statistischen Gründen jedes weitere Nachdenken darüber einstellen kann. Lediglich im Winterhalbjahr auf sturmreichen vielbefahrenen Schifffahrtswegen wie in der Westansteuerung in den Ärmelkanal ist das Risiko etwas größer. Doch muss auch dazu gesagt werden, dass ein Großteil aller havarierten Container binnen 24 Stunden sinken, denn sie sind nicht wasserdicht. Wer dennoch auch dieses Risiko minimieren will, muss in sein Schiff im vorderen Bereich wasserdichte Kollisionsschotten einbauen.

Wahrscheinlicher ist da schon eher ein von innen abgerissenes Seeventil oder ein durch Treibgut weggeschlagener Logge- oder Echolotgeber. Sofern nicht alles an Bord ordentlich gestaut wurde, kann es in schwerem Seegang durchaus passieren, dass eine Werkzeugkiste, ein Reserveanker oder eine Tauchflasche so ungünstig gegen einen Borddurchlass schlägt, dass dieser abreist. Durch einen abgeschlagenen Loggegeber, der etwa 1 Meter unter der Wasserlinie eingebaut ist, strömen pro Sekunde etwa 3 bis 4 Liter Seewasser. Das sind in der Minute etwa 200 Liter, in einer Stunde also etwa 12 Kubikmeter Wasser. Eine 12-Meter-Yacht wird also mit einem abgerissenen Loggegeber nach weniger als einer Stunde sinken, sofern nicht gelenzt wird.

Die meisten in mittelgroße Yachten serienmäßig eingebauten elektrischen Bilgepumpen sind nicht in der Lage, diese Wassermenge schnell genug aus dem Schiff zu

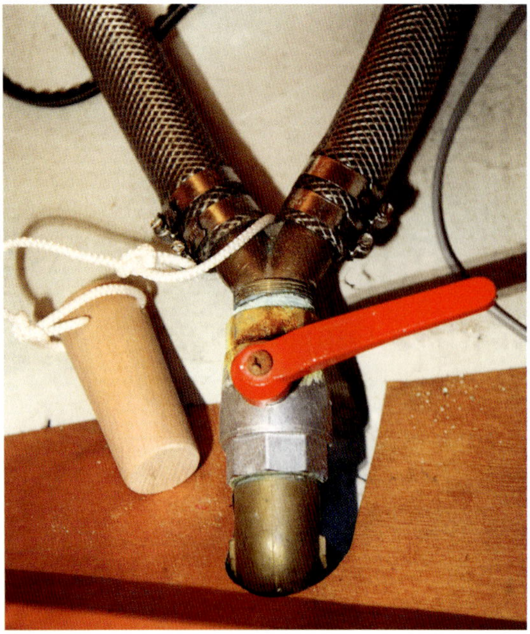

Seeventil mit Leckpfropfen

pumpen. Auch die eingebauten mechanischen Lenzpumpen reichen dazu nicht aus, zumal selbst ein gut trainierter Mann sie nicht stundenlang bedienen kann. Ein provisorisches Abdichten des Lecks ist daher absolut notwendig. Zu diesem Zweck gehören auf jedes seegehende Schiff ein Dutzend verschieden großer Leckpfropfen (konische Weichholzpflöcke), die in ihren Durchmessern der Größe der Seeventile und Rumpfdurchbrüche entsprechen. Bei Schiffsübernahme ihr Vorhandensein kontrollieren!

Es gibt allerdings noch ein anderes Problem, das auf den meisten Serien-Schiffen auftritt: Manche der zahlreichen Seeventile sind so ungünstig eingebaut, dass sie im Falle eines Lecks nur extrem schwer zugänglich sind. Darum gehört auch ein schweres Beil an Bord einer Langfahrtyacht, um gegebenenfalls Holzeinbauten oder Teile von Schotten wegschlagen zu können, um so die Leckstelle besser erreichen und das Leck ausreichend dichten zu können.

Nicht alle Seekarten sind zuverlässig! In der Karibik und im Pazifik gibt es auch heute noch Seegebiete, in denen nicht alle Korallenriffe kartographiert sind. Grundberührungen sind darum – insbesondere in der Nacht – nicht ausgeschlossen. Im schlimmsten Fall kann es dabei zu einem Leck an der Rumpf-Kiel-Verbindung kommen, das meist nur sehr schwer abzudichten ist. Kissen und Polster, die mit Brettern und Bohlen fixiert werden, können helfen, die eindringende Wassermenge zu reduzieren, aber woher die Bretter und Bohlen so schnell nehmen? Das schwere Beil (*siehe oben*) kommt wieder zum Einsatz, denn damit können Bodenbretter, Türen, irgendwelche Einrichtungsgegenstände im Fall des Falles passend zerschlagen werden, um damit ein Verkeilen von Kissen oder Schlafsäcken über dem Leck zu ermöglichen.

Sofern das Leck sich in der Nähe der Wasserlinie befindet, kann man sich recht schnell – wenigstens vorübergehend – helfen, indem das Schiff auf den anderen Bug gebracht wird und dann hoch am Wind so gesegelt wird, so dass sich das Leck deutlich über der Wasserlinie befindet. So wird Zeit gewonnen für eine provisorische Reparatur des Rumpfes von innen.

Ein Wort zum Thema Bilgepumpen: Das was in viele Serien-Schiffe als „Bilgepumpe“ eingebaut wird, hat oft eher Spielzeugcharakter und ist meist nicht ausreichend, einen kollisionsbedingten Wassereinbruch in den Griff zu bekommen. Die Sicherheitsvorschriften für den Betrieb von Freizeityachten sind an dieser Stelle recht mangelhaft. Gerade der Chartersegler kann daran natürlich nichts ändern.

Er kann lediglich die Konsequenz daraus ziehen, möglichst Situationen zu vermeiden, die eine erhöhte Gefahr eines Wassereinbruchs mit sich bringen:

- **Nicht die Toilette ohne Kenntnis der Bedienungsanleitung benutzen.**
- **Möglichst alle Seeventile auf See schließen.**
- **Nicht ohne detaillierte, zuverlässige Seekarten segeln.**
- **Den Eigner/Vercharterer nach der letzten Motorinspektion fragen.**
- **Nichts unbefestigt in den Stauräumen oder unter den Bodenbrettern herumliegen lassen.**
- **Die Kollisionsverhütungsregeln (KVR) im Kopf haben.**
- **Auf See gut Ausschau halten und die KVR auch wirklich respektieren.**
- **Die Bilge sauber halten, um ein Verstopfen der Bilgepumpe zu vermeiden.**
- **Bei Zweifeln an der Gefahrenlage, möglichst darauf verzichten, nachts zu segeln.**

Beim Blick in die Kataloge der Yachtausrüster fällt auf, dass die überwiegende Mehrheit aller angebotenen Bilgepumpen eine geradezu lächerliche Förderleistung haben, meist weniger als 4 Kubikmeter pro Stunde. Der vorausschauende Schiffseigner wird sein Schiff mit der stärksten Bilgepumpe ausrüsten, die er im Handel finden und auch einbauen kann. Man findet mit einigem Suchen im Ausrüstungshandel einige wenige elektrische Pumpen mit Leistungen von bis zu 12 Kubikmetern pro Stunde.

9.10 Kollision

Die allermeisten Kollisionen zwischen Yachten passieren zweifellos innerhalb des Hafens beim An- oder Ablegen. Zum Glück geht es dabei meist lediglich um abgerissene Relingsstützen, verbogene Bugkörbe, kleine Polyesterschäden am Rumpf oder zerstörte Positionslaternen. Manchmal kommt es jedoch auch im Hafen zu schwereren Kollisionsschäden, wenn z. B. der Rudergänger den Vorwärts- mit dem Rückwärtsgang verwechselt. Das passiert insbesondere auf Schiffen, bei denen der Schalthebel nicht in Kielrichtung, sondern quer dazu eingebaut ist. Zum Glück ist dies selten der Fall. Das Problem gerade auf Charteryachten ist, dass sich der Rudergänger auf jedem Schiff immer wieder neu an die Schaltwege und die Gasdosierung gewöhnen muss. Jedes Schiff ist anders.

Auf See hingegen haben Kollisionen meist ihre Ursache in der Missachtung der Ausweichregeln. Es gibt in Europa etliche Staaten, in denen für Segelyachten keine Führerscheinpflicht besteht (u.a. in Frankreich). Vor allem im Mittelmeer muss man darum davon ausgehen, dass keineswegs jeder Skipper, und schon gar nicht seine Crew, die Ausweichregeln tatsächlich beherrscht. Darum im Zweifelsfall lieber selbst früh genug ausweichen, oder mit dem Nebelhorn Aufmerksamkeit erregen. Der Skipper sollte keine Gelegenheit auslassen, seine Crew in die Regeln zur Kol-

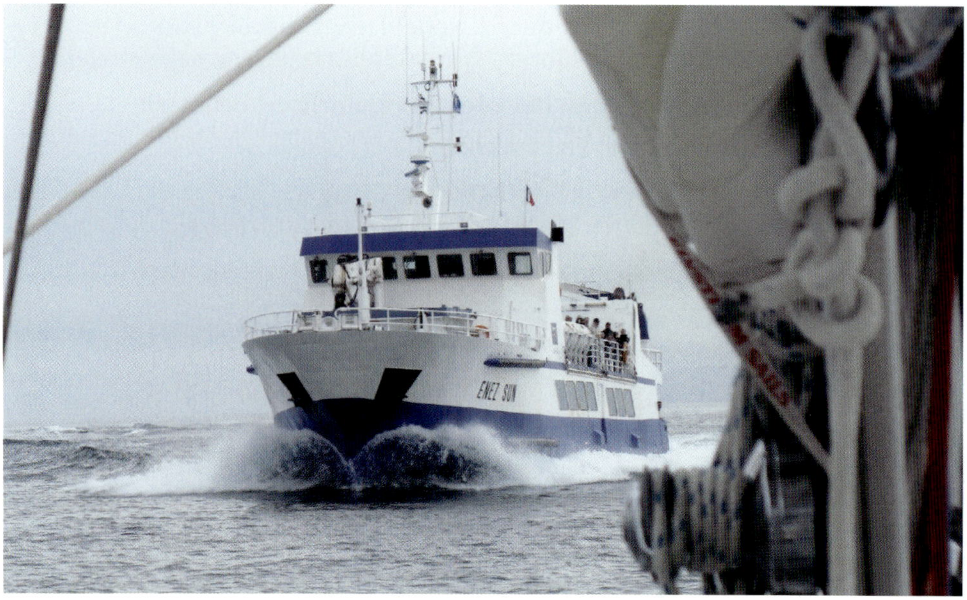

Kollisionsrisiko mit einem anderen großen Schiff

lisionsverhütung einzuweisen. Die Kollisionsverhütungsregeln (KVR) – offiziell „Internationale Regeln von 1972 zur Verhütung von Zusammenstößen auf See" – stellen internationales Seeverkehrsrecht dar.

Eine besondere Form des Kollisionsrisikos gibt es mit Fischern. Sofern der Fischer den Doppelkegel gesetzt hat als Zeichen dafür, dass er ein Netz schleppt und somit manövrierbehindert ist, muss selbstverständlich jeder Segler ausweichen. Doch häufig halten sich die Fischer nicht an die international vereinbarten Regeln und bringen ihr Netz achtern aus, ohne den Doppelkegel gesetzt zu haben. Oder sie haben zwar den Doppelkegel gesetzt, fischen aber gar nicht. Es gibt sogar Fischereifahrzeuge, die den Doppelkegel aus Stahl fest über dem Deckshaus angeschweißt haben – Kommentar überflüssig. Nicht wenige Fischer handeln aus der Haltung heraus: „Wir Fischer arbeiten hier auf See, ihr Freizeitseefahrer vergnügt euch nur" und zeigen alles andere als ein freundliches Verhalten, wenn es um das Respektieren der Ausweichregeln geht. Autopilot und Vollgas! Wer ist der Stärkere?

Kommt es tatsächlich zu einer Kollision bei mehr als 2 bis 3 Knoten Fahrt, so sind schwere Schäden am Rumpf und/oder im Rigg zu befürchten. Möglicherweise haben sich auch Besatzungsmitglieder durch den plötzlichen Aufprall verletzt.

Aus versicherungsrechtlichen Gründen sollte dann folgendes beachtet werden:

- **Sofern ein Wassereinbruch entstanden ist (Rumpfschaden an der Wasserlinie), erste Maßnahmen zur Leckabdichtung einleiten (*siehe oben*).**
- **Verletzte an Bord versorgen.**
- **Fotos vom Kollisionsgegner und von allen Schäden und Verletzungen machen.**

- Sofern die Manövrierfähigkeit des Fahrzeugs eingeschränkt ist, oder gar die Schiffssicherheit erheblich beeinträchtigt ist, die nächste Küstenfunkstelle benachrichtigen.
- Die Registrier- und Versicherungsdaten der beteiligten Schiffe austauschen.
- Die Skippernamen, Adressen, Führerscheindaten, Haftpflicht-Versicherungsdaten schriftlich austauschen.
- Zeugendaten und Aussagen schriftlich festhalten.
- Den Kollisionshergang schriftlich im Logbuch festhalten und von Zeugen unterschreiben lassen.
- Keine Schuldanerkennungen unterschreiben.
- Die eigene Versicherung anrufen und/oder E-Mail schicken.
- Bei Verständigungsproblemen den Hergang über Seefunk auf englisch an die nächste Küstenfunkstelle übermitteln mit der Bitte um Registrierung.
- Auf einer Charteryacht den Vercharterer benachrichtigen.
- Bei Schlepperhilfe immer eine eigene Schleppleine benutzen (Bergungsrecht).

9.11 MOB (Man Over Board) Mensch über Bord

Der Albtraum: Die Frau des Skippers ist gerade allein unter Deck als sie einen Schrei hört, der schnell von gurgelndem Wasser verschluckt wird…

Bei einer frischen Brise von 5 Windstärken im Frühjahr auf der Ostsee, hoch am Wind mit 7 Knoten Fahrt und bei nur 8 Grad Wassertemperatur – sonst niemand an Deck – rutscht der Skipper auf einem nachlässig gestauten Festmacher an Deck aus und stürzt in Lee über die Seereling. Zwar am Lifebelt gesichert, aber viel zu lang angeleint. Wie ein Cowboy, der vom Pferd gefallen, aber im Steigbügel hängengeblieben ist, wird er außenbords an der Bordwand hängend durch das kalte Wasser mitgerissen, den Kopf häufiger unter Wasser als über Wasser. Seine Frau – zwar als Mitseglerin nicht völlig unerfahren, aber dennoch in dieser Situation im Stress überfordert – gerät in Panik und versucht, natürlich vergebens, ihren Mann hochzuziehen. Endlich versteht sie, was ihr Mann immer wieder schreit: Schoten los!!! Sie wirft die Schoten von Groß und

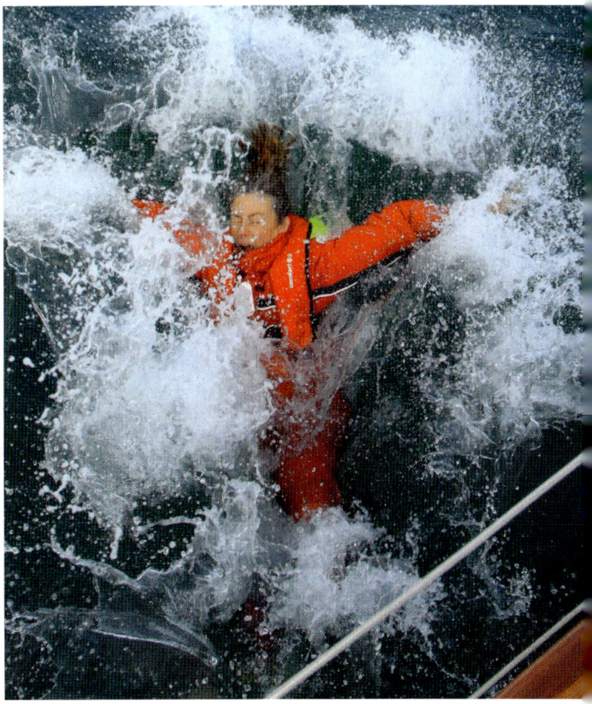

Frau-über-Bord

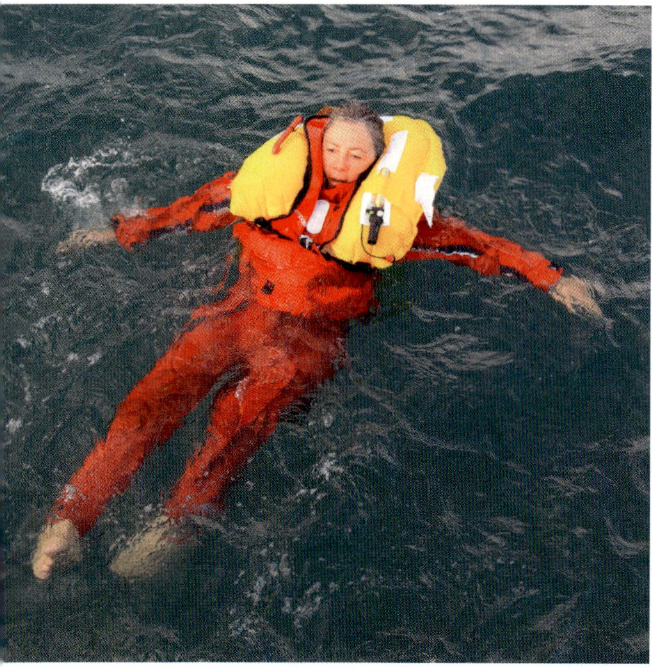

Genua los und endlich lässt die Fahrt im Schiff nach. Nun allerdings, ohne den Druck der Segel, gerät das Schiff in schweres Rollen, was das Bergen des Mannes im Wasser nicht gerade erleichtert. Zum Glück ist der Skipper noch in der Lage zu schwimmen, wenngleich durch die aufgeblasene Rettungsweste, die nasse Kleidung und das Ölzeug stark behindert. Aber nachdem seine Frau den immer noch auf Zug belasteten Lifebelt mit einem scharfen Messer durchschnitten hat, schafft er es schließlich, zum Heck zu kommen, wo seine Frau die Badeleiter inzwischen heruntergeklappt hat. Sie wirft ihm als Steighilfe eine Leine mit einem Palstek zu und zieht selbst was das Zeug hält. Er schafft es, an Bord zu klettern.

Frau-über-Bord

Was war falsch gelaufen? Das Deck muss auf See und auch im Hafen grundsätzlich so aufgeräumt sein, dass ein Stolpern oder Ausrutschen auf Ausrüstung weitgehend ausgeschlossen ist. Der lose Festmacher an Deck war im oben geschilderten Fall der Auslöser für den Unfall. Wenn es nötig wird, bei Krängung auf das Vordeck zu gehen, so möglichst immer in Luv! Wenn man fällt, so fällt man mit höherer Wahrscheinlichkeit nach Lee auf Deck und nicht außenbords. Ferner sollte der Lifebelt immer so kurz eingepickt sein, dass es möglichst ausgeschlossen ist, außenbords zu fallen.

Zum Glück musste der Skipper nicht zu lange im Wasser bleiben. Nicht selten dauert die Bergung eines MOB so lange, dass er in Folge von Unterkühlung nicht mehr selbst handlungsfähig ist. Folgende Werte geben für einen jungen, gesunden Menschen eine Wahrscheinlichkeit von 50 % an, in kaltem Wasser zu überleben: Bei 15 Grad Wassertemperatur etwa sechs Stunden, bei 10 Grad etwa 2 Stunden und

Ursachen der meisten MOB-Fälle:

- **Statt zur Toilette zu gehen, geht der Mann an Deck in Lee an die Reling …**
- **Ungesichertes Arbeiten in grober See an Deck z. B. beim Reffen.**
- **Nicht angeleintes seekrankes Crewmitglied beim Erbrechen am Süllrand.**
- **Rutschiges oder nicht aufgeklartes Deck oder schlechte Schuhe.**
- **Schlag an den Kopf durch Patenthalse.**
- **Unvernünftiger Alkoholkonsum auf See.**
- **Arbeiten an Deck bei Nacht außerhalb der Plicht.**

bei 5 Grad nur noch etwa 1 Stunde. Bei älteren Menschen sind diese Zeiten noch deutlich kürzer!

Was ist im MOB-Fall zu tun?

Vor allem muss schnell und in geringem Abstand zum MOB gehandelt werden! Aus diesem Grunde ist die früher in Segelschulen häufig gelehrte Rettungsmethode „Q-Wende" ausgesprochen ungeeignet, denn sie dauert erstens zu lange und man entfernt sich zweitens zu weit von der Person im Wasser. Die Gefahr, den Sichtkontakt zum MOB zu verlieren, ist zu groß. Die Q-Wende ist wohl eher geeignet, in der Prüfung nach der Jollenausbildung festzustellen, ob der Segler sein Boot beherrscht. Auf hoher See ist sie als Rettungsmanöver schlicht fehl am Platze.

Das Wichtigste ist es, so schnell wie möglich, die Position zu kennzeichnen, wo der MOB-Fall eingetreten ist:

- **MOB-Rettungskragen und alles schwimmfähige, das schnell erreichbar ist (Fender, Kissen ...) ins Wasser werfen.**
- **MOB-Tasten am GPS und am AIS drücken (mehr als 3 Sekunden!).**
- **Jemanden in der Crew bestimmen, dessen einzige Aufgabe darin besteht, die Person im Wasser nicht aus den Augen zu verlieren und mit ausgetrecktem Arm ständig ihn zu zeigen.**

In der Praxis hat sich der sogenannte Quickstop (*siehe Zeichnung*) aus zwei Gründen besser bewährt: Die Yacht ist in der Regel erheblich schneller am MOB, weil sofort beigedreht wird und weil das Schiff durch den Winddruck mit der backstehenden Fock stabilisiert wird. Es schlagen also keine Segel und Schoten wild herum. Mehr Ruhe, weniger Stress.

Der Ablauf der dabei notwendigen Segelmanöver ist folgender:

- **Nach dem Ruf „Mann-über-Bord" wird sofort eine Rettungsboje über Bord geworfen und der Rudergänger legt Luvruder, ohne dass an der Segelstellung etwas geändert wird.**
- **Eine Person in der Plicht wird bestimmt, einzig und allein auf die Person im Wasser zu achten und mit dem ausgestreckten Arm auf sie zu zeigen.**
- **Der Rudergänger geht mit dem Bug voll durch den Wind, ohne – wie in der Wende sonst notwendig – die Fockschoten zu bedienen.**
- **Das Schiff geht also mit backstehender Fock durch den Wind, was dazu führt, dass sich die Fahrt drastisch verringert und man somit nahe am MOB bleibt.**
- **Nun muss entschieden werden, ob das Schiff allein unter Segeln, oder durch Motorunterstützung an den MOB herangefahren wird.**
- **Vorsicht: bei Motorunterstützung wegen der Verletzungsgefahr unter Wasser unbedingt darauf achten, nicht mit der drehenden Schraube zu nah an den**

→

MOB heranzufahren. Nahe am Verunglückten Schaltung in Leerlauf stellen.

- **Bei Annäherung ohne Motorunterstützung kann mit Hilfe der Großschot die Stellung des Großsegels so verändert werden, dass man sich dem MOB so vorsichtig nähert, dass er nicht überfahren wird. Das Schiff sollte mit dem Verunglückten längsseits an der Bordwand im Wind stehen, oder leicht nach lee treiben.**
- **Dem Verunglückten wird nun eine Rettungsleine zugeworfen und die Bergung beginnt.**

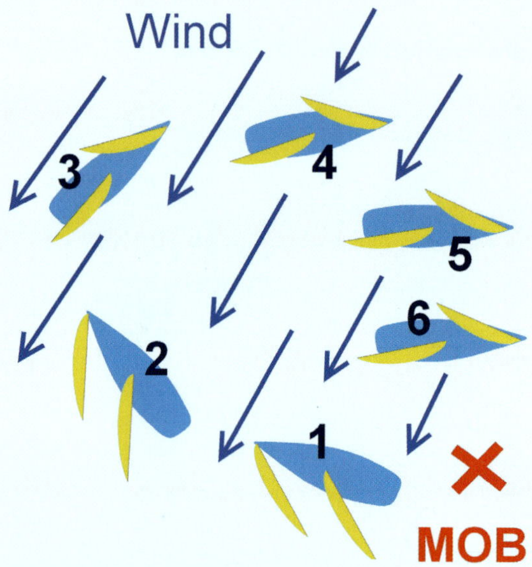

Das Quick-Stop-Manöver

Position 1: Mann/Mensch über Bord.

Position 2: Anluven, ohne die Schoten zu berühren.

Position 3: Mit dem Bug durch den Wind gehen mit backstehender Fock.

Position 4: Quer zum Wind, beigedreht, Fock bleibt back.

Position 5: Beigedreht auf den MOB treiben lassen, evtl. mit Motorunterstützung Drift korrigieren.

Position 6: MOB auf der Leeseite aufnehmen, ohne an den Segeln etwas zu verändern.

Zusatzbemerkungen:

Es kann je nach zuvor gesegeltem Kurs und der herrschenden Windstärke schwierig werden, trotz backstehender Fock genügend langsam auf den MOB zuzufahren. Eventuell muss vor dem Durch-den-Wind-Gehen etwas abgefallen werden, um einen passenden Winkel zwischen Windrichtung und MOB zu bekommen. Der passende Driftwinkel kann mit Motorunterstützung korrigiert werden. Umstritten ist die Frage, ob die Person im Wasser auf der Luvseite oder der Leeseite aufgenommen werden soll. Für die Luvseite spricht, dass damit völlig ausgeschlossen wird, dass das Schiff über ihn hinweg treibt. Andererseits besteht dabei die Gefahr, dass das Schiff selbst zu schnell nach Lee wegtreibt und so in zu großen Abstand zum Verunglückten kommt. Für die Leeseite hingegen spricht, dass dort das Deck wegen der Krängung näher an der Wasseroberfläche liegt und darum das Bergen erleichtert wird.

Wichtig ist auf jeden Fall, dass das Schiff nicht mit schlagenden Segeln im Wind steht. Ein Bergen der Segel würde vermutlich zu lange dauern und den Rumpf in schweres Rollen und Stampfen versetzen. Darum ist es wichtig, dass die Fock während des Manövers konstant back stehen bleibt, was die Schiffsbewegungen erheblich beruhigt.

Folgende Grundregeln sollten bei jedem MOB-Manöver beachtet werden:

- **Die MOB-Boje wird sofort ins Wasser geworfen und ein bestimmtes Crewmitglied hat nur die eine einzige Aufgabe, den Verunglückten ständig im Auge zu behalten und auf ihn zu zeigen (*siehe oben*).**
- **Am GPS und am AIS wird sofort die MOB-Taste gedrückt.**
- **Über UKW eine Mayday-Meldung absetzen. Nur im Falle, dass der Über-Bord-Gefallene in guter körperlicher Verfassung und ein guter Schwimmer ist, die See ruhig, der Wind schwach und das Wasser warm sind, wäre eventuell auch eine Pan-Pan Meldung ausreichend.**
- **Es muss ein erfahrener Rudergänger am Ruder stehen.**
- **Das Manöver muss so nahe wie möglich am Verunglückten eingeleitet werden.**
- **Es muss schnell, aber überlegt und ohne Hektik oder gar Panik gehandelt werden.**
- **Niemand darf ohne Grund die Plicht verlassen; niemand ist auf dem Vorschiff, niemand steht so hoch an Deck, dass sein Kopf in Höhe des Großbaums ist.**
- **Das Schiff muss sich bei der Bergung in Ruhe befinden; keine schlagenden Segel, kein hin und her pendelnder Großbaum (Gefahr der Patenthalse), möglichst keine oder nur sehr geringe Fahrt. Darum ist die backstehende Fock so wichtig.**
- **MOB dort an Deck holen, wo die geringste Bewegung im Schiff ist.**

Persönliche EPIRB

Wer seine Chancen im Falle des MOB auch auf hoher See wiedergefunden zu werden optimieren will und die Kosten nicht scheut, der kauft sich einen persönlichen AIS-MOB-Sender und eine persönliche EPIRB-Rettungsboje. Das Signal des AIS-MOB-Senders lässt sich auf dem Display des am Kartentisch installierten AIS-Gerätes optisch wiederfinden und die persönliche EPIRB-Rettungsboje sendet die eigene Position mit GPS-Genauigkeit über Satelliten an die Rettungsstationen, auch auf hunderte von Seemeilen entfernt. Sofern die Wassertemperatur ein mehrstündiges Überleben zulässt, wird man mit sehr hoher Wahrscheinlichkeit innerhalb weniger Stunden auch dann gerettet, wenn die eigene Yachtcrew den Verunglückten in der hohen See nicht mehr wiederfindet.

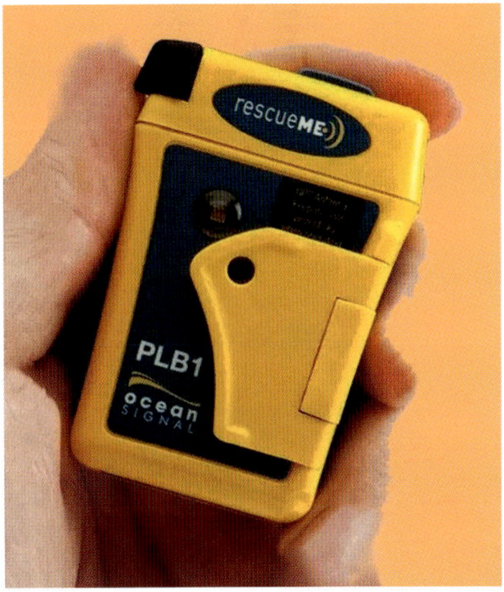

Alternativ dazu gibt es im Ausrüstungshandel zusätzlich ein MOB-Rettungssystem, das aus einem oder wahlweise mehreren mobilen Sendern für die Mannschaft und einem an Bord fest anzubauenden spe-

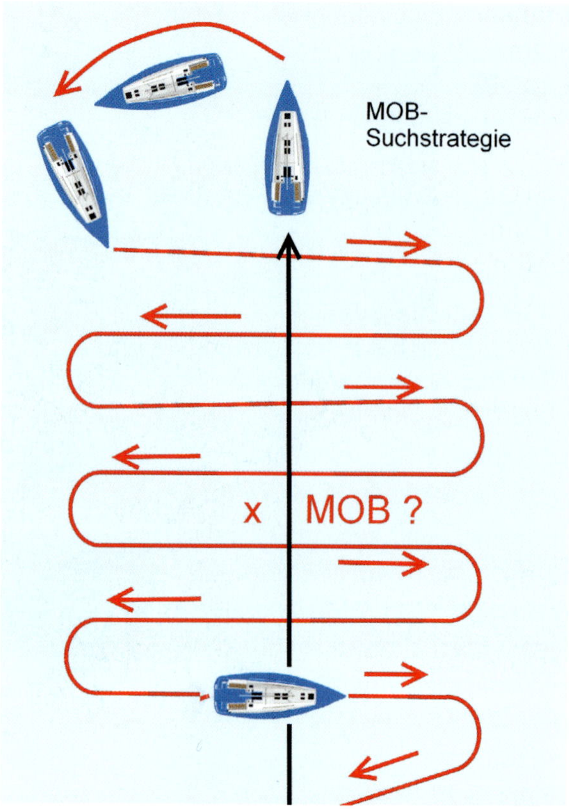

Suchstrategie Suchlinien fahren zum Wiederfinden eines verlorenen MOB

ziellen MOB-Empfänger besteht, die auf UKW-Frequenzen arbeiten. Sobald der Sender, als Armband vom wachhabenden Crewmitglied getragen, einen definierten Maximalabstand (z. B. 30 Meter) zum Empfänger überschreitet, wird ein Alarmton an Bord ausgelöst. Einige Geräte zeigen sogar die Richtung zum alarmauslösenden Sender an.

MOB ist nicht zu finden. Was tun?

Sofern die MOB-Taste am GPS gedrückt wurde und auch das AIS-System mit AIS-MOB-Sender beim Verunglückten funktionieren, ist es relativ einfach, den Verunglückten wiederzufinden, indem man den Kursanweisungen des GPS folgt, bzw. rein visuell nach AIS auf das Signal zufährt. Dabei muss aber berücksichtigt werden, dass der MOB durch Einfluss von Wind und Wellen inzwischen sicherlich eine gewisse Strecke nach Lee getrieben sein wird.

Ohne GPS wird es schwieriger: Es muss eine Suchstrategie festgelegt werden. Je nachdem wie viel Zeit seit dem Über-Bord-Gehen vergangen ist, werden am besten rechtwinklig zur Verbindungslinie zum Unfallort Suchlinien nach dem Schema abgefahren wie es in nachfolgender Zeichnung dargestellt ist.

Wie wird der MOB geborgen?

Das eigentliche Bergen des Verunglückten stellt ein besonderes Problem dar, denn es ist auf einer Yacht in der Regel nur sehr schwer möglich, die Person im Wasser mit ein oder zwei Helfern über die Seereling an Deck zu ziehen. Sofern die Befestigung der Relingsdrähte aus Leine besteht, kann man diese durchschneiden, doch meist sind die Drähte angeschraubt. Es gibt zwei Alternativen: Die erste ist, die Person nicht an der Seite, sondern am Heck an Bord zu ziehen. In ruhiger See ist dies zweifellos eine gute Idee, aber bei einem MOB ist die See häufig alles andere als ruhig. Bei grobem Seegang ist es sehr gefährlich, den Verunglückten über das Heck an Deck zu holen, denn noch bevor er überhaupt an der Badeleiter angekommen ist, kann er bereits vom brutal stampfenden Heck erschlagen werden.

Die beste Chance, ihn wieder heil an Bord zu bekommen, hat der Verunglückte, wenn er eine Rettungsweste mit einem stabilen Stahlring an der Begurtung trägt, in den man eine Rettungsleine einpicken oder einknoten kann. Praktisch alle Rettungswesten haben heutzutage einen solchen Ring. Aber hatte der ins Wasser gefallene zuvor die Rettungsweste angelegt? Wenn nicht, so muss er sich selbst die Rettungsleine mittels Palsteks um die Brust binden. Wichtig ist, dass es wirklich ein Palstek ist und kein Knoten, der sich zuziehen kann, denn sonst stirbt der Verunglückte nicht durch Ertrinken, sondern durch Ersticken. Es lohnt sich also, seine Knoten nicht nur für die Segelprüfung zu üben, sondern sie auch in einer Stresssituation zu beherrschen.

Falls der Verunglückte im Wasser ohnmächtig ist, muss unausweichlich ein weiteres Crewmitglied als Helfer ebenfalls ins Wasser, aber angeleint! Das eigentliche Bergen kann nun am besten mit dem Spinnakerfall oder einem Reservefall über eine Winsch geschehen. Manche Skipper haben in ihrer Ausrüstung eine spezielle mobile Talje, die an den weit ausgestellten Großbaum angeschlagen und dann wie ein Kran eingesetzt werden kann (*siehe Foto*).

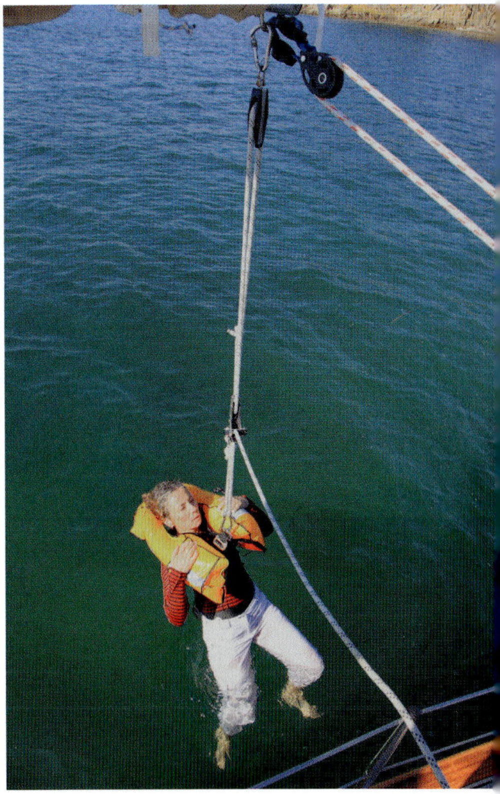

Rettungstalje an der Großbaumnock

Manchmal liest man von der Idee, den Verunglückten mittels eines an zwei Enden angeschlagenen Segels wie in einer Hängematte aus dem Wasser hochzuwinschen. Dies ist schon bei wenig Seegang völlig unrealistisch und dauert viel zu lange. Bei viel Welle ist es in der Handhabung praktisch unmöglich. Auch das Aufblasen des Beibootes dauert zu lange. Wenn es hingegen schon aufgeblasen an Deck liegt, so kann es durchaus sinnvoll eingesetzt werden. Ob die Rettungsinsel zu diesem Zweck ins Wasser geworfen werden sollte, ist situationsabhängig zu entscheiden. Bei viel Wind und schwerer See wird sie kaum eine Hilfe darstellen.

9.12 Seekrankheit und Verletzungen

Das Spektrum der möglichen Symptome von Seekrankheit reicht von leichter Übelkeit bis hin zur völligen Selbstaufgabe mit pathologischem Kreislaufkollaps. Es gibt Segler, die behaupten von sich, niemals seekrank zu werden. Vielleicht sollten sie eher sagen: „Ich war noch nie seekrank“, denn ich wage die Behauptung, dass diese Segler in ihrer bisherigen Seglerkarriere vermutlich entweder noch niemals längere Zeit, Tag und Nacht lang echtes Schwerwetter erlebt hatten, oder sie verleugnen die Wirklichkeit. Zwar gibt es in der Tat Menschen, denen diese Bewegungskrankheit unbekannt ist, aber das liegt dann meist an mangelnden Erfahrungsmöglichkeiten in Extremsituationen. Es ist eine Frage der Rahmenbedingungen. In Laboruntersuchungen zur Seekrankheit im Charing Cross Hospital bei London ließ sich mit

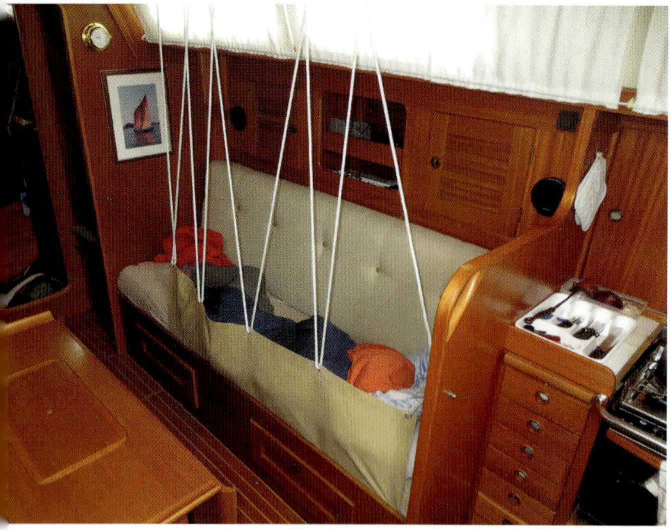

Seekrank in der Koje

speziell dazu angefertigten Bewegungsmaschinen ausnahmslos jeder Proband in den Zustand der ausgeprägten Übelkeit bringen.

Die Seekrankheit ist eine in ihren Ursachen und in ihren Ausprägungsformen individuell recht unterschiedlich verlaufende Krankheit. Von leichter Übelkeit bis hin zu Selbstmordabsichten ist alles möglich. Manche Segler leiden schon bei sanften Rollbewegungen, andere beginnen ihr Neptunsopfer erst bei grober See auf einem wild stampfenden Schiff. Der erfahrene Skipper sieht es seiner Besatzung schon recht früh an, ob bald ein Magen entleert wird.

Man kann den möglichen Verlauf in 4 Phasen beschreiben: Immer beginnt es mit leichter Müdigkeit. Die Gespräche an Bord werden immer kürzer, lassen schließlich ganz nach. Es wird mehr gegähnt als geredet.

In der 2. Phase wird das Gesicht zunehmend fahler und im Mund entsteht ein schleimiges Gefühl, der Kopf fühlt sich neblig-dumpf an.

Erbrechen leitet die 3. Phase ein. Etwa nach einer halben Stunde Ruhe kommt ein zweites Erbrechen und etwa nach einer weiteren halben Stunde Pause das 3. Erbrechen bis zur Magenentleerung.

Die 4. Phase, die Endphase, ist von völliger Erschöpfung, Magenschmerzen, Kopfschmerzen und mehr oder weniger starken Kreislaufproblemen gekennzeichnet. Bei manchen Menschen kann diese Phase bis hin zu einer zwar vorübergehenden, aber dennoch schweren Depression, ja bis zu Selbstmordgedanken führen.

Der Erkrankte wird selbst in der Regel nicht daran denken, einen Lifebelt anzulegen. Darum sollte der Skipper oder ein anderes Besatzungsmitglied schnell dafür sorgen, dass der „Spuckende“ angeleint ist. Sofern er keinen Lifebelt trägt, sollte man ihn zumindest vorübergehend mit dem Ende einer Schot festbinden, bis ein Lifebelt geholt wurde. Gerade bei viel Wind sollte der Erkrankte möglichst auf der Leeseite sein Opfer bringen, aber wenn es nicht anders geht, sollte lieber in der Not auch in Luv an Deck gespuckt werden als zu riskieren, auch noch zusätzlich ein MOB-Manöver fahren zu müssen.

Es sollte selbstverständlich sein, dass sich die nicht seekranken Mitsegler mehr oder weniger lustig gemeinte Bemerkungen über Seekrankheit oder Ernährung verkneifen.

Auslösendes Element ist in allen Fällen die Schiffsbewegung: Der eine verträgt kein kurzes Stampfen (Bewegung des Bootes in Längsrichtung), der andere leidet eher bei Rollbewegungen (periodisch wechselndes Neigen des Bootes zu beiden Seiten).

Glücklicherweise ist die Seekrankheit keineswegs eine bei jeder Bootsbewegung zwingend auftretende Erscheinung. Es macht keinen großen Unterschied, ob man ein Anfänger oder ein erfahrener Segler ist. Was hingegen durchaus eine Rolle spielt, ist die Frage, ob man regelmäßig segelt, oder nur kurz ein bis zweimal im Jahr. Regelmäßiges Segeln auf langen Törns wirkt in der Tat weitgehend für eine gewisse Zeit immunisierend.

Die Anfälligkeit für Seekrankheit ist stark abhängig vom mehr oder weniger zufälligen Tagesbefinden. Förderlich für das Eintreten der Übelkeit sind erfahrungsgemäß neben der Schiffsbewegung Schlafmangel, Zecherei am Vorabend, schwerverdauliche Nahrung, scharfe Gewürze, viel Kaffee und – nicht zuletzt – mangelndes Vertrauen in das Schiff und/oder die Schiffsführung. Verunsichernde Faktoren wie Wetterverschlechterung oder navigatorisch problematische Gewässer fördern ebenfalls die Wahrscheinlichkeit der Opfergabe an Neptun. In Landnähe und bei Sonnenschein kommt es trotz grober Schiffsbewegungen nicht so häufig zu Seekrankheit wie auf hoher See ohne Landsicht und Nieselregen.

Medizinisch wird allgemein eine mangelnde Übereinstimmung zwischen haptisch-mechanischer und visueller Wahrnehmung als Ursache für die Seekrankheit genannt. In einem stampfenden Boot unter Deck gibt das Gleichgewichtsorgan im Mittelohr und die Muskeln im sich anspannenden Körper das Signal einer groben Bewegung, während die Augen die Gegenstände der Umgebung zueinander in Ruhe erleben. In der Tat erkranken Segler besonders leicht unter Deck am Kartentisch, auf der Toilette, oder beim Anziehen des Ölzeugs. Allerdings hilft es auch manchem kranken Segler, sich bei Übelkeit in der Salonkoje auf der Leeseite komfortabel hinzulegen und die Augen zu schließen. Ein Eimer neben der Koje erspart den Gang zur Toilette.

Eine relativ sichere Methode, die Übelkeit im Anfangsstadium zu bekämpfen, ist es, das Ruder zu übernehmen. Der Blick auf den Horizont in Verbindung mit einer wichtigen Aufgabe an Bord lässt bei vielen Seglern die Übelkeit verschwinden, bzw. gar nicht erst auftreten. Wenn sie wissen, dass sie empfindlich sind, so bitten sie den Skipper, das Ruder übernehmen zu dürfen. Kauen sie dazu ein paar Kekse und trinken sie hin und wieder einen Schluck Wasser.

Medikamentöse Hilfen existieren in verschiedener Form: Ein weit verbreitetes Mittel sind Tabletten mit dem Wirkstoff Cinnarizin, der eigentlich als Kreislaufmittel entwickelt wurde, sich aber an Bord zur Vorbeugung gegen Seekrankheit bewährt hat. Verbreitet ist auch ein kleines Medikamentenpflaster hinter dem Ohr, das seinen Wirkstoff langsam über die Haut eindringen lässt. Mögliche Nebenwirkungen sind Schläfrigkeit und leichte Sehstörungen. Insbesondere eine zu hohe Dosis von Cinnarizin führt zu schnellem Einschlafen. Vorsicht also, sofern sie navigatorische Entscheidungen zu treffen haben oder als Ausguck eingesetzt sind.

Neuere Studien belegen, dass der in manchen Lebensmitteln enthaltene Stoff Histamin bei vielen Menschen das Auftreten der Seekrankheit begünstigt. Vermeiden sie darum bei bekannter Empfindlichkeit z. B. Wurst, Bergkäse, Thunfisch, Spinat, Sauerkraut und vor allem auch alkoholische Getränke. Hingegen scheint die hochdosierte Einnahme von Vitamin C das Auftreten von Seekrankheit bei vielen Menschen zu hemmen oder gar zu vermeiden. Ob Akkupressur-Armbänder die Seekrankheit verhindern können, ist umstritten. Hingegen ist die vorbeugende Einnahme von Ingwerpräparaten allgemein empfohlen und verdient, individuell ausprobiert zu werden.

Ein paar Tipps, um zumindest das Auftreten der Seekrankheit nicht zu begünstigen:

- **Gut ausgeschlafen auf Törn gehen.**
- **Keine kreislaufstimulierenden Getränke zu sich nehmen wie z. B. Kaffee.**
- **Alkohol und Zigaretten vermeiden.**
- **Scharf gewürzte Speisen vermeiden.**
- **Die Aufenthaltszeiten unter Deck kurz halten.**
- **Nicht versuchen, sich durch Lesen abzulenken.**

So schnell wie die Seekrankheit kommt, so schnell verschwindet sie auch wieder, sobald die Bootsbewegung deutlich nachlässt. Nach Einlaufen in den Hafen schlafen schwer Seekranke in der Regel erst einmal 1 bis 2 Stunden und wachen dann ohne jegliche Beschwerden, lediglich etwas geschwächt aber erleichtert auf.

Ein kleiner Trost: Es gibt einen Gewöhnungsprozess! Viel Segeln hilft! Es hört sich nach Rosskur an, aber nach 3 Tagen und Nächten an Bord bei ständiger Bewegung auf See hat so gut wie jeder seekranke Segler seine kritische Phase überwunden und ist für den Rest des Törns gegen die Seekrankheit immun.

Schwere Verletzungen an Bord

Unfallursache Nummer 1 an Bord sind an Deck herumliegende Leinen, auf denen jemand ausrutscht, oder in denen jemand mit einem Fuß hängenbleibt. Ein Sturz an Deck hat meist schlimme Folgen, denn praktisch überall stehen irgendwelche Teile der Decksausrüstung hervor, die schnell eine Prellung oder gar einen Bruch hervorrufen können.

Besonders gefährlich ist es, in der Plicht auf einer Sitzbank oder gar auf dem Süllrand stehend, sei es beim Reffen oder anderen Tätigkeiten am Groß, unter Segeln auf See am Baum zu arbeiten. Ein Moment mangelnder Konzentration des Rudergängers, eine unerwartet hohe Welle, und schon ist es passiert, man verliert das Gleichgewicht und stürzt in die Plicht. Und wenn es der Teufel will, mit dem Rücken auf eine Winsch. Rippenbruch garantiert, und erheblich mehr, falls es die Wirbelsäule trifft…

Eine ähnliche Situation kann beim Raumwindsegeln entstehen: Die Schoten sind weit gefiert, der Großbaum steht weit draußen, aber ist nicht mit einem Bullenstander gesichert. Querab zieht majestätisch ein wunderschöner alter Gaffelschoner vorbei und schon steht die gesamte Crew mit Fotoapparaten an Deck. Auch

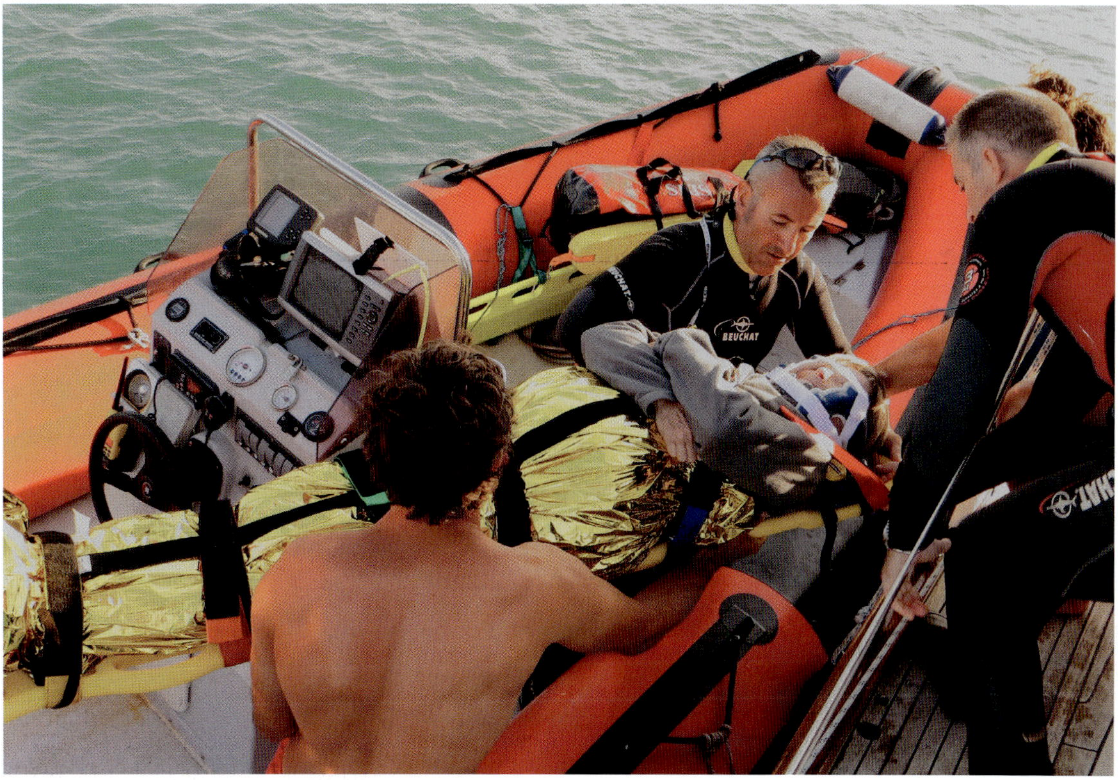

Rettungseinsatz, Sanitäter auf See

der wenig routinierte Rudergänger wird vorübergehend abgelenkt und bemerkt nicht, dass sein Schiff mit dem Heck durch den Wind geht, während die Fotoapparate klicken. Die Patenthalse ist unvermeidlich, der Baum schlägt mit brachialer Gewalt über und trifft einen der Fotografen am Kopf. Wenn es nur mit einer Platzwunde und Gehirnerschütterung abgeht, kann man von Glück reden. Ein Schädelbruch ist wahrscheinlicher…

Eine andere mögliche Unfallursache ist Unachtsamkeit beim Ausbringen des Ankers und seiner Kette. Auf vielen Schiffen muss der Anker erst aus seiner Befestigung gelöst werden, bevor er gefiert werden kann. Dazu muss zuerst auf die Kette an der Winsch etwas lose gegeben werden. Schon dabei kann man sich schnell die Finger einklemmen. Schlimmer wird es, wenn mehrere Besatzungsmitglieder gleichzeitig und unkoordiniert am Ankergeschirr herummanipulieren, denn wenn die Kette erst einmal ausrauscht, werden die Kräfte auf einer 12-Meter-Yacht so groß, dass sie auch eine Hand abreißen können. Auch ein im Ankerbeschlag eingeklemmter Fuß ist, wenn man nicht aufpasst, vorstellbar.

Dass die Bordapotheke gut mit Verbandsmaterial, Desinfektionsmitteln und Schmerztabletten bestückt sein sollte, versteht sich von selbst. Ob das auf jedem Charterschiff gewährleistet ist, sei allerdings dahingestellt. Es kostet nicht viel, sich in der Törnvorbereitung darauf einzustellen.

Vorkehrungen zur Unfallverhütung:

- **Darauf achten, dass das Deck immer aufgeklart und so gut es geht rutschsicher ist.**
- **Insbesondere keine Leinen unordentlich an Deck herumliegen lassen.**
- **Auch sauber aufgeschossene Leinen am Mast oder an der Seereling können gefährlich werden, wenn die Buchten zu groß sind, so dass sie unten an Deck aufliegen.**
- **Beim Ankern darauf achten, dass nur ein einzelnes Crewmitglied, und zwar nur eines das die Technik kennt, das Ankergeschirr bedient.**
- **Beim Fieren der Ankerkette darauf achten, dass die Kette kontrolliert, langsam kommt und nicht unkontrolliert ausrauscht.**
- **Auf längere Zeit gesegeltem Raumwind- und Vormwindkurs einen Bullenstander und/oder eine Baumbremse einsetzen, insbesondere bei bewegter See und einem nicht routinierten Rudergänger.**
- **So selten wie eben notwendig sich in der Plicht auf die Sitzbänke oder gar auf den Süllrand stellen.**

9.13 Sturm

Wer kennt nicht die Geschichten von Mitseglern, die stundenlang in stürmischer See bei 5 Metern Seegang und in vom Windmesser gemessenen 10 Beaufort gekämpft haben. Gibt es ein einziges Buch von einer Atlantik-Überquerung, in dem nicht von mindestens einem schweren Sturm berichtet wird? Das Wort „Sturm" weckt die Fantasie und lässt sich – nebenbei bemerkt – auch gut in den Medien verkaufen.

Tatsächlich gibt es mit Sicherheit erheblich weniger echte Stürme als Geschichten über sie. Meist wird das Wort Sturm etwas leichtfertig benutzt und das Wort „Starkwind" wäre häufig angebrachter.

Was kennzeichnet einen wirklichen Sturm? Der meteorologische Begriff Sturm beschreibt im deutschen Sprachraum eine mittlere Windstärke von 9 Beaufort, was etwa 80 km/h oder 43 Knoten entspricht. In der englischen Meteo-Fachsprache ist das Wort „storm" hingegen mit Windstärke 10 (etwa 100 km/h Windgeschwindigkeit) definiert. Eine Segelyacht kann bei solchen Windgeschwindigkeiten nur noch einen Raumwindkurs steuern, sofern man dann noch von „steuern" sprechen kann, denn im freien Seeraum sind die Wellen bei 9 Beaufort derartig hoch, dass ein einigermaßen genaues Kurshalten nicht mehr möglich ist. Windstärke 9 baut in offener See Wellen von etwa 6 bis 7 Metern Höhe auf, die in ihrer oberen Hälfte rollend brechen.

Kriterien für die Entscheidung trotz Schwerwetter auszulaufen

Eine eindeutige Vorbemerkung: Sofern vermeidbar, wird nicht im Sturm gesegelt! „Respekt vor dem Meer!" sollte trotz aller moderner Technik an Bord ein Leitmotiv bleiben. Für eine mittelgroße Freizeit-Yacht von etwa 12 Metern Länge sollten etwa

7 Windstärken die Grenze sein, bis zu der ausgelaufen wird. Raumschots mögen 8 Beaufort im Leeschutz einer nahen liegenden Küste mit erfahrener Crew vertretbar sein. Hoch am Wind sind bereits 7 Windstärken für die meisten Freizeit-Crews zu viel.

Die Entscheidung, ob bei schlechtem Wetter gesegelt wird – sofern man es sich denn aussuchen kann – sollte nicht allein von Skipper getroffen werden. Schwerwettersegeln ist anstrengend und kann gefährlich werden! Die Crew sollte dafür motiviert und gut vorbereitet sein. Schließlich segelt man in der Regel zum Spaß! Darum ist es wünschenswert, dass die Entscheidung gemeinsam nach einem Gespräch über die möglichen Schwierigkeiten getroffen wird. Eine Crew, die selbst mitentschieden hat auszulaufen, wird motivierter und belastbarer sein als eine Crew, die lediglich der Entscheidung des Skippers folgt.

Darum sollte der Skipper alle Aspekte mit der Crew durchsprechen, die im Laufe eines Schwerwetter-Segeltages von Bedeutung sein werden: zu erwartende Wetterentwicklung, mögliche Schutzhäfen unterwegs, Schiffsbewegung im Seegang, Art der Ernährung, notwendige Besegelung, Reffen, zu erwartende Großschifffahrt, Peilmöglichkeiten an Land und auf See, Untiefen, allgemeine Verhaltensregeln zur Sicherheit an Deck.

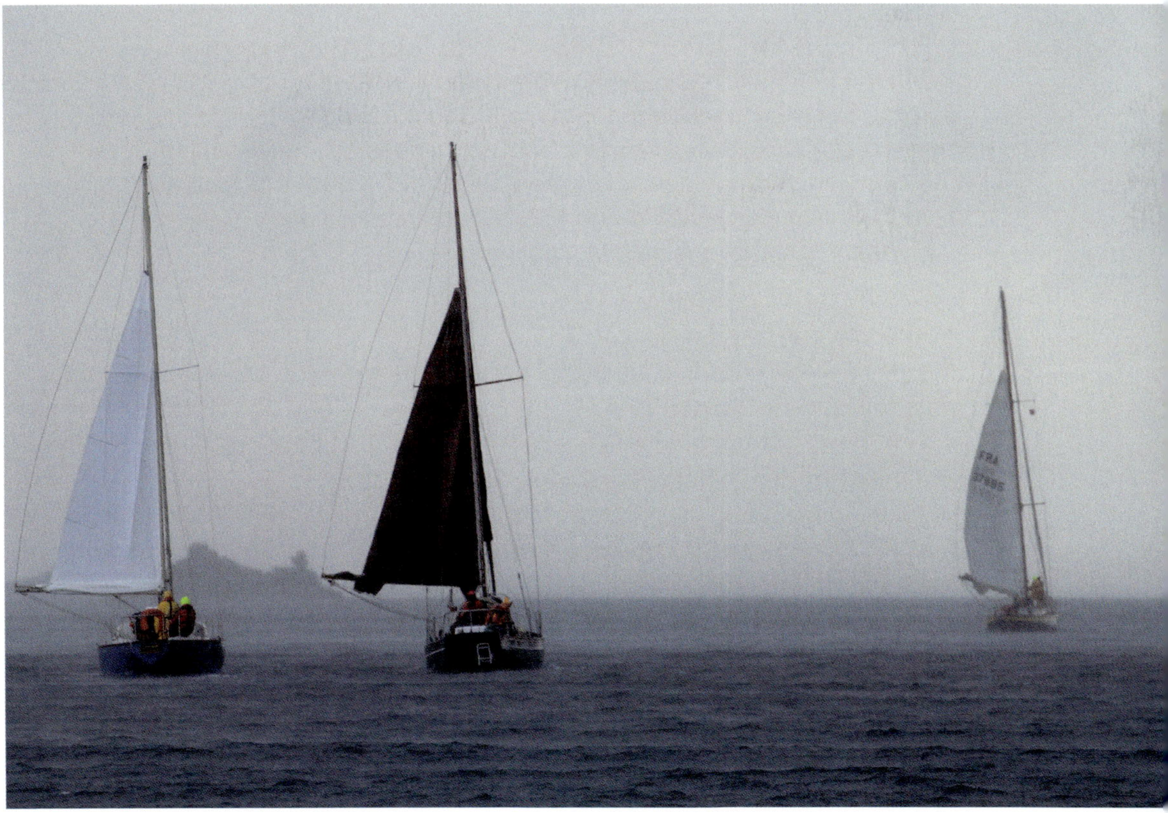

Ausgelaufen trotz Starkwind

Bei aller Bereitschaft zum Gespräch mit der Crew muss aber schließlich doch betont werden, dass es am Ende der Skipper ist, der die Entscheidung auszulaufen, zu verantworten hat.

Im Falle eines Unfalls, einer Havarie, eines beliebigen Problems mit juristischen Folgen ist es immer der Skipper, der zur Rechenschaft gezogen wird.

Die Entscheidung, trotz Starkwindwarnung auszulaufen, ist davon abhängig zu machen, ob auf folgende Fragen eine positive Antwort gegeben werden kann:

- **Ist absehbar, dass die zu erwartende Windstärke nicht mehr als 7 Beaufort sein wird?**
- **Ist das Schiff technisch (Rigg, Segel, Rumpf, Ruder, Motor) in jeder Hinsicht in gutem Zustand?**
- **Ist die Crew in der Handhabung des Schiffes (Reffen, Rudergehen, Navigation) erfahren genug? Gibt es jeweils mindestens 2 Crewmitglieder, die Rudergehen können und die die Refftechnik beherrschen?**
- **Ist die Crew körperlich, gesundheitlich den Anstrengungen gewachsen?**
- **Ist der zu segelnde Kurs auch bei einer ungünstigen Winddrehung noch zu halten?**
- **Gibt es unterwegs navigatorische Alternativen zum geplanten Kurs?**
- **Besteht die Gefahr, in Tidengewässern in eine Wind-gegen-Strom-Situation mit schwerem Seegang zu kommen?**
- **Gibt es schwerwettergeeignet vorbereitete Speisen und Getränke für die Crew?**
- **Ist das Schiff gut vorbereitet? Sicherheitsausrüstung komplett funktionsfähig, unter Deck alles seefest gestaut, das Deck aufgeklart, funktionierende Reffeinrichtungen, Batterien geladen, alle Luken dicht, Karten und Seehandbücher vorhanden und gelesen, Wegpunkte auf der Papierseekarte und im Plotter eingegeben, Fäkalientank geleert, Lenzpumpen einsatzbereit?**

Im Schwerwetter auf See

Auf einem Segeltörn vor der Küste hat im Prinzip jede Crew dank moderner Wettervorhersage die Chance, eine Sturm-Situation auf See zu vermeiden, sofern denn alle Informationsmöglichkeiten genutzt werden. Nicht auszuschließen hingegen sind durch Regionaleffekte hervorgerufene kurze Sturmböen, die von Meteorologen nicht immer vorhergesehen werden. Dabei handelt es sich oft um Fallböen aus den Bergen unter einer hohen Leeküste, oder auch um Gewitterböen. Aufgrund der Tatsache, dass diese Böen aber selten länger als eine Viertelstunde andauern, kann sich kein hoher Seegang aufbauen. Es reicht also, früh und schnell genug zu reffen, eventuell das Groß ganz wegzunehmen und die Genua so weit einzurollen, dass nur noch ein „Handtuch“ stehen bleibt. Das tut zwar dem Segeltuch nicht besonders gut und es wird auch kein effizientes Segelprofil möglich sein, aber um das Schiff auf Raumwindkurs beherrschbar zu halten, ist es kurzfristig die einzig richtige Reaktion.

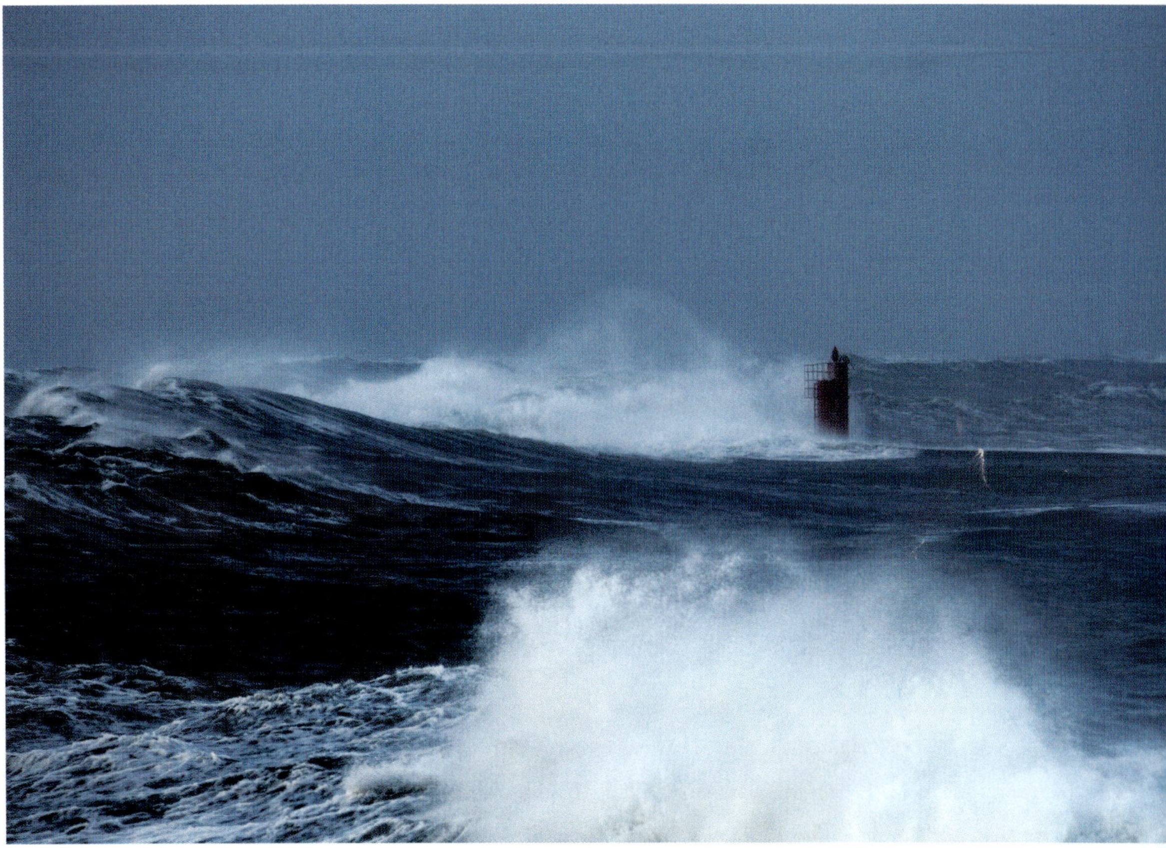

Was die Belastbarkeit des Materials angeht, so kann man davon ausgehen, dass in den meisten Fällen, das Schiff stärker ist als die Crew. Wichtig ist einfach, so wenig Segelfläche wie gerade noch notwendig zu fahren und wenn möglich, Schutz unter einer Küste zu suchen.

Sturm

Zusammengefasst hier die wichtigsten Maßnahmen zum Verhalten bei Starkwind oder gar Sturm:

- 3 Reffs ins Groß, eventuell Groß ganz wegnehmen.
- Genua einrollen und – sofern vorhanden – Sturmfock setzen, eventuell am „fliegenden Vorstag".
- Falls keine Sturmfock an Bord, Genua trotz schlechtem Profil sehr weit einrollen.
- Besatzung mit Rettungswesten und eingepickten Lifebelts sichern.
- Den dem Wetter am besten angepassten Kurs segeln, in der Regel raumschots.
- Prüfen, ob sicher anzulaufende Häfen in realistischer Zeit erreichbar sind.
- Prüfen, ob Schutz unter der Leeküste einer Insel erreichbar ist.

→

- Keinen Hafen bei starkem auflandigem Wind anlaufen, in dessen Einfahrt der Wind steht und die Wassertiefe sehr knapp ist. Gefahr der Grundberührung im Wellental.
- In Tidengewässern mit starkem Tidenhub nicht während der Ebbe und auflandigem Wind in Flussmündungen einlaufen (Wind-gegen-Strom = Brecher).
- Evtl. vor dem Wind ablaufen, sofern genügend freier Seeraum nach Lee vorhanden ist.
- Alle Lukendeckel und Staukistendeckel gut verriegeln, Winschkurbeln sichern.
- Deck aufklaren. Anker und Kette sichern. Keine Segel in Segelsäcken an Deck liegen lassen.
- Beiboot sturmsicher stauen.
- Unter Deck so gut es geht alles verstauen, verzurren, sichern. Leesegel an den Kojen spannen.
- Außenlautsprecher vom VHF anschalten und Kanal 16 abhören, um keinen Wetterbericht zu verpassen.
- Gezielt Ruhepausen organisieren. So wenig wie möglich Leute an Deck. Maximal 2 Personen als Sturmwache; die anderen unter Deck.
- Nur einen erfahrenen Rudergänger einsetzen.
- Falls Rudergehen nicht mehr möglich ist, beidrehen unter Sturmfock.
- Regelmäßig die Bilge auf eventuell eingedrungenes Wasser kontrollieren.
- Logbucheintragungen zu: Wetter, Seegang, Zustand des Schiffes, Einweisung der Crew.

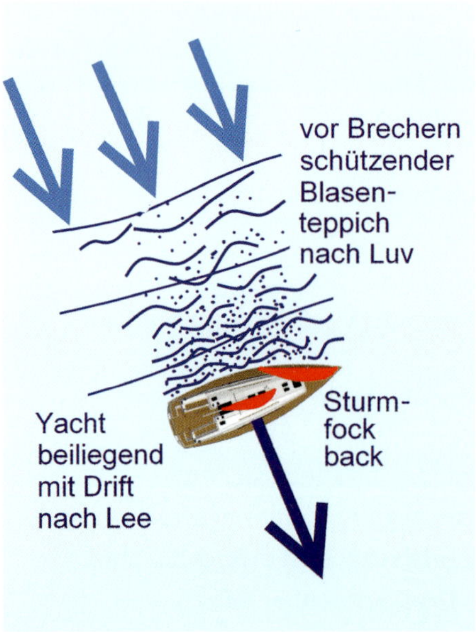

Beiliegen im Sturm mit backstehender Fock

Falls der Wind so stark wird, dass selbst raumschots in der brechenden See nicht mehr Kurs gehalten werden kann, bleibt nur noch die Möglichkeit „beizuliegen“: Dazu wird mit minimal verkleinertem oder ganz weggebundenem Groß und back stehender Sturmfock das Schiff mit nach Lee festgelaschtem Ruder in eine weitgehend stabilisierte Lage etwa quer zum Wind gebracht. Auf den meisten Yachten und bei mehr als 9 Beaufort ist es in der Regel notwendig, das Groß völlig zu bergen. Manche Schiffe, je nach Bauart, werden dabei – statt quer zum Seegang zu treiben – leicht raumschots abfallen, was aber kein Nachteil sein muss. Entscheidend ist, dass durch die backstehende Sturmfock mit dem Ruder nach Lee fixiert eine Drift durchs Wasser nach Lee entsteht, die auf der Luvseite der Yacht einen Luftblasenteppich entstehen lässt, in dem die Gewalt der heranrollenden Brecher gedämpft wird.

Ob Treibanker im Sturm eingesetzt werden sollten, ist sehr umstritten. Die Erfahrungen bekannter Weltumsegler zeigen eher, dass ein schräges Ablaufen vor der Welle, bzw. das Beiliegen, zur Not ganz ohne Besegelung, für die meisten Schiffe die beste Taktik darstellt. Leider haben moderne Segelyachten mit schmalem Kiel und Spatenruder einen Lateralplan, der es nicht erlaubt beizuliegen. Sie stabilisieren sich nicht mit backstehender Fock und festgestelltem Ruder, sondern „eiern" zwischen Halbwind- und Raumschotskurs hin und her. Hier kann ein Treibanker durchaus sinnvoll eingesetzt werden, um zu verhindern, dass die Yacht in einer hohen durchlaufenden Welle querschlägt und mit dem Mast in die See gepresst wird.

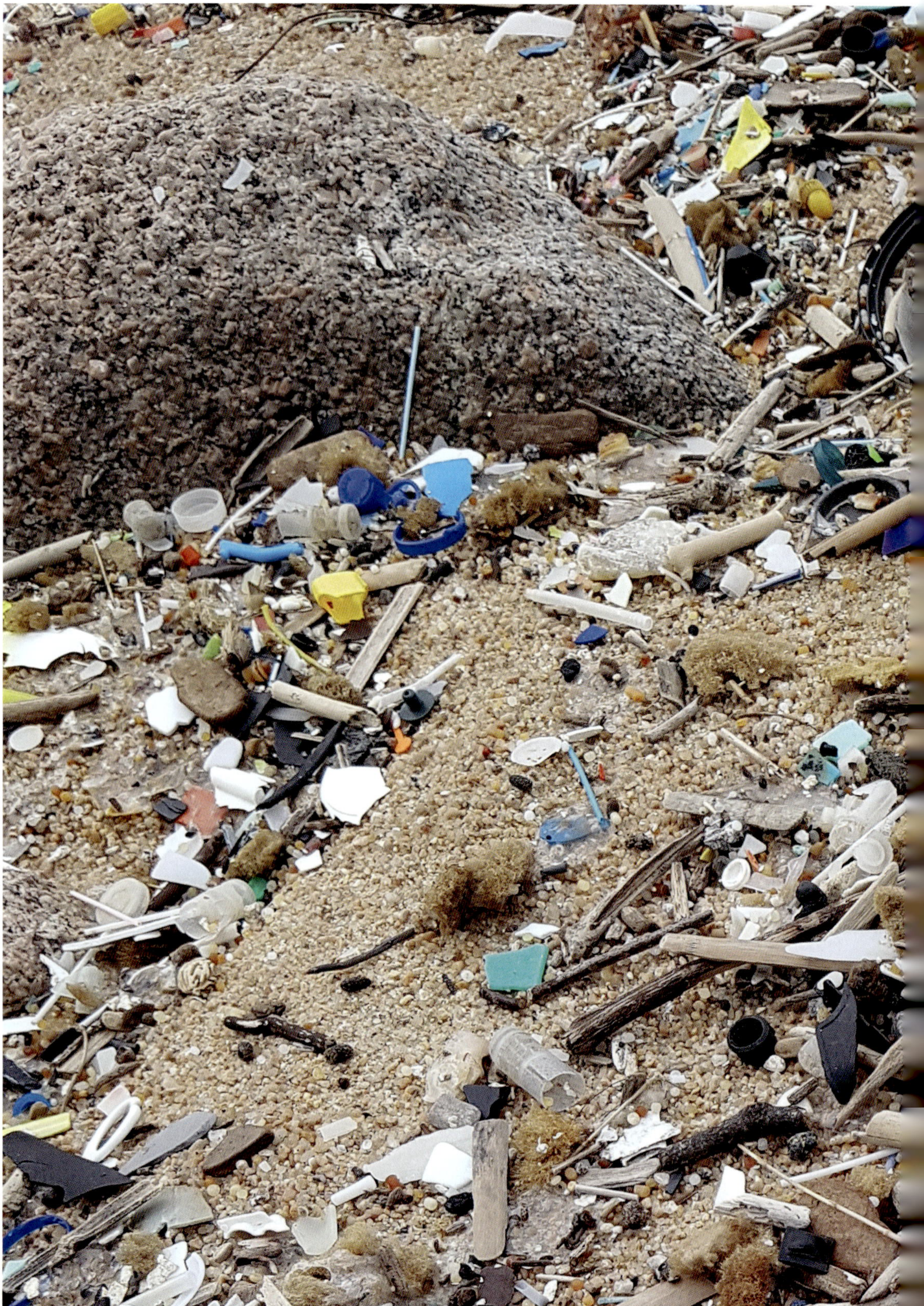

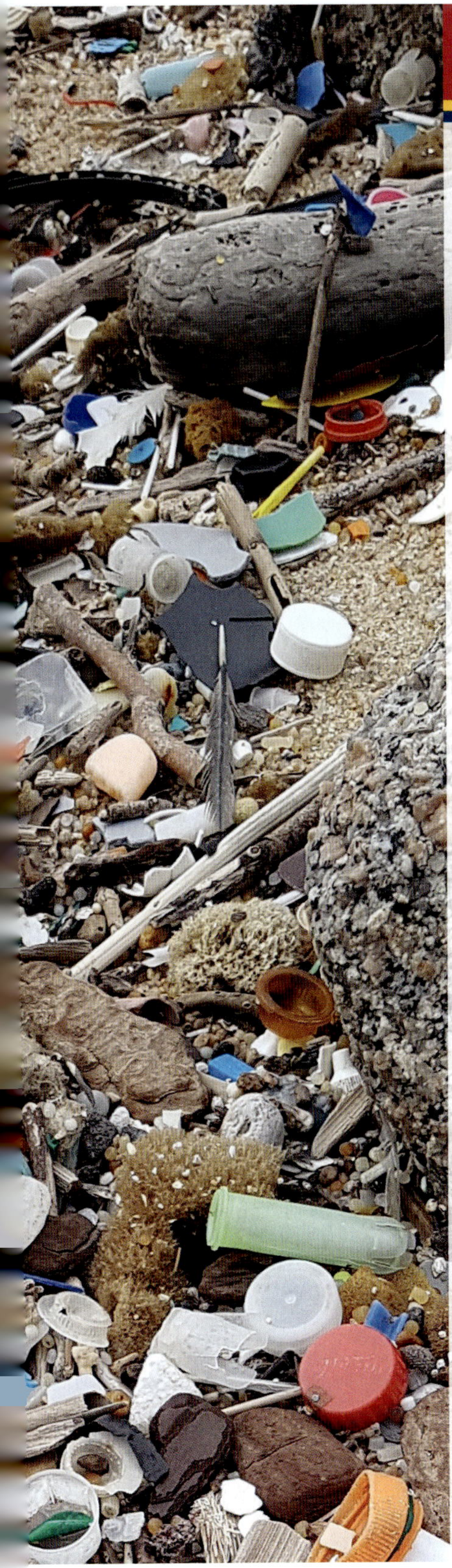

10

Verhalten und Benehmen an Bord und im Hafen

Die Gründe, warum ein Segeltörn nicht immer die erhoffte Entspannung bringt, können vielgestaltig sein. Manchmal sind es technische Probleme, oft aber auch menschliche Ärgernisse, die mit etwas Nachdenken und Rücksichtnahme vermeidbar wären. Das Leben an Bord ist für viele Crewmitglieder ungewohnt und führt manchmal zu Verhaltensweisen, die nicht für alle Beteiligten angenehm sind.

10.1 Ökologische Aspekte beim Segeln

Manch ein Segler schaut geringschätzig auf Motorbootfahrer, weil er meint, dass Segeln im Gegensatz zum Freizeitverhalten der Motorbootskipper ein „sauberer“ Sport sei. Es soll hier keineswegs die ökologische Belastung unserer Seen und Meere

Ökothema Plastik

durch Motorboote mit Benzin- oder Dieselantrieb in Frage gestellt werden, doch sollten auch wir Segler uns einige kritische Fragen stellen:

Kritische Fragen zu unserem eigenen Verhalten als Segler:

- **Wieviel Diesel verbrennen wir jährlich beim „Segeln“ mit Motorantrieb?**
- **Nutzen wir Leichtwindsegel wie Gennaker oder Code 0, um möglichst wenig zu motoren?**
- **Wo bleibt unser Bord-Müll? Wird er im Hafen getrennt?**
- **Wie halten wir es mit der Wasserbelastung durch Abwässer?**
- **Reinigen wir unser Geschirr und unsere Boote überwiegend mit abbaubaren Reinigungsmitteln?**
- **Versuchen wir, den Verbrauch an Süßwasser gering zu halten?**
- **Sind wir konsequent im Hinblick auf Müllverminderung und Müllbeseitigung?**
- **Sind wir bereit, im Hafen oder sogar auf See Plastikmüll aus dem Wasser zu fischen, zu sammeln und im Hafen zu entsorgen?**
- **Sind die (inzwischen wenigen) Raucher unter uns bereit, ihre Kippenstummel zu sammeln und an Land zu entsorgen? Seevögel und Fische verwechseln diese Filterstummel oft mit Nahrung.**
- **Wie groß ist die Wasserbelastung durch das Antifouling unserer Boote?**
- **Wie ist die CO_2-Bilanz bei der Herstellung unserer Boote?**
- **Wieviel Kunststoffmüll verursachen wir durch zu ersetzende Segel und Tauwerk?**
- **Benötigen wir wirklich die Menge an Seglerbekleidung, speziell aus Kunststoff- und Fleecefasern, die bei der Entsorgung sehr viel Microplastikreste erzeugen?**
- **Achten wir beim Kauf von Kleidung auf die Verwendung von recyceltem Material?**
- **Achten wir darauf, nicht auf Posidonia-Feldern (Seegras) zu ankern?**
- **Beachten wir immer die Anker- oder Befahrensverbote in ökologisch sensiblen Revieren?**
- **Wie hoch ist die CO_2-Belastung durch den Flugverkehr von Chartercrews? Muss die Segelreise unbedingt auf einem Charterschiff in tropischen Revieren verbunden mit langer Flugreise stattfinden?**

10.2 Einfache Dinge, die Probleme machen können

Räumliche Enge erzeugt häufig soziale Probleme. Das gilt nicht nur in Großstädten, sondern auch im Hafen und ganz besonders an Bord einer Segelyacht. Auf einer Yacht muss die Crew sich mit etwa einem Zehntel der Wohnfläche des gewohnten Lebens an Land begnügen. Gegenseitige Rücksichtnahme muss darum selbstverständlich sein. Ein guter Skipper wird im Hinblick auf ein angenehmes Zusammenleben an Bord auf einige Details aufmerksam machen:

Die meisten Crews verzichten zwar zumindest unter Deck auf das Rauchen, aber auch an Deck ist Zigarettenrauch störend, wenn unter der Sprayhood, im Niedergang, oder auf der Luvseite der Plicht der Glimmstängel angezündet wird. Wenn denn das Rauchen unvermeidlich ist, dann bitte weit in Lee! Und dass Zigarettenkippen nicht ins Meer gehören, sollte selbstverständlich sein.

Vermutlich ist auf einem Törn in frischer Seeluft nicht jeder Mitsegler von Düften von Chanel oder Armani hingerissen. Es ist darum wohl eher empfehlenswert, das Parfümieren auf den Abendlandgang zu beschränken.

Nicht nur für die weiblichen Mitsegler gilt, dass Ringe, Ketten, Armreifen und lose getragene Uhren ein Unfallrisiko darstellen. Schnell kann sich beim Durchholen einer Schot oder eines Falls ein loser Armreif oder eine lange Halskette in der Leine vertörnen. Der Schmuck ist sicherlich beim Landgang ins Hafenrestaurant angebrachter als während des Segelns.

In warmen Segelrevieren wird natürlich auch gebadet und geschwommen. Aber muss man sich unbedingt mit der nassen Badehose auf die Salonpolster setzen? Salz ist hygroskopisch, es zieht Feuchtigkeit an. Ist das Polster erst einmal von Salzwasser durchtränkt, wird es vielleicht tagsüber anscheinend trocknen, nachts aber wird es wieder feucht und klamm und bald auch stockig werden.

Gehen und bewegen an Deck

Der Skipper und Eigner bewegt sich auf seinem Schiff routiniert, denn er kennt jede Stolperfalle, jeden Handlauf, jedes Detail. Der Mitsegler, der nur eine Woche an Bord ist, besitzt hingegen keine Routine. Er muss jeden Schritt bewusst setzen, um nicht zu stolpern oder gar zu stürzen. Darum sollte es vermieden werden, sich zu schnell zu bewegen, schon gar nicht sollte man laufen. Mit Rücksicht auf die Crew unter Deck ist es wünschenswert, wenn jeder oben an Deck versucht, seine Füße etwas sanfter als an Land üblich aufzusetzen. Bordschuhe mit weicher, rutschfester Sohle machen das Leben an Bord angenehmer. Im Hinblick auf die Sauberkeit an Deck wäre es schön, wenn alle Crewmitglieder zum Landgang die Schuhe wechseln und die Bordschuhe wirklich nur an Bord getragen werden. Zwar hat nicht jede Yacht ein Teakdeck, aber auch auf einem weißen Polyesterdeck sind schmutzige Fußabdrücke nicht gerade dekorativ. Und dass ein Teakdeck mit profilierten Schuhsohlen durch von Land mitgebrachte Steinchen schnell ruiniert ist, versteht jeder.

Schuhe an Bord

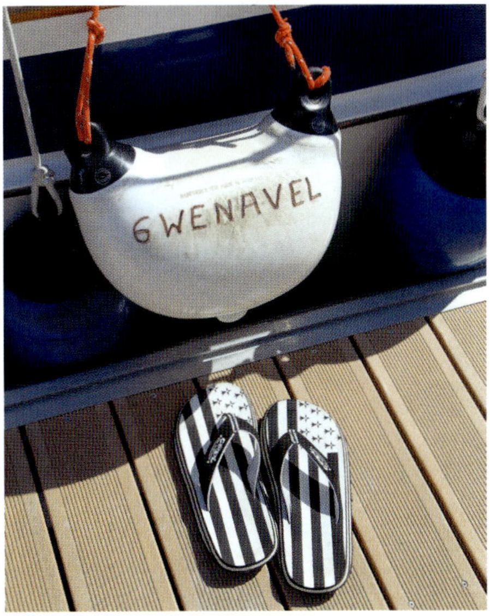

Der Niedergang kann eine Konfliktzone werden: Hier muss jeder durch, rauf und runter. Es ist darum ausgesprochen störend, wenn Crewmitglieder sich in den Niedergang setzen oder unter der Sprayhood den

Durchgang mit den Beinen versperren. Nur Einhandsegler können sich den Luxus leisten, dort zu sitzen.

„Pardon …"; „Entschuldige", „Darf ich mal …"; „Tut mir leid …" Das Segeln und Leben an Bord bringt täglich Dutzende von Situationen mit sich, die ein „pardon" erfordern könnten. Auf die Dauer wird es lästig.

Ein Wort zur Toilettenbenutzung: Allein schon aus Sicherheitsgründen ist es auch für Männer sinnvoll, die Toilette immer im Sitzen zu benutzen. Schon bei geringem Seegang wird freihändiges Stehen nicht nur schwierig, sondern hat auch hygienische Konsequenzen.

10.3 Richtiges Verhalten beim Anlegen und Festmachen

Der erfahrene Segler kann es einer einlaufenden Crew und ihrer Yacht bereits vom Steg aus ansehen, ob sie mit den notwendigen Regeln vertraut ist. Sind ausreichend viele und genügend große Fender ausgebracht? Sind die Festmacher auf allen Klampen, am Bug wie am Heck, und möglichst auch auf den Mittschiffsklampen vorbereitet? Sind alle Decksluken geschlossen?

Wie funktioniert die Kommunikation an Deck? Schreierei und Hektik sind meist ein Zeichen von schlechter Vorbereitung. Beim An- oder Ablegen sollten die Anweisungen präzise formuliert und angemessen laut ausgesprochen, aber nicht geschrien werden. Bevor das eigentliche Manöver beginnt, bespricht ein guter Skipper alle für einen erfolgreichen Ablauf notwendigen Details in Ruhe mit seiner Mannschaft, so dass Hektik und Schreierei nicht auftreten. Und wenn es denn mal passiert, dass eine zu kurz geworfene Festmacheleine im Wasser landet, so hilft auch da kein Schreien, sondern nur schnelles Handeln.

Päckchenliegen

Insbesondere in der Hochsaison ist es in vielen Häfen notwendig, abends im Päckchen festzumachen. Es sollte möglichst vermieden werden, an einem Schiff mit geringerer Länge als der eigenen festzumachen, denn sonst werden die Klampen des kleineren Schiffes bei mehr Wind schnell überlastet. Es lässt sich leider nicht immer vermeiden, aber es sollte die Ausnahme bleiben. Unerlässlich ist es in jedem Fall, frühzeitig Fender in ausreichender Zahl und Größe auf der ankommenden Yacht möglichst auf beiden Seiten auszubringen.

Auf beliebten, kleinen Inseln der Ostsee liegen im Sommer oft 5 und mehr Yachten im Päckchen. Und so gibt es unvermeidlicherweise ein ständiges Hin- und Herlaufen über die Decks, oft bis spät in die Nacht hinein. Bereits beim Festmachen an der anderen Yacht, und natürlich erst recht im Laufe des Abends und der Nacht sollte grobes Herumpoltern an Deck, Stolpern und sonstige Geräuschentwicklung vermieden werden. Wünschenswert ist es, dass die im Päckchen liegenden Yachten so festgemacht sind, dass der Bug der einen Yacht am Heck der anderen liegt (*siehe Kapitel Hafenmanöver*). So ist eine gewisse Diskretion gewahrt. Dem entgegen steht

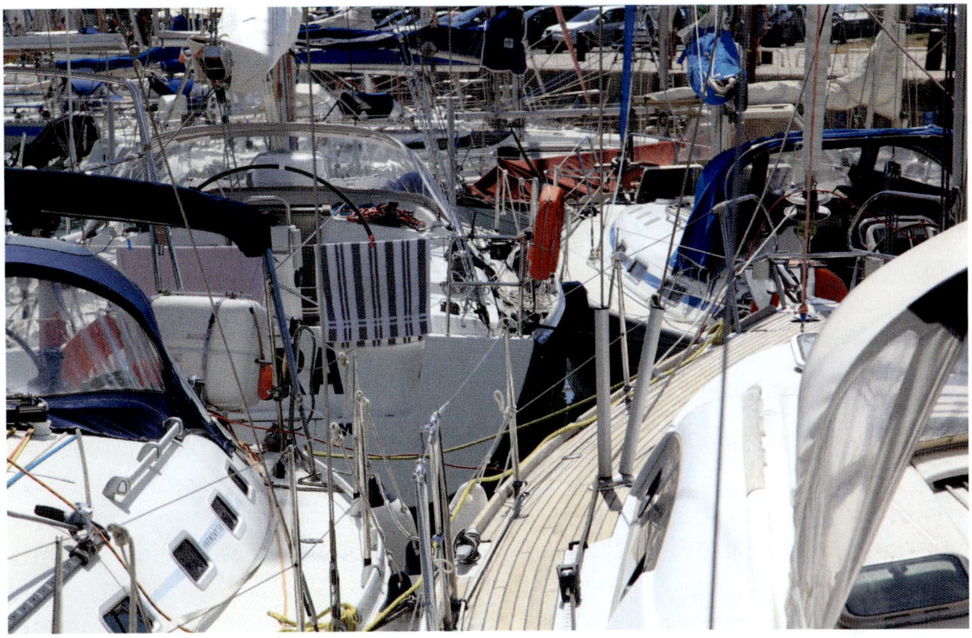

Im Päckchen liegend

allerdings manchmal die Wetterlage. Niemand möchte bei Starkwind und strömendem Regen seinen Niedergang nach Luv gerichtet haben.

Auf dem Weg über das Deck der innen liegenden Yacht zum Steg geht man immer vor dem Mast über das Vordeck und nicht durch die Plicht, um die Privatsphäre des Nachbarn zu respektieren. Weiche, saubere Schuhe und ein vorsichtiger Gang sind Zeichen von Rücksichtnahme. Zugegeben, manch eine Yacht hat nicht nur ein unaufgeräumtes Deck, sondern oft dazu auch als Stolperfallen ungünstig angebaute Decksbeschläge, so dass das Überqueren der Nachbaryacht manchmal zur Geschicklichkeitsübung wird.

Beim Liegen im Päckchen gibt es aber auch Ärgernisse, die keineswegs von der Crew der neu ankommenden Yacht verursacht werden: Manch ein Skipper, der froh ist, endlich einen geeigneten Liegplatz längsseits an einer Pier ergattert zu haben, entwickelt phantasiereiche Methoden, um anderen zu signalisieren, dass niemand an seiner Seite im Päckchen willkommen ist. Die Variante der nicht ausgebrachten Fender ist dabei noch die höflichste. Vom an die Seereling gehängten Schild „frisch gestrichen" bis zum demonstrativ längsseits ausgebrachten Beiboot ist alles möglich. Wenn dann dennoch von einer neu ankommenden Crew nachgefragt wird, ob es vielleicht gestattet wird, längsseits festzumachen, hört man manchmal Aussagen wie „Wir laufen morgen früh aber um 5 Uhr aus". Schaut man dann aber am nächsten Morgen nach diesem Schiff, so liegt es meist auch um 8 Uhr noch unverändert am Steg.

Nicht jede Crew ist erfahren und beherrscht die Hafenmanöver aus dem FF. Jeder Segler war irgendwann einmal Anfänger. Früher war es selbstverständlich,

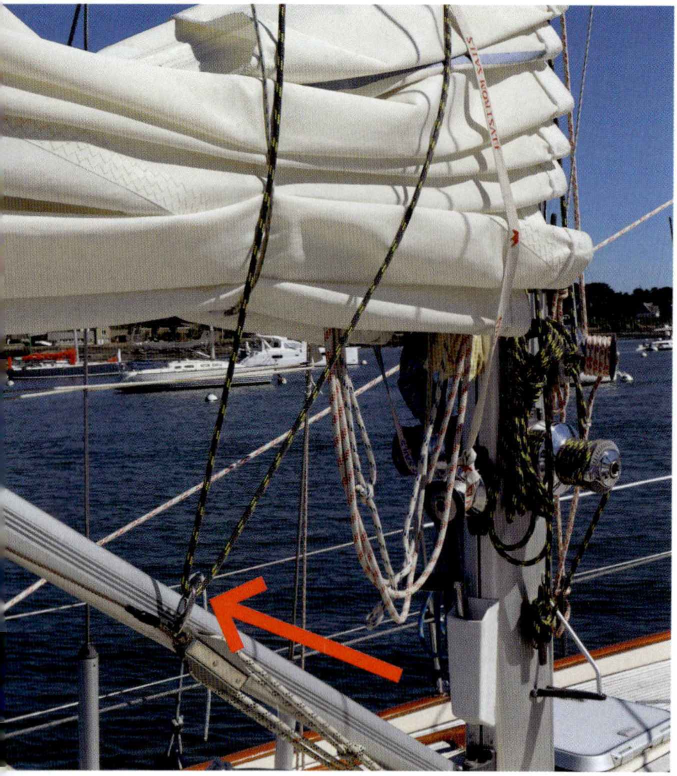

Weggebundenes Großfall

dass man dem gerade einlaufenden Boot in der Nachbarbox oder am Steg beim Festmachen Hilfe anbot. Leider erscheint dies heutzutage nicht jeder Crew als Selbstverständlichkeit. Stattdessen macht man sich lieber lustig über die Ungeschicklichkeiten der ankommenden Besatzung.

Zu einem echter Schlafkiller können unachtsam am Mast hängende Fallen werden. Sobald etwas Wind weht, beginnen manche dieser nachlässig angeschlagenen Fallen dann ihr nervtötendes Percussionskonzert. Aluminiummasten verwandeln sich in perfekte Resonanzkörper, Carbonmasten werden zu akustischen Folterinstrumenten. Ein Abspannen mittels Gummistrop oder ein straff gezogenes Bändsel zu einem Want hinüber beheben das Problem.

Natürlich wird an Bord – und gerade im Urlaub – auch hin und wieder gefeiert. Ob aber beim Liegen im Päckchen die Party bis spät in die Nacht hinein unbedingt im Cockpit mit lauter Musik über die Außenlautsprecher stattfinden muss, darf wohl angefragt werden.

Ärgernisse vor Anker

Aber nicht nur im Hafen, auch vor Anker kommt es vor allem in der Hochsaison in beliebten Segelrevieren manchmal zu Ärgernissen durch wenig rücksichtsvoll auftretende Crews. Manch eine Crew bevorzugt die Nacht vor Anker in freier Natur gegenüber der nicht immer stressfreien Nacht im Hafen. Leider sind aber in der Hochsaison die schönsten Buchten auch schnell von zahlreichen Yachten belegt. In den Segelschulen wird zwar auch heute noch gelehrt, dass der Abstand zum Nachbarn so groß sein sollte, dass sich die Schwojkreise nicht überschneiden, doch ist das angesichts der extrem gewachsenen Zahl an Yachten in beliebten Segelrevieren heutzutage praktisch nicht mehr machbar. Und so erlebt man gerade im Mittelmeer nicht selten, wie sich Ankerbuchten in Party-Hotspots verwandeln und abends zu fortgeschrittener Stunde und entsprechend vieler geleerter Wein- und Bierflaschen vom Ankern in ruhiger Natur nicht mehr viel zu spüren ist.

Vor diesem Hintergrund darf auch durchaus die Frage gestellt werden, ob denn der Außenborder am Beiboot wirklich immer benötigt wird. Um die Crew in einer

Ankerbucht vom Schiff zum Strand zu bringen, ist der Motor am Beiboot insbesondere bei mehr Wind zweifellos eine sinnvolle Hilfe. Meist ist am Ankerplatz der Wind jedoch so schwach, dass auch problemlos gerudert werden könnte. Das Slalomfahren mit dem knatternden Außenborder zwischen den zahlreichen anderen Ankerliegern ist eine vermeidbare Ruhestörung.

10.4 Maritime Bräuche und Traditionen

Ein Skipper, der es zu Beginn einer größeren Seereise versäumt, dem Klabautermann einen guten Schluck in den Rachen zu schütten, riskiert Schlimmes: Sturm, zerrissene Segel, Meuterei, Mastbruch, brackiges Trinkwasser … All das lässt sich vermeiden mit mindestens einer halben Flasche guten Rotweins oder drei Gläsern feinsten Rums, die dem immer durstigen Rasmus geopfert werden. Aber bitteschön über die Steuerbordseite des Schiffes, denn dies ist die edle Seite des Schiffes, wo nicht nur der Klabautermann, sondern auch Rasmus, Neptun und Poseidon immer wieder mit prüfendem Blick an der Yacht vorbeischwimmen.

Yachten vor Anker

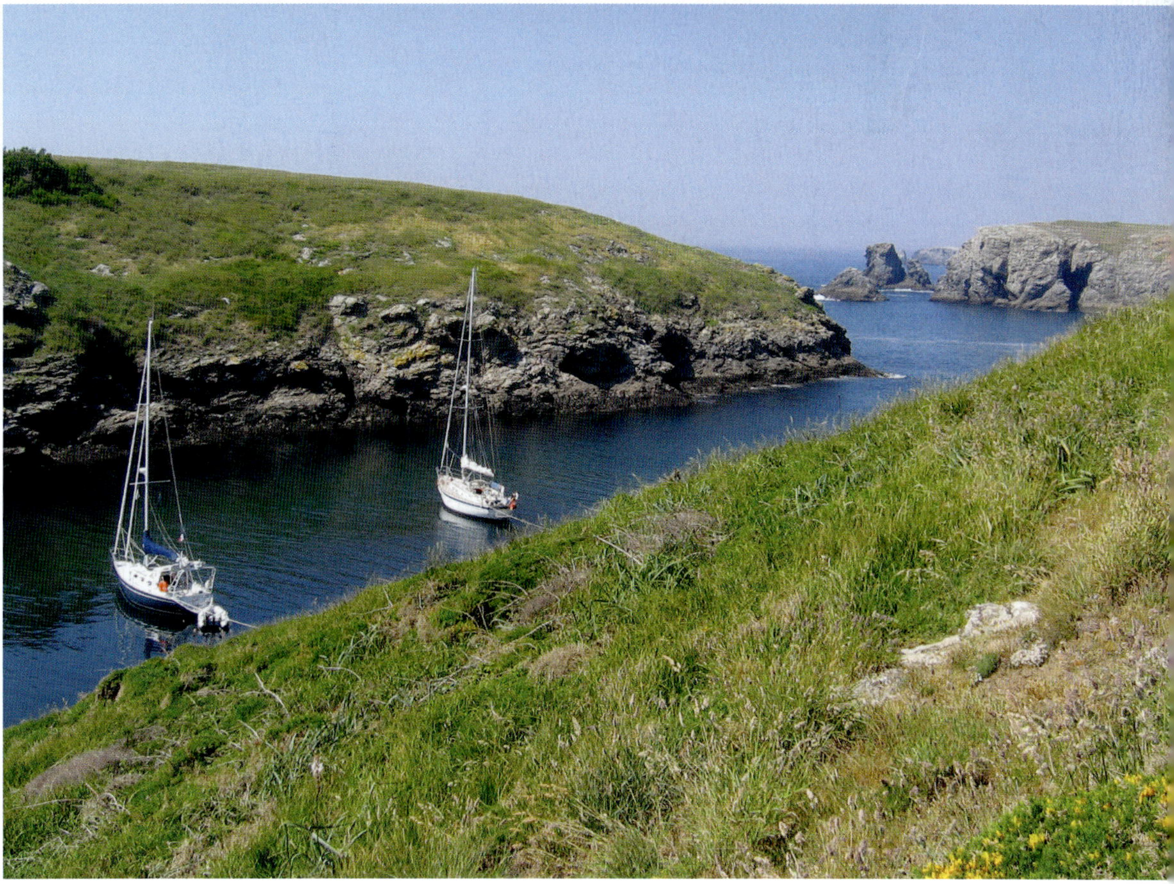

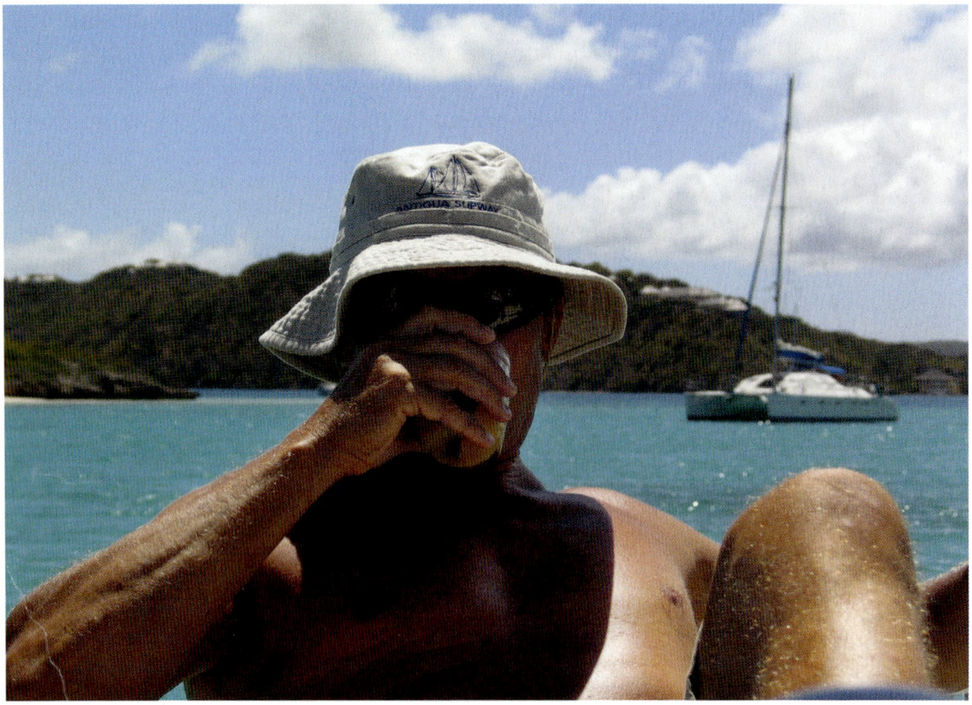

Der Sundowner ist nicht nur in der Karibik ein willkommenes Ritual

Natürlich gibt es „alte Zöpfe" die abgeschnitten werden können. Aber es gibt auch Traditionen, die einen gewissen historischen Charme ausstrahlen. Gerade in der Seefahrt haben Traditionen und Gewohnheiten seit jeher das Verhalten und Auftreten der Seeleute geprägt. Diese Haltung erstreckt sich auch auf Bereiche, die nichts mit Sicherheitsfragen zu tun haben wie z. B. die Flaggenführung. Folgende Konventionen sind als Flaggenetiquette international üblich:

Die Nationalflagge wird auf einem Schiff mit nur einem Mast (Sloop, Kutter) möglichst an einem kleinen Flaggenmast im Heck gefahren. Es gilt als nachlässig, die Nationale einfach am Achterstag festzuknoten. Bei einem Schiff mit zwei Masten (Ketsch, Yawl) befindet sich die Nationale üblicherweise im Top des achteren Mastes, kann aber auch an einem Flaggenmast am Heck gefahren werden.

Manche Skipper, insbesondere in der Ostsee, legen Wert darauf, dass die Nationale nachts eingeholt wird. Ironische Gemüter meinen allerdings dazu, dass dieser Brauch lediglich auf eine Sparmaßnahme des ehemaligen kaiserlichen Marineministeriums zurückgeht, um die Ausgaben für neue Flaggen zu halbieren.

Auf Fahrt im Ausland ist es üblich und ein Zeichen von Höflichkeit, eine sogenannte Gastlandsflagge zu setzen. In manchen Ländern wie z. B. Spanien ist sie sogar gesetzlich vorgeschrieben. Der richtige Platz für die Gastlandsflagge ist auf der Steuerbordseite unter der Saling. Wer sie an Backbord setzt, und dann auch noch möglicherweise auf Halbmast, darf sich nicht wundern, wenn die Yacht am Steg von manch einem Segler etwas geringschätzig belächelt wird.

Zusätzlich zur Gastlandsflagge kann auch eine Regionalflagge gesetzt werden, z. B. in Cornwall oder Galicien oder in der Bretagne. Es ist Brauch, diese Flaggen direkt unter der Gastlandsflagge an Steuerbord zu fahren. Hingegen sollten Clubflaggen, Spaßflaggen wie z. B. eine Piratenflagge, oder auf Langfahrt die Flaggen der besuchten Länder – wenn überhaupt – unter der Backbordsaling gehisst werden.

Eine unschöne Nachlässigkeit betrifft Fender und Leinen nach dem Auslaufen aus dem Hafen: Manche Crews übersehen es, dass nach dem Ablegen noch nicht alle Fender an Deck geholt wurden. Im Seegang an der Bordwand hin und her schaukelnde Fender sehen einfach schlecht aus. Aber schlimmer als Fender sind Leinen, die unbemerkt ins Wasser hängen. Allzu leicht passiert es, dass nach dem Ablegen irgendwelche überlangen Festmacher oder Schoten außenbords hängen. Das sieht nicht nur nachlässig aus, sondern stellt auch ein erhebliches Sicherheitsrisiko dar, denn nicht selten geraten diese Leinen in den Propeller, so dass die Yacht unter Motor manövrierunfähig wird.

Aberglaube?

Dass neu gebaute Schiffe getauft werden, um die bösen Geister zu vertreiben, ist allgemein bekannt. Aber wussten sie, dass die *Titanic* zu ihrem Stapellauf nicht getauft worden war? Die Reederei White Star Line hatte es damals als einen kostspieligen dummen Akt von Aberglauben abgelehnt, der Tradition zu folgen.

Zwar werden Schiffe, die in ihrem Leben mehrfach den Besitzer wechseln, nicht konsequent immer wieder von ihrem nächsten Eigner neu getauft, aber es gibt dennoch einen Ritus, der dafür sorgen soll, dass das Schiff auch unter seinem neuen Besitzer auf seinen künftigen Seereisen möglichst von Seeungeheuern und Stür-

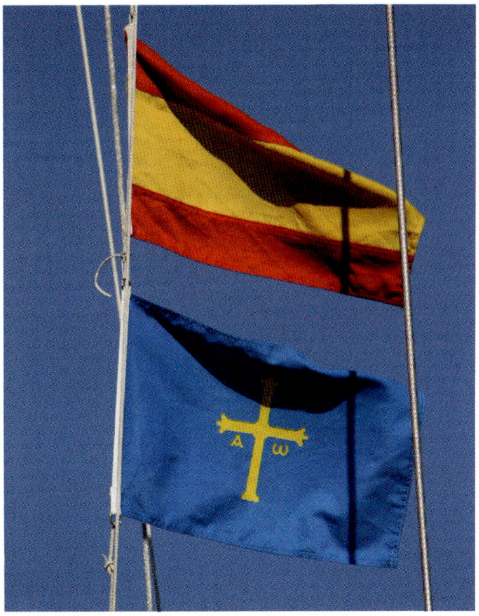

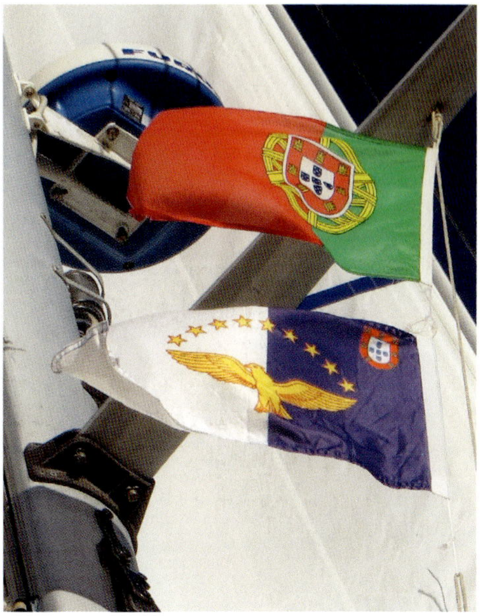

Gastlandsflaggen Spanien und Asturien, bzw. Portugal und Azoren unter der Steuerbordsaling

men verschont bleiben soll: Nach dem allerersten Auslaufen nach dem Besitzwechsel des Schiffes fährt der neue Kapitän mit seinem Kielwasser einen Achtknoten in die See.

Heutzutage zwar nicht mehr sehr verbreitet, aber in Zeiten des hölzernen Schiffbaus eine unbestrittene Notwendigkeit war es, beim erstmaligen Setzen des Mastes eine goldene Münze zwischen Mastfuß und Kielschwein zu legen. Das Kielschwein ist der Teil des Kiels, auf dem der Mast aufgesetzt wird. Vielleicht hat der Leser gerade eine uralte Holzyacht gekauft und weiß noch nichts von seinem Goldschatz unter dem Mast?

In manchen Ländern ist es auch heute noch absolut tabu, an Bord eines Schiffes das Wort „Hase“ oder „Kaninchen“ auszusprechen. Auch dürfen auf garkeinen Fall Konservendosen mit Kaninchenfleisch an Bord gebracht werden. Warum? Es bringt Unglück! Die Sitte kommt aus alten Zeiten der Seefahrt auf hölzernen Handelsschiffen, deren Leinen allesamt aus Hanf geflochten waren. Nagetiere waren damals an Bord ein großes Problem, denn sie knabberten gern Schoten und Fallen an, so dass so geschwächtes Tauwerk beim Segelsetzen schnell zu einem Sicherheitsrisiko wurde.

Grußformen

Begegnen sich vor der Hafeneinfahrt ein- und auslaufende Schiffe, so ist es eine freundliche Geste, sich gegenseitig durch ein kleines Handzeichen zu grüßen. Bei der großen Zahl an Yachten im Juli bis August in Hafennähe und insbesondere in der Nähe großer Charterbasen mag es verständlich sein, dass dies so kaum noch praktiziert wird. Auf See hingegen, oder in weniger überlaufenen Revieren in Hafennähe wäre ein freundlicher Gruß gerade in Zeiten nachlassenden Gemeinschaftssinns eine wünschenswerte Geste.

Yacht vor Anker im Abendlicht

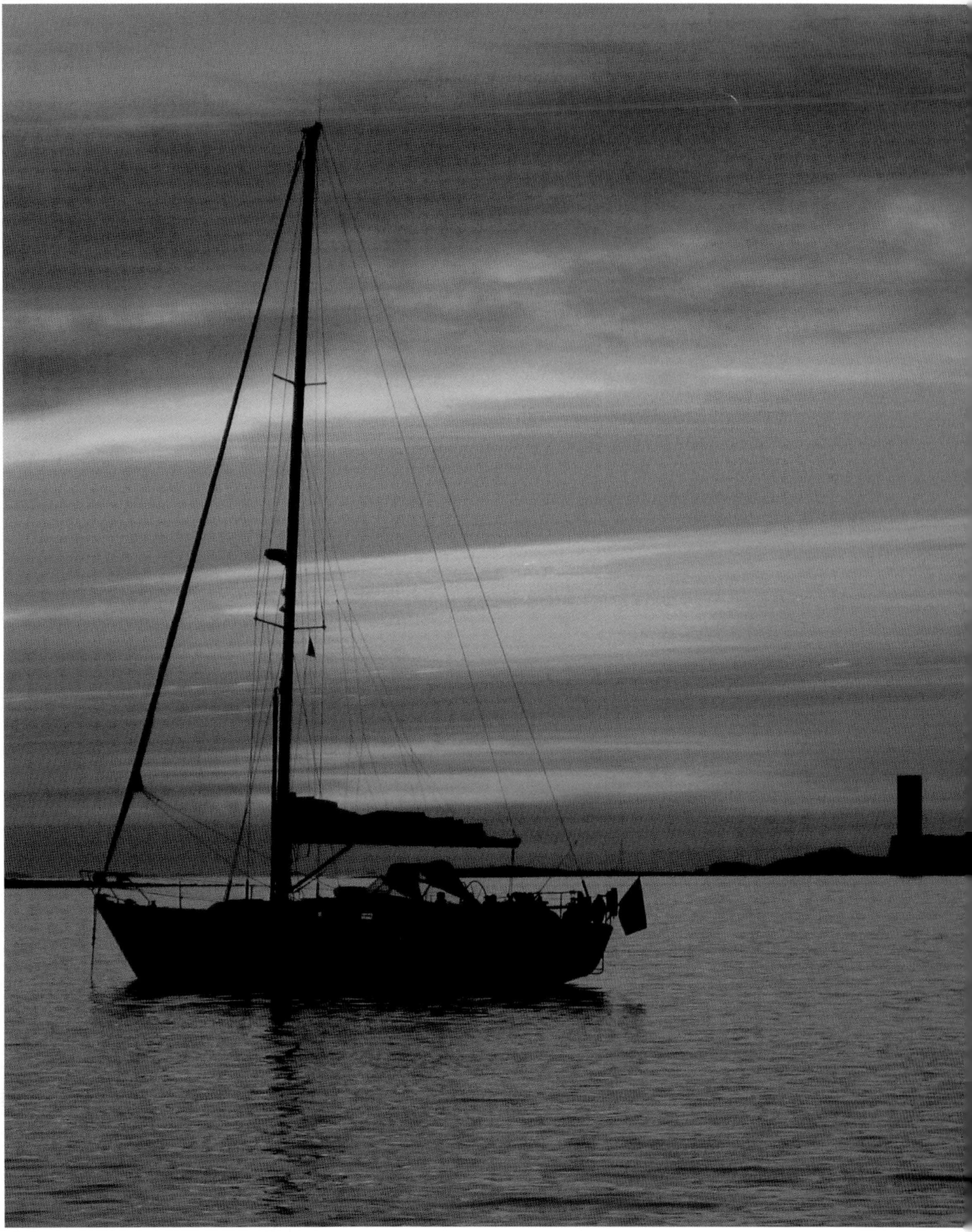

Literaturhinweise

Allgemeines

- **Seemannschaft**; J. Bassiner, Delius Klasing 2007; DAS grundlegende sehr umfangreiche Standardwerk für den Segelsport vor der Küste wie auf Langfahrt
- **Praxiswissen für Chartersegler**, W. Krusekopf, Delius Klasing 2019; umfassende Beschreibung aller Aspekte, die bei der Planung und Durchführung eines Chartertörns wichtig sind
- **Einfach Segeln**, W. Krusekopf, Delius Klasing 2021; „Rückkehr zum Wesentlichen", eine kritische Analyse der modernen Entwicklung im Seesegeln mit konstruktiven Tipps wie mehr Segelfreude mit weniger High-Tech möglich ist
- **Segeltrimm**, Hahne, Pietsch-Verlag 2019; eine leicht verständliche Darstellung aller Aspekte der optimierten Segelbedienung
- **Hafenmanöver Schritt für Schritt**, Lars Bolle, Delius Klasing 2022; gut erklärte und geschickt illustrierte Beschreibung aller Details für das Gelingen von Hafenmanövern
- **Kollisionsverhütungsregeln**, Axel Bark, Delius Klasing 2019; das Standardwerk, in dem alle juristischen Gesichtspunkte beim Manövrieren eines Fahrzeugs auf See behandelt werden

Blauwassersegeln

- **Im Sturm**, Erich und Heide Wilts; Ihleo-Verlag 2020, umfassendes, sehr praxisorientiertes Werk zum Segeln in Starkwind und Sturm
- **Schwerwettersegeln**, Coles, Delius Klasing 2010; Die Schwerwetterbibel überhaupt …
- **Blauwassersegeln kompakt**, S. Roever, Delius Klasing 2015; rund um das Langfahrtsegeln: Navigation, Sicherheit, Schiff, Rigg, Segel, Ausrüstung, Energie, Kommunikation, Versicherungen, Versorgung, Proviantierung
- **Segelrouten der Welt**, J. Cornell, Edition Maritim 2015; Beschreibung der weltumspannenden Wetter-, Wind- und Strömungssysteme sowie deren optimale Nutzung bei Ozeanreisen
- **Cornells Atlas der Ozeane**, J. und Y. Cornell, Cornell-Sailing 2018; Karten der Wind- und Strömungssysteme aller Ozeane mit wertvollen Windstatistiken der einzelnen Monate, unentbehrliche Planungsgrundlage für alle Blauwassersegler
- **Medizin auf See**, M. Kohfahl, DSV-Verlag 2014; Prävention und pragmatische Notfallhilfe, inkl. Hintergrundwissen
- **Get Real, Get Gone**, J. Tuta und R. Page, Selbstverlag 2015; Zitat: „Wie man zum Seenomaden wird und für immer davonsegelt …"

Bootstechnik und Reparaturen

- **Die Yacht-Werkstatt**, H. Schmidt/L. Bolle, Delius-Klasing 2015; detaillierte Anleitungen zur Wartung und Reparatur einer Yacht
- **Reparaturtipps für Skipper**, M. Naujok, Delius Klasing 2010; pragmatisch-konkrete Erklärung der an Bord häufig anfallenden handwerklichen Arbeiten
- **Der große Boots-Check – Leitfaden für Käufer und Eigner**, D. Pike, Delius Klasing 2016; Ausführlicher Berater zur Prüfung gebrauchter Yachten vor dem Kauf
- **Theorie und Praxis der Bordelektrik**, J. Feddern, Delius Klasing 2018; pragmatische, leicht verständliche Einführung in die Bord-Elektrik
- **Watt, Volt und andere Schikanen**, A. Worms, Delius Klasing 2013, insbesondere für technisch kaum vorgebildete Segler die Hilfe bei Elektroproblemen suchen

- **Dieselmotoren für Sportboote**; Manley, Delius Klasing 2010; Pflege, Wartung und Reparatur des Diesels, gut erklärt, zahlreiche Abbildungen

Meteorologie

- **Wetter auf See**, Brauner, Delius Klasing 2014; umfangreiches Lehrbuch über alle Themen der Wetterkunde in Theorie und Segelpraxis
- **Wetterkunde für Wassersportler**, M. Sachweh, Delius Klasing 2019; betont pragmatisch auf die Anwendung an Bord bezogene Einführung, auch für Segelneulinge gut geeignet

Navigation

- **Navigation Handbook**, T. Bartlett, RYA (englisch) 2014; Grundlagenwissen in Navigation für die Yachtmaster-Ausbildung, Die englische Navigationsbibel
- **The Complete Yachtmaster**; T. Cunliff, Adlard Coles 2021; grundlegendes Werk zu allen Fragen des Küsten- und Hochseesegelns
- **Astronavigation, ohne Formeln – praxisnah**, B. Schenk, Delius Klasing 1994; leicht verständliche Einführung in die Grundlagen der Astronavigation
- **Segeln in Gezeitengewässern – Theorie und Praxis der Tidennavigation**, W. Krusekopf, Delius Klasing 2018; Einführung in das Phänomen von Ebbe und Flut und deren Berücksichtigung beim Küstensegeln in Tidenrevieren
- **Reed's Nautical Almanac**, Towler/Fishwick, A. Coles; jährlich aktualisiert, das in Europa umfassendste Kompendium aller Informationen zu Häfen, Gezeiten, Tidenströmen, Betonnung, Leuchtfeuern, Wetterinfos, Wetterberichten zwischen Skagen und Gibraltar
- **Segeln bei Nacht**, W. Krusekopf, Pietsch 2024; Grundwissen für das Segeln bei Nacht

Informative Websites

- **www.sailboatdata.com**; technische Daten der allermeisten in Europa und Amerika gebauten Segelyachten von 1970 bis heute
- **www.dwd.de**, Deutscher Wetterdienst; Wetterberichte, Statistiken, Daten zum Klima u.v.m.
- **www.windy.com**, weltweite, fein differenzierte Wetterinformationen in Kartenform, bei denen verschiedene zugrundeliegende Berechnungsmodelle gewählt werden können
- **www.wetterzentrale.de** Informationsplatform für Wetter- und Klimadaten, weltweit; 9-Tage-Vorhersagekarten, ozeanographische Daten.
- **www.hansenautic.de**, Vertrieb von Seekarten, Hafenhandbüchern, Seehandbücher, Pilotcharts, Material zur elektronischen Navigation, Ausbildungsliteratur für Segler
- **www.noonsite.com**, Website mit Sachinfos für die Weltumsegelung, zahlreiche Hafenbeschreibungen und praktische Tipps auf Langfahrt
- **www.blauwassersegeln.at**, sehr informative Website zu Fragen der „idealen Blauwasseryacht" für die Langfahrt.
- **www.sy-moya.de/blauwasser**; wertvolle Praxistipps für Blauwassersegler
- **www.blauwasser.de**; Seglerportal mit zahlreichen, vertieften Informationen rund ums Langfahrtsegeln, Wahl der Yacht, Wetter, Ausrüstung u.v.m.
- **www.nvcharts.com/seekarten/**; gebundene Papier-Kartensätze in A2 für ganz Europa und die Karibik
- **www.imray.com**; Hafenhandbücher und Papier-Seekartensätze für Europa und die Karibik

Ausschneiden oder Kopieren

Checkliste für die Crew

- ◯ Rettungsweste, mit funktionsfähigem Auslösemechanismus
- ◯ Lifebelt, in der Länge verstellbar
- ◯ Ersatz CO_2-Patrone, eventuelle Transportprobleme bei Flugreise einplanen
- ◯ Ölzeug, dem Klima des Segelreviers angepasst
- ◯ Warme Unterkleidung in eher kaltem Segelrevier
- ◯ Stiefel, sofern das zu erwartende Wetter diese erfordern
- ◯ Bordschuhe mit weicher, heller Sohle
- ◯ Evtl. Segelhandschuhe
- ◯ Evtl. eigenes Hand-GPS
- ◯ Evtl. persönliche EPIRB-Seenotrettungsboje
- ◯ Ladegerät für das Handy
- ◯ Eigene wasserdichte Taschenlampe/Stirnlampe
- ◯ Eigenes Kopfkissen
- ◯ Schlafsack oder Bettdecke
- ◯ Sonnenbrille mit Sicherungsbändsel
- ◯ Reservebrille
- ◯ Sonnencreme
- ◯ Evtl. Seekrankheitsmittel

Checkpunkte Schiffspapiere

- ◯ Haftpflicht-Versicherungsnachweis
- ◯ Schiffsregistrierung im Land des Heimathafens
- ◯ In manchen Ländern auch die Charterzulassung

Checkpunkte zur Schiffsausrüstung

Seemännische Ausrüstung:

- ◯ Sind ausreichend viele und genügend große Fender an Bord (mindestens 5, besser 6 bis 8)?
- ◯ Gibt es mindestens 4 Festmacher ausreichender Länge und Dicke?
- ◯ Ist das Ankergeschirr ausreichend dimensioniert? Wie lang ist die Ankerkette (mindestens 3-fache Schiffslänge)?

➜